JORGE GRESPAN

MARX
E A CRÍTICA
DO MODO
DE REPRESENTAÇÃO
CAPITALISTA

© Boitempo, 2019

Direção editorial	Ivana Jinkings
Edição	Bibiana Leme
Coordenação de produção	Livia Campos
Assistência editorial	Andrea Bruno
Preparação	Mariana Echalar
Revisão	Thaís Nicoleti
Capa	Maikon Nery
Diagramação	Crayon Editorial

Equipe de apoio: Ana Carolina Meira, André Albert, Artur Renzo, Carolina Mercês, Clarissa Bongiovanni, Débora Rodrigues, Elaine Ramos, Frederico Indiani, Heleni Andrade, Higor Alves, Isabella Marcatti, Ivam Oliveira, Joanes Sales, Kim Doria, Luciana Capelli, Marina Valeriano, Marlene Baptista, Maurício Barbosa, Raí Alves, Talita Lima, Túlio Candiotto

CIP-BRASIL. CATALOGAÇÃO NA PUBLICAÇÃO
SINDICATO NACIONAL DOS EDITORES DE LIVROS, RJ

G852m

Grespan, Jorge Luis da Silva
 Marx e a crítica do modo de representação capitalista / Jorge Luis da Silva Grespan. - 1. ed. - São Paulo : Boitempo, 2019.

ISBN 978-85-7559-699-9

1. Marx, Karl, 1818-1883. 2. Economia marxista. 3. Capital (Economia). 4. Filosofia marxista. I. Título.

19-56527
CDD: 335.4
CDU: 330.85

Leandra Felix da Cruz - Bibliotecária - CRB-7/6135

É vedada a reprodução de qualquer parte deste livro sem a expressa autorização da editora.

1ª edição: maio de 2019

BOITEMPO EDITORIAL
Jinkings Editores Associados Ltda.
Rua Pereira Leite, 373
05442-000 São Paulo SP
Tel./fax: (11) 3875-7250 / 3875-7285
editor@boitempoeditorial.com.br | www.boitempoeditorial.com.br
www.blogdaboitempo.com.br | www.facebook.com/boitempo
www.twitter.com/editoraboitempo | www.youtube.com/tvboitempo

Sumário

Nota do autor 7

Considerações iniciais 9

Parte I – As formas do mais-valor 23
    1. Começando pelo final 25
    2. Equalização 39
    3. A forma autônoma 81

Parte II – Da apresentação à representação 93
    4. *Formbildung* 95
    5. Mudança de forma 123
    6. Modo de apresentação capitalista 157

Parte III – A representação do capital 179
    7. Motivos de compensação 181
    8. A Trindade como forma 239

Considerações finais 267

Referências bibliográficas 297

Nota do autor

Optei por traduções próprias para as citações de textos em alemão. Como o leitor verá ao longo deste livro, isso se justifica porque boa parte dos conceitos centrais em minha argumentação, muitas vezes, tem sido traduzida de maneira diferente daquela que pretendo destacar. No caso das obras de Karl Marx e Friedrich Engels, o leitor que deseja cotejar as passagens citadas com as traduções brasileiras existentes encontrará as obras em português mencionadas, resumidamente, depois das referências das edições alemãs (MEGA e MEW) nas notas de rodapé. Aqui seguem as referências completas:

Karl Marx. *Crítica da filosofia do direito de Hegel (1843)*. Trad. Rubens Enderle e Leonardo de Deus. 2. ed. rev., São Paulo, Boitempo, 2010.
_____. *Grundrisse: manuscritos econômicos de 1857-1858 – esboços da crítica da economia política*. Trad. Mario Duayer e Nélio Schneider, com a colaboração de Alice Helga Werner e Rudiger Hoffman. São Paulo, Boitempo, 2011.
_____. *Manuscritos econômico-filosóficos*. Trad. Jesus Ranieri. São Paulo, Boitempo, 2004.
_____. *Miséria da filosofia: resposta à Filosofia da Miséria, do sr. Proudhon*. Trad. José Paulo Netto. São Paulo, Boitempo, 2017 [escrita originalmente em francês, mas traduzida do alemão nas citações desta edição].
_____. *O capital: crítica da economia política*, Livro I: *O processo de produção do capital*. Trad. Rubens Enderle. 2. ed., São Paulo, Boitempo, 2017 [citada nas notas como *O capital I*].
_____. *O capital: crítica da economia política*, Livro II: *O processo de circulação do capital*. Trad. Rubens Enderle. São Paulo, Boitempo, 2014 [citada nas notas como *O capital II*].
_____. *O capital: crítica da economia política*, Livro III: *O processo global da produção capitalista*. Trad. Rubens Enderle. São Paulo, Boitempo, 2017 [citada nas notas como *O capital III*].
_____. *Para a crítica da economia política*. Trad. Edgard Malagodi. São Paulo, Nova Cultural, 2005.
_____. *Para a crítica da economia política: manuscrito de 1861-1863 (cadernos I a V) – Terceiro Capítulo: o capital em geral*. Trad. Leonardo de Deus. Belo Horizonte, Autêntica, 2010.
_____. *Teorias da mais-valia: história crítica do pensamento econômico*, v. I e II. Trad. Reginaldo Sant'Anna. São Paulo, Difel, 1980.
Karl Marx e Friedrich Engels. *A ideologia alemã: crítica da mais recente filosofia alemã em seus representantes Feuerbach, B. Bauer e Stirner, e do socialismo alemão em seus diferentes profetas (1845-1846)*. Trad. Rubens Enderle, Nélio Schneider e Luciano Cavini Martorano. São Paulo, Boitempo, 2007.

AGRADECIMENTOS

Este livro é resultado da tese de livre-docência que apresentei em 2017 ao Departamento de História da Faculdade de Filosofia, Letras e Ciências Humanas da Universidade de São Paulo (FFLCH-USP). Em primeiro lugar, gostaria de agradecer aos membros da banca examinadora pela atenção e pela disponibilidade em avaliar a tese, bem como as demais provas do concurso. Agradeço a cada um deles, que com seus comentários e críticas enriqueceram esta versão que o leitor tem em mãos: à minha colega de departamento Sara Albieri, que tanto me estimulou a completar este trabalho e a prestar o concurso; ao Gildo Magalhães, também colega de departamento e com quem compartilho o gosto pela história da ciência; ao Gabriel Cohn, cuja longa obra sobre a sociologia alemã foi uma forte inspiração desta minha leitura de Marx; ao Wolfgang Leo Maar, que fez parte da minha banca de doutorado em 1994 e com quem venho mantendo um rico contato intelectual; ao Luiz Felipe de Alencastro, amigo a quem admiro sobretudo por ter colocado a tradição historiográfica marxista brasileira num patamar de reconhecimento internacional.

A pesquisa que resultou neste livro começou por volta de 2010 e pôde se desenvolver graças a inúmeras estadas em Berlim. Assim, agradeço à Fundação de Amparo à Pesquisa do Estado de São Paulo (Fapesp) pelo auxílio que me permitiu, entre 2012 e 2013, trabalhar com dedicação concentrada em arquivos e bibliotecas, além de estabelecer um profícuo contato com os editores da Marx-Engels-Gesamtausgabe (MEGA). Entre eles, agradeço, em especial, ao diretor da MEGA, Gerald Hubmann, e aos pesquisadores Rolf Hecker e Carl-Erich Vollgraf pela acolhida tão generosa e pelas explicações precisas sobre os manuscritos de Marx.

Agradeço também às minhas colegas e aos meus colegas de departamento, que de maneira muito solidária compreenderam meus afastamentos em alguns semestres letivos para que eu pudesse concluir a pesquisa. A elas e a eles também sou grato pelas conversas estimulantes. Um agradecimento especial deve ser feito a todos os meus alunos nos cursos de graduação em "Teoria da história" e de pós-graduação nos "Estudos sobre materialismo histórico". A todos devo as questões e os comentários que instigaram muitas das reflexões deste livro.

Por fim, nem há como agradecer à Laura, que me acompanhou com tanto amor nestes últimos anos, os mais difíceis, de preparação e redação final da livre-docência. Sem seu carinho e seu cuidado, este livro teria sido impossível ou, ao menos, seria feio e triste.

Considerações iniciais

1.
Na história do capitalismo, o próprio andamento dos fatos ajuda a confundir causa com efeito, essencial com acessório. Nas crises, por exemplo, sempre há quem diga que ocorre um mero desequilíbrio associado ao exagero da especulação, aos excessos do gasto público e privado e até ao problema moral da ganância descontrolada de alguns indivíduos. Em linhas gerais, o desequilíbrio remeteria à desproporção entre a massa da riqueza real e a do dinheiro que a representa. Marx já conhecia esses pontos de vista. Ele os corrige, evidentemente, demonstrando que o que se define aí como a própria crise não passa de sintoma, de mero efeito; que a dimensão financeira e creditícia do sistema apenas manifesta a dimensão em que o capital produz e é produzido.

Contudo, o que transparece em tais pontos de vista não é um simples erro, e sim mais um caso em que se "representa *realmente* algo, sem se representar algo real", nos termos claros de *A ideologia alemã*[1]. Nesse quiproquó encontra-se uma chave para penetrar no modo pelo qual o capital engendra as formas que tornam os agentes econômicos até certo ponto conscientes do que fazem e, assim, capazes de reproduzir com eficácia o sistema em que vivem.

De fato, ao redigir *O capital*, Marx chega a falar da constituição de um "modo de representação capitalista"[2], em flagrante correspondência com o "modo de

---

[1] "[...] *wirklich* etwas vorzustellen, ohne etwas Wirkliches vorzustellen" (MEGA I/5, p. 31 [MEW 3, p. 31; *A ideologia alemã*, p. 35]). Sobre essa forma de referência, ver as notas 20, 23 e 24, adiante.
[2] O conceito de *kapitalistische Vorstellungsweise* aparece no Livro III de *O capital*. Por exemplo, "no modo de representação capitalista esses motivos de compensação [...] se torcem em *motivos de origem* e (subjetivamente) de *legitimação* do próprio lucro" ("Diese Compensationsgründe

produção capitalista", limitando o nível de consciência que os agentes podem e devem ter e delineando a forma pela qual o "algo real" é "representado realmente". Como veremos, trata-se de uma inversão que, antes mesmo de ser percebida, é operada pelo "modo de produção" do capital em um âmbito da sociabilidade de que não se tem consciência. Nas palavras de Marx:

> Já vimos aqui como todas as forças produtivas do trabalho se apresentam como forças produtivas do capital. [...] Correspondendo à relação invertida, no próprio processo de produção brota necessariamente uma representação invertida, uma consciência transposta, desenvolvida ainda mais nas transformações e modificações do próprio processo de circulação.[3]

Deixemos para depois a discussão do vínculo entre "o próprio processo de produção" e a "consciência transposta", presente no trecho citado. Além do substantivo "representação", que já constava no trecho citado de *A ideologia alemã* e no "modo de representação capitalista", chama a atenção, desde logo, o emprego do verbo "apresentar". Eles traduzem, aqui, respectivamente *Vorstellung* e *darstellen*, e aparecerão com frequência cada vez maior à medida que Marx redige, depois de 1857, a sua "crítica da economia política"[4]. Com efeito, uma leitura atenta dos manuscritos e das duas edições alemãs do Livro I de *O capital*, preparadas ainda

---

[...] verdrehn sich in der capitalistischen Vorstellungsweise in *Entstehungsgründe* und (subjektiv) *Rechtfertigungsgründe* des Profits selbst") (MEGA II/4.2, p. 454 [MEW 25, p. 396; *O capital III*, p. 432]). Também "a loucura do modo de representação capitalista atinge aqui o seu ápice" ("Die Verrücktheit der capitalistischen Vorstellungsweise erreicht hier ihre Spitze") (MEGA II/4.2, p. 522 [MEW 25, p. 483; *O capital III*, p. 532]). Ou, ainda, só como *Vorstellungsweise*, Ricardo "de tempos em tempos recai nesse modo de representação" ("Fällt auch von Zeit zu Zeit in dieser Vorstellungsweise zurück") (MEGA II/4.2, p. 862 [MEW 25, p. 848 e 849, nota 51; *O capital III*, p. 903, nota 51]); e "esse modo de representação é tanto menos estranho, pois a aparência das coisas coincide com ele e a relação de capital esconde de fato o nexo íntimo na completa indiferença, exterioridade e estranhamento entre o trabalhador e as condições de produção de seu trabalho" ("Diese Vorstellungsweise ist um so weniger befremdlich, als ihr der Schein der Thatsachen entspricht und als das Capitalverhältnis in der That den innern Zusammenhang verbirgt in der vollständigen Gleichgültigkeit, Aeusserlichkeit und Entfremdung zwischen dem Arbeiter und den Productionsbedingungen seiner Arbeit") (MEGA II/4.2, p. 119 [MEW 25, p. 95; *O capital III*, p. 113]).

[3] "Schon hier sahen wir wie sämmtliche gesellschaftliche Produktivkräfte der Arbeit sich als Produktivkräfte des Capitals darstellen [...]. Dem verkehrten Verhältnis entsprechend, entspringt nothwendig schon im eigentlichen Produktionsprozess selbst entsprechend verkehrte Vorstellung, transponiertes Bewusstsein, das durch die Verwandlungen und Modifikationen des eigentlichen Circulationsprocesses weiter entwickelt wird" (MEGA II/4.2, p. 61 [MEW 25, p. 55; *O capital III*, p. 71]).

[4] Esse é o título geral dado por Marx à sua obra mais ampla de análise do capitalismo, que acaba se tornando subtítulo de *O capital*. Sobre isso, ver a Parte I deste livro.

em vida por Marx, revela a surpreendente recorrência dos substantivos *Vorstellung* e *Darstellung*, bem como dos verbos correlatos *vorstellen* e *darstellen*, empregados de forma bastante peculiar. É preciso investigar o significado disso.

Antes de tudo, reportemo-nos ao uso desses vocábulos na língua alemã. A consulta a alguns dicionários permite verificar um conjunto relativamente amplo de acepções para *vorstellen* e *darstellen*. Para *vorstellen*, destacam-se os seguintes casos: levar algo à frente, ou colocá-lo diante de outra coisa; promover alguém em uma hierarquia; tornar alguém conhecido ou fazer-se a si próprio conhecido; colocar diante dos olhos; formar uma imagem mental, uma ideia a respeito de algo; imaginar[5]. Além desses sentidos, surge outro mais significativo, em que *vorstellen* tem o sentido de representar de modo plástico em pintura ou desenho, mas também em exposição escrita, em título ou símbolo e, por fim, em exibição teatral[6]. Nesse caso, registra-se uma sobreposição de sentido com *darstellen*, importante também nos textos de Marx. Fazer uma cópia de algo, expô-lo em um texto ou em uma cena teatral equivaleria a representá-lo mediante uma apresentação[7]. Por seu turno, *darstellen* e *Darstellung* aparecem nos dicionários com as seguintes acepções: fazer uma cópia ou reprodução de uma imagem; descrever algo ou explicá-lo com palavras e argumentos claros; dizer que isso significa aquilo; expor um problema, ou o

---

[5] O *Duden* registra também: adiantar o relógio; submeter-se a exames ou a consulta médica; expor um problema a alguém, em geral com urgência. Ver *Duden: Das Große Wörterbuch der deutschen Sprache* (Mannheim, Dudenverlag, 1999), p. 4384. A essas acepções, o *Brockhaus-Wahrig* acrescenta, para *Vorstellung*: pensamento, conceito, imagem na consciência; objeção. Ver *Brockhaus-Wahrig deutsches Wörterbuch* (Stuttgart, Deutsche Verlags-Anstalt, 1984), v. 6, p. 619-20. Por sua vez, o *Deutsches Wörterbuch*, dos irmãos Jacob e Wilhelm Grimm, publicado originalmente em 1852, registra ao todo dezoito acepções para *vorstellen* e pelos menos nove para *Vorstellung*, grande parte das quais referentes à *ältere Sprache*, isto é, ao modo de falar antigo. Ver *Deutsches Wörterbuch von Jacob und Wilhelm Grimm* (Leipzig, S. Hirzel, 1951), v. XII/II, p. 1675-95.

[6] O dicionário de Wilhelm Hoffmann, contemporâneo à redação de *O capital*, como o dos irmãos Grimm, registra quatro acepções principais para *vorstellen* e duas para *Vorstellung*, entre as quais a da encenação de uma peça de teatro: "auf dem Theater zur Anschauung bringen" ("levar à exibição no teatro"). Ver *Vollständigstes Wörterbuch der deutschen Sprache* (Leipzig, Dürr'schen Buchhandlung, 1861), v. 6, p. 407. É digno de nota que os irmãos Grimm, na mesma época, consideravam que *Vorstellung* estaria em desuso nessa acepção, sendo preferível *Darstellung*: "Wir können nicht mehr sagen: ein Theaterstück wird vorgestellt" ("não se pode mais dizer: uma peça de teatro é *vorgestellt*") (*Deutsches Wörterbuch von Jacob und Wilhelm Grimm*, cit., v. XII/II, p. 1681). Aliás, esse dicionário registra a ocorrência, na dramaturgia do século XIX, de um verdadeiro deslocamento de sentido a partir do qual os atores, os adereços, o cenário e a própria peça, que até então se dizia serem *vorgestellt*, passam a ser *dargestellt*.

[7] Além do sentido teatral discutido na nota anterior, também o *Duden* afirma que *vorstellen* equivale a "(im Bild o. Ä.) wiedergeben, darstellen" ("(em um quadro ou semelhante) reproduzir, *darstellen*") (*Duden*, cit., p. 4384).

modo como o próprio problema aparece para quem o observa; mostrar-se diante de alguém[8]. A isso tudo se acrescenta, é claro, o sentido já anotado de encenação dramática, na qual um ator pode ser chamado de *Darsteller*. E os dicionários antigos indicam outras variantes da sobreposição com *vorstellen*, válidas ainda no século XIX[9].

Essa polissemia de *Vorstellung* e *Darstellung*, assim como a sobreposição dos seus sentidos, também encontrada em Marx, serve de ponto de partida para a investigação deste livro. Em relação a *Vorstellung*, quase todas as acepções enumeradas acima comparecem nos textos de Marx, mas duas delas com muito maior frequência: a de imagem mental e a de símbolo, como quando é dito que o dinheiro representa a riqueza. O caso do símbolo se associa, também em Marx, ao da representação dramática pelo ator e seus adereços cênicos, e *vorstellen* adquire o sentido de representar como atuar no lugar de alguém na qualidade de mandatário ou procurador. Embora esse sentido seja normalmente expresso em alemão pelos verbos *vertreten* ou *repräsentieren*[10], é importante notar que Marx os substitui quase sempre por *vorstellen*[11].

Em relação a *Darstellung*, as acepções mais frequentes em Marx são o modo como um problema aparece ou se mostra para alguém e a exposição escrita ou oral de um assunto. De modo evidente, à primeira acepção se liga o sentido da

---

[8] O *Duden* e o *Brockhaus-Wahrig* registram ainda o sentido de produzir ou desenvolver quimicamente uma matéria (*Duden*, cit., p. 752-3; *Brockhaus-Wahrig deutsches Wörterbuch*, cit., v. 2, p. 154). Na tradição filosófica alemã, em linhas gerais, *Vorstellung* é usado para traduzir o termo grego antigo *phantasia* e os termos latinos *representatio, idea, perceptio*; enquanto *Darstellung* traduz o grego antigo *Hypotypose* e o latino *exhibitio*. Ver Joachim Ritter, *Historisches Wörterbuch der Philosophie* (Stuttgart, Schwabe & Co., 1972), v. 2, p. 11, e v. 11, p. 1227.

[9] Hoffmann, por exemplo, registra *darstellen* como "etwas, sich, vor Augen stellen, sichtbar machen, vorstellen" ("pôr algo, ou pôr-se diante dos olhos, tornar-se visível, *vorstellen*"); ou, ainda: "etwas, durch Vorstellung sinnlich vergegenwärtigen, erkennbar oder anschaulich machen" ("tornar algo presente, reconhecível ou perceptível aos sentidos pela *Vorstellung*") (*Vollständigstes Wörterbuch der deutschen Sprache*, cit., v. 1, p. 659-60).

[10] Os irmãos Grimm explicam que *vorstellen* tem o sentido de *darstellen* e que "o sentido de apresentação, de trazer à luz, é ricamente desenvolvido quando o meio para a apresentação é a própria pessoa ou mais pessoas" ("Die Bedeutung von darstellen, zur Erscheinung bringen wird reich entwickelt, wenn das mittel der Darstellung die Person selbst oder mehrere Personen sind"); e "assim a palavra assume também o significado de *vertreten, repräsentieren* ("so nimmt das Wort auch die Bedeutung von vertreten, repräsentieren an") (*Deutsches Wörterbuch von Jacob und Wilhelm Grimm*, cit., v. XII/II, p. 1681 e 1683).

[11] Marx diz, por exemplo: "O preço ou a forma de dinheiro das mercadorias, como sua forma de valor em geral, é [...] uma forma apenas ideal ou representada. O valor do ferro [...] é representado por sua equivalência ao ouro [...]" ("Der Preis oder die Geldform der Waaren ist, wie ihre Werthform überhaupt [...] nur ideelle oder vorgestellte Form. Der Werth von Eisen [...] wird vorgestellt durch ihre Gleichheit mit Gold") (MEGA II/10, p. 91 [MEW 23, p. 110; *O capital I*, p. 170]). Os exemplos são muitos, como veremos adiante.

representação dramática, pela qual Marx nutre especial apreço, muitas vezes comparando a prática dos agentes econômicos ao desempenho do ator, e os seus adereços, aos signos de valor em torno dos quais gira a economia capitalista. O modo como algo aparece ou se mostra não é casual aí, mas determinado tal como uma cena teatral no respectivo roteiro. Por sua vez, a segunda acepção consta já na conhecida diferença entre o "método de pesquisa" e o "método de apresentação", estabelecida no posfácio da segunda edição de *O capital*[12]. Aqui, a ressonância hegeliana é evidente.

Diante de um real multifacetado e contraditório, que desdobra suas formas de expressão por sucessiva inversão das formas anteriores, o método de apresentação mais adequado parecia mesmo o da chamada "dialética", que Hegel teria sido "o primeiro a apresentar de modo abrangente e consciente", mas sob uma "forma mistificada" que Marx propôs "virar do avesso"[13]. O sentido da retomada negativa da dialética por Marx no quadro de seu projeto de "crítica da economia política" será objeto de exame mais detido neste livro. Por ora, entretanto, é importante notar uma proximidade entre as duas acepções – aquela em que algo aparece, inclusive na cena teatral, e aquela em que um tema é exposto metodicamente.

Quando Hegel "apresenta" a sua dialética "de modo abrangente e consciente", mas "mistificador", a apresentação significa tanto a ordem das razões no texto quanto a sequência dos momentos em que o objeto se desdobra, porque ele é a "substância" e simultaneamente o "sujeito" que se determina sob uma forma ou outra e, assim, se diz[14]. Marx acredita que o capital, de maneira "mística", é o caso inverso de um "sujeito" que se arvora em "substância" e cujas formas devem ser apresentadas, por isso, de acordo com a relação na qual se desdobram na realidade social do mundo moderno. Os agentes econômicos, que se veem aí plenamente livres e autodeterminados, têm sua subjetividade de fato condicionada pelo grande "sujeito", o capital, comandando suas ações de tal modo que elas lhes aparecem

---

[12] Ver MEGA II/10, p. 17 [MEW 23, p. 27; *O capital I*, p. 90].
[13] Na citação completa: "Die Mystifikation, welche die Dialektik in Hegels' Hände untergeht, verhindert in keiner Weise, dass er ihre allgemeinen Bewegungsformen zuerst im umfassender und bewußter Weise dargestellt hat. Sie steht bei ihm auf dem Kopf. Man muß sie umstülpen" (MEGA II/10, p. 17 [MEW 23, p. 27; *O capital I*, p. 91]).
[14] O texto mais conhecido em que Hegel faz essas considerações é o prefácio da *Fenomenologia do espírito*. Elas aparecem já na metáfora da flor, que faz "desaparecer" o botão e cujo fruto, depois, faz a própria flor aparecer como uma "existência falsa". Em seguida, o tema se desenvolve na discussão da "apresentação do sistema", relacionada ao caráter de "sujeito" da "substância", que faz da "apresentação" uma autoapresentação. Ver G. W. F. Hegel, *Gesammelte Werke*, Band 9: *Phänomenologie des Geistes* (Hamburgo, Felix Meiner, 1980), p. 10 e 18 [ed. bras.: *Fenomenologia do espírito*, trad. Paulo Meneses, 9. ed., Petrópolis/Bragança Paulista, Vozes/Edusf, 2014]. O tema da "apresentação" será tratado na Parte II deste livro.

como simples resultado do seu livre-arbítrio. Esses agentes podem ser comparados, portanto, a atores "representando" uma peça teatral em consonância com as cenas em que se desenrola e se "apresenta" um enredo só em parte conhecido por eles. A maneira como os atores veem ou "representam" em sua mente essa encenação – como liberdade, não encenação ou improviso – faz parte do próprio enredo. Porém, eles são cativos dessa "apresentação" implacável, que segue o desdobramento das formas sociais em cujo quadro são obrigados a se mover, para que sua ação seja possível.

Assim, este livro procurará reconstituir os passos dessa "apresentação", ou seja, desse desdobramento das formas sociais que faz de algumas delas, como o dinheiro, as "representantes" de outras na prática dos agentes e, daí, na sua consciência. Veremos como entram em cena e atuam os vários personagens sob cada uma dessas formas sociais – o comprador e o vendedor; o devedor e o credor; o patrão e o assalariado; o industrial e o comerciante; o empresário, o capitalista financeiro e o rentista. Com a sequência do enredo, os mesmos atores representam diversos papéis simultaneamente, e nenhum chega a sair do palco.

Eles encenam, no fundo, a "apresentação" das "forças produtivas do trabalho [...] como forças produtivas do capital", a inversão que cria neles uma "representação invertida", uma "consciência transposta", que "brota necessariamente" do "próprio processo de produção", nas palavras do texto citado na nota 3 (p. 10). Antecipando alguns passos que serão percorridos neste livro, o capital "se apresenta" na própria realidade social, de fato, como o criador das "forças produtivas" que substancialmente provêm do trabalho; desse modo, ele cria formas de prática econômica "representadas" de maneira plástica em símbolos que os agentes percebem, ou "representam" na sua imaginação, já na forma invertida pela "apresentação" original das "forças produtivas do trabalho [...] como forças produtivas do capital".

Mais do que uma simples superposição de sentidos, o que se observa nessa formulação é uma contraposição[15] entre *Darstellung* e *Vorstellung*. Marx dirá, por exemplo, que o dinheiro "representa" o valor das mercadorias porque elas "apresentam" nele os seus valores. A oposição entre mercadoria e dinheiro, com a qual começa a "crítica da economia política", determina uma contraposição entre *Darstellung* e *Vorstellung* que se desenvolverá ao longo de toda a obra, culminando

---

[15] A propósito, Hoffmann assinala um sentido de *vorstellen* que exclui *darstellen*: "Die Gestalt von etwas vor Augen stellen, um sie zu zeigen als wenn sie es wirklich wäre. In diesem Gebrauch bezeichnet es die Stell-vertretung des wirklichen Seins, verschieden von darstellen" ("pôr a figura de algo diante dos olhos para mostrá-la como se ela fosse a verdadeira. Diferentemente de *darstellen*, esse uso assinala a lugar-tenência do verdadeiro ser") (*Vollständigstes Wörterbuch der deutschen Sprache*, cit., v. 6, p. 466). Aqui fica claro o sentido de *vorstellen* como um símbolo, que pretende substituir o "verdadeiro ser", e não só o expor ou copiar.

com o "modo de representação capitalista" configurado pela inversão da teoria do valor nas aparências da "fórmula trinitária", com a qual Marx conclui *O capital*. Contrapõem-se aqui, em primeiro lugar, o sentido específico de *Darstellung* como uma forma sob a qual o capital aparece ou se mostra[16] e o sentido específico de *Vorstellung* como representante ou símbolo de uma prática social; e, em segundo lugar, esse sentido de *Vorstellung* como símbolo e o sentido de *Vorstellung* também como imagem ou ideia na consciência dos agentes sociais.

No entanto, além de contrapostos, os sentidos de *Darstellung* e de *Vorstellung* nos textos de Marx podem ser sobrepostos, o que causa alguma confusão[17]. Às vezes, ainda, esses textos se referem à representação simbólica, embora empreguem os verbos *vertreten* e *repräsentieren*, e não *vorstellen*, conforme já foi dito, e alternem *darstellen* com "aparecer" (*erscheinen*) e com "expressar" (*ausdrücken*). Por fim, Engels faz a sua parte, substituindo o "apresentar", anotado no manuscrito do Livro III, por "representar", na sua edição de 1894[18].

É certo que isso tudo embaralha os significados. Mas, na grande maioria dos casos, *darstellen* e *vorstellen* são usados por Marx de modo suficientemente distinto para que se possa tomar essa distinção como índice do movimento em direções opostas trilhado pelas determinações de cada forma social – mercadoria, dinheiro, capital. Por isso, para diferenciar com nitidez essas direções opostas, adotou-se aqui a regra de traduzir *darstellen* por "apresentar" e *vorstellen* por "representar" nas passagens citadas da obra de Marx, embora tal tradução dificilmente pudesse se manter em

---

[16] Como no caso flagrante de um dos intertítulos do sétimo capítulo do Livro I de *O capital*: "Apresentação do valor do produto em partes proporcionais do produto" ("Darstellung des Produktenwerths in proportionellen Theilen des Produkts") (MEGA II/10, p. 198 [MEW 23, p. 234; *O capital I*, p. 296]). Também no Livro III, ao tratar da renda da terra, Marx diz que "o produto excedente por acre de B, comparado com o de A, não é [...] a apresentação de lucro excedente e, daí, de produto excedente" ("Das überschüssige Produkt per acre b, verglichen mit Acre a [ist] nicht an und für sich, nicht von selbst Darstellung von Surplusprofit und daher Surplusproduct") (MEGA II/4.2, p. 818 [MEW 25, p. 737; *O capital III*, p. 786]).

[17] Por exemplo, Marx diz sobre o papel-moeda: "Sua relação com os valores das mercadorias consiste apenas no fato de que os valores se expressam de modo ideal na mesma quantidade de ouro que, de modo sensível, se apresenta simbolicamente no papel-moeda" ("Sein Verhältniß zu den Waarenwerthen besteht nur darin, daß sie ideell in denselben Goldquantis ausgedrückt sind, welche vom Papier symbolisch sinnlich dargestellt wird") (MEGA II/10, p. 119 [MEW 23, p. 142; *O capital I*, p. 201-2]).

[18] Por exemplo, em uma passagem do manuscrito do Livro III, Marx diz: "Por isso, a mesma massa de dinheiro pode apresentar massas de capital-dinheiro muito diversas" ("Dieselbe Masse money kann daher sehr verschiedene Massen von monied Capital darstellen") (MEGA II/4.2, p. 588 [*O capital III*, p. 568]). Engels transcreve: "Por isso, a mesma massa de dinheiro efetivo pode representar massas de capital-dinheiro muito diversas" ("Dieselbe Masse wirkliches Geld kann daher sehr verschiedene Massen von Geldkapital vorstellen") [MEW 25, p. 526].

outra situação. Muitas vezes, *darstellen* seria mais bem traduzido por "representar", como ocorre na tradução francesa de 1872 do Livro I de *O capital*, revisada e autorizada pelo próprio Marx[19], e também nas traduções brasileiras feitas diretamente do alemão[20]. Na variabilidade semântica de que se revestem na obra de Marx, os termos alemães poderiam também receber outras traduções. A regra aqui adotada não passa de uma convenção útil para os propósitos deste livro: flagrar os movimentos chamados por Marx de *Darstellung* e de *Vorstellung* e propor um recorte que permita alcançar uma interpretação fecunda do "modo de representação capitalista".

Esse empenho não pretende, de modo algum, sustentar que determinados termos ou conceitos estavam claros no processo de escrita de Marx, tampouco afirmar um sentido reto, unívoco, para textos que, muitas vezes, vêm de um manuscrito incompleto. Não se pode esquecer que o próprio Marx revisava constantemente até obras já publicadas, fazendo mudanças relevantes como, por exemplo, as da segunda edição alemã do Livro I de *O capital*. A preocupação em aperfeiçoar e corrigir o texto tem a ver, sem dúvida, com a consciência que Marx ia adquirindo a seu respeito. Mas essa consciência talvez o levasse a definir com mais precisão as categorias aqui ressaltadas. Enfim, os cuidados de Marx devem nos alertar para as potencialidades que a leitura dessa obra complexa ainda oferece.

---

[19] Sobre tradução francesa de 1872, é importante observar, antes de tudo, que, em seu "Avis au lecteur", Marx informa ter modificado, com "o objetivo de torná-las mais acessíveis ao leitor", passagens que Roy havia traduzido "do modo mais exato e literal possível", e que, assim, "simplificou alguns desenvolvimentos, completou outros". Entram talvez nessa conta a tradução de "ursprüngliche Akkumulation" por "accumulation primitive", "Geld" por "monnaie", e não "argent", e "darstellen" por "exposer" ou, ainda, "représenter" e "exprimer". A título de exemplo, comparem-se as seguintes passagens: "Die gesellschaftliche Aktion aller anderen Waaren schließt daher eine bestimmte Waare aus, worin sie allseitig ihre Werthe darstellen" ("A ação social de todas as outras mercadorias exclui então uma mercadoria determinada, na qual elas todas *apresentam* seus valores") (MEGA II/10, p. 84; [MEW 23, p. 101; *O capital I*, p. 161]). Em francês: "Une marchandise spéciale est donc mise à part par un acte commun des autres marchandises et sert à exposer leur valeurs réciproques" ("Portanto, uma mercadoria especial é separada por um ato comum das outras mercadorias e serve para *expor* seus valores recíprocos") (MEGA II/7, p. 66). Ou, ainda: "der Austauschproceß [...] producirt die Verdopplung der Waare in Waare und Geld, einen äußeren Gegensatz, worin sie ihren immanenten Gegensatz von Gebrauswerth und Werth darstellen" ("o processo de troca [...] produz uma duplicação da mercadoria em mercadoria e dinheiro, uma oposição externa, na qual eles *apresentam* sua oposição imanente de valor de uso e valor") (MEGA II/10, p. 99 [MEW 23, p. 119; *O capital I*, p. 179]). Em francês: "Mais cette unité de contraires se représente inversement aux deux extrêmes" ("Mas essa unidade de contrários se representa inversamente nos dois extremos") (MEGA II/7, p. 81). Há mais casos como esses.

[20] Em geral, as traduções brasileiras traduzem *darstellen* por "representar", buscando um sentido mais claro em português. Como o meu objetivo neste livro é ressaltar a diferença entre *darstellen* e *vorstellen* no texto alemão, proponho aqui traduções novas. Além disso, mantenho a grafia do alemão da época em que Marx escreveu o texto, conforme a versão da MEGA.

De todo modo, as categorias de "apresentação" e "representação" devem funcionar como pistas, como recursos heurísticos de um processo, portanto, de descoberta. Afinal, trata-se de voltar a Marx, mais uma vez, para achar em sua obra novas possibilidades. Nesse caso, uma leitura minuciosa do texto é necessária para detectar indícios, mas não pode chegar ao exagero de um respeito formalista e reverente que limite a liberdade de articular sentidos novos e de sugerir associações entre as formas sociais peculiares, inclusive no capitalismo atual. Entender o capitalismo atual deve ser o verdadeiro ponto de chegada de qualquer investigação sobre a obra de Marx. Assim como o "modo de produção capitalista" está sempre mudando, seu correlato, o "modo de representação capitalista", também está sempre se rearticulando. Não será possível, é óbvio, percorrer todo o âmbito em que isso se dá hoje em dia, toda a pluralidade de formas e aspectos que os fenômenos da consciência vêm adquirindo. Mas, se o eixo a partir do qual se geram esses fenômenos, ou o fundo que lhes serve de alicerce, for exposto de modo claro e coerente, este livro terá alcançado seu objetivo.

2.
Conforme visto acima, o "modo de representação capitalista" só se configura plenamente na obra de Marx sob a forma do capital portador de juros e, a seguir, sob a inversão definitiva sofrida pelo conceito de valor com a "fórmula trinitária". Trata-se do ponto culminante de uma teoria da distribuição do mais-valor, que deve receber a atenção principal no estudo aqui proposto, mas que, como se sabe, nunca chegou a ser concluída por Marx. Ele a delineou, em sua primeira versão, já em 1857, e a desenvolveu de modo quase integral nos cadernos redigidos entre o verão de 1864 e dezembro de 1865, aos quais acrescentaria apenas textos esparsos sobre alguns pontos específicos[21]. Mais tarde, Engels aproveitou todo esse material para a sua edição do Livro III de *O capital*[22].

A versão de 1864-1865 será a base da discussão realizada neste livro, que não tem o intuito de reconstruir integralmente o processo de elaboração conceitual da crítica de Marx ao capitalismo, comparando a definição e o papel dos conceitos em cada etapa da obra. Referências a versões da matéria do Livro III posteriores

---

[21] Os cadernos de 1864-1865 foram publicados na MEGA II/4.2 e II/4.3 em 1992 e 2012. Os textos esparsos indicados acima, especificamente sobre os temas do Livro III, foram redigidos a partir de 1868 e publicados na MEGA II/4.3 e na MEGA II/14, em 2003.
[22] A sequência das sete partes do Livro III, chamadas de "capítulos" no manuscrito e de "seções" na edição de Engels, já está decidida entre 1864 e 1865, como se pode ver na MEGA II/4.2 e é comunicada a Engels em carta de 30 de abril de 1868, junto com uma explicação do conteúdo de cada parte. Ver MEW 32, p. 70-5.

ou anteriores a 1864-1865 serão menos frequentes e feitas sempre com o intuito de esclarecer algum aspecto importante dos manuscritos principais. Só nesse caso será levada em conta, e devidamente indicada, a diferença entre os diversos textos.

No entanto, será preciso analisar em detalhe tais manuscritos e compará-los com as obras publicadas para reconstituir conceitos a partir tanto das palavras empregadas por Marx como das lacunas, rasuras e variações deixadas no original. Por isso, a fonte deste trabalho é a Marx-Engels-Gesamtausgabe (Edição Completa de Marx e Engels), denominada MEGA, de acordo com a sigla em alemão[23]. Não só a análise dos manuscritos mas também a das obras publicadas baseiam-se na MEGA, e não na tradicional Marx-Engels-Werke (MEW)[24], que não se propõe a ser uma edição crítica. Por exemplo, no caso de *O capital*, a MEW reduz-se às edições dos Livros II e III feitas por Engels e à quarta edição do Livro I, também feita por ele. Todo o processo de elaboração dos conceitos fica apagado, assim como as alternativas, que, muitas vezes, são o que mais interessa[25].

Engels realizou um trabalho editorial importante, bem superior ao padrão de sua época. Contudo, no afã de dar a público *O capital* como obra acabada, introduziu nos Livros II e III, sem aviso, complementos ao manuscrito que, embora necessários

---

[23] Nas notas de rodapé a referência será: MEGA, seguida de algarismo romano para indicar a seção da obra, de um algarismo arábico para indicar o volume dentro da seção e, finalmente, do número da página. É bom esclarecer desde logo que a indicação "MEGA II" se referirá à segunda seção da obra, e não à chamada "segunda MEGA", que designa a retomada do projeto depois da interrupção violenta, em 1935, da primeira edição – chamada "primeira MEGA". Essa primeira edição foi publicada a partir de 1927 por Riazanov na União Soviética e continuou até 1935, com vários percalços políticos, chegando a onze volumes. Quarenta anos mais tarde, em 1975, o projeto foi retomado pelos Institutos de Marxismo-Leninismo da URSS e da RDA, e, após 1991, pela Fundação Internacional Marx-Engels de Amsterdã. A MEGA atual se divide em quatro seções: I. Obras, artigos, esboços; II. *O capital* e seus escritos preparatórios; III. Correspondência; IV. Resenhas, notas, escritos avulsos. Sobre a história dos dois projetos da MEGA, ver Gerald Hubmann, "Da política à filologia: a Marx-Engels Gesamtausgabe", *Crítica Marxista*, São Paulo, Editora Unesp, v. 34, 2012, p. 33-42. Um ponto de vista distinto é o de Thomas Marxhausen, "História crítica das Obras Completas de Marx e Engels (MEGA)", *Crítica Marxista*, São Paulo, Editora Unesp, v. 39, 2014, p. 95-124.

[24] A MEW começou a ser publicada em 1956, na República Democrática Alemã (RDA), a partir de uma edição canônica russa da obra de Marx e Engels. Sobre a MEW, ver também o artigo de Hubmann, "Da política à filologia: a Marx-Engels Gesamtausgabe", cit. Nas notas de rodapé deste livro, a referência será MEW, seguida dos algarismos arábicos correspondentes ao volume citado e ao número da página. Apesar das restrições apontadas, serão utilizadas as edições da MEW para as obras não publicadas ainda pela MEGA, como *Miséria da filosofia* e alguns volumes de cartas.

[25] Nesse sentido, é fundamental destacar que cada volume da MEGA vem acompanhado de um volume chamado *Apparat*, no qual são assinaladas as correções e variantes feitas pelo próprio Marx nos manuscritos ou na margem dos livros que foram publicados quando ainda estava vivo. É a leitura dessas correções e variantes que permite descobrir as sobreposições de sentido cruciais.

à compreensão, muitas vezes refletiam suas próprias opiniões. Por isso, suas edições serão utilizadas aqui mais para comparação com os manuscritos de Marx do que como referência primária. Mesmo as obras publicadas por Marx, como o Livro I de *O capital*, serão citadas na quarta edição, de 1890 (MEGA II/10), mas também nas edições de 1867 (MEGA II/5) e de 1872 (MEGA II/6). Na quarta edição, Engels modificou algumas passagens até em relação à terceira edição, de 1883, na qual ele já havia alterado o texto da segunda edição de Marx[26]. Um trabalho que proponha detectar no texto de Marx indícios para uma leitura nova não pode se apoiar em versões nas quais esses indícios tenham sido eventualmente suprimidos.

A utilização dos manuscritos de Marx envolve, por seu turno, certas dificuldades de leitura. O texto ainda não estava pronto para publicação e traz muitos sinais gráficos e algarismos que seriam provavelmente substituídos mais tarde por palavras. Marx intercala adendos e comentários entre parênteses, por exemplo, para evidente elaboração posterior, mais tarde eliminados na versão final de Engels ou transcritos sem parênteses. As citações deste livro conservam esses sinais e adendos, mesmo quando obstruem a fluência do texto. Engels também apaga de maneira sistemática os sinais de ênfase postos por Marx em algumas palavras ou grupos de palavras, como sublinhados e negritos, recolocados nas citações feitas aqui[27]. Por fim, muitos termos escritos em idiomas diferentes do alemão, em geral, em inglês ou francês, são quase sempre traduzidos por Engels em suas edições, mas aqui serão citados como no original.

Outras dificuldades do trabalho com os manuscritos são os trechos repetitivos e a redação pouco clara, próprios de um pensamento ainda em fase de elaboração, interrompido e retomado várias vezes. Em especial para o leitor que está habituado à escrita elegante do Livro I de *O capital*, com seus exemplos históricos e suas citações literárias, e que já considera áridas as edições do Livro II e III feitas por Engels, a leitura dos respectivos manuscritos será ainda mais penosa. Contudo, essa forma errática, lacunar e, em alguns casos, ambígua abre campo para novas articulações entre os múltiplos sentidos do texto, transformando em vantagem as desvantagens do Livro III.

A busca por tais articulações de sentido é o objetivo principal deste livro e, para tanto, optou-se por dialogar quase que só com a obra do próprio Marx. Referências

---

[26] Sobre a história das edições de 1883 e 1890, convém examinar os prefácios do próprio Engels (MEGA II/8, p. 57-61 e MEGA II/10, p. 22-7 [*O capital I*, p. 97-9 e 105-10, respectivamente]) e os comentários dos editores da MEGA (MEGA II/8, p. 13-40 e 805-8, *Apparat*; MEGA II/10, p. 11-36 e 705-10, *Apparat*).

[27] Quando a ênfase é feita por Marx, a citação apenas a indica em itálico; quando a ênfase é minha, acrescento "grifo meu". Para indicar interrupção da citação ou acréscimo de palavra feitos por mim, uso colchetes.

a comentadores aparecem em notas de rodapé nos casos realmente necessários para resumir questões supostas no texto. Decerto os comentadores instigaram reflexões e críticas importantes para este trabalho, mas ele pretende, acima de tudo, realizar um exercício de interpretação de escritos cujo estatuto é muito particular, tanto por sua importância quanto por seu caráter inacabado. Esse caráter mesmo, no caso do Livro III, deverá ser examinado já de início, para evitar um duplo equívoco: considerá-los versão final, no sentido pretendido por Engels; ou, ao contrário, simples anotações preparatórias, que de modo algum poderiam ser vistas como a conclusão de *O capital*.

Justamente a discussão sobre o caráter da obra inicia a primeira parte deste livro, "As formas do mais-valor", e leva, a seguir, ao conceito determinante do Livro III, que articula a sua apresentação de acordo com um princípio distinto, e até inverso, daquele que preside o dos Livros I e II – a "equalização". Por intermédio do processo assim denominado por Marx, o mais-valor se distribui entre os vários capitais individuais no interior de um ramo de produção, entre os vários ramos de produção e até entre os capitalistas de fora da esfera produtiva propriamente dita. Mas, em sua realização paulatina, essa forma de distribuição do mais-valor consagrará a propriedade privada como um princípio mais importante do que o trabalho criador de mais-valor, como uma "forma social" autonomizada em relação à "substância" que a constitui. A primeira parte termina, então, examinando o próprio conceito de uma "forma" que se autonomiza da sua "substância".

O exame continua na segunda parte, "Da apresentação à representação", que volta aos Livros I e II de *O capital* para encontrar o *modus operandi* dessa autonomização da "forma" e os respectivos conceitos que a definem. Precisamente nesse momento, a "apresentação" e a "representação" surgem como processos impostos à prática dos agentes, que deles formam em sua consciência uma imagem ideal. A segunda parte se divide, como a primeira, em três capítulos. Os títulos dos dois primeiros foram extraídos de uma passagem do Livro II que estabelece uma diferença entre *Formbildung* (composição ou formação da forma) e *Formwechsel* (mudança de forma)[28]. Na *Formbildung* procura-se delinear a própria noção de "forma" desde o jogo simples entre a mercadoria e o dinheiro. A *Formwechsel*, na sequência, indica que a metamorfose do valor constitui o eixo pelo qual ele se apresenta em formas sociais cada vez mais complexas. Ele passa do dinheiro para o capital e de

---

[28] "Para apreender as formas de modo puro, antes de tudo, importa abstrair todos os momentos que nada tenham a ver com a mudança de forma e a composição da forma enquanto tais" ("Um die Formen rein aufzufassen, vor allem wichtig zunächst v. allen Momenten zu abstrahiren, die mit dem *Formwechsel* und der *Formbildung* als solchen nichts zu thun haben") (MEGA II/11, p. 559; grifos meus [MEW 24, p. 32; *O capital II*, p. 108]).

uma forma de capital para outra, como se fosse uma simples "mudança de forma", como se "se tratasse de determinações conceituais e da dialética desses conceitos", na conhecida advertência dos *Grundrisse* contra o próprio "estilo idealista da apresentação"[29]. Esclarecer o sentido desse "idealismo" é o objetivo final da segunda parte, cujo último capítulo aborda a diferença do conceito de *Darstellung* em Marx e em Hegel, um tema antigo e bastante discutido sobre o qual, no entanto, sempre é preciso dizer mais alguma coisa.

Por fim, uma vez esclarecidos os elementos pelos quais a autonomia da "forma" se determina e define, a terceira parte, "A representação do capital", pode retomar o Livro III de *O capital* para examinar como a "apresentação" prática das formas sociais mais complexas configura a "representação" do capital, em especial na consciência dos agentes econômicos. A terceira parte se divide em dois capítulos: os quatro itens do primeiro capítulo observam estrito paralelismo com os quatro itens do segundo capítulo da primeira parte. Eles descrevem os quatro níveis de complexidade crescente do Livro III: a) a esfera do capital industrial – que corresponde às três primeiras seções do livro; b) o capital comercial – quarta seção; c) o capital a juros – quinta seção; d) e a renda da terra – sexta seção. Por esse paralelo entre o primeiro e o terceiro capítulos, pretende-se comprovar a hipótese de que os conceitos de "apresentação" e "representação" fornecem meios para se entender algumas formas intrincadas do capitalismo, em especial seu "modo de representação" próprio. O final da terceira parte aborda a última seção do Livro III, entendendo a "fórmula trinitária" justamente como o ponto culminante de todo esse "modo de representação".

Uma recapitulação geral das três partes e algumas propostas de análise do modo de representação capitalista são feitas nas "Considerações finais". Esse olhar retrospectivo não se limita a retomar e repetir resumidamente o que foi dito; ele busca articular, antes, aspectos e questões que o exame separado de cada parte não havia permitido. A aproximação de pontos tratados até então separadamente permite combinações que conferem à representação significados novos, a partir dos quais o livro chega ao seu termo. Categorias como a de crítica e a de verdade, ligada à crítica, bem como a relação entre conceito e representação, entre ciência e interesse, por exemplo, são abordados aqui segundo a autocaracterização que o próprio Marx faz de seu projeto.

---

[29] Marx anota entre parênteses: "Será necessário mais tarde [...] corrigir o estilo idealista da apresentação, que produz a aparência de se tratar só de determinações conceituais e da dialética desses conceitos" ("Es wird später nötig sein [...] die idealistischer Manier der Darstellung zu korrigieren, die den Schein hervorbringt als handle es sich um nur Begriffsbestimmungen und die Dialektik dieser Begriffe") (MEGA II/1.1, p. 85 [MEW 42, p. 85-6; *Grundrisse*, p. 100]).

Parte I
As formas do mais-valor

I.
Começando pelo final

O projeto de escrever uma "crítica da economia política" surge, na cabeça de Marx, já em 1844[1]. Mas só bem mais tarde, depois de minuciosos estudos sobre a obra de muitos economistas, depois de abrangentes pesquisas para redigir artigos de jornal, em especial para o *New York Daily Tribune*, e sob a urgência da crise econômica de 1857, é que Marx decide executá-lo. Em curto espaço de tempo, entre os meses de julho de 1857 e maio de 1858, ele redige as muitas centenas de páginas que serão publicadas cerca de oitenta anos mais tarde com o título de *Fundamentos da crítica da economia política*, hoje conhecidas como *Grundrisse*. De fato, trata-se ali de "fundamentos", isto é, da primeira versão da obra que seria várias vezes reformulada adiante. Essa versão original correspondia ao começo de um extenso programa dividido em seis livros: "do capital; da propriedade da terra; do salário; do Estado; o comércio internacional; o mercado mundial"[2]. Mas só o primeiro livro, "do capital", propunha subdivisões: "1) valor; 2) dinheiro; 3) capital em geral (processo de produção do capital, processo de circulação do capital, unidade de ambos ou

---

[1] De fato, tratava-se de uma "crítica da política e da economia política", para cuja redação Marx talvez tivesse escrito em 1844 as notas publicadas apenas em 1932, sob o título de *Manuscritos econômico-filosóficos* ou *Manuscritos de Paris*, e para cuja publicação Marx assinou contrato com o editor Karl Leske, de Darmstadt, em 1º de fevereiro de 1845, como relata a carta a Annenkov de 28 de dezembro de 1846 e a Weydemeyer em 1º de agosto de 1849 (MEGA III/2, p. 70; MEGA III/3, p. 37 [MEW 27, p. 451 e 506]).

[2] Conforme carta a Lassalle, em 22 de fevereiro de 1958 (MEGA III/9, p. 72-3 [MEW 29, p. 550-1]), que desenvolve o projeto exposto na introdução escrita em agosto de 1857, dividida em cinco itens (MEGA II/1.1, p. 43 [MEW 42, p. 42; *Grundrisse*, p. 61]).

capital e lucro, juros)"[3]. Esse plano inicial seria modificado, os três últimos livros não chegariam a ser escritos, parte dos livros sobre a propriedade da terra e sobre o salário seria incorporada ao primeiro livro, "do capital", que acabaria constituindo o objeto inteiro do planejado estudo da sociedade burguesa.

Toda essa história já foi bastante discutida, mas a publicação, em 1992, dos manuscritos referentes ao Livro III de *O capital* trouxe novos elementos à discussão[4], sobre os quais, para os propósitos deste trabalho, é necessário fazer alguns comentários.

Por certo Marx deixou semielaborado o material para o segundo e o terceiro livros de *O capital*, com algumas partes quase prontas e outras, como a famosa quinta seção do Livro III – sobre o capital a juros –, em estado rudimentar. E por certo, também, o exame desse material evidencia o papel ativo de Engels na edição, enrijecendo conceitos e apresentando ao leitor suas opções interpretativas como se fossem do próprio Marx. Mais do que aspectos pontuais de conteúdo, entretanto, o que importa aqui é o sentido do todo, a crítica em suas várias etapas

---

[3] Conforme carta a Engels de 11 de março de 1858 (MEGA III/9, p. 99 [MEW 29, p. 553]). Logo depois, numa carta de 2 de abril de 1858, Marx detalha de outro modo o livro sobre o capital: "a) capital *en général* (*é a matéria do primeiro caderno*); b) a *concorrência* ou a ação dos muitos capitais uns sobre os outros; c) *crédito*, em que o capital dos capitalistas individuais aparece diante de um elemento geral; d) o *capital acionário* como a forma acabada (passando ao comunismo), com todas suas contradições" ("a) Capital en général (*Dieß ist der Stoff des ersten Hefts*); b) Die *Concurrenz* od. die Aktion der vielen Capitalien auf einander; c) *Credit*, wo das Capital den einzelnen Capitalien gegenüber als allgemeines Element erscheint; d) Das *Actiencapital* als die vollendeste Form (zum Communismus überschlagend.) zugleich m. allen seinen Widersprüchen") (MEGA III/9, p. 122-3 [MEW 29, p. 312]).

[4] Sobre a história da publicação de *O capital* desde os *Grundrisse*, o comentário de Roman Rosdolsky (*Gênese e estrutura de* O capital *de Marx*, trad. Cesar Benjamin, Rio de Janeiro, Eduerj/Contraponto, 2001, p. 27-35) ainda me parece uma ótima introdução. Em 1992, a MEGA publicou os manuscritos de Marx de 1864-1865 (MEGA II/4.2), a partir dos quais foi feita a edição do Livro III em 1894 (MEGA II/15). A inevitável comparação dos dois textos permitiu ver que Engels não havia se limitado a pequenas intervenções, sempre entre colchetes e marcadas com o "F.E.". Ao contrário, o texto de Marx havia sido alterado com inclusões e exclusões que, muitas vezes, modificavam muito o sentido original. Surgiu daí um debate, cujos pontos altos são os seguintes artigos: Carl-Erich Vollgraf e Jürgen Jungnickel, "'Marx in Marx' Worten'? Zu Engels' Edition des Hauptmanuskripts zum dritten Buch des Kapital", *MEGA-Studien*, Berlim, Dietz, v. 2, 1994, p. 3-55; Carl-Erich Vollgraf, "Kontroversen zum III. Buch des Kapital", *MEGA-Studien*, Berlim, Dietz, v. 2, 1996, p. 86-108; Terrell Carver, "'Marx-Engels' or 'Engels v. Marx'?", *MEGA-Studien*, Berlim, Dietz, v. 2, 1996, p. 79-85; Michael Heinrich, "Engels' Edition of the Third Volume of Capital and Marx' Original Manuscript", *Science & Society*, v. 60, n. 4, 1996-1997, p. 452-66. Embora o debate tenha amainado depois dos anos 1990, ainda aparecem textos importantes sobre ele, como a introdução escrita por Fred Moseley para a recente tradução inglesa dos manuscritos de 1864-1865.

e o momento em que se completa. Lendo apenas o Livro I de *O capital*, por exemplo, parece que a crítica tem como fulcro a exploração direta do trabalhador pelo capitalista, dissimulada pela igualdade jurídica de ambos no mercado de trabalho e obscurecida pelas formas sociais mais complexas, como as da obtenção de mais--valor relativo. Mas a crítica vai além disso. Torna-se necessário entender os mecanismos sofisticados de inversão e ocultamento de toda essa esfera de produção e constituição do capital apresentada no Livro I. Era a isso que o projeto original da "crítica da economia política" visava desde sempre, ao partir do "capital em geral" para chegar à concorrência entre capitalistas, ao sistema de crédito e à propriedade da terra. Enquanto o "capital em geral" define "leis econômicas" pela relação constitutiva entre o capital e o trabalho, a esfera da concorrência, do crédito e da propriedade da terra determina o modo como essas "leis" se realizam[5]. Em uma primeira aproximação, pode-se afirmar que, nesse ponto de chegada, a crítica gira em torno do fetichismo do capital.

Retomemos a história. Marx decide imprimir o livro sobre o capital em partes[6] e, em 1859, publica um primeiro volume, referente aos itens 1 e 2 do seu plano – "valor e dinheiro", já transformados em "mercadoria e dinheiro"[7]. Mas, quando, em seguida, preparava o volume referente ao item 3 – o "capital em geral" –, percebeu que o manuscrito de base – os *Grundrisse* – ainda deveria ser amadurecido. Ele volta ao estudo, entre 1861 e 1863, retomando e aprofundando a leitura dos economistas[8]. É nesse momento que começa a mudar o primeiro projeto já pelo título da obra central, que passa a se chamar *O capital*, rebaixando "crítica da economia

---

[5] "A concorrência, essa locomotiva essencial da economia burguesa, em geral não estabelece suas leis, e sim as executa. Por isso, a *illimited competition* [competição ilimitada] não é o pressuposto da verdade das leis econômicas, e sim a consequência – a forma de aparecimento na qual sua necessidade se realiza" ("Die Concurrenz überhaupt, diese wesentliche Locomotor der bürgerlichen Oekonomie, etablirt nicht ihre Gesetze, sondern ist deren Executor. Illimited Competition ist darum nicht die Voraussetzung für die Wahrheit der ökonomischen Gesetze, sondern die Folge – die Erscheinungsform, worin sich ihre Nothwendigkeit realisirt") (MEGA II/1.2, p. 448 [MEW 42, p. 457; *Grundrisse*, p. 456]).

[6] Ver carta a Lassalle de 12 de novembro de 1858 e a Engels de 15 de janeiro de 1859 (MEGA III/9, p. 238-9 e 275 [MEW 29, p. 566-7 e 383]).

[7] Só ao chegar ao fim da redação dos *Grundrisse* Marx percebe a necessidade de iniciar não pelo dinheiro, e daí passar ao capital, e sim pela mercadoria, "primeira categoria em que se apresenta a riqueza burguesa" ("Die erste Categorie, worin sich der bürgerliche Reichthum darstellt ist"), e dela deduzir o dinheiro (MEGA II/1.2, p. 740 [MEW 42, p. 767; *Grundrisse*, p. 756]). Em 1859, ele publica *Para a crítica da economia política*, com os capítulos "Mercadoria" e "Dinheiro" (MEGA II/2 [MEW 13]).

[8] Quase metade dessas notas de leitura, mais exatamente 5 de 23 cadernos, será editada por Kautsky entre 1905 e 1911 com o título *Teorias do mais-valor* [também traduzido como *Teorias da mais--valia*], correspondendo ao planejado Livro IV de *O capital*, proposto no projeto de 1865 conforme carta a Engels já em 31 de julho de 1865 (MEGA III/13, p. 509-10 [MEW 31, p. 131-2]).

política" a subtítulo[9], uma decisão que vem, muito provavelmente, da compreensão cada vez mais nítida do papel dominante do capital no todo da sociabilidade burguesa[10]. Essa compreensão implica apresentar o capital, em primeiro lugar, na sua pura relação com o trabalho assalariado, pois formas sociais como a renda da terra e formas de capital anteriores à do capital industrial – o capital mercantil e o capital a juros – adotam uma nova função social quando inscritas na acumulação produtiva. Já nos *Grundrisse* a ideia era essa; por isso, só depois de "o capital em geral" podia vir a terceira e última seção, intitulada "o capital trazendo frutos, juros, lucro". Mas, não por acaso, ela começa pela definição do capital como "sujeito" da autovalorização, continuando as seções precedentes, sem desenvolver bem o tema, restrito a cerca de trinta páginas e centrado ainda na relação do lucro com o salário. De todo modo, o que mais importa é o fato de Marx ter deixado claro já aí seu plano de completar o livro sobre o capital com uma investigação sobre juros e concorrência entre capitalistas.

Os manuscritos de 1861-1863 confirmam essa disposição: começam com o processo de produção do capital "em geral" e terminam com a relação de "capital e lucro" e alguns exercícios de cálculo de juros simples e compostos[11]. Mas eles introduzem uma diferença crucial. O estudo da renda da terra, sobretudo na versão ricardiana, que Marx retomou em 1862, altera o conceito de "preço". Não é possível considerar, como fez Ricardo, que a renda diferencial não influencie o preço dos grãos e, daí, dos produtos em geral. Esse tema será discutido com algum detalhe adiante. Aqui já se pode dizer, contudo, que a afirmação de Ricardo baseia-se no pressuposto de que a extensão da área cultivada sempre se fará dos terrenos mais férteis para os menos férteis, que exigem mais trabalho para produzir grãos e cujo produto, assim, contém mais valor do que o produto dos terrenos mais férteis. É esse valor mais alto que eleva o preço do produto em geral e permite que seja embutida uma renda no preço do produto dos terrenos mais férteis. Portanto,

---

[9] Ver carta a Kugelmann de 28 de dezembro de 1962: "É a continuação do caderno I, mas aparecerá de modo independente sob o título 'O capital' e 'Para a crítica da economia política' só como subtítulo" ("Es ist die Fortsetzung von Heft I, erscheint aber selbständig unter dem Titel 'Das Capital' u. 'Zur Kritik der Pol. Oek.' Mur als Untertitel") (MEGA III/12, p. 296-7 [MEW 30, p. 639-41]).

[10] Nas palavras da conhecida introdução aos *Grundrisse*, de 1857: "O capital é o poder econômico todo-dominante da sociedade burguesa. Ele deve constituir o ponto de partida e o ponto de chegada e ser desenvolvido antes da propriedade da terra" ("Das Capital ist die alles beherrschende ökonomische Macht der bürgerlichen Gesellschaft. Es muss Ausgangspunkt, wie Endpunkt bilden und vor dem Grundeigenthum entwickelt werden") (MEGA II/1.1, p. 42 [MEW 42, p. 41; *Grundrisse*, p. 60]).

[11] Ver MEGA II/3.1 para o processo de produção do capital; MEGA II/3.5 para o lucro; e MEGA II/3.6 para o capital a juros.

Ricardo pode garantir que o preço mais alto do grão não decorre da renda paga pela propriedade da terra; apenas permite que a renda seja paga. Marx expõe esses argumentos de Ricardo e os critica, apontando a unilateralidade da ideia ricardiana de expansão da agricultura, pois nem sempre ela deve seguir dos terrenos mais férteis para os menos férteis; nem sempre uma maior quantidade de trabalho é exigida pela expansão agrícola, aumentando o valor do produto; nem sempre um aumento de valor está por trás de um aumento de preço. É sintomático que Ricardo desconsidere a renda absoluta, isto é, a renda que deve ser paga já como remuneração da mera propriedade da terra, independentemente de sua fertilidade. E é sintomático que Marx tenha em tão alta conta a renda absoluta como a forma mais geral de renda, sobre a qual se pode firmar o direito à renda diferencial, mais do que sobre uma qualidade natural da terra. Trata-se, antes de tudo, do direito conferido pelo título de propriedade; é ele que está na base da diferença entre o valor do produto e o seu preço, pois no preço está embutida, sim, a renda devida ao proprietário[12].

A partir daí, Marx pôde se dedicar à redação da seção final do seu plano de estudo. Pois, embora a renda da terra fosse uma antiga preocupação sua, com destaque já nos *Manuscritos econômico-filosóficos* de 1844[13], até a fase de 1861-1863 o interesse se concentrava na dimensão social e política do direito do proprietário da terra de se apropriar de uma parte da riqueza produzida pelo trabalhador. Isso se mantém, mas com ênfase na dimensão especificamente econômica da apropriação, ou seja, na parcela do produto social que o título de propriedade assegura ao proprietário. É como se ocorresse uma inversão da polaridade entre as duas dimensões, presentes desde sempre: se antes a finalidade de Marx era explicar a posição social da classe dos proprietários pela renda que lhes é destinada, depois passa a ser compreender a renda a partir da propriedade da terra.

Assim, no final dessa etapa de trabalho, em janeiro de 1863, Marx elabora um novo projeto de pesquisa[14], no qual "divide a terceira seção, 'capital e lucro'" de maneira mais detalhada do que no projeto de 1857. Desse modo, o item sobre a renda da terra surge indicado como "ilustração da diferença entre valor e preço de produção", depois do estudo da concorrência entre os capitalistas industriais, do qual sai o conceito de "preço de produção" e que aparece, aliás, com o título não de "concorrência", mas de "transformação do mais-valor em lucro", da "taxa de mais-valor em taxa de lucro" e de valor em preço (de produção). O que está em jogo, portanto, é o modo como surge uma taxa de lucro e um lucro médio por meio da concorrência; como esse lucro médio estabelece preços médios, que Marx

---

[12] Ver MEGA II/3.3, p. 945-8 [MEW 26.2, p. 310-4; *Teorias da mais-valia*, v. II, p. 742-6].
[13] Ver MEGA I/2, p. 351-63 [MEW 40, p. 497-510; *Manuscritos econômico-filosóficos*, p. 61-77].
[14] Ver MEGA II/3.5, p. 1861 [MEW 26.1, p. 390; *Teorias da mais-valia*, v. I, p. 408].

chama aqui de "preços de produção", e como, no espaço entre o valor e o preço de produção, se instala a renda devida pelos capitalistas aos proprietários dos recursos naturais. Só então aparece o item relativo à "separação do lucro em lucro industrial e juros, o capital mercantil e o capital-dinheiro" e, por fim, o dos "rendimentos e suas fontes" e o da "economia vulgar". Dessa forma, a renda da terra está integrada em definitivo ao exame do capital, bem como o "crédito", que constava como uma seção à parte no projeto que Marx apresenta a Engels na carta de 11 de março de 1858 citada na nota 3 (p. 26); ele nem pretende mais tratar do sistema de "crédito", e sim da mera "separação do lucro em lucro industrial e juros".

Essa mudança fundamental do plano é mantida na continuação imediata do trabalho de Marx, os manuscritos de 1863-1867, que servirão de nova base para *O capital*. As três formas sociais que só deveriam ser apresentadas mais tarde – concorrência, crédito e renda da terra – integram-se ao primeiro livro apenas parcialmente, dando a impressão de que Marx não havia abandonado o projeto dos seis livros acima mencionado. De fato, em relação ao crédito, os manuscritos de 1863--1867 advertem que se restringirão ao capital a juros, pois "a análise do sistema de crédito e dos instrumentos por ele criados, tais como o dinheiro de crédito etc., fica fora do nosso plano"[15]. O mesmo ocorre com o problema da renda fundiária. Nesses manuscritos, Marx começa a seção a ela correspondente avisando: "A análise da *propriedade da terra* em suas diversas formas históricas encontra-se além dos limites deste trabalho. Nós nos ocupamos com ela apenas na medida em que uma parte do *mais-valor* criado pelo capital reverte ao proprietário de terra"[16].

Interessantes são os grifos de Marx no texto. Pois "propriedade da terra" era justamente o título do segundo livro no plano de 1857, que talvez contemplasse as "suas diversas formas históricas", agora postas de lado em nome do objetivo específico de examinar como "uma parte do mais-valor [...] reverte ao proprietário de terra". Por fim, também a concorrência é incorporada de modo restrito, quando Marx diz que "mais detalhes sobre ela estão fora dos nossos limites, pois devem ser desenvolvidos no tratado *Sobre a concorrência*"[17]. Estava ainda no plano escrever

---

[15] "Die Analyse des Creditwesens und der Instrumente, die es sich schafft, wie des Creditgeldes u.s.w. liegt ausserhalb unsres Plans" (MEGA II/4.2, p. 469 [MEW 25, p. 413; *O capital III*, p. 451]).

[16] "Die Analyse des *Grundeigenthums* in seinen verschiednen historischen Formen liegt jenseits der Grenzen dieses Werks. Wir beschäftigen uns nur mit ihm, so weit ein Theil des vom Capital erzeugten *Mehrwerts* dem Grundeigenthümer anheimfällt" (MEGA II/4.2, p. 667 [MEW 25, p. 627; *O capital III*, p. 675]). Assim como na citação anterior, sobre o crédito, a advertência vem já no começo do capítulo.

[17] "Die weitren Details hierüber fallen ausserhalb unsrer limits, weil sie zu entwickeln in der Abhandlung '*Ueber die Concurrenz*'" (MEGA II/4.2, p. 270 [MEW 25, p. 207; *O capital III*, p. 232]).

um "tratado" sobre a concorrência, o que parece ter sido o caso inclusive do crédito e da propriedade da terra.

Mas trazer para o livro sobre o capital a discussão sobre a propriedade da terra como "renda da terra", do crédito como "capital portador de juros" e da concorrência como "transformação do mais-valor em lucro" implica uma mudança significativa no projeto. O novo tratamento da renda da terra exigiu uma antecipação do tratamento da concorrência para definir conceitos como "lucro médio" e "preço de produção" que fossem distintos dos de "mais-valor" e "valor", mas deles derivados por um processo de "transformação", pelo qual, por sua vez, ocorre a passagem complexa do âmbito da constituição do capital na sua relação com o trabalho assalariado para o âmbito das formas de manifestação das "leis imanentes". Mesmo essa incorporação específica da concorrência à alçada do livro sobre o capital já foi suficiente para descaracterizar o conceito de "capital em geral", que, de fato, deixa de ser mencionado por Marx a partir de 1864.

Sobre esse caso, há um conjunto de textos também reveladores. Para ficarmos com apenas dois deles, Marx diz que "os fenômenos que investigamos neste § exigem, para o seu pleno desenvolvimento, o sistema de crédito e a concorrência no mercado mundial, que forma em geral a base do modo de produção capitalista e que é necessário como sua *sphere of action* [esfera de ação]. Mas essas – formas mais concretas da produção capitalista só podem 1) ser apresentadas depois de ser concebida a natureza geral do capital e 2) ficam fora do plano do nosso trabalho e pertencem à sua eventual continuação" ("die Phänomene, die wir in diesem § untersuchen, bedürfen zu ihren vollen Entwicklung des Creditwesens und der Concurrenz auf dem Weltmarkt., der überhaupt die Basis der capitalistischen Productionsweise bildet, dessen sie jedenfalls als ihre sphere of action bedarf. Diesen – conkreteren Formen der capitalistischen Production können aber 1) nur dargestellt werden, nachdem die allgemeine Natur des Capitals begriffen ist, und 2) liegt dieß ausser dem Plan unsres Werks und gehört seiner etwaigen Fortsetzung an") (MEGA II/4.2, p. 178 [MEW 25, p. 120; *O capital III*, p. 140]). Ou, ainda, no final do Livro III, ao tratar da "fórmula trinitária": "Na apresentação da *coisificação das relações de produção* e da sua *autonomização* diante dos próprios agentes de produção, não partimos da maneira como para eles os nexos do mercado mundial, suas conjunturas, o movimento dos preços de mercado, os períodos de crédito, ciclos da indústria e do comércio, as várias épocas de prosperidade, crise etc., aparecem como *leis naturais todo-poderosas* que os dominam involuntariamente sob *necessidade cega* e que assim se fazem valer. Não o fazemos porque o movimento efetivo da concorrência etc. fica fora do nosso plano, e só temos de apresentar a organização interna do modo de produção capitalista em sua média ideal, por assim dizer" ("In der Darstellung der *Versachlichung der Produktionsverhältnisse* und ihrer *Verselbständigung* gegen die Produktionsagenten selbst, gehen wir nicht ein auf die Art und Weise, wie die Zusammenhänge durch den Weltmarkt, seine Conjuncturen, die Bewegung der Markpreisse, die Periode des Credits, Cyclen der Industrie und des Handels, die verschiednen Epochen von Prosperity, Crise, etc ihnen als *übermächtige,* sie willenlos beherrschende *Naturgesetze* und blinde *Nothwendigkeit* erscheinen und sich als solche ihnen gegenüber geltend machen. Deswegen nicht, weil die wirkliche Bewegung der Konkurrenz etc ausserhalb unsres Plans liegt und wir nur die innere Organisation der capitalistische Produktionsweise, so zu sagen in ihrem idealen Durchschnitt darzustellen haben") (MEGA II/4.2, p. 852-3 [MEW 25, p. 839; *O capital III*, p. 893]).

A alteração do título da obra para *O capital* corresponde, assim, a uma alteração no objetivo do que seria o primeiro livro do plano original de 1857. O livro adquire uma consistência própria, uma independência em relação aos livros de uma "eventual continuação" da obra, nos termos do texto citado na nota 17 (p. 30-1). Marx abandona a publicação iniciada em 1859, inclui seu conteúdo no começo de *O capital* e projeta agora redigi-lo em dois ou três volumes. Ele oscila ainda quanto ao material destinado a cada volume[18], mas acaba decidindo deixar o processo de produção capitalista no primeiro volume, o processo de circulação no segundo e, no terceiro, as "figuras do processo total" – título que, como se sabe, foi modificado para "O processo total da produção capitalista" na edição de Engels do Livro III, feita em 1894.

Uma vez alcançado esse nível de maturação, Marx só via sentido em lançar os três volumes ao mesmo tempo. Em carta a Engels de 31 de julho de 1865, ele se refere à possibilidade de remeter uma parte antecipadamente ao editor:

Não consigo me decidir a enviar alguma coisa antes de ter o conjunto diante de mim. *Whatever shortcomings they may have* [apesar de quaisquer deficiências que possam ter], uma vantagem dos meus escritos é que eles são um todo artístico, e só consegui isso pelo fato de nunca os publicar antes que estivessem diante de mim em sua *totalidade*. [...] isso é impossível e em geral cai melhor para escritos que não são articulações dialéticas.[19]

Apesar de, mais tarde, Marx ter aceitado publicar o Livro I antes dos demais, por sugestão de Engels[20], ele continuava a considerar os três volumes como "um todo artístico", uma "totalidade" resultante das "articulações dialéticas" entre suas

---

[18] De início, Marx pensa publicar sua obra em dois volumes (Carta a Liebknecht de 15 de janeiro de 1866, MEW 31, p. 497). Depois ele fala em publicar três volumes na carta a Kugelmann de 23 de agosto de 1866, mas em seguida escreve novamente a Kugelmann, em 13 de outubro de 1866, que serão "provavelmente três volumes", e coloca no primeiro os Livros I e II, "processo de produção" e "processo de circulação do к"; no segundo, o Livro III, "Configuração do processo conjunto"; e no terceiro, o ainda mencionado Livro IV, "Sobre a história da teoria" [MEW 31, p. 520-1 e 533-4]. Ele ainda volta a falar de dois volumes nas tratativas da publicação com o editor Meissner (Carta de 19 de outubro de 1867, MEW 31, p. 273-4). E, por fim, Meissner aceita quatro volumes, como Marx relata a Engels em 13 de abril de 1867 [MEW 31, p. 288], mas sugere deixar para depois o volume IV sobre História da Teoria da Economia Política.

[19] "Ich kann aber mich nicht entschliessen irgend etwas wegzuschicken, bevor das Ganze vor mir liegt. *Whatever shortcomings they may have*, das ist der Vorzug meiner Schriften, daß sie ein artistisches Ganzes sind, u. das ist nur erreichbar mit meiner Weise sie nie drücken zu lassen, bevor sie *ganz* vor mir sind. Mit dem Jacob Grimmschen Methode ist es unmöglich u. geht überhaupt besser für Schriften, die kein dialektisch Gegliedertes sind" (MEGA III/13, p. 509-10 [MEW 31, p. 132]).

[20] Ver carta de Marx a Engels de 13 de fevereiro de 1866 [MEW 31, p. 178-9].

partes. Não se pode, portanto, compreender o sentido dessa "totalidade" só pela leitura do primeiro volume. É certo que o processo de produção do capital estabelece o fundamento de seu sistema social e que o capital industrial domina porque obtém excedente de valor a partir da esfera da produção; mas esse mesmo domínio só se completa com a reprodução do capital, examinada no segundo volume, e com o "processo total" que compõe o terceiro.

No volume que, afinal, foi o único que publicou em vida, o próprio autor já anunciava:

> O capitalista que produziu o mais-valor, isto é, que extraiu o trabalho não pago dos trabalhadores e o fixou em mercadorias, é o primeiro, de fato, a se apropriar dele, mas não é de modo algum seu último proprietário. Depois, ele deve dividi-lo com capitalistas que executam outras funções no conjunto da produção social, com o proprietário da terra etc. O mais-valor se cinde em diversas partes. Suas frações cabem a diversas categorias de pessoas e recebem diversas formas, mutuamente autonomizadas, como o lucro, os juros, o ganho comercial, a renda da terra etc. Essas formas transmutadas do mais-valor só podem ser tratadas no Livro III.[21]

O capitalista industrial extrai o mais-valor, mas depois o divide "com capitalistas que executam outras funções" do capital social, funções que, apesar de cruciais no todo da reprodução do sistema, não podem ser entendidas como extração do mais-valor, não podem ser estudadas no âmbito do Livro I. Essa "cisão em diversas partes", essa repartição do mais-valor original em "diversas formas, mutuamente autonomizadas", associadas a "diversas categorias de pessoas", constitui a matéria do Livro III.

Formas como "o lucro, o ganho comercial, a renda da terra" e, podemos acrescentar, os juros vinculam-se aos diversos grupos sociais que Marx cuidadosamente

---

[21] "Der Kapitalist, der den Mehrwerth producirt, d.h. unbezahlte Arbeit unmittelbar aus den Arbeitern auspumpt und in Waaren fixirt, ist zwar der erste Aneigner, aber keineswegs der letzte Eigenthümer dieses Mehrwerths. Er hat ihn hinterher zu theilen mit Kapitalisten, die andre Funktionen im Großen und Ganzen der gesellschaftlichen Produktion vollziehn, mit dem Grundeigenthümer u. s. w. Der Mehrwerth spaltet sich daher in verschiedne Theile. Seine Bruchstücke fallen verschiednen Kategorien von Personen zu und erhalten verschiedne, gegen einander selbständige Formen, wie Profit, Zins, Handelsgewinn, Grundrente u. s. w. Diese verwandelten Formen des Mehrwerths können erst im Dritten Buch behandelt werden" (MEGA II/10, p. 505 [MEW 23, p. 589; *O capital I*, p. 639]). Na primeira edição de *O capital* (1867), em vez de "recebem diversas formas", está escrito "cristalizam-se em diversas formas autônomas em relação umas às outras" ("*krystallisiren* zu verschiednen, gegen einander selbstständigen *Formen*") (MEGA II/5, p. 456).

chama de "categorias", e não de "classes", termo reservado para a oposição social fundante entre capitalistas em geral e trabalhadores assalariados. A distribuição do mais-valor total em suas "diversas formas" define essas "diversas categorias" de capitalistas em suas respectivas "funções no conjunto da produção social". O modo pelo qual as formas se "autonomizam" e, assim, se determinam como "formas" deverá ser tema de estudo na segunda parte deste livro. Isso tem a ver com o fetichismo do capital e com a relação entre "apresentação" e "representação". Mas aqui já é possível ressaltar a importância e o sentido dessas formas na "articulação dialética" dos três livros ou volumes de *O capital*.

O exame das formas de distribuição do mais-valor está por trás do novo projeto da obra de "crítica da economia política" e é visível na restrição temática indicada acima, que passa da "propriedade da terra" para a "renda da terra", do "sistema de crédito" para "o capital portador de juros" e da "concorrência" para a "transformação" de mais-valor em lucro e de valor em preço. Pois, voltando a um texto citado antes, Marx diz que se ocupa da renda da terra "apenas na medida em que uma parte do mais-valor criado pelo capital reverte ao proprietário de terra", isto é, em que a renda resulta de um direito de apropriação de "uma parte do mais-valor". Por isso, ele destaca a importância da renda absoluta sobre a renda diferencial e, de fato, começa o capítulo dedicado à renda, nos manuscritos de 1863-1867, pela renda absoluta, embora tenha indicado que na versão final a ordem deveria ser invertida[22]. Quanto ao crédito, o simples título do item correspondente no projeto de 1863, "separação do lucro em lucro industrial e juros", evidencia a intenção de definir "juros" como derivados de um "lucro" inicial, genérico, do qual também deriva um "lucro industrial". Supõe-se, assim, que esse lucro inicial resulte de uma "transformação" prévia do mais-valor pela concorrência entre os capitalistas e depois seja desdobrado em "lucro industrial" e "juros" pagos pelo industrial ao seu credor. Em todos os casos, há uma distribuição do mais-valor entre "diversas categorias" de capitalistas.

Enquanto a terceira seção dos *Grundrisse* se limita a apontar a concorrência, o crédito e a propriedade da terra como esfera em que as "leis" imanentes do capital se realizam[23], o Livro III de *O capital* vai mais longe; nele, as formas de distribuição

---

[22] "Em b) deve-se considerar primeiro a *renda diferencial*, e esta é *supposed* [suposta] ao considerar-se c)" ("Unter b) ist vorher die *Differentialrente* zu behandeln, und dieses ist supposed bei der Behandlung von c)") (MEGA II/4.2, p. 690). A edição de Engels do Livro III obedece a essa inversão indicada por Marx.

[23] "Conceitualmente a *concorrência* não é senão a *natureza interna do capital*, sua determinação essencial, que aparece e é realizada como ação recíproca dos muitos capitais uns sobre os outros, a tendência interna enquanto necessidade externa. (O capital existe e só pode existir enquanto muitos capitais, e sua autodeterminação aparece, por isso, como ação recíproca deles, uns sobre os outros.)" ("Begrifflich ist die *Concurrenz* nichts als die *innre Natur des Capitals*, seine weawntliche

do mais-valor são as "formas concretas" que se "aproximam passo a passo da forma na qual surgem na superfície da sociedade"[24]. Isso não significa que Marx pretendesse descrever a realidade imediata; ele o faz apenas na medida em que a realidade é determinada pelos mecanismos de realização do próprio capital como "sujeito" predominante – esse, aliás, é o sentido da palavra "concreto", como veremos. Por "superfície da sociedade" devem ser entendidas as formas de distribuição do mais-valor, pois elas, uma vez "mutuamente autonomizadas", ocultam sua origem comum no mais-valor conjunto, mediante o modo peculiar da própria distribuição, que inverte os princípios da criação de valor e mais-valor e faz a "superfície" dissimular o fundamento.

Esse modo de distribuição, que será tema da próxima parte, foi desenvolvido por Marx a partir dos manuscritos de 1861-1863. Ao "lucro médio", conceito já presente nos *Grundrisse*, somam-se as "despesas do capital", em cada ramo capitalista, para gerar o "preço médio". É só mais tarde, quando redige o texto para o Livro III, entre 1864 e 1865, que Marx supera em definitivo certas oscilações terminológicas e conceituais em relação ao "preço médio", ao "preço de custo" e ao "preço de produção", e dá uma forma coerente à teoria da distribuição. Esta cumpre um papel decisivo nesse momento que arremata *O capital*, e é chamada por Marx de "equalização". Como veremos, a equalização sintetiza os processos da concorrência capitalista que tanto indicam as taxas médias quanto produzem desvios em relação a essas taxas, de novo impulsionando o movimento de determinação de médias.

Pela equalização, o mais-valor conjunto se distribui, contudo se manifesta em cada uma das formas sociais de modo diferente, articulando um todo efetivo ao qual deverá corresponder a "articulação dialética" que estrutura o Livro III. Em primeiro lugar, concorrem entre si os capitalistas industriais e, desse processo, descrito nas três seções iniciais do livro, resulta uma taxa média de lucro e distintos preços de produção. Depois, concorrem com eles capitalistas especializados na função comercial, que participam da equalização, mas não da criação de mais-valor. Essa forma mais complexa da equalização fez com que, já nos manuscritos de 1861-1863, aparecessem dois cadernos dedicados ao capital mercantil – o XV e parte do XVII, desenvolvidos no quarto capítulo dos manuscritos de 1864-1865 e convertidos na

---

Bestimmung, erscheinend und realisirt als Wechselwirkung der vielen Capitalien auf einander, die innre Tendenz als äusserliche Nothwendigkeit. (Capital existirt und kann nur existiren als viele Capitalien und seine Selbstbestimmung erscheint daher als Wechselwirkung derselben auf einander.)") (MEGA II/1.2, p. 326 [MEW 42, p. 327; *Grundrisse*, p. 338]).

[24] "Es gilt vielmehr die konkreten Formen auszufinden und darzustellen, welche aus dem Process des Capitals – als Ganzes betrachtet – hervorwachsen. [...] Die Gestaltungen des Capitals, wie wir in diesem Buch entwickeln, nähern sich also schrittweis der Form, worin sie auf der Oberfläche der Gesellschaft [...] auftreten" (MEGA II/4.2, p. 7 [MEW 25, p. 33; *O capital III*, p. 53]).

quarta seção da edição de Engels[25]. Seguem-se a essa seção as duas formas sociais estudadas muito antes por Marx, isto é, a renda da terra e o capital a juros, mas, sintomaticamente, na ordem inversa à do projeto de 1863. Em 1863, conforme já referido acima, a seção sobre a renda vinha antes da seção sobre os juros, pois a meta era explicar a composição do preço pela "transformação" dos valores. A "transformação" agora é considerada por Marx como parte componente da equalização, e o essencial é explicar a distribuição do mais-valor por um princípio distinto do princípio da produção do valor, como veremos logo adiante; um princípio de distribuição que apresenta o capital a juros antes da remuneração aos proprietários da terra e que faz a renda depender, até certo ponto, do crédito. Por isso, o capital a juros será tratado no quinto capítulo, e a renda da terra, no sexto capítulo dos manuscritos de 1864-1865 (quinta e sexta seções da edição de Engels do Livro III).

Essa sequência bem articulada do Livro III não foi alterada nas fases posteriores da pesquisa de Marx. Logo depois da primeira edição alemã do Livro I, em 1867, ele se dedica principalmente a elaborar o material do Livro II; no que se refere ao Livro III, é preciso registrar uma importante modificação do começo, mantida mais tarde por Engels, em que Marx introduz o "preço de custo" com o "lucro" no primeiro item, antes de passar à "transformação" do mais-valor em lucro, como constava no manuscrito anterior[26]. Isso melhora a abordagem, mas não altera em nada a ordem geral da obra. De fato, uma carta a Engels em 30 de abril de 1868 repete a divisão do Livro III nas sete partes do manuscrito de 1864-1865 e explica: "No Livro III chegamos à transformação do mais-valor nas suas formas diversas e nas suas partes mutuamente separadas"[27], confirmando que a finalidade era apresentar as formas de distribuição. A seguir, Marx suspende o trabalho nos Livros II e III para reformular o Livro I e lançar uma segunda edição alemã com uma edição francesa, em 1872. Nas ocasiões em que volta ao Livro III, entre 1873 e 1883, ano de sua morte, Marx busca atualizar as informações sobre o sistema bancário, de crédito e de sociedades por ações, consciente de que o material de 1864-1865 ainda precisava ser bastante desenvolvido[28]. Também em relação à seção sobre a renda da

---

[25] Ver MEGA II/3.5, p. 1545-97 e 1682-701; e MEGA II/4.2, p. 341-410, correspondendo a MEGA II/15, p. 263-329 [MEW 25, p. 278-349; *O capital III*, p. 309-81].

[26] Ver MEGA II/4.3. Esse volume abrange o trabalho de Marx entre 1867 e 1868.

[27] "Im Buch III kommen wir zur Verwandlung des Mehrwerts in seine verschiednen Formen und gegeneinander getrennten Bestandteile" [MEW 32, p. 70]. Essa carta ainda não foi publicada pela MEGA.

[28] Ver, por exemplo, carta de Marx a Engels de 23 de julho de 1877 [MEW 34, p. 52-4]; e a Danielson de 10 de abril de 1879. Além de analisar detalhadamente a crise da época em seu aspecto monetário, ele diz a Danielson que está lendo um livro de Kaufmann sobre o sistema bancário e pede sua opinião sobre "a melhor obra russa a respeito de crédito e bancos" [MEW 34, p. 375].

terra, é bem conhecido que Marx chegou a aprender russo para poder estudar as tensas condições agrárias da Rússia depois da abolição da servidão em 1861. Mas nem por isso consta que a posição da renda no estudo da distribuição geral do mais-valor tenha sofrido alguma modificação.

Assim como o trabalho posterior de Marx não alterou o princípio estruturante do Livro III, o trabalho de edição de Engels também não o fez, por mais que ele tenha contrabandeado a sua própria visão para dentro da obra do amigo. E é esse princípio que importa, completando o pensamento crítico de Marx sobre o capitalismo e a economia política. É inegável que a obra não ficou pronta e que talvez tivesse passado por importantes mudanças, até na concepção geral. Mas isso é impossível de saber. O que sabemos é que o plano de 1864-1865 não foi anulado por nenhum escrito subsequente de Marx. De acordo com esse plano, o princípio da produção do valor pelo trabalho, que norteia o Livro I e o Livro II, compõe uma "articulação dialética" com o princípio norteador do Livro III, que se afasta progressivamente do trabalho em direção à propriedade privada e, com isso, oculta e inverte o princípio do valor criado pelo trabalho no da distribuição do mais-valor entre capitalistas, conforme a dimensão de sua propriedade direta ou indireta dos meios de produção. Esse ocultamento e essa inversão voltam aos conceitos do próprio Livro I, que em geral são entendidos como definitivos pelos intérpretes de Marx. Veremos adiante, na terceira parte deste livro, como o conceito mesmo de dinheiro se altera com a transformação de valores em preços e com os desdobramentos do capital a juros. Mais ainda, veremos como o conceito de mercadoria, na qual a obra tem seu ponto de partida, muda de conteúdo e de sentido social com a passagem pelos conceitos determinantes da renda.

2.
Equalização

1.
Por "equalização"[29] Marx compreende os fenômenos relativos à distribuição de valores pela concorrência entre os capitais individuais. De certo modo, ela aparece já nas formas mais elementares pelas quais se apresenta o sistema capitalista, ou seja, na circulação simples de mercadorias, quando a migração dos produtores entre os ramos nos quais se divide o trabalho criador dos diversos valores de uso fixa os tempos socialmente necessários e, assim, os valores; ela é nomeada no momento da criação de um sistema de preços pelo dinheiro[30], mediante processo generalizado de mensuração dos valores, e se desenvolve com a passagem para o capital, nos circuitos de comércio entre os diversos setores da produção[31].

É o Livro III de *O capital*, no entanto, que integra em definitivo a equalização à vida do sistema. Mas faz isso convertendo a equalização em um novo princípio distributivo e invertendo a operação do princípio anterior, de modo a colocá-lo em questão, junto com a eficácia e até com a própria existência do valor. Esse será um

---

[29] *Ausgleichung* poderia também ser traduzido por "nivelação" ou "compensação", no sentido de um balanço, de uma operação pela qual diferenças são compensadas e dívidas mútuas, canceladas, como no procedimento bancário corrente, em que haveres e deveres registrados pela contabilidade se cancelam uns aos outros, resultando assim no valor real. "Equalização" parece-me aqui a tradução mais adequada por conservar a raiz de "igual" (*gleich*) e por expressar, mais do que "igualação", o processo de busca de equilíbrio, e não de fixação de uma igualdade estável. Por fim, nos manuscritos do Livro III, Marx substitui às vezes *ausgleichen* por *equalisieren* e, em trechos redigidos em inglês, por *equalize*. Ver, por exemplo, MEGA II/4.2, p. 565.

[30] Ver MEGA II/10, p. 110 [MEW 23, p. 132; *O capital I*, p. 191].

[31] Ver, por exemplo, MEGA II/11, p. 200, 225 e 331 [MEW 24, p. 244, 266 e 342; *O capital II*, p. 335, 359 e 437].

dos motes de todo o Livro III: por suas formas mesmas de realização, a esfera do valor estará sempre sob suspeita, sempre caindo em contradição, sempre ameaçada de supressão pelas ocorrências observáveis a olho nu no mundo da economia. Em certo momento do texto, Marx chega a afirmar que, embora todo o material exposto até ali tenha vigência

> sobre a base geral de que partiu nosso desenvolvimento – a venda de mercadorias por seu *valor* [...], na realidade, abstraindo-se as diferenças inessenciais, casuais e que se equalizam, a diversidade das *taxas médias de lucro* nos diversos ramos industriais *não existe* e não poderia existir sem suprimir o sistema inteiro da produção burguesa. Parece, assim, que a *teoria do valor* é inconciliável aqui com o *movimento real* (incompatível com os fenômenos reais da produção), e por isso deveria ser recusada, para que ele pudesse ser concebido.[32]

Deixando de lado por enquanto a menção às diferenças "que se equalizam", trata-se de entender o ponto central, ou seja, a incompatibilidade aparente entre a teoria do valor – e com ela a do "sistema inteiro da produção burguesa" – e o "movimento real" das "taxas médias de lucro nos diversos ramos industriais".

Recapitulemos, antes, alguns conceitos centrais do Livro III. Nele, Marx contrapõe mais-valor a lucro e define o lucro, inicialmente, como mera "*forma* transmutada, [...] de modo algum distinta do *mais-valor*", resultado de "*mera mudança de forma*", que em nada o altera, tanto "materialmente" quanto em sua "grandeza absoluta"[33]. Nessa acepção geral, o lucro só se distingue do mais-valor pela "forma", e é sintomático que a palavra "forma" venha grifada no original, como que para ressaltar uma oposição em relação à "matéria" e à "grandeza absoluta". Lucro e mais-valor são duas "formas" dessa "matéria", o excedente de valor criado pela força de trabalho para o capital.

---

[32] "Das von uns Entwickelte gilt auf der Basis, welche überhaupt bisher die Basis unsrer Entwicklung gebildet hat, daß die Waaren zu ihren Werthen verkauft werden. [...] in der Wirklichkeit, von den unwesentlichen, zufälligen und sich ausgleichenden Unterschieden abgesehn, die Verschiedenheit der *durchschnittlichen Profitraten* für die verschiednen Industriezweige *nicht existirt* und nicht existiren könnte, ohne das ganze System der bürgerlichen Produktion aufzuheben. Es scheint also, daß die *Werthteorie* hier unversöhnlich mit der *wirklichen Bewegung* ist (unvereinbar mit den wirklichen Productionssphänomenen) und daher überhaupt darauf verzichtet werden muß, die letztren zu begreifen" (MEGA II/4.2, p. 229-30 [MEW 25, p. 162; *O capital III*, p. 188]).

[33] "Der *Profit*, stofflich und daher als absolute Grösse oder Masse, durchaus nicht verschieden vom *Mehrwerth*, ist jedoch eine verwandelte Form des leztren, und die Bedeutung und Wichtigkeit dieser *blossen Formveränderung* werden wir gleich nachher untersuchen" (MEGA II/4.2, p. 11).

Mas o texto prossegue, dizendo que: "Ao contrário, na *taxa do lucro* – ou sua grandeza relativa, isto é, sua grandeza comparada com a do capital despendido – o mais-valor recebe não só uma nova expressão conceitual, mas também uma nova expressão *distinta numericamente* de sua figura original"[34]. Temos agora duas "expressões conceituais" diferentes, a do lucro igual ao mais-valor no que concerne à sua "grandeza absoluta", ou seja, à massa de excedente de valor criado, e a da "taxa de lucro", diversa da taxa de mais-valor em sua "grandeza relativa", relativa ou "comparada" a partes diferentes do capital. Ao incluir a dimensão quantitativa, a relação entre as duas *taxas* completa a "transformação" do mais-valor em lucro, para além de uma "mera mudança de forma", fundando-a retroativamente[35].

É conhecida a distinção entre ambas as taxas – a de mais-valor relaciona o excedente apenas ao capital variável que efetivamente o produziu, enquanto a de lucro relaciona o excedente ao capital todo, variável e constante. É conhecido também o significado dessa distinção, a saber, que a taxa de lucro impede a compreensão da origem do excedente na exploração da força de trabalho, ao referi-lo à parte constante do capital, que não cria valor.

A nova "expressão conceitual" corresponde ao "ponto de vista subjetivo do capitalista"[36], ao modo como o processo aparece para ele. Mais importante, porém,

---

[34] "In der *Rate des Profits* dagegen – oder seiner relativen Grösse, d.h. seine Grösse verglichen mit der Grösse des vorgeschossenen Capitals – erhält der Mehrwerth nicht nur einen neuen Begriffsausdruck, sondern einen neuen von seiner ursprünglichen Gestalt *numerisch verschiednen Ausdruck*" (MEGA II/4.2, p. 11). E adiante ele retoma o tema: "A diferença entre *lucro* e *mais-valor* refere-se só a uma alteração *qualitativa*, uma *mudança de forma*; ao passo que uma *diferença* efetiva *de grandeza*, nesse primeiro nível da transformação, existe somente entre *taxa de lucro* e *taxa de mais-valor*, e não mais entre *lucro* e *mais-valor*" ("Bezieht sich der Unterschied zwischen *Profit* und *Mehrwerth* nur auf eine *qualitative* Aenderung, eine *Formveränderung*, während wirklicher *Grössenunterschied* auf dieser ersten Stufe der Verwandlung nur noch zwischen *Profitrate* und *Rate des Mehrwerths*, noch nicht zwischen *Profit* und *Mehrwerth* existirt") (MEGA II/4.2, p. 244 [MEW 25, p. 177; *O capital III*, p. 201]).

[35] "Da transformação de M' em L', da taxa do mais-valor em taxa de lucro, deve-se deduzir a transformação do mais-valor em lucro, e não o contrário" ("Aus der Verwandlung von M' in P', der Rate des Mehrwerths in Profitrate, ist die Verwandlung des Mehrwerths in Profit abzuleiten, nicht umgekehrt") (MEGA II/4.2, p. 52 [MEW 25, p. 53; *O capital III*, p. 68]). Assim, "se a taxa de mais-valor se expressa na *taxa de lucro* como uma grandeza numérica totalmente diferente, então no *lucro* – e é da taxa de lucro que se extrai o mais-valor como lucro – a *forma do mais-valor* (embora não sua grandeza absoluta) é transformada, e a sua determinidade conceitual se apaga" ("Wenn in der *Profitrate* die Mehrwerthsrate als ganz verschiedne Zahlengrösse ausgedrückt wird, so ist im *Profit* – und aus der profitrate wird der Mehrwerth als Profit abstrahirt – die *Form des Mehrwerths* (obgleich nicht seine absolute Grösse) verwandelt und seine begriffliche Bestimmtheit ausgelöscht") (MEGA II/4.2, p. 59 [MEW 25, p. 53; texto bastante modificado por Engels; *O capital III*, p. 69]).

[36] "[...] subjektiven Standpunkt des Capitalisten" (MEGA II/4.2, p. 54). O texto é citado adiante, na nota 14 da Parte III deste livro (p. 190).

é que ela surge do processo *objetivo* de passagem da "vida orgânica íntima para as relações vitais externas, relações nas quais se confrontam não capital e trabalho, mas capital e capital [...] mero desenvolvimento da inversão de sujeito e objeto em curso durante o processo de produção"[37]. O lucro é uma forma de mais-valor "invertida" pelo fetichismo, pois a força de trabalho aparece como parte do capital, e a relação entre "capital e trabalho", portanto, aparece como relação das partes componentes do capital, como relação entre "capital e capital".

A soma de capital constante e variável resulta no que Marx chama de "preço de custo", distinto do valor por excluir justamente a parte que corresponde ao mais-valor. Nessa soma, o capital se apresenta como um todo que se propõe criador do mais-valor, fazendo perder de vista o fato de que só sua parte variável cria o excedente, como se o mais-valor meramente se acrescentasse ao preço de custo[38]. É o "desenvolvimento da inversão de sujeito e objeto", no qual as relações externas, visíveis, são ainda "vitais", mas já não "orgânicas", no sentido de não expressarem de modo direto a oposição do capital à força de trabalho, não expressarem a oposição das classes sociais constitutivas do mundo capitalista.

De fato, porém, a inversão leva à exteriorização da "vida orgânica íntima" em "relações nas quais se defrontam não capital e trabalho, e sim capital e capital", isto é, leva ao processo efetivo de competição entre os capitais industriais, tanto dentro de cada ramo específico da produção social quanto entre os diversos ramos. E isso mediante a equalização, pois "na produção capitalista [...] trata-se de obter, para um capital desembolsado na produção, *o mesmo mais-valor ou lucro* que para qualquer capital da mesma grandeza, ou *pro rata* de sua grandeza, seja qual for o ramo de produção no qual ele seja empregado"[39]. Se, dentro de certo ramo, há capitais individuais obtendo excedentes com uma taxa de lucro maior, em geral devido a uma produtividade mais alta do trabalho empregado, os outros capitais serão forçados a alcançar tais índices. E se a taxa de lucro for mais alta num ramo do que nos demais, os capitais dos outros ramos tenderão a migrar para ele, competindo com os já nele atuantes e baixando a taxa de lucro.

---

[37] "[...] aus seinem innern organischen Leben in auswärtige Lohnverhältnisse, in Verhältnisse, wo nicht Capital und Arbeit, sondern einerseits Capital und Capital sich gegenüberstehn" (MEGA II/4.2, p. 60-1 [MEW 25, p. 54-5; *O capital III*, p. 69-71]).

[38] Marx expressa isso pela passagem da fórmula: c + (v + m), que deixa clara a origem exclusiva do mais-valor m no capital variável v; para (c + v) + m, na qual o mais-valor é acrescentado ao preço de custo (c + v). Ver MEGA II/4.2, p. 51 [MEW 25, p. 34; *O capital III*, p. 53].

[39] "Bei der capitalistichen Production [...] es handelt sich für die Production vorgeschossenes Capital *denselben Mehrwerth oder Profit* herauszuziehn wie jedes andre Capital von derselben Grösse, oder pro rata seiner Grösse, in welchem Productionszweig es auch immer angewandt worden" (MEGA II/4.2, p. 269 [MEW 25, p. 205; *O capital III*, p. 230]).

Este é o significado principal da equalização: mover os capitais de modo a sempre compor e recompor taxas médias de lucro. A equalização supõe a liberdade de circulação dos capitais – algo que sempre se choca com as barreiras surgidas nos mercados reais, mas que tem de superá-las e redefinir-se, pois não há capitalismo sem algum grau de concorrência. E, de todo modo, as dificuldades técnicas de mobilização do capital de um ramo para outro são em grande parte resolvidas pelo crédito, que ajuda a transformar capital fixo em dinheiro, como veremos.

Forma-se, assim, pelo movimento da equalização, uma taxa média de lucro entre os vários ramos da produção, decorrente do movimento de entrada e saída de capitais em busca de maiores lucros, até que se estabeleça certo equilíbrio dos ganhos de todos os ramos. A taxa média funcionará, então, como referência para a avaliação da lucratividade geral e será adicionada ao preço de custo nas contas de cada capital, definindo o "preço de produção".

O preço de produção sinaliza a lucratividade de todos os ramos e se projeta no âmbito internacional, conforme o nível de desenvolvimento do mercado capitalista, atraindo ou repelindo capitais de um país para outro. Ele funciona, nas palavras de Marx, como um "centro em torno do qual os preços de mercado diários giram" e se equalizam[40], o que não quer dizer que, enquanto média ou norma, ele se fixe em definitivo. Ao contrário, se a equalização é um "processo", é por operar constantemente entre desvios até certo ponto anulados por ela mesma, mas ao mesmo tempo repostos pela concorrência dos capitais individuais, que tomam a média como a referência da qual procuram se afastar[41].

A média apenas indica os ganhos obtidos pela maioria dentro das condições normais de produtividade social do trabalho. E a busca por melhores condições técnicas,

---

[40] "Der *Productionspreiß* in jeder Sphäre [...] ist wieder das Centrum, worum sich die täglichen Marktpreisse drehen und wozu sie sich in bestimmten Perioden ausgleichen" (MEGA II/4.2, p. 253-4 [MEW 25, p. 187-8; *O capital III*, p. 213]). A explicação que se segue está baseada no terceiro tópico do segundo capítulo dos manuscritos de Marx (MEGA II/4.2, p. 248-78), que a edição de Engels do Livro III converte em capítulo 10 [MEW 25, p. 182-209; *O capital III*, p. 207-34].

[41] "Ao contrário, a *taxa geral de lucro* existe permanentemente só como tendência, como movimento de equalização das taxas de lucro particulares. A concorrência dos capitalistas – esse movimento mesmo de equalização – consiste aqui em que eles retiram capital das esferas onde o lucro fica por longo tempo abaixo da média e o destinam às esferas onde ele fica acima do nível; ou, ainda, em que capital adicional se distribui entre essas esferas em proporções diversas" ("Dagegen existirt die *allgemeine Profitrate* beständig nur als Tendenz, als Bewegung der Ausgleichung der besondren Profitraten. Die Concurrenz der Capitalisten – selbst diese Bewegung der Ausgleichung – besteht hier darin, daß sie den Sphären, wo der Profit auf längre Zeit unter dem Durschschnitt, Capital entziehn und den Sphären, wo er über den level, Capital zuführen, oder auch daß sich additional Capital in verschiednen Proportionen zwischen diesen Sphären vertheilt") (MEGA II/4.2, p. 438-9 [MEW 25, p. 379; *O capital III*, p. 414]).

por meio de descobertas e inventos que elevem a produtividade, visa a permitir a um capital produzir mercadorias com um valor individual mais baixo do que as produzidas por outros e, assim, conquistar mercado, trazer para si a demanda do produto, vender em volume maior do que os rivais. Para esses últimos, o movimento será o de tentar alcançar a nova média, que se modificou, deixando-os em desvantagem, ou mesmo o de implementar melhorias que os coloquem a seguir em vantagem. Por isso, os preços de produção se fixam apenas provisória e aproximadamente.

Nesse movimento complexo de passagem entre o plano individual e o social, compreendem-se os "preços de mercado", aqueles pelos quais são enfim vendidas as mercadorias. Só aqui a demanda e a oferta são chamadas a desempenhar um papel. Conforme a demanda cresce, poderão ser vendidas até mercadorias produzidas em condições piores do que a média de um ramo particular, ou seja, as que contêm quantidade maior de trabalho necessário e, com isso, valor individual maior do que a média do ramo. Então o valor de mercado tenderá a subir acima dessa média, e o preço de mercado tenderá igualmente a subir em comparação com o momento em que a demanda era mais fraca. O movimento se inverte se a demanda cair e as mercadorias produzidas em condições piores que a média forem vendidas apenas parcialmente, rebaixando valores e preços de mercado. Quanto à oferta, pode-se prever que a maior taxa de lucro em um ramo atrairá para ele capitais investidos nos demais; o consequente aumento da oferta aí forçará a queda do preço de mercado, enquanto nos ramos abandonados os preços de mercado subirão.

Duas observações sobre esse papel da oferta e da demanda na análise de Marx são agora necessárias.

Em primeiro lugar, oferta e demanda não constituem fatores independentes um do outro, muito menos das condições *sociais* da produção. A oferta está evidentemente associada a tais condições pelo desenvolvimento das forças produtivas intermediado por todos os aspectos concretos do trabalho em cada ramo e pelos diferentes preços de produção, sempre alterados na dinâmica dos desvios visados pelos capitais individuais. A demanda, por sua vez, está sujeita aos altos e baixos dependentes dos preços que ela ajuda a firmar, e, mais importante, dependentes em última instância "da mútua *relação das diversas classes* e da sua *posição econômica*"[42]

---

[42] "[...] durch das Verhältniß der verschiednen Klassen zu einander und ihre respektive *ökonomische Position*" (MEGA II/4.2, p. 256 [MEW 25, p. 191; *O capital III*, p. 216]). "A sequência da análise de demanda e oferta supõe a apresentação das diversas classes e setores de classe que distribuem entre si a renda conjunta da sociedade e a consomem como renda, que compõem assim a demanda formada pela renda; ao passo que, para a da demanda e da oferta compostas pelos produtores como tais, por outro lado, exige examinar a figura conjunta do processo de produção capitalista" ("Nachfrage und Zufuhr, bei weitrer Analyse, unerstellen die Darstellung der verschiednen Klassen und Klassenabtheilungen, welche die Gesammtrevenu der Gesellschaft unter sich vertheilen

em relação à propriedade dos meios de produção. A demanda pelos muitos tipos de mercadoria muda continuamente porque essa "posição" das classes e frações de classe da sociedade não é fixa, variando até mesmo de acordo com os movimentos da política e da luta social distributiva das rendas.

Em segundo lugar, importa perceber que as distintas formas do "preço" não se determinam em etapas sucessivas. Ou seja, não ocorre primeiro uma definição de valores pelos tempos de trabalho e, depois, em sequência, uma definição de "preços de custo", "preços de produção" e "preços de mercado". No jogo permanente da equalização e dos desvios, essas formas diferentes se estabelecem de um só golpe. Embora a oferta e a demanda sejam responsáveis, em rigor, apenas pela definição final dos preços de mercado em sua discrepância dos preços de produção e dos valores, determinados pelas condições da produção, é o ato de troca que torna efetivas também as médias sociais; é pelo efeito dos desvios que elas se confirmam. Valores e preços são formas distintas da mesma relação social, simultaneamente realizadas.

Valores e preços, antes de tudo, não se situam em patamares díspares, independentes – valores no patamar propriamente social, em que o cálculo talvez fosse impossível; e preços no patamar econômico da pura quantidade e da medida. Ao contrário, medido pelo tempo de trabalho socialmente necessário, o valor é desde o início calculável, algo inclusive óbvio pelo fato de ele revelar sua existência nas expressões de troca que estabelece entre as mercadorias, ou seja, pelo fato de ele aparecer só como valor de troca. E o preço, por seu turno, tem como definição geral "nome monetário do trabalho objetivado na mercadoria"[43]: quando um valor de troca se expressa no dinheiro, em vez de numa mercadoria qualquer, ele já é, por isso, um preço.

Essa definição geral subjaz às várias formas do preço do Livro III, a fim de garantir que "o *valor* das mercadorias permaneça importante como fundamento, pois o dinheiro só pode ser desenvolvido conceitualmente a partir de tal fundamento, e o *preço*, conforme seu conceito geral, é só valor monetizado"[44]. A paridade de preço

---

und als Revenu consummiren, also die von der Revenu gebildete Nachfrage bilden, während sie andrerseits für die durch die Producenten als solche unter sich gebildete Nachfrage und Zufuhr Einsicht in die Gesammtgestalt des capitalistischen Productionsprocesses erheischen") (MEGA II/4.2, p. 269 [MEW 25, p. 205; *O capital III*, p. 230]).

[43] "Der Preis ist der Geldname der in der Waare vergegenständlichen Arbeit" (MEGA II/10, p. 96 [MEW 23, p. 116; *O capital I*, p. 176]). Antes, Marx já definia: "a simples expressão de valor relativa de uma mercadoria, por exemplo, o linho, na mercadoria que já funciona como mercadoria dinheiro, por exemplo, o ouro, é a forma de preço" ("Der einfache relative Werthausdruck einer Waare, z.B. der Leinwand, in der bereits als Geldwaare funktionirenden Waare, z.B. dem Gold, ist der Preisform") (MEGA II/10, p. 70 [MEW 23, p. 84; *O capital I*, p. 145]).

[44] "Der *Werth* der Waare als Grundlage bleibt wichtig, weil das Geld nur aus diesem Fundament heraus begrifflich zu entwickeln ist und der *Preiß* seinem allgemeinen Begriff nach nur im valuer

e valor permanecerá sempre como "conceito geral", fazendo com que variações no tempo de trabalho socialmente necessário para a produção de uma mercadoria acabem por repercutir diretamente em todas as formas de preço[45].

Partindo dessa identidade de base, o Livro III se propõe a analisar a diferenciação que leva aos preços de mercado como única realidade visível. É natural que, nessa situação, a demanda e a oferta pareçam determinar a engrenagem toda, da qual constituem só o último estágio. Mas, mesmo nele, os preços de mercado não têm sentido senão pela referência aos padrões médios em cada ramo e nos vários ramos da produção, determinando-se ora como típicos representantes do seu ramo, ora como desvios do padrão. Sua determinação, portanto, implica a dos preços de produção, dos preços de custo e dos valores, cuja realidade, por se dar só pela mediação dos preços de mercado, não é menos efetiva que a desses últimos. Ao contrário.

Se os preços de mercado correspondem a desvios em relação aos preços de produção e às taxas médias de lucro vigentes em cada ramo, as taxas, por sua vez, também são desvios em relação aos valores. Todos possuem, por isso, realidade instável, oscilante. Marx afirma:

> As taxas de lucro particulares nas várias esferas de produção são, elas mesmas, mais ou menos *matter of guessing* [questão de adivinhação]; quando aparecem, o que aparece não é a sua *uniformidade*, e sim a sua *diversidade*. Mas a própria *taxa geral de lucro aparece* só como um *limite mínimo* do lucro, não como figura empírica da *taxa de lucro efetiva*".[46]

---

monetisie ist" (MEGA II/4.2, p. 267 [MEW 25, p. 203; *O capital III*, p. 228]). A identidade de preço e valor nessa definição inicial corresponde à de lucro e mais-valor, como foi visto acima.

[45] "Em geral, é na figura do preço de mercado e, mais ainda, na figura do *preço de mercado regulador*, ou *preço de produção de mercado*, que se apresenta em geral a natureza do *valor* das mercadorias, o fato de ser determinado não pelo tempo de trabalho *necessário* individualmente na produção de um lote determinado de mercadorias ou de uma mercadoria singular, mas pelo tempo de trabalho *social* exigido, pelo tempo de trabalho exigido sob as médias dadas pelas condições sociais de produção, o *quantum conjunto socialmente exigido* para criar os tipos de mercadoria encontrados no mercado" ("Es ist überhaupt in der Gestalt des *Markt*preisses und weiter in der Gestalt des *regulierenden Marktpreisses*, oder *Markt-Produktionpresses*, daß sich überhaupt die Natur des *Werths* der Waaren darstellt, sein Bestimmtsein nicht durch die zur Produktion eines bestimmten lots von Waaren oder eizelnen Waaren individuell *nothwendige* Arbeitszeit, sondern durch die *gesellschaftliche* Arbeitszeit, die erheischt ist, durch die Arbeitszeit, die erheischt ist unter dem gegebnen Durchschnitt der gesellschaftlichen Produktionsbedingungen, das *gesellschaftlich erheischte Gesammtquantum* der auf dem Markt befindlichen Waarenspecies zu erzeugen") (MEGA II/4.2, p. 754 [MEW 25, p. 654; *O capital III*, p. 704]).

[46] "Die besondren Profitraten in den verschiednen Productionssphären sind selbst mehr oder minder matter of guessing, aber so weit sie erscheinen, ist es nicht ihre *Uniformität*, sondern ihre *Verschiedenheit*, die erscheint. Die *allgemeine Profitrate* selbst aber *erscheint* nur als *Minimum limit* des Profits, nicht als empirische Gestalt der *wirklichen Profitrate*" (MEGA II/4.2, p. 439-40 [MEW 25,

É essa "diversidade", essa discrepância mútua entre as medidas, taxas e formas do preço, que configura o modo de seu aparecimento, tornando-as acessíveis aos agentes econômicos só como algo a ser *guessed* – conjecturado, adivinhado. Cálculos precisos podem ser feitos apenas daquilo que apresenta "figura empírica" – os preços de mercado –, mas esses são sempre provisórios[47].

O essencial, contudo, é que, por intermédio de todos os desvios, acontece a constante divisão do trabalho social entre as atividades criadoras de valor de uso, divisão feita pelo capital e para o capital. Os desvios propriamente ditos se determinam na dimensão particular, privada, dos capitais individuais que geralmente querem se afastar das médias, contrapondo-se à dimensão social dos padrões estabelecidos pela equalização. A forma apenas mediada e negativa com que esses padrões se constituem, impostos na prática pela concorrência, retoma a característica central da sociedade capitalista assinalada por Marx já para a circulação mercantil simples: o caráter imediatamente privado da produção, cuja sociabilidade só se fixa pela mediação das trocas[48], que sabemos serem presididas por capitais e sob compe-

---

p. 380; *O capital III*, p. 415]). *Matter of guessing*, em inglês no manuscrito original, traduzido e editado por Engels como *unsicher* (incerto), termo bem menos revelador.

[47] Algo deve ser dito sobre o clássico problema da transformação de valores em preços. Apesar da importância das monumentais soluções matemáticas, boa parte das questões postas por esse debate secular, do ponto de vista que vem sendo desenvolvido aqui, resulta de simples erro na compreensão dos conceitos envolvidos e de sua relação. Considerando-se que os valores já podem se expressar monetariamente desde o início, e que só se afirmam como médias sociais junto com médias deles derivadas – os preços de produção –, é possível chegar à conclusão de que os preços de mercado abrigam direta, indireta e também contraditoriamente, todo um sistema de médias e desvios relacionados entre si, impondo-se pela negação dos outros e negando-se pela imposição deles. Esse é o sentido da passagem dos *Grundrisse*, de assumida ressonância hegeliana, em que Marx observa: "o valor de mercado se equaliza ao valor real mediante suas constantes oscilações, nunca mediante uma equação com o valor real como a um terceiro, e sim por permanente não equalização consigo mesmo (como diria Hegel, não por identidade abstrata, mas por permanente negação da negação, isto é, o si mesmo como negação do valor real)" ("Der Marktwerth gleicht sich aus zum Realwerth durch seine beständige Oscillationen, nie durch eine Gleichung mit dem Realwerth als einem Dritten, sondern durch stete Ungleichsetzung seiner selbst (nicht, wie Hegel sagen würde, durch abstracte Identität, sondern durch beständige Negation der Negation, d.h. seiner selbst als Negation des Realwerths)") (MEGA II/1.1, p. 72 [MEW 42, p. 72; *Grundrisse*, p. 87-8]). Em todos esses níveis, valores e preços apresentam-se como medidas diferentes, mas funcionais ao sistema de valorização do capital. A formulação clássica do problema considera que o *valor* dos meios de produção já deveria aparecer como *preço* nas equações do Livro III. O valor seria "transformado", deixando de ser valor para se converter em preço. Mas os adeptos dessa solução não percebem que as várias formas – valor, valor de mercado, preço de custo, preço de produção, preço de mercado – sempre coexistem.

[48] Vale a pena lembrar a famosa passagem: "Objetos de uso tornam-se em geral mercadorias apenas porque são produtos de trabalhos privados, exercidos independentemente uns dos outros. O complexo desses trabalhos privados forma o trabalho conjunto social. Como os produtores entram em

tição. Como a esfera social é oposta à privada, as médias servem de referência para os desvios na luta de cada capitalista contra seus rivais.

Daí também a posição constitutiva do preço de produção, entre o preço de custo particular a cada ramo de produção e o lucro médio, indicado externamente pela concorrência. Nas palavras de Marx, em cada ramo e para cada capitalista individual:

> Os *preços de custo* são específicos. O *acréscimo do lucro* sobre esse preço de custo independe da esfera particular, média percentual do capital investido. O preço de custo depende dos custos específicos do negócio particular; e o lucro sobre o preço de custo depende do lucro conjunto realizado pelo capital social conjunto, empregado em todas as esferas da produção social.[49]

O movimento aqui descrito acontece em função de um desvio mais amplo, operado pela concorrência na distribuição do mais-valor entre os capitalistas. É como se houvesse um abismo entre a esfera privada da produção e a esfera social da concorrência, de modo que os custos de produzir fossem definidos somente dentro da primeira, e os lucros, somente a partir de fora do domínio privado. Não é à toa que o sistema inteiro parece determinado por uma variável contingente – o jogo de oferta e demanda, os preços de mercado.

---

contato social apenas com a troca de seus produtos de trabalho, as características especificamente sociais de seus trabalhos sociais privados também só aparecem nessa troca. Ou seja, os trabalhos privados efetuam-se realmente como membros do trabalho conjunto social somente através das referências em que a troca transplanta os produtos de trabalho e, por seu intermédio, os produtores" ("Gebrauchsgegenstände werden überhaupt nur Waaren, weil sie Produkte von einander unabhängig betriebner Privatarbeiten sind. Der Komplex dieser Privatarbeiten bildet die gesellschaftliche Gesammtarbeit. Da die producenten erst in gesellschaftlichen Kontakt treten durch den Austausch ihrer Arbeitsprodukte, erscheinen auch die specifisch gesellschaftlichen Charaktere ihrer Privatarbeiten erst innerhalb dieses Austausches. Oder die Privatarbeiten bethätigen sich in der That erst als Glieder der gesellschaftlichen Gesammtarbeit durch die Beziehungen, worin der Austausch die Arbeitsprodukte und vermittelst derselben die Producenten versetzt") (MEGA II/10, p. 72 [MEW 23, p. 87; *O capital I*, p. 148]). Nessa determinação inicial, não aparece ainda evidentemente a cisão histórica entre trabalho e propriedade dos meios de produção, que dará ao capital o comando da divisão do trabalho social e definirá tal comando pela negatividade da concorrência entre capitais. A separação entre a dimensão privada e a social, porém, já está aí presente como fundamento.

[49] "Seine *Kostpreisse* sind spezifisch. Der *Zuschlag des Profits* auf diesen Kostpreiß ist unabhängig von der besondren Sphäre, Durchschnitt pro 100 des vorgelegten Capitals. Der Kostpreiß hängt von den spezifischen Kosten des besondren Geschäftsprocesses ab; der Profit auf diesen Kostpreiß von den Gesammtprofit, den das in allen gesellschaftlichen Productionssphären angewandte gesellschaftliche Gesammtcapital realisirt" (MEGA II/4.2, p. 235 [MEW 25, p. 169; *O capital III*, p. 193]).

Tudo se passa, então, como se o preço de custo fosse o valor definido no ramo específico de investimento individual, e a equalização viesse como processo posterior e externo, próprio da esfera social, fora do controle e do pleno conhecimento dos agentes. A diferença entre valor e preço de custo – isto é, o mais-valor que vem embutido no primeiro e não no segundo – dilui-se justamente quando o mais-valor recebido por um capital não corresponde ao criado pelos trabalhadores por ele empregados, mas ao que lhe é atribuído na distribuição pela concorrência, de acordo com a taxa geral de lucro.

Nesse caso,

> o *lucro acrescentado* ao preço de custo não se orienta [...] pela massa de lucro *produzida* por um capital determinado em uma esfera de produção determinada durante um tempo determinado, mas pela massa de lucro que cabe em média a *qualquer* capital *empregado*, como *parte* alíquota do capital conjunto social empregado na *produção conjunta* durante um espaço de tempo. Portanto, se um capitalista vende sua mercadoria pelo *preço de produção*, recupera dinheiro em proporção à *grandeza de valor* do capital consumido por ele na produção e arrebata lucro proporcional ao capital por ele *desembolsado*, como alíquota do capital conjunto.[50]

---

[50] "[...] der auf diesen Kostpreiß *zugeschlagene Profit* richtet sich [...] nicht nach der Masse Profit, der von einem bestimmten Capital in einer bestimmten Productionssphäre während einer gegebnen Zeit *producirt* wird, sondern nach der Masse Profit, die auf *jedes angewandte* Capital als aliquoten *Theil* des in der *Gesammtproduction* angewantden gesellschaftlichen Gesammtcapitals während einesgegebnen Zeitraums im Durchschnitt fällt. Wenn ein Capitalist also seine Waare zu ihrem *Productionspreiß* verkauft, so zieht er Geld zurück im Verhältniß zur *Werthgrösse* des in der Production von ihm consummirten Capitals und schlägt der Profit au, im Verhältniß zu seinem *vorgeschossenen* Capital als blossem aliquoten Theil des Gesammtcapitals" (MEGA II/4.2, p. 235 [MEW 25, p. 168-9; *O capital III*, p. 193]). Em detalhe: "o mais-valor na forma do lucro não se refere mais à parte de capital investida em trabalho, do qual ela se origina, mas ao capital total, e a taxa de lucro torna-se regulada por leis próprias [...], ocultando gradativamente a verdadeira natureza do mais-valor e, daí, a engrenagem efetiva do capital. [...] Aqui interfere um complicado processo social, o processo de equalização dos capitais, que afasta os preços médios relativos das mercadorias dos seus valores reais, e os lucros médios nas diversas esferas da produção da exploração efetiva do trabalho pelos capitais particulares, abstraindo totalmente dos investimentos individuais de capital em cada esfera de produção específica. Não só parece assim, mas aqui de fato o preço médio das mercadorias é diferente do seu valor, ou seja, do trabalho nelas realizado, e o lucro médio de um capital particular é diferente do mais-valor que esse capital extraiu dos trabalhadores por ele empregados. O valor das mercadorias aparece de imediato somente na influência da força produtiva variante do trabalho sobre baixas e altas dos preços de produção, sobre o seu movimento, e não sobre os seus limites últimos; e o lucro aparece somente determinado de modo acessório pela exploração imediata do trabalho, tanto quanto ela permite ao capitalista realizar um lucro discrepante do lucro médio sob preços de mercado reguladores dados, na aparência independentes dessa exploração" ("der Mehrwerth in der Form des Profits nicht mehr auf

A inclusão do capital constante no cálculo do lucro dá-lhe peso decisivo na distribuição do mais-valor conjunto, permitindo a capitais individuais ou a ramos da produção em que essa parte do capital seja maior em termos proporcionais ou absolutos – composição orgânica mais alta – "arrebatar" uma porção maior do mais-valor do que a gerada efetivamente por esse capital individual ou ramo específico. Ocorre o contrário com capitais ou ramos em que o capital constante é menor que a média social, tanto em absoluto quanto em relação ao capital variável, sendo a parte variável, no entanto, a única produtora de valor e mais-valor.

A equalização redistribui, então, o mais-valor conjunto mediante os preços de produção: o que faz os capitais migrarem é a lucratividade maior ou menor em cada ramo industrial, mas ela não necessariamente corresponde ao mais-valor de cada capital, desviando-se para mais ou para menos de acordo com a magnitude do capital individual inteiro. Assim, nos próprios preços de produção equalizados pode já se incluir, para cada capital, uma massa de mais-valor distinta daquela produzida por seu intermédio.

Por isso o texto citado na nota 32 (p. 40) dizia que "a diversidade das taxas médias de lucro nos diversos ramos industriais não existe e não poderia existir sem suprimir o sistema inteiro da produção burguesa"; pois a diversidade só existe, de fato, modificando a distribuição do mais-valor proporcional ao que cada capital produziu. Por isso a teoria do valor parece "inconciliável com o movimento real", parece que "deveria ser recusada, para que ele pudesse ser concebido". Como forma de uma sociedade em que a própria esfera social só é alcançada pela mediação da concorrência na esfera privada, o valor não tem como se realizar sem se inverter enquanto regra distributiva.

---

den in Arbeit ausgelegten Capitaltheil, aus dem er entspringt, sondern auf das Gesammtcapital bezogen ist, und die Profitrate durch eigne Gesetze regulirt wird [...] verhüllt mehr und mehr die wahre Natur des Mehrwerths und daher das wirkliche Triebwerk des Capitals [...]. Es tritt hier ein complicirter gesellschaftlicher Proceß – der Ausgleichungsproceß der Capitalien dazwischen, der die relativen Durchschnittspreise der Waarenund die Durchschnittsprofite in den verschiednen Productionssphären, ganz abgesehn von den individuellen Capitalanlagen in jeder besondren Productionssphäre, von ihren wirklichen Werthen und von der Exploitation der Arbeiter durch die besondren Capitalien losscheidet. Es scheint nicht nur so, sondern es ist hier in der That der Durchschnittspreiß der Waare von ihrem Werth, also der in ihr realisirten Arbeit, und der Durchschnittsprofit eines besondren Capitals von der von ihm beschäftigten Arbeitern extrahirten Surplusarbeit verschieden. Der Werth der Waaren erscheint unmittelbar nur noch in dem Einfluß der Productivkraft der Arbeit auf Sinken und Steigen der Productionspreisse, auf ihre Bewegung, nicht auf ihre letzten Grenzen, und der Profit erscheint nur noch accessorisch bestimmt durch die unmittelbare Exploitation der Arbeiter, so weit sie dem Capitalisten erlaubt, bei dem scheinbar unabhängig von dieser Exploitation vorhandnen regulirenden Marktpreissen von dem Durchschnittsprofit abweichenden Profit zu realisiren") (MEGA II/4.2, p. 850-1 [MEW 25, p. 836-7; *O capital III*, p. 891]).

Pela equalização, os capitais impõem uns aos outros uma espécie de desapropriação, pois os maiores criadores de mais-valor como que repassam, nos preços de produção, uma parte dela aos que não a criaram na mesma medida.

E tal desapropriação também se dá por força da propriedade privada, só que entre capitais: quanto maior o capital total de cada um, ou antes, quanto maior o valor dos meios de produção em propriedade de um capital individual, mais forte será o seu poder de "arrebatar" parte do lucro conjunto não produzido pelo trabalho por ele empregado. A distribuição, portanto, não obedece mais só às proporções firmadas pelo trabalho, mas também às firmadas pela propriedade; é por estas últimas que os preços de produção se desviam dos valores e que os lucros apropriados diferem do mais-valor criado pelo capital individual. Sem dúvida, os capitais individuais ainda se apropriam de boa parte do valor produzido pelo trabalho que põem em ação. Mas a equalização, como sua forma de movimento efetivo, intercala outro princípio distributivo na realização da "lei do valor" trabalho – o da propriedade privada. A mudança não é drástica, referida ainda ao capital constante, ou seja, aos meios de produção criados por trabalho pretérito – por trabalho, apesar de tudo. A inversão provocada aqui pela equalização, porém, está só na etapa inicial.

2.

O preço de mercado reveste-se de uma determinação ainda mais complexa, quando nela intervém um grupo especial de capitalistas, dedicado exclusivamente à tarefa de comprar e vender as mercadorias produzidas no setor industrial, agrícola, extrativo etc. Nas mãos dos comerciantes, as formas gerais de "capital-dinheiro" e de "capital-mercadorias" convertem-se nas de "capital-dinheiro de comércio" e "capital-mercadorias de comércio"[51]. E, ao se apresentar sob a fórmula de D-M-D', especialmente adequada a ela, essa fração comercial do capital parece derivar seu lucro da diferença entre o preço de compra e o de venda, como se o primeiro correspondesse ao preço de produção dos industriais, e o último, a um acréscimo sobre ele, possível por algum truque ou situação própria ao comércio, que permitisse vender mais caro do que foi comprado, vender acima do valor. Estaríamos diante de uma definição nova de preço de mercado, para além de um mero desvio do preço de produção?

Nesse caso, o acréscimo dependeria, em parte, da habilidade e do arbítrio do comerciante, indiferente ao conteúdo social de valor, cujas regras não seriam em absoluto desrespeitadas. Mas para Marx isso não passa de "aparência"[52] a ocultar

---

[51] MEGA II/4.2, p. 341-2 e 487 [MEW 25, p. 278 e 327; *O capital III*, p. 309 e 359].
[52] "Erscheinung" (MEGA II/4.2, p. 355 [MEW 25, p. 293; *O capital III*, p. 324]).

o fato de que o capital comercial entra também no processo de equalização, junto com o capital investido nas atividades produtivas:

> Se o *mercantile capital* render *a higher average percentage of profit* [uma percentagem média mais elevada de lucro] que o capital industrial, então uma parte do capital industrial se transforma em comercial. Se ele render *a lower average percentage of profit* [uma percentagem média mais baixa de lucro], ocorre o processo inverso. Uma parte do capital mercantil se transforma em industrial. Nenhum outro capital tem mais facilidade de mudar sua função, sua determinação.[53]

Assim como é fácil para um capital investido na atividade comercial, composto em grande parte do dinheiro com que faz girar as mercadorias, transferir-se para outro ramo dentro da mesma atividade e até sair dela, também um capital cuja esfera de ação é principalmente a produtiva não tem grande dificuldade de entrar ou retornar à esfera da circulação. Por menos que a exerça, aliás, ele deve ter um departamento comercial, nem que seja só para vender o produzido aos varejistas e comprar os meios de produção sempre repostos. A divisão de funções instauradora do setor exclusivo de comércio se dará, desse modo, apenas se for vantajosa para o produtivo: ela pode garantir às suas vendas e compras fluidez imediata e integral, despreocupando-o de eventuais problemas de realização.

O movimento dos capitais, agora incluindo a esfera comercial, amplia o papel da equalização e redefine, em primeiro lugar, o preço de produção. A nova equalização, diz Marx,

> introduz uma definição mais aproximada e restritiva do *preço de produção*. Como antes, por preço de produção deve-se entender o preço da mercadoria = seus *custos* (o valor do capital constante e variável nela contido) somados *à taxa média de lucro*. Mas a taxa média de lucro agora é definida de outro modo. Ela não se define mais pelo lucro conjunto criado pelo capital produtivo total, calculado sobre esse capital produtivo total [...], e sim

---

[53] "Würfe das mercantile Capital a higher average percentage of profit ab als das industrielle Capital, so würde sich ein Theil des industriellen Capitals in mercantiles verwandeln. Würfe es a lower average percentage of profit ab, so fände es der umgekehrte Proceß statt. Ein Theil des merkantilen Capitals würde sich in industrielles verwandeln. Kein Capital hat größre Leichtigkeit seine Bestimmung, seine Function zu ändern" (MEGA II/4.2, p. 355 [MEW 25, p. 293; *O capital III*, p. 324]). Preferi traduzir *handeln* e *Handlung* respectivamente por comercial e comércio, mas Marx ocasionalmente escreve em inglês, como na citação acima, e emprega a palavra *mercantile*, às vezes traduzida por *merkantil* em alemão; o título do capítulo, por sua vez, é: "O lucro comercial..." – "*Der commercielle Profit...*" em alemão, no manuscrito original. Tudo isso deixa perceber que ele não faz distinção conceitual entre "mercantil" e "comercial".

calculado sobre o total de *capital produtivo + capital comercial* [...]. No cálculo da taxa média de lucro já está incluída a parte do lucro agregado que cabe ao capital mercantil.[54]

Marx chega a falar de dois preços de produção, um restrito ao preço pelo qual vende o capitalista "*as such*" e outro amplo, o "preço de produção efetivo"[55], que é a soma do primeiro com o lucro do comerciante. O "capitalista *as such*" tem o preço de produção diminuído, pois deve dividir o lucro com o capitalista comercial, e diminuído talvez até para menos do que o valor. Quanto ao novo preço de produção "efetivo", ele não só redistribui automaticamente o mais-valor, como o anterior, mas inclui no processo o setor comercial, tratando como "*as such*" capitais que seriam "*not as such*".

A regra de distribuição, no entanto, é oposta em cada caso, algo claro, levando-se em conta o conceito de "rotação" ou "giro" (*Umschlag*) de capital – o número de vezes que um capital é empregado em certo período de tempo para lançar no mercado certa quantidade de mercadorias. No setor produtivo, quanto maior esse número, maior a quantidade de mercadorias criadas e, portanto, de valor embutido nelas. Assim cresce também a massa de lucro efetivamente gerada no período e a taxa de lucro fixada para aquela massa específica de capital. O contrário ocorre com o número de vezes que se *comercializa* certa quantidade de mercadorias durante o período: quanto maior o número, em mais parcelas deverá ser distribuída a mesma massa de lucro gerada no setor produtivo, diminuindo a parte da massa de lucro que toca ao setor comercial a cada giro. Tal fato decorre da diferença específica entre as duas esferas de existência do capital social. O ponto é que, "não fosse esse o caso, o capital comercial renderia lucro muito mais alto em proporção ao número de seus giros, o que contradiria a lei da *taxa geral de lucro*"[56]. As condições

---

[54] "Es tritt damit auch eine nähere und einschränkende Bestimmung des *Productionspreises* ein. Unter Productionspreiß ist nach wir vor zu verstehn, der Preiß der Waare = ihren *Kosten* (dem Werth des in ihr enthaltnen constanten + variablen Capitals) *plus dem Durchschnittsprofit* darauf. Aber dieser Durchschnittsprofit ist jetzt anders bestimmt. Er ist nicht bestimmt durch den Gesammtprofit, den das totale productive Capital erzeugt, berechnet auf dieß totale productive Capital, [...] sondern berechnet auf das totale *productive + Handelscapital* [...]. In der Durchschnittsprofitrate ist bereits der auf das mercantile Capital fallende Theil des aggregate profit eingerechnet" (MEGA II/4.2, p. 359 [MEW 25, p. 296-7; *O capital III*, p. 327]).

[55] "O *preço de produção*, ou o preço pelo qual vende o capitalista industrial *as such* [como tal], portanto, é < que o preço de produção efetivo da mercadoria" ("Der *Productionspreiß*, oder der Preiß wozu der industrielle Capitalist as such verkauft, ist also < als der wirkliche Productionspreiß der Waare") (MEGA II/4.2, p. 359 [MEW 25, p. 297; *O capital III*, p. 327]).

[56] "Wäre dieß nicht der Fall, so würfe das Kaufmannscapital, im Verhältniß zur Zahl seiner Umschlage, viel höhern Profit ab als das productive Capital, was dem Gesetz der *allgemeinen Profitrate* widerspricht" (MEGA II/4.2, p. 384 [MEW 25, p. 323; *O capital III*, p. 354]). No trecho anterior,

determinantes da possibilidade de produzir mercadorias várias vezes em um período têm a ver quase só com a particularidade do valor de uso produzido, enquanto a possibilidade de vender mais depende até de fatores acessórios, como o gosto dos consumidores e as estratégias do comércio. Se uma massa maior de lucro fosse "arrebatada" pelos comerciantes só porque giram mais vezes seu capital, seu setor atrairia o capital social de modo desmedido, distorcendo a concorrência.

O número de giros do capital *produtivo*, embora aumente a massa e a taxa de lucro, não afeta os preços de produção e de mercado das mercadorias individuais, pois a uma maior massa de lucro corresponde uma maior quantidade física também de produto. Mas a massa de lucro do comércio depende do setor produtivo, não podendo ser alterada pelas condições do próprio comércio: não importa quantas vezes gire o capital, o lucro apenas se dividirá mais, de modo que os preços no final tendem a cair com o número maior de vezes que ele gira[57]. Os preços de mercado

---

depois de tratar do caso do industrial, Marx explicava: "O caso é outro com o capital do comerciante. Para ele a *taxa de lucro* é uma grandeza dada, determinada, por um lado, pela *massa de lucro produzida pelo capital produtivo* e, por outro lado, pela *grandeza relativa do capital comercial*, ou sua relação quantitativa com o capital *conjunto* [...]. Se a taxa geral de lucro anual for de 15% e o comerciante adiantar 100 £, se o seu capital girar uma vez no ano, ele venderá sua mercadoria por 115 £. Se ele girar seu capital 5× no ano, então ele venderá seu capital-mercadorias de 100 £ a cada ⅕ do ano por 103 £ e, no ano inteiro, um capital-mercadorias de 500 £ por 515 £. Do seu capital desembolsado de 100 £ ele faz um lucro anual de 15 £, como no primeiro caso, tanto quanto antes" ("Anders mit dem Kaufmannscapital. Die *Profitrate* ist für es eine gegebne Grösse, einerseits bestimmt durch die *Masse des vom productiven Capital producirten Profits*, andrerseits durch die *relative Grösse des Handelscapitals*, oder sein quantitatives Verhältniß zum Gesammtcapital [...]. Ist die allgemeine jährliche Profitrate 15% und schießt der Kaufmann 100 l. vor, so wenn sein Capital 1mal im Jahr umschlage würde er seine Waare zu 115 verkaufen. Schlägt er sein Capital 5x im Jahr um, so wird er ein Waarencapital von 100 jedes 5tel Jahr zu 103 verkaufen und im ganzen Jahr ein Waarencapital von 500 zu 515. Dieß macht aber auf sein vorgeschossenes Capital von 100einen jährlichen Profit von 15, wie im ersten Fall, nach wie vor") (MEGA II/4.2, p. 382 e 384, respectivamente [MEW 25, p. 321 e 323; *O capital III*, p. 352 e 354]).

[57] No exemplo de Marx exposto na nota acima, se um capital comercial de 100 libras for usado uma vez no ano, girando uma vez, o preço final das mercadorias será 115 libras; girando três vezes, o preço em cada vez será 105 libras; e, girando cinco vezes, o preço será 103 libras. Marx conclui: "O número *de giros* do capital do comerciante nos vários ramos de comércio afeta diretamente os *preços* mercantis das mercadorias. A grandeza do acréscimo no preço mercantil = à parte alíquota do lucro mercantil de um dado capital que recai sobre o preço de produção da mercadoria – está em relação *inversa* ao número de giros ou à velocidade de giro do capital mercantil nos vários ramos da produção" ("Die Anzahl *der Umschläge* des Kaufmannscapitals in verschiednen Handelszweigen afficirt die mercantilen *Preisse* der Waaren direkt. Die Grösse des mercantilen Preißzuschlags = dem aliquoten Theil des mercantilen Profits eines gegebnen Capitals, der auf den Productionspreiß der Waare fällt – steht im *umgekehrten* Verhältniß zur Anzahl der Umschläge oder der Umschlagsgeschwindigkeit der mercantilen Capitalien in verschiednen Productionszweigen") (MEGA II/4.2, p. 384 [MEW 25, p. 323; *O capital III*, p. 354]).

se distinguem dos de produção, portanto, não só pelos desvios provocados pelo jogo da oferta e da demanda mas também pela configuração singular que em cada mercado pode assumir o capital comercial, por exemplo, girando mais ou menos rápido. Uma mercadoria cuja venda seja rápida permite ao capital comercial logo reassumir a forma de dinheiro, mas a massa de lucro é predeterminada para ele, distribuindo-se pelo número de vezes que o capital é usado. Assim, a soma do seu preço de custo com esse lucro menor resultará em um preço final também menor.

Mas por que a massa de lucro do capital comercial é algo dado para ele, algo que ele não pode alterar? Surge aqui um par conceitual decisivo na crítica de Marx à economia política: o trabalho "produtivo" e o trabalho "improdutivo". Para os objetivos deste livro, não é o caso de discutir todas as implicações de tais conceitos, sobre os quais muito se escreveu e polemizou[58]. Mas deve-se registrar que a distinção evidencia quanto Marx leva a sério o princípio da troca de equivalentes, a saber, que a troca das mercadorias não lhes acrescenta valor ou, ainda, que a esfera da circulação *por si* não cria valor, limitando-se a modificar a forma do valor – de mercadoria a dinheiro, e vice-versa. A aceitação do princípio da troca de equivalentes é mais do que um recurso da crítica à economia política ou mero artifício retórico de quem aceita os termos do adversário para depois mostrar sua inverdade. Marx remete aqui à distinção crucial entre substância e forma de valor, examinada no final desta parte, da qual deriva a distinção entre as duas modalidades apontadas do trabalho.

No caso presente, a distinção está por trás da relação entre o número de giros do capital e o tempo de trabalho despendido e alocado sob uma forma ou outra.

---

[58] Como se sabe, tais definições remetem à discussão da fisiocracia por Adam Smith no nono capítulo do Livro IV de *A riqueza das nações*: enquanto para a escola francesa só o trabalho agrícola podia ser considerado criador efetivo de nova riqueza, sendo o manufatureiro e o comercial seus meros transformadores, para Smith também estes são produtivos, especialmente o manufatureiro, setor em que a possibilidade de divisão do trabalho mais intensa que no agrícola faz o trabalho aí realizado ser ainda mais produtivo do que o da agricultura. Há, portanto, um deslocamento de ênfase, que recai em Smith no trabalho em si, no valor, e não mais tanto no produto, na riqueza. Por isso, já antes, no terceiro capítulo do Livro II de sua obra, Smith havia distinguido ambos os tipos de trabalho muito em função do fato de que o produtivo cria produto que servirá de base para sustentar outras pessoas, estabelecendo uma rede de sociabilidade ou, ainda, porque o produtivo cria valor excedente ao salário do trabalhador, proporcionando lucro e renda da terra. É deste ponto que parte a crítica de Marx, desenvolvida no quarto capítulo do Livro I das *Teorias do mais-valor*, no qual mais uma vez a ênfase se desloca, no sentido de que "produtivo" será apenas o trabalho criador de mais-valor. Assim o trabalho produtivo se refere às condições de assalariamento, da criação de excedente de valor sobre o salário. O trabalho de um pequeno proprietário sem empregados, por exemplo, cria valor, mas não mais-valor, e não pode ser estritamente considerado produtivo para o capital.

Em ambos os setores – produção e comércio –, quanto mais giram as mercadorias, mais se trabalha. Mas o trabalho da produção cria de fato novas mercadorias, ao passo que o trabalho do comércio em geral se limita a mudar a sua forma de valor. Se, por exemplo, os produtores se encarregarem também da circulação, o montante de capital reservado por eles para o exercício dessa função é imobilizado, impedido de entrar na atividade produtiva propriamente dita. Como o trabalho assim empregado só atua modificando a forma de valor, Marx o chama de "improdutivo".

É claro que algumas das atividades obrigatoriamente ligadas à compra e venda de mercadorias não se limitam a modificar a forma de valor, mas se associam à produção, na medida em que interferem na matéria do produto, seja para conservá-lo até o momento do consumo, seja para transportá-lo até o consumidor. Assim, o Livro II de *O capital* já descrevia as operações de transporte, de armazenagem e de parte da estocagem como trabalho criador de valor[59]. O trabalho empregado nelas é produtivo, de modo que parte do que é feito pelo setor mercantil participa da criação social do excedente de valor. Mesmo assim, tais atividades não são as que definem as funções específicas do setor, que emprega a maior parte do trabalho em pura e simples comercialização, em nada aumentando o valor e o mais-valor do produto.

Apesar disso, inserido no processo de equalização determinante dos preços de produção e de mercado, esse setor absorve uma porção do mais-valor que a atividade do puro comércio não criou. Ele o faz justamente pelo mecanismo distributivo embutido nos próprios preços de produção e de mercado. E, "assim, o capital mercantil entra na equalização do mais-valor rumo ao lucro médio, embora não entre na produção do mais-valor; daí *the average rate of profit* [a taxa média de lucro] já implicar o desconto do mais-valor que caberia ao capital mercantil, ou seja, a dedução mercantil do lucro do capital produtivo"[60]. Marx indica que a principal vantagem para o "capital produtivo" de delegar as tarefas comerciais a um setor autônomo é a de reduzir o montante de capital imobilizado, que não pode ser investido na *produção* de mais-valor. Em troca disso, entretanto, ele deve ceder parte do mais-valor ou do lucro social conjunto ao novo setor.

Como no caso da concorrência apenas entre capitais industriais, a regra de distribuição se desvia do puro princípio do valor-trabalho: ali, porque capitais

---

[59] Ver MEGA II/11, p. 55-79 e 826-7, do qual Engels montou o sexto capítulo da sua edição do Livro II. Ver MEGA II/13, p. 119-40 [MEW 24, p. 138-53; *O capital II*, p. 216-31].

[60] "Also das mercantile Capital geht ein in die Ausgleichung des Mehrwerths zum Durchschnittsprofit, obgleich nicht in die Production dieses Mehrwerths, und daher enthält die average rate of Profit bereits den Abzug vom Mehrwerth, der dem mercantilen Capital zukömmt, also das mercantile deduct vom Profit des productiven Capital" (MEGA II/4.2, p. 360 [MEW 25, p. 397; *O capital III*, p. 328]).

individuais de maior grandeza absoluta, ou com parte constante relativamente maior do que a variável, "arrebatam" uma porção do mais-valor social que não criaram; aqui, pelo fato de o capital de comércio não criar mais-valor de modo algum, no principal de suas atividades, e, apesar disso, "arrebatar" parte do que o capital produtivo criou.

Seu direito a tal participação nos lucros vem de ele não apenas cumprir uma tarefa imprescindível para a reprodução do capital social, mas investir aí um capital próprio considerável, que se acrescenta ao capital industrial dentro do agregado da sociedade; não só permitir ao capital industrial restringir-se quase exclusivamente à produção de mais-valor, e com isso contribuir de modo indireto para a criação deste, mas tomar parte na riqueza conjunta, na massa de propriedade do agregado social. Como essa parte é sua propriedade privada, contudo, a apropriação do mais-valor pelo capital comercial implica um "desconto", uma "dedução mercantil do lucro do capital produtivo". O princípio de distribuição do valor pelo volume do mais-valor criado pelo trabalho é novamente alterado pela concorrência entre os capitais individuais, abrindo espaço para o princípio de distribuição da propriedade privada, pelo qual a grandeza de capital permite arrancar porções do mais-valor social de acordo com uma distinta forma de medida.

Só que, no caso da concorrência restrita aos capitais produtivos, a equalização ainda se mantém mais próxima da distribuição pelo trabalho, pois afinal de contas todo capital industrial o emprega de modo produtivo. Ao incluir o capital comercial, porém, a equalização distribui mais-valor social para um setor que emprega o seu trabalho em grande parte de modo improdutivo. E o caráter desse trabalho que ela também aloca e divide, quando distribui mais-valor, revela quanto o novo princípio se afastou do anterior. Não se opõe aí só trabalho morto a trabalho vivo, e sim trabalho produtivo a improdutivo.

Com efeito, um problema proposto longa e insistentemente por Marx no capítulo sobre o lucro comercial do Livro III é o da função social do trabalhador do comércio. Embora a tarefa que executa seja necessária, ele não produz diretamente mais-valor, sendo improdutivo por isso. Mas o capitalista que o explora obtém um ganho a partir do salário pago a ele, que é regulado, tanto quanto o salário do trabalhador produtivo, pelo valor médio da força de trabalho social. Por que então esse ganho não é uma forma de mais-valor? E qual é o seu estatuto?

A função do trabalho do comerciário só tem sentido dentro da operação distributiva mais ampla da concorrência entre os setores produtivo e comercial[61]. Para este último, ou seja,

---
[61] "Exatamente como o capital produtivo obtém lucro ao *vender* trabalho embutido e realizado nas mercadorias, pelo qual ele não pagou nenhum equivalente, também o capital *mercantil* [o obtém],

para o *merchant* individual, a *massa do lucro* depende da massa de capital que ele pode empregar no processo, e, quanto maior for o *trabalho não pago* aos *clerks*, mais ele pode empregar essa massa (em comprar e vender). Grande parte da própria função pela qual ele é capital o *merchant* capitalista deixa que seus trabalhadores executem. O *trabalho não pago* dos *clerks*, embora não *crie* mais-valor, cria *para ele* a *apropriação de mais-valor*, o que (conforme o resultado) dá no mesmo para esse capital; *para ele*, é assim fonte de lucro.[62]

Duas vezes no final do texto está grifada a expressão "para ele": apesar de não criar mais-valor, o trabalho do comerciário é lucro "para" o comerciante, ao realizar as atividades que o inserem no processo social de equalização.

Marcada essa diferença entre a esfera produtiva e a distributiva, infere-se que o trabalhador do comércio rende lucro ao capitalista "não por criar para ele diretamente mais-valor, mas por ajudar a diminuir os custos da realização do mais-valor, na medida em que executa em parte *trabalho não pago*"[63]. Se for alto o salário do comerciário, mais altos os custos e menor a parte que o comerciante "arrebata" do mais-valor social. E vice-versa. O lucro do comércio não vem da obtenção direta de mais-valor sobre o trabalho que emprega, e sim dos direitos que a propriedade privada do seu capital confere a ele, uma vez que execute as suas funções

---

ao *não pagar totalmente* ao capital produtivo o *trabalho não pago* embutido na mercadoria (na mercadoria, na medida em que o capital investido na sua produção funciona como parte alíquota do capital produtivo conjunto), apenas uma parte dele, vendendo, porém, a parte não paga que ainda está embutida na mercadoria" ("Ganz wie das productive Capital dadurch Profit macht, daß es in den Waaren steckende und realisirte Arbeit *verkauft*, für die es kein Equivalent gezahlt hat, so das mercantile Capital dadurch, daß es dem productiven Capital die *unbezahlte Arbeit*, die in der Waare steckt (in der Waare, so weit das in ihrer Production ausgelegte Capital als aliquoter Theil des gesammten Productiven Capital functionirt) *nicht ganz* zahlt, sondern nur Theil derselben, diesen für es noch in den Waaren steckenden *unbezahlten* Theil aber verkauft") (MEGA II/4.2, p. 367 [MEW 25, p. 304; *O capital III*, p. 335]). Vimos que a expropriação do trabalho pelo capital industrial é análoga à do capital industrial menor pelo capital industrial maior; agora vemos também analogia com a expropriação do capital industrial pelo comercial.

[62] "Die *Masse seines Profits* hängt ab für den einzelnen merchant von der Masse Capital, die er in diesem Proceß anwenden kann und je grösser die *unbezahlte Arbeit* der clercs, um so mehr kann er davon anwenden. (im Kaufen und Verkaufen.) Die Funktion selbst, wodurch es Capital ist, läßt der capitalist merchant grosstheils durch seine Arbeit verrichten. Die *unbezahlte Arbeit* der clercs, obgleich sie nicht Mehrwerth *schafft*, schafft *ihm* aber *Aneignung vom Mehrwerth*, was für dieß Capital (dem Resultat nach) ganz dasselbe, ist also *für* es Quelle des Profits" (MEGA II/4.2, p. 367 [MEW 25, p. 305; *O capital III*, p. 335]). Os *clerks* correspondem aos representantes comerciais, ou, mais simplesmente, aos comerciários.

[63] "Er bringt ihm ein, nicht indem er direkt Mehrwerth schafft, aber indem er die Kosten der Realisirung des Mehrwerths vermindern hilft, soweit er zum Theil *unbezahlte Arbeit* verrichtet" (MEGA II/4.2, p. 374 [MEW 25, p. 311; *O capital III*, p. 342]).

empregando assalariados. É até mesmo a magnitude da sua propriedade que lhe permite empregá-los e, daí, participar da distribuição do mais-valor conjunto pela concorrência com os capitais produtivos.

Atuando num setor improdutivo, o comerciário não cria valor e mais-valor, não cria substância social, apenas o direito de seu patrão apropriar-se de parte do mais-valor gerado em outra esfera. Trata-se de mera *forma* social, num sentido examinado em detalhe na próxima parte deste livro. Como foi dito, mais do que oposição entre trabalho vivo e trabalho morto, importa aqui a oposição entre trabalho improdutivo e trabalho produtivo; de certo modo, entre substância e forma. O salário mesmo começa a se revestir de um caráter formal, ao não corresponder à criação direta de mais-valor. Portanto,

> embora para o próprio *agente da circulação* sua receita possa *aparecer* como mero salário, pagamento por um trabalho executado, e embora, onde ele não apareça assim, o volume do lucro possa ser só = ao salário de um trabalhador mais bem remunerado – sua receita surge só *do lucro mercantil*. Isso decorre do fato de que seu trabalho não é criador de valor.[64]

O "agente da circulação" pode ser tanto um assalariado propriamente dito como um trabalhador com certa autonomia, um vendedor que recebe "pagamento por um trabalho executado". De todo modo, a sua "receita aparece como mero salário", determinado do ponto de vista formal como salário do trabalhador produtivo, mas que "surge só do lucro mercantil", da parcela do mais-valor social arrebatado pelo comerciante.

Nesse novo passo, a equalização começa a separar substância de forma, operando até certo ponto a sua inversão. A propriedade privada como regra distributiva alcança maior independência diante da regra do trabalho. Para além do momento de conversão do "capital-mercadorias" em "capital-mercadorias de comércio", no entanto, a inversão avança com a conversão do "capital-dinheiro" em "capital-dinheiro de comércio", que se desvia até mesmo do processo estrito da equalização. Mais e mais a grandeza da propriedade privada influi na divisão dos valores e a distorce em relação ao princípio de origem, tornando o mundo social afeito à imagem e semelhança do sujeito que em verdade o domina.

---

[64] "[...] obgleich für den *Circulationsagenten* selbst seine Einnahme als blosser Arbeitslohn *erscheinen* mag, Zahlung für die von ihm verrichtete Arbeit, und obgleich, wo sie nicht so erscheint, der Umfang des Profits nur = dem Arbeitslohn eines besser bezahlten Arbeiters sein mag – entspringt seine Einnahme nur aus dem *mercantilen Profit*. Dieß geht daraus hervor, daß seine Arbeit nicht *Werthschaffende* Arbeit ist" (MEGA II/4.2, p. 364 [MEW 25, p. 301-2; *O capital III*, p. 332]).

3.

Numa coincidência singular entre a apresentação categorial e a do curso histórico[65], a partir das atividades ligadas ao trato do dinheiro e realizadas por certo tipo de comerciante, *O capital* introduz o sistema de crédito, com todas as consequências fundamentais para o modo de produção estabelecido sobre a propriedade privada. Exposto em um único capítulo e apenas no fim da seção sobre o capital comercial, o capital-dinheiro de comércio faz uma espécie de ponte para a seção seguinte, sobre o capital portador de juros.

Mas o objeto de cada uma dessas seções, as duas formas do dinheiro, é essencialmente distinto. Meio estratégico da sociabilidade capitalista, o dinheiro cumpre no momento do crédito um papel bem diferente do primeiro, ainda ligado ao seu uso só comercial.

No primeiro momento, quando amplia as atividades de circulação das mercadorias, também o comércio de dinheiro é delegado a um grupo especial de agentes econômicos, que passa a concentrar a realização dos recebimentos e dos pagamentos – inclusive a dos salários em geral. A partir daí, tarefas como a guarda e o depósito do dinheiro ainda não utilizado, a compra e venda de metais preciosos, o câmbio de moedas estrangeiras e até a escrituração contábil dos ativos e passivos das empresas, tudo isso começa a ser executado pelos negociantes de dinheiro. Pois se torna igualmente vantajoso para o capital produtivo o exercício de tais atividades fora do seu âmbito, reduzindo a necessidade de manter reservas de dinheiro não investidas na produção imediata e acelerando o inteiro movimento da circulação monetária.

E assim o negociante de dinheiro acaba também por atender a uma função social, dedicando a ela o seu capital e exigindo direitos de proprietário a uma parte do mais-valor ou lucro conjunto gerado pelo trabalho produtivo. Ele participa do processo normal de equalização da mesma maneira que o seu colega, comerciante de mercadorias: embora não crie diretamente mais-valor, permite que os produtores o criem em maior escala; o seu ramo é funcional no processo de reprodução social do capital e poderá atrair capitais individuais investidos em outros ramos, se a sua participação no lucro conjunto da sociedade for maior do que a deles; por fim, o que os trabalhadores desse negócio proporcionam ao seu patrão não é a extração direta de mais-valor, e sim o direito a obter ou "arrebatar" parte do que foi criado no setor produtivo, e, conforme os salários sejam altos ou baixos, será baixa ou alta a parte que sobra no bolso do negociante de dinheiro. Ele pode se transformar em banqueiro, mas o mero trato mercantil com o dinheiro permanece como sua razão

---

[65] O tradicional problema da relação entre o aspecto sistemático-formal e o histórico no modo de apresentação da obra de Marx será um dos temas do capítulo 6 deste livro.

de ser. Aliás, muito do que os bancos fazem se restringe ainda à esfera do comércio monetário tal como acaba de ser descrito.

Entretanto, a acumulação de fundos e reservas para pagamentos e para compras futuras enseja o crédito. Marx assinala essa ligação, observando que os capitalistas empregam nas suas transações em geral pouco dinheiro vivo, substituído por letras de câmbio e duplicatas, só descontadas ao final da cadeia toda, de modo a compor já a forma de meio de pagamento. Também assinala a atuação dos bancos como o caminho histórico mais importante desse desdobramento, no momento em que passam a emprestar o dinheiro neles depositado e a tomá-lo emprestado uns dos outros, transferindo-o aos capitalistas que queiram investir na produção ou na circulação de mercadorias[66].

Nesse caso, porém, o caráter do dinheiro muda completamente. A imbricação das duas formas não deve ocultar a diferença:

> uma vez que um *set* particular de capitalistas adianta capital-dinheiro nessa mediação *técnica* da circulação monetária [...] a forma geral do capital D-D' também está aqui contida. Mediante o adiantamento de D é gerado D + ΔD para quem o adianta. Mas

---

[66] "[...] vimos como o depósito dos fundos de reserva dos comerciantes, as operações técnicas dos pagamentos e recebimentos em dinheiro (e daí o comércio de divisas) se concentram nas mãos dos *comerciantes de dinheiro*. Sobre essa base do comércio de dinheiro desenvolve-se, associa-se, o outro aspecto do sistema de crédito – a gerência do capital *portador de juros*, ou *monied capital*, como função particular do comerciante de dinheiro. O seu negócio particular passa a ser tomar emprestado e emprestar dinheiro. Ele intervém como mediador entre o verdadeiro emprestador e o tomador de empréstimo do *monied capital*. Numa expressão geral, o negócio bancário consiste, por um lado, em concentrar em suas mãos em grande escala o capital-*dinheiro loanable* [emprestável], de modo que, em vez dos emprestadores individuais, são os banqueiros que se põem diante dos capitalistas reprodutores como representantes dos emprestadores todos de dinheiro. Como gerentes, eles concentram em suas mãos o *monied capital*. Por outro lado, neles concentra-se o tomador de empréstimo diante de todos os emprestadores, pois emprestam para todo o mundo comercial" ("Wir haben [...] gesehn, wie sich die Aufbewahrung der Reservefonds der Kaufleute etc, die technischen Operationen des Geldauszahlens und Einnehmens, der internationalen Zahlungen (und damit der Bullionhandel) in den Händen der *Geldhändler* concentrirt. Auf dieser Basis des geldhandels entwickelt sich, schließt sich an, die andre Seite des Creditwesens – die Verwaltung des *Zinstragenden* Capitals oder des monied Capital als besondre Funktion der Geldhändler. Das Borgen und Verleihen des Geldes wird ihr besondres Geschäft. Sie treten als Vermittler zwischen den wirklichen Verleiher und den Borger von monied Capital. Allgemein ausgedrückt besteht das Bankiergeschäft einerseits darin, das *loanable Geldcapital* in ihren Händen, auf grösser Stufenleiter zu concentriren, so daß statt des einzelnen Geldverleihers die Banquiers als Repräsentanten aller Geldverleiher den reproductiven Capitalisten gegenübertreten. Sie concentriren das monied Capital in ihren Händen als die allgemeinen Verwalter desselben. Andrerseits concentriren sie allen Verleihern gegenüber die Borger, indem sie für die ganze Handelswelt borgen") (MEGA II/4.2, p. 471 [MEW 25, p. 416; *O capital III*, p. 454]).

a mediação de D-D' se refere aqui ao momento *apenas técnico* da metamorfose e não ao *conceitual*.[67]

A fórmula D-D', já clássica na definição do capital portador de juros, "está contida" no D-M-D' do comerciante em geral, e no de dinheiro em particular, pois a mercadoria de que aqui se trata, mais do que apenas indiferente aos valores de uso, é a indiferenciação mesma representada pelo dinheiro. Abre-se, no entanto, uma distância entre o "momento técnico" e o "conceitual". O "técnico" se refere à função do dinheiro na metamorfose das mercadorias, que é a de mero meio de realização das vendas e das compras; o dinheiro adquire o caráter de capital já por ser propriedade do capitalista e, como tal, fazer parte do processo geral de produção e reprodução. No crédito, porém, o dinheiro não é trocado por um equivalente – o valor da mercadoria que compra –, apresentando-se antes como a mercadoria mesma que se compra, ou melhor, que se toma emprestada. Por isso, o dinheiro tem agora outro caráter, outro "conceito".

Nele, o empréstimo implica o mesmo que a "forma da venda" para a mercadoria[68]. Ou seja, na circulação mercantil a compra (D-M) difere radicalmente da venda (M-D), porque na venda a mercadoria é alienada e deixa de ser mercadoria quando entra na esfera do consumo do seu valor de uso. Para o dinheiro, ainda como meio "técnico" de compra, porém, D-M não indica alienação, e sim a sua forma própria de existência na circulação: ele não sai dela, nunca abandona o circuito de reprodução

---

[67] "So weit Geldcapital in dieser technischen Vermittlung der Geldcirculation von einem besondren set Capitalisten vorgeschossen wird, [...] ist die allgemeine Form des Capitals G_G' auch hier vorhanden. Durch Vorschuß von G wird G + ΔG für den Vorschiesser erzeugt. Aber die Vermittlung von G_G' bezieht sich hier nicht auf die begrifflichen sondern nur technischen Momente der Metamorphose" (MEGA II/4.2, p. 393 [MEW 25, p. 334; *O capital III*, p. 366]). Na sua edição, Engels substitui o termo "conceitual" (*begrifflich*), do manuscrito de Marx, por "material" (*sachlich*), com o que perde um significado importante. De qualquer modo, já a primeira frase do capítulo sobre o capital-dinheiro de comércio já indicava seus "*movimentos* [como] puramente *técnicos*" (MEGA II/4.2, p. 387 [MEW 25, p. 327; *O capital III*, p. 360]).

[68] "Como tal *valor que se valoriza*, ele existe δυναμει [potencialmente], e como tal é emprestado (o que é a forma da venda para essa mercadoria característica)" ("Als solcher sich *verwerthender Werth* existirt es δυναμει und wird als solcher verliehen (was die Form des Verkaufens für diese eigenthümliche Waare ist)") (MEGA II/4.2, p. 462 [MEW 25, p. 405; *O capital III*, p. 442]). E ainda: "O que o *monied capitalist* [capitalista com dinheiro] dá a quem lhe toma empréstimo, o capitalista produtivo? O que ele *aliena* de fato àquele? É só o ato da *alienação* que faz do empréstimo de dinheiro uma alienação do *dinheiro* como capital, ou da *alienação do capital mesmo uma mercadoria*" ("Was giebt der monied Capitalist dem Leiher, dem productiv Capitalist? Was veräussert er in der That an ihn? Und nur der Akt der Veräusserung macht das Verleihen des Geldes zur Veräusserung des *Geldes* als *Capital* oder die *Veräusserung von Capital selbst als Waare*") (MEGA II/4.2, p. 423 [MEW 25, 363; *O capital III*, p. 398]). É interessante conferir a sequência do argumento.

do capital. A rigor, o dinheiro não pode ser vendido; se é alienado, é só mediante empréstimo – uma forma de alienação muito especial, de todo modo, pois, quando emprestado, o dinheiro tem de retornar às mãos do proprietário original.

Nesse intermédio Marx situa o direito a cobrar juros. O dinheiro não é mais capital apenas por permitir, do ponto de vista "técnico", a circulação mercantil para o capital. Agora ele o é por se transformar em uma mercadoria singular, aquela que permitirá a compra de meios de produção e de força de trabalho para produzir valor, aquela cuja forma potencia a autovalorização. Parte desse valor novo, criado depois da concessão do empréstimo, cabe por contrato a quem o emprestou, sob a forma de juros, já que o dinheiro usado como capital pelo capitalista produtivo não pertence a ele mesmo. Ocorre nova divisão do mais-valor, ou melhor, do lucro agregado – que entra já definido como lucro médio pela prévia concorrência e equalização dos capitais industriais. E à nova divisão corresponde mais uma vez uma divisão de tarefas entre dois grupos distintos de capitalistas[69]: os que podem emprestar, por ter a propriedade do dinheiro-capital; e os que, por não tê-la, precisam do empréstimo, utilizado a seguir em atividades inseridas diretamente no esquema de reprodução do capital social e, com isso, no processo de equalização. Com tais divisões, a parte do lucro residual para o capitalista produtivo, depois de pagos os juros do empréstimo, Marx denomina "ganho empresarial".

No problema inteiro da equalização surge assim outra dificuldade, uma ambivalência de fundo, cujos matizes devem ser observados. De um lado, o capitalista apenas proprietário do dinheiro, que empresta o capital latente, não é mero parasita do sistema. Ele tem uma função decisiva no processo efetivo, a saber, a de fornecer ao empresário o dinheiro, os meios para reproduzir o capital. Como mencionado no item anterior, além disso, ele possibilita a passagem fluida do capital de um ramo para outro, seja da produção, seja entre o comércio e a produção, pois os capitais imobilizados na produção de um valor de uso específico podem como que se liquefazer em dinheiro, para depois adotar a figura de outro valor de uso. Por fim, embora o emprestador de capital não entre no processo de reprodução, o capital por ele emprestado entra e potencia a reprodução pelo crédito, ou seja, permite a esta última ampliar-se e romper os limites da mera acumulação de capital efetivo[70].

---

[69] "De fato, é a *separação dos capitalistas* em *monied capitalists* e *industrial capitalists* [capitalistas industriais] que transforma uma parte do lucro em *juros*, que cria essa categoria em geral, e é apenas a concorrência entre esses dois tipos de *capitalists* que cria a *taxa de juros*" ("Es ist in der That nur die *Trennung der Capitalisten* in monied capitalists und industrial capitalists, die einen Theil des Profits in *Zins* verwandelt, überhaupt diese Categorie schafft, und es ist nur die Concurrenz zwischen diesen beiden Sorten Capitalists, die den *Zinsfuß* schafft") (MEGA II/4.2, p. 442 [MEW 25, p. 383; *O capital III*, p. 419]).

[70] No começo do capítulo "O papel do crédito na produção capitalista", Marx enumera as vantagens criadas pelo desenvolvimento do sistema de crédito para a reprodução do capital social,

Do outro lado, o capitalista que toma o empréstimo é quem realiza a potencialidade criadora de mais-valor do dinheiro-capital. E, sem isso, o capital não se reproduz sequer em escala simples. Em outros termos, enquanto é puro dinheiro a emprestar, o capital fica fora do processo de reprodução, que inclui apenas as esferas da produção e da circulação de mercadorias. E, enquanto não for posto em funções, a parte que ele exige do mais-valor, os juros, não corresponde a qualquer equivalência:

> O capitalista *prêteur* [prestamista] cede seu capital, *transfere*-o ao capitalista produtivo *sem receber um equivalente*. Sua cessão não é de modo algum um ato do processo de circulação efetivo do capital, apenas propiciando a circulação *on the part of the productive capitalist* [por parte do capitalista produtivo]. Essa primeira troca de colocação do dinheiro não expressa um ato da metamorfose, nem compra nem venda. *La propriété n'est pas cédé* [a propriedade não é cedida], pois não acontece processo de troca.[71]

O motivo de os juros não representarem equivalente é que a "propriedade não é cedida", mas emprestada. À diferença da circulação, marcada pela cessão plena da propriedade sobre mercadoria ou sobre dinheiro, no crédito a "transferência" é temporária e apenas do direito de *uso*, e não do direito à *alienação* do dinheiro, que não passa à propriedade plena do tomador do empréstimo. Daí ele ter de restituí-lo, e os juros se definirem como retribuição por um direito transferido provisoriamente.

Portanto, embora potencie a reprodução do capital, o crédito não faz parte efetivamente dela; embora auxilie a equalização da taxa de lucro por facilitar a migração de capitais de um ramo a outro, ele não gera nem faz circular o mais-valor. Pois, para tais processos, a condição fundamental consiste na cessão completa da propriedade.

É sintomático que a maior parte das referências à equalização na quinta seção do Livro III de *O capital* se limite a retomar o conceito no sentido das primeiras quatro seções. Ou que o termo denote a simples compensação e cancelamento de dívidas recíprocas[72]. Essa oscilação terminológica resulta por certo do papel ambíguo do capital

---

mais ou menos nos termos acima referidos. Ver MEGA II/4.2, p. 501 [MEW 25, p. 451-2; *O capital III*, p. 492-4].

[71] "Der Capitalist prêteur giebt sein Capital weg, *überträgt* es an den capitalist productiv, *ohne ein Equivalent zu erhalten*. Sein Weggeben ist überhaupt kein Akt des wirklichen Circulationsprocesses des Capitals, sondern leitet nur seine Circulation, on the part of the productive capitalist, ein. Diese erste Stellenwechsel des Gelds drückt keinen Akt der Metamorphose, weder Kauf noch Verkauf, aus. La propriété n'est pas cédé, weil kein Austauschproceß stattfindet" (MEGA II/4.2, p. 420; o trecho em francês se explica pela polêmica com Proudhon [MEW 25, p. 358; *O capital III*, p. 394]).

[72] Ver, por exemplo, MEGA II/4.2, p. 411, 419, 430, 431, 438-9 e 470 [MEW 25, p. 350, 358, 368, 370, 379 e 413; *O capital III*, p. 385, 393, 403, 405, 414 e 451]. De fato, em quase todos esses casos, as traduções brasileiras optam por traduzir *Ausgleichung* por "compensação", e não por "equalização".

portador de juros dentro do processo de equalização, contribuindo para formar a taxa de lucro média, mas não a compondo estritamente. A oscilação se reporta à divisão entre a parte do empresário e a do proprietário – o ganho empresarial e os juros. E, mais do que nos termos, a divisão entre eles pode oscilar de fato, variando continuamente a proporção das duas partes do lucro que cabem a cada grupo.

Pois a divisão social entre os dois grupos de capitalistas se baseia na separação entre a simples propriedade e o emprego do capital. A propriedade aparece como se fosse instituída antes pelo direito do que por relações puramente econômicas, ligadas ao emprego dos meios de produção e da força de trabalho. Sem dúvida, a oferta e a demanda de empréstimo constituem um elemento econômico, e são elas que fixam a cada momento a taxa de juros; é claro também que a divisão entre juros e ganho empresarial encontra limite, em princípio, no volume total do lucro, não podendo pretender mais do que o valor de fato produzido; por fim, obviamente Marx menciona o vínculo entre a taxa de juros e o "ciclo industrial" e até mesmo uma "equalização dos juros no mercado mundial"[73]. Mas a conclusão a que chega, a saber, a de que não existe o que os economistas em geral chamavam de "taxa *natural* de juros"[74], decorre do caráter basicamente contratual da divisão entre juros e ganho empresarial, caráter por sua vez derivado da separação de fundo entre capital como propriedade e como uso dos meios de produção.

A taxa de juros não obedece a uma razão regular, não absorve uma parte rígida do lucro médio; ela varia de acordo com o trato feito entre o capitalista proprietário do dinheiro e o que o põe para funcionar. E o lucro médio aqui resulta evidentemente da equalização:

---

[73] MEGA II/4.2, p. 431 [MEW 25, p. 370; *O capital III*, p. 405].

[74] "*A taxa média* ou central *de juros* prevalecente em um país, à diferença das taxas de mercado sempre oscilantes [...], não é *determinada* completamente *por nenhuma lei*. Não há nada do tipo de uma *natural rate of interest* [taxa natural de juros], como há uma taxa natural de lucro ou uma taxa natural de salários, por exemplo. [...] O que a concorrência *enquanto tal* decide é a determinação *casual* em si e para si, *puramente empírica*, e só o pedantismo ou fantasmagoria pode querer desenvolver essa casualidade em algo *necessário*" ("Die in einem Lande herrschende mittlere oder *Durchschnittsrate des Zinses* im Unterschied von den beständig schwankenden Marktraten [...] ist durchaus *durch kein Gesetz bestimmbar*. Es giebt in dieser Art *no natural rate of interest*, wie es z.B. a natural rate of profit oder a natural rate of wages giebt. [...] Wo die Concurrenz *als solche* entscheidet, ist die Bestimmung an und für sich *zufällig, rein empirisch*, und nur Pedanterie oder Phantasterei kann diese Zufälligkeit als etwas *Nothwendiges* entwickeln wollen") (MEGA II/4.2, p. 435-6 [MEW 25, p. 374-5; *O capital III*, p. 410-1]). A "lei" a que Marx se refere aqui é lei econômica, significado do termo "natural" entre os economistas da época. Quanto às taxas de juros arbitradas pelos bancos centrais, fenômeno praticamente inexistente na década de 1860, quando foi escrito o texto, elas podem ser consideradas um desenvolvimento da dimensão jurídica e relativamente arbitrária presente no conceito mesmo de juros. A regulação estatal é só mais um passo nessa concentração e fixação do dinheiro como propriedade exclusiva.

na medida em que é determinada pela taxa de lucro, a taxa de juros o é sempre pela taxa de lucro geral, não pelas taxas de lucro específicas que podem predominar em ramos industriais particulares, e ainda menos pelo lucro excedente que o capitalista individual pode fazer em uma esfera de negócios particular.[75]

A taxa de juros "é determinada pela taxa de lucro geral". Só depois de emprestado e inscrito na reprodução é que o dinheiro-capital passa pela equalização como qualquer outro capital; e só ao sair dela volta em parte às mãos do seu proprietário original. Esse retorno pelos juros supõe, portanto, a equalização, para a qual, porém, não contribui.

A nova divisão do mais-valor não se dá mediante a equalização, e sim porque o princípio da propriedade privada se destaca no interior da própria relação de capital. Como diz Marx,

> o *lucro de qualquer* capital, e assim também o *lucro médio* fundado na equalização de capitais entre si, divide-se ou é decomposto em duas partes *qualitativamente* diversas, mutuamente autônomas e independentes uma da outra – *juros e ganho empresarial* –, ambas determinadas por leis particulares.[76]

No caso, a "particularidade" das leis se refere à diferença das regras de divisão: o processo de equalização dos lucros, para o ganho empresarial; e o direito de propriedade do dinheiro emprestado, para os juros. As duas partes correspondem a "duas pessoas diversas, ambas possuindo um título de direito [*Rechtstitel*] diverso ao *mesmo capital* e, daí, ao lucro criado por ele"[77]. Ou seja, em última análise, o

---

[75] "So weit die *Zinsrate* durch die *Profitrate* bestimmt ist, ist es stets durch die *allgemeine Profitrate*, nicht durch die spezifischen Profitraten, die in besondern Industriezweigen herrschen mögen, und noch weniger durch den Surplusprofit, den der einzelne Capitalist in jeder besondren Geschäftssphäre machen mag" (MEGA II/4.2, p. 438 [MEW 25, p. 377; *O capital III*, p. 412-3]).

[76] "Der *Profit jeden* Capitals, also auch der auf Ausgleichung der Capitalien unter sich gegründete *Durchschnittsprofit* zerfällt oder wird zerlegt in zwei *qualitativ* verschiedne, gegen einander selbständige und von einander unabhängige Theile, *Zins* und *Unternehmungsgewinn*, die beide durch besondre Gesetzte bestimmt werden" (MEGA II/4.2, p. 446 [MEW 25, p. 388; *O capital III*, p. 424]). Ou, ainda: "E as condições que determinam a magnitude do lucro a ser dividido são muito diferentes daquelas que determinam sua divisão entre os dois tipos de capitalistas, e atuam com frequência de lados totalmente opostos" ("Und die Umstände, welche die Grösse des zu vertheilenden Profits bestimmen, sind sehr verschieden von denen, die seine Vertheilung unter diese beiden Sorten Capitalisten bestimmen und oft nach ganz entgegengesetzten Seiten wirken") (MEGA II/4.2, p. 433 [MEW 25, p. 372; *O capital III*, p. 407]).

[77] "[...] zwei verschiedne Personen, die beide verschiedne Rechtstitel auf *dasselbe* Capital und daher den von ihm erzeugten profit haben [...]" (MEGA II/4.2, p. 446 [MEW 25, p. 388; *O capital III*,

que divide as partes do lucro e os grupos de capitalistas é a diferença no "título de direito" que cada um possui e do qual se originam "leis particulares", "diversas", da distribuição para cada um. Pela forma jurídica, o princípio central da propriedade privada põe claramente à mostra a sua eficácia.

E a complexidade da relação avança, quando Marx caracteriza as duas partes como "opostas", e não apenas "diversas", como dizia o texto acima: "uma parte, os *juros*, aparece como fruto proveniente em si e para si do capital *em uma determinação*, e a outra parte, como fruto específico do capital em *uma determinação oposta* e, daí, como ganho empresarial"[78]. Texto rico, que convém examinar com algum detalhe.

A distinção categorial entre a "diversidade" e a "oposição" é sabidamente um ponto-chave da lógica hegeliana[79]; no texto de Marx, ela comparece para definir o vínculo das partes como de recíproca determinação e negação. Ou seja, mais do que distintas, as duas partes o são uma para a outra, uma pela outra. Cada qual está "em uma determinação", mas é pelo fato de a do ganho empresarial ser "oposta" à dos juros – só "daí" – que ela se define como tal[80]. Além disso, a oposição funda uma diferença entre os juros "como fruto proveniente em si e para si do capital" e o ganho empresarial "como fruto específico do capital". Claro, esse último é "específico" porque deriva do emprego do capital enquanto capital na reprodução social. O interessante é o primeiro ser caracterizado, com recurso a outra categoria da lógica de Hegel, como o "em si e para si" com que os juros constituem "fruto proveniente" do capital. O fruto, que de um lado é "específico", produzido pelo capital em suas funções, de outro lado "provém" dele em bloco, como algo próprio

---

p. 424]). Na sequência, as duas partes do "lucro bruto" se distinguem até a "ossificação e autonomização mútua".

[78] "[...] eine Theil, der *Zins*, als an und für sich zukommende Frucht des Capitals *in einer Bestimmung*, und der andre Theil, als spezifische Frucht des Capitals in *einer entgegengesetzten Bestimmung* und daher als *Unternehmungsgewinn* erscheint" (MEGA II/4.2, p. 446 [MEW 25, p. 388; *O capital III*, p. 424]).

[79] Meu ponto de vista sobre a relação entre a lógica de Hegel e a dialética de Marx será comentado adiante.

[80] Em apoio, é interessante também a seguinte passagem sobre os juros: "Sua origem mostra-se apenas no fato de que o capitalista em funções, uma vez proprietário do seu capital, não concorre (pelo menos não de modo ativo) para a fixação da taxa de juros. [...] *Ambas* as formas, *juros* e *ganho empresarial*, existem apenas em sua oposição. Nenhuma delas, portanto, refere-se ao *mais--valor*, do qual são partes fixadas só como categorias, rubricas, nomes diversos; referem-se, isto sim, uma à outra" ("Sein Ursprung zeigt sich nur noch darin, daß der functionirende Capitalist, soweit er Eigenthümer seines Capitals, nicht concurrirt (wenigstens nicht aktiv) zur Bestimmung des Zinsfusses. [...] Diese *beiden* Formen, *Zins* und *Unternehmungsgewinn*, existiren nur in ihrem Gegensatz. Sie sind also beide nicht bezogen auf den *Mehrwerth*, wovon sie nur in verschiednen Categorien, Rubriken, oder Namen fixirte Theile sind, sondern sind auf einander bezogen") (MEGA II/4.2, p. 449-50 [MEW 25, p. 391-2; *O capital III*, p. 427]).

ao capital em si mesmo. Ele deriva da propriedade dos meios de produção que define o capital; mas da propriedade pura, para a qual o emprego dos meios é apenas virtual, é propriedade representada no dinheiro que pode vir a fazer mais dinheiro.

Além disso, a "oposição" no texto é visivelmente assimétrica. A determinação dos juros ocorre antes, e só porque opõe a si a segunda determinação é que a delimita e define como ganho empresarial. A posição externa do capital portador de juros na equalização geral do sistema prepara, na verdade, o terreno para uma nova inversão dos termos, turvando mais o entendimento do processo. Vejamos.

Em primeiro lugar, embora passíveis de mudança, as relações contratuais vão se consolidando pela reiteração do ato de empréstimo, que lhes confere crescente estabilidade. Em segundo lugar, porém mais importante, as condições de oferta de dinheiro--capital se alteram pela gradual centralização do crédito nas mãos de poucos agentes, processo a que é mais afeito esse tipo de capital por se apresentar sempre sob uma única forma de valor, e justo a universal, a de dinheiro. A oferta de capital-dinheiro aparece daí como uma "massa conjunta"[81] de dinheiro, que dita seus termos e tende a atingir um nível médio. Só que a média agora não resulta da participação desse capital no processo equalizador conjunto, e sim da imposição prática de taxas pelo lado da oferta centralizada, independente da equalização de fato. A assimetria da oposição entre juros e ganho empresarial tem aí uma condição real decisiva de existência.

Por isso, Marx diz que "a taxa de lucro geral *aparece*, com efeito, como fato empírico na *average rate of interest*, embora a última não seja expressão pura ou certa da primeira"[82]. A equalização se relaciona aos juros, porque a taxa de lucro "aparece" projetada na taxa de juros e só adquire o estatuto de realidade "empírica" como "fato" dessa última. Lembrando o texto citado no item 2 acima, no processo de equalização propriamente dito a "*taxa geral de lucro aparece* [...] não como figura empírica da *taxa de lucro efetiva*"[83]. Se até aqui ela *não* se revestia de "figura empírica", a partir de agora o faz. Mas o faz apenas deslocada na taxa média de juros. A divisão entre juros e ganho empresarial, instituída por contrato, é mais palpável que a equalização dos lucros e aparece sobreposta a ela: só depois de pagar os juros é que os capitalistas empresários dividirão entre si o que sobrou; "a taxa de lucro geral" passa então a se definir como derivada da "taxa média de juros", e não o contrário.

---

[81] "Gesammtmasse". Ver MEGA II/4.2, p. 437-8 [MEW 25, p. 377-9; *O capital III*, p. 414].
[82] "Die allgemeine Profitrate *erscheint* daher in der That als empirisches Factum oder in der *average rate of interest*, obgleich die letztre kein reiner oder zuverlässiger Ausdruck der ersten" (MEGA II/4.2, p. 438 [MEW 25, p. 377-8; *O capital III*, p. 413]).
[83] "Die *allgemeine Profitrate* selbst aber *erscheint* nur als *Minimum limit* des Profits, nicht als empirische Gestalt der *wirklichen Profitrate*" (MEGA II/4.2, p. 440 [MEW 25, p. 380; *O capital III*, p. 415]; citado na nota 46, p. 46-7).

Essa nova inversão dos termos significa que a divisão entre juros e ganho empresarial, em si meramente quantitativa, aponta para uma divisão *qualitativa* operando no conceito mesmo de capital. Ela fica clara no texto completo sobre o "título de direito" citado parcialmente na nota 77 (p. 66-7): "a divisão meramente *quantitativa* do lucro bruto entre duas pessoas diversas, ambas possuindo um título de direito diverso ao *mesmo capital* e, daí, ao lucro criado por ele, inverte-se em uma divisão *qualitativa*"[84], ou seja, uma divisão entre a propriedade pura e simples e o uso do capital. A nova "qualidade" faz que, mediante a imposição da taxa média de juros ao empresário, seja possível à propriedade pura do capital submeter a si o inteiro processo de equalização dos lucros e assim a própria distribuição dos capitais e do trabalho entre os vários setores da sociedade. Marx então afirma: "os *juros* são o *lucro líquido* que rende a propriedade do capital como tal"[85].

Essa confusão dissimula o lucro obtido pelo capital explorador do trabalho, dissimula o mais-valor, colocando no seu lugar a propriedade pura como a fonte do excedente social na forma dos juros. Não é a relação entre capitalista e trabalhador, mas entre um tipo de capitalista e outro, que aparece como a forma de valorizar o valor[86]. A exploração do trabalho transfigura-se em expropriação de um capitalista por outro, mas num grau mais alto do que o registrado nos dois itens anteriores: não se trata mais só de dividir os lucros com capitalistas produtivos que recebem mais do que contribuem para criar mais-valor; nem com o capital comercial, integrante pelo menos do processo de reprodução e em parte até empregador de trabalho produtivo. Agora o lucro deve ser dividido com o simples proprietário de capital, que constitutivamente está fora da reprodução do capital e não coloca em ação trabalho produtivo algum.

E o puro proprietário de capital financia a produção em escala crescente, de modo que a "expropriação se apresenta dentro do sistema capitalista de modo *opositivo*, como apropriação da propriedade social por poucos, e o crédito dá a esses poucos cada vez mais o caráter de puros aventureiros"[87]. Com o desenvolvimento

---

[84] "[...] die blos *quantitative* Theilung des gross profit zwischen zwei verschiedne Personen, die beide verschiedne Rechtstitel auf *dasselbe* Capital und daher den von ihm erzeugten Profit haben, *umschlägt* in eine *qualitative* Theilung [...]" (MEGA II/4.2, p. 446 [MEW 25, p. 388; *O capital III*, p. 424]).

[85] "Der *Zins* ist nun der *Nettoprofit*, den das Capitaleigenthum als solches abwirft [...]" (MEGA II/4.2, p. 450 [MEW 25, p. 392; *O capital III*, p. 428]).

[86] Os juros "apresentam" o processo de produção "não em oposição ao trabalho, mas, ao contrário, sem relação com o trabalho e como mera relação de um capitalista com o outro" ("Er stellt es dar, nicht im Gegensatz zur Arbeit, sondern umgekehrt, ohne Verhältniß zur Arbeit und als blosses Verhältniß eines Capitalisten zum andern") (MEGA II/4.2, p. 453 [MEW 25, p. 395; *O capital III*, p. 431]).

[87] "Expropriation stellt sich aber innerhalb des capitalistischen Systems selbst *gegensätzlich* dar, als Appropriation des gesellschaftlichen Eigenthums durch Wenige, und der Credit giebt diesen Wenigen immer mehr den Charakter reiner Glücksritter" (MEGA II/4.2, p. 504 [MEW 25, p. 456; *O capital III*, p. 498]).

do sistema de crédito, mais o capitalista em funções passa a depender desse mecanismo para produzir e comercializar suas mercadorias, e os juros pagos por ele representam a sua "expropriação" pelo capitalista que empresta.

Novamente, a partição original entre trabalho e propriedade dos meios de produção se rebate para o plano da concorrência entre os próprios capitalistas, como princípio de exclusão recíproca, de luta, de concentração e centralização do capital, de redistribuição do capital de uma esfera para outra. Mas, com isso, o que se distribui é trabalho, que passa de um caráter produtivo a um improdutivo conforme transite de uma esfera para outra da economia. Assim como os comerciários, os bancários e os trabalhadores do setor de crédito não geram diretamente mais-valor para o patrão, e sim direito a se apropriar de uma parte maior do mais-valor criado no setor produtivo. Quanto mais avança o crédito, mais tendem a se deslocar trabalhadores para esse setor e seus afins, abandonando as esferas em que seu trabalho é produtivo. Aqui, um crescimento da taxa de juros teria de ser enfrentado pela elevação da taxa de lucro, para não diminuir o ganho empresarial. E a elevação da taxa de lucro em geral decorre do aumento da taxa de exploração do trabalhador, da taxa de mais-valor.

A conexão entre todos esses fenômenos se dá com o domínio da reprodução do capital pelo sistema de crédito, simbolizada na fórmula D-D', enfim correspondendo a uma mudança "qualitativa", a um aporte no "conceito" mesmo de capital. Também ele se torna mercadoria e volta ao começo do processo – até por isso Marx deve ter decidido iniciar a sua obra pela análise da "forma elementar da riqueza nas sociedades em que predomina o modo de produção capitalista". A supressão do termo médio na fórmula geral do capital, D-M-D', justo o da produção da mercadoria, revela bem como o capital agora pretende ser a única mercadoria, a mercadoria "em si". Ele aparece como se nem precisasse ser posto em funções para criar mais--valor, como se o mais-valor brotasse já da pura propriedade.

É quando "a *relação de capital* alcança sua forma *mais externa* e *fetichista*", nas famosas palavras iniciais do capítulo 24 do Livro III[88]. Não por acaso, mesmo no manuscrito de Marx o título do capítulo é "Alienação do mais-valor e da relação de capital em geral na forma do capital portador de juros". A "forma do capital portador de juros" é a "forma mais externa" (*äußerlichste*), porque resulta de um processo de alienação (*Veräußerlichung*), no duplo sentido que sabidamente tem a palavra para Marx: a venda ou, no caso, a transferência de direitos; e o esquecimento do processo de formação na forma do produto. A relação do capital com o trabalho,

---

[88] "Im *Zinstragenden Capital* erreicht das *Capitalverhältniß* seine *äusserlichste* und *fetischartigste* Form" (MEGA II/4.2, p. 461 [MEW 25, p. 404; *O capital III*, p. 441]). No manuscrito de Marx, são as palavras iniciais do quarto item da quinta seção, transformado por Engels em capítulo 24.

substância do sistema, inverte-se "na forma do capital portador de juros", não só se ocultando nela, mas correndo o risco efetivo de se perder.

Quando o capital se converte na mercadoria por excelência, a venda deixa de ser a forma principal da alienação, abrindo caminho para o empréstimo, com o que o modo de produção passa a ser comandado pelo crédito. É a "forma mais fetichista" possível.

4.

Embora a sexta seção do Livro III se refira quase sempre apenas à agricultura, que Marx supõe dominada pelo modo de produção capitalista, o problema da renda a ultrapassa, expondo o elemento central da divisão do mais-valor nas considerações feitas aqui e ali por ele a respeito da propriedade de recursos naturais ou do solo urbano. É de onde se pode partir para ampliar o conceito e estendê-lo a temas contemporâneos, como os relativos ao efeito das patentes, das marcas e do chamado trabalho "imaterial". Mas isso só poderá ser feito adiante, na terceira parte deste livro, depois do exame dos fundamentos gerais da renda.

Mais uma vez, comecemos assinalando o vínculo entre a forma da renda e uma nova divisão da sociedade, na qual se distingue um grupo de proprietários caracterizados por não utilizar diretamente o meio de produção de que têm a propriedade. Eles preferem ceder o direito a seu uso, alugando-o para empresários que queiram colocá-lo em funções e, por isso, constituem outro grupo à parte. Trata-se de uma divisão social complexa, pois esse último grupo emprega trabalhadores para operar um meio de produção que não pertence a nenhum deles – nem aos trabalhadores nem aos capitalistas não proprietários. Marx diz: "os agricultores imediatos (efetivos) são *trabalhadores assalariados*, servindo a um capitalista, o *arrendatário*, que lida com a agricultura só como um campo de exploração específico do capital, investimento do seu capital em uma esfera de produção específica". Não é aqui o caso do camponês nem do pequeno proprietário agricultor, mas da relação de capital destinada a produzir mais-valor em uma empresa agrícola. O texto, então, conclui:

> O capitalista-arrendatário paga ao proprietário da terra, o proprietário do solo por ele explorado, em prazos determinados, por exemplo, anualmente, uma soma em dinheiro fixada por contrato (exatamente do mesmo modo que o tomador de empréstimo paga juros pelo *moneyed capital*) pela permissão de aplicar o seu capital nesse campo de produção específico.[89]

---

[89] "Dieser Capitalist-Pächter zahlt dem Grundeigenthümer, dem Eigenthümer des von ihm exploitirten Bodens in bestimmten Terminen, z.B. jährlich, eine contractlich fixirte Geldsumme (ganz wie der Borger von moneyed Capital bestimmten Zins) für die Erlaubniß sein Capital in diesem besondren Productionsfeld anzuwenden" (MEGA II/4.2, p. 671 [MEW 25, p. 631; *O capital III*, p. 679]).

O mais-valor que o agricultor capitalista obtém do trabalho de seus empregados reverte em parte para o proprietário, consistindo nisso a definição geral de "renda". Ressalta no texto, em primeiro lugar, que a porção do mais-valor convertida em renda é "fixada por contrato" e remunera a "permissão" dada pelo proprietário ao capitalista produtivo para utilizar o meio de produção a ele pertencente. É uma espécie de prêmio pago pelos não proprietários aos proprietários pelo uso de um recurso do qual eles estão excluídos. A exclusão é essencial, como esclarece outra passagem: "A propriedade da terra pressupõe o monopólio de certas pessoas para dispor de determinadas porções do corpo terrestre como esferas exclusivas de sua vontade privada, com exclusão de todos os outros"[90]. Está em jogo o poder de uma "vontade privada", que assim se afirma ao privar capitalistas da propriedade de um recurso natural, configurando um monopólio. Não há competição entre os dois grupos de capitalistas; sua relação é determinada pelo direito de propriedade, em nome do qual um grupo exclui o outro de modo absoluto. Não há em princípio uma relação econômica fixando a proporção entre a renda e o restante do lucro, mas um contrato, instituído no marco das "vontades privadas", tanto quanto o empréstimo do dinheiro-capital no caso do capital portador de juros que acabamos de examinar.

Em segundo lugar, ressalta no texto a comparação da forma da renda com a forma dos juros, que não é gratuita. Marx evidencia a relação na passagem entre parênteses do primeiro texto citado – "exatamente do mesmo modo que o tomador de empréstimo paga juros pelo *moneyed capital*". A propriedade da terra ou de um recurso natural específico é análoga ao "título de direito" que habilita o proprietário de dinheiro a emprestar e a cobrar juros. Ambas as formas criam prerrogativa para o desconto de parte do mais-valor ou do lucro conjunto. E, em ambas, o que se cede é apenas o direito de uso – do dinheiro ou da terra –, não o de alienação. O dinheiro, é certo, não pode ser vendido, só trocado por mercadoria ou emprestado. Mas a terra pode. Se ela não é vendida nesse caso, é porque supõe uma exclusão ainda mais radical do não proprietário: a propriedade tem de aparecer como "monopólio" – direito total de poucos sobre "determinada porção do corpo terrestre" – que deve necessariamente excluir, para forçar os capitalistas excluídos a pagar renda. Com isso, institui-se uma nova forma de desapropriação de um capitalista por outro, a saber, a do arrendatário pelo rentista.

Mas a relação com os juros vai mais longe, por uma confusão instalada na prática social. Desde o começo de sua definição da renda, Marx distingue cuidadosamente entre a remuneração da propriedade pura da terra e a das benfeitorias realizadas nela. É como se a primeira remunerasse o que se chama de "terra nua":

---

[90] "Das Grundeigenthum setzt das *Monopol* gewisser Personen voraus, über bestimmte Portionen des Erdkörpers als ausschlißliche Sphären ihres Privatwillens, mit Ausschluß aller andern, zu verfügen" (MEGA II/4.2, p. 668 [MEW 25, p. 628; *O capital III*, p. 676]).

em sua determinação geral e essencial, a renda independe de todo fator além da propriedade, ela não se define pelo investimento na elevação da produtividade, pois esse é feito pelo capital que o *arrendatário* põe em funções, distinto desde o início da propriedade em si da terra. Correspondendo a dois grupos sociais e a duas formas de apropriação diferentes, as duas formas de remuneração não se confundem na sua origem.

De todo modo, o arrendatário investe em benfeitorias para elevar a produtividade do trabalho dos assalariados que contrata. E, portanto, prossegue Marx,

> os *juros* do capital incorporado à terra e as benfeitorias que ela recebe como instrumento de produção *podem* formar uma parte da renda paga ao proprietário da terra pelo arrendatário, mas eles não constituem a autêntica renda da terra paga pelo uso da terra enquanto tal, esteja ela cultivada ou em estado natural.[91]

A "autêntica renda" é paga pela terra nua, como foi dito, mas a ela pode se agregar a remuneração de bens como estradas, pontes, diques, celeiros etc., erguidos pelo arrendatário durante o tempo do arrendamento e que, ao final desse tempo, ficam na propriedade e a ela se incorporam. São como um "acidente inseparável da substância"[92], na ironia filosófica de Marx, e reforçam o poder do proprietário e o seu direito de arrebatar parte crescente do mais-valor total.

Então por que Marx considera que essa parte adicional da renda tem a forma de "juros"? Vejamos. As benfeitorias permanentes em que o arrendatário investe são parte do seu capital constante. Mas isso na esfera da produção do valor; na da circulação, elas são capital fixo e, findo o prazo de arrendamento, permanecem na terra. Elas voltam a compor o capital constante do próximo arrendatário[93], que deverá pagar juros por elas, como se tivesse recebido empréstimo não monetário[94].

---

[91] "Der *Zins* für das der Erde einverleibte Capital und die Verbesserungen, die sie so als Productionsinstrument erhält, *kann* einen Theil der Rente bilden, die dem Grundeigenthümer vom Pächter gezahlt wird, aber sie constituirt nicht die eigentliche Grundrente, die für den Gebrauch des Bodens als solchen gezahlt wird, er mag sich im Naturstand befinden oder kultivirt sein" (MEGA II/4.2, p. 671-2 [MEW 25, p. 632; *O capital III*, p. 680]).

[92] "[...] untrennbares Accidenz der Substanz" (MEGA II/4.2, p. 672 [MEW 25, p. 633; *O capital III*, p. 680]).

[93] Pode ser ainda o mesmo arrendatário, mas no novo contrato ele não entra como *proprietário* daquilo em que investiu.

[94] De fato, Marx havia esclarecido no começo da seção sobre o capital a juros que o empréstimo não precisava ser em dinheiro obrigatoriamente para que sobre ele incidissem juros. Ele diz, por exemplo: "Como a mercadoria é emprestada enquanto capital, ela pode ser entendida como capital fixo ou circulante. O dinheiro pode ser emprestado sob ambas as formas, por exemplo, como capital fixo, quando é pago na forma de anuidade, de modo que com os juros sempre retorna uma

Só que os juros serão pagos ao rentista, pois as benfeitorias são fixas e passam por direito à sua propriedade. Assim, o capital fixo se soma à terra nua, mas consiste em empréstimo de capital, remunerado por juros e por princípio distinto da renda.

Com o tempo, porém, a agregação contínua dos investimentos à propriedade acaba misturando juros com renda e obscurecendo a diferença original. Parece que a renda se refere a vantagens já existentes na terra, junto com a propriedade pura, sem nenhuma relação com o trabalho empregado pelo arrendatário para produzi-las. É mais uma forma do fetichismo do capital, agora rebatido para a propriedade mesma e não tanto para a sua função. Ou seja, não é por empregar trabalho, e sim por possibilitar o funcionamento do próprio capital do arrendatário, que a propriedade da terra passa a dominar a relação produtora do valor e do mais-valor.

Além disso, trata-se de uma forma muito especial de fetichismo, associada a uma naturalização singular das relações sociais. Pois, antes de incorporar as benfeitorias, a simples propriedade já se vincula a circunstâncias naturais condicionantes do trabalho, como a fertilidade do solo na agricultura, ou a piscosidade de um lago, ou a riqueza do minério de uma mina etc. Marx assinala:

> Todas essas influências sobre a *fertilidade diferencial* de terrenos diversos resultam em que, para a fertilidade *econômica*, o nível da *força produtiva do trabalho* [...] é um momento da assim chamada *fertilidade natural* do solo, tanto quanto sua *composição química* (deixando de lado os outros momentos *naturais*) e riqueza.[95]

O "nível da força produtiva do trabalho" se combina de tal modo aos fatores naturais particulares de certo terreno, por exemplo, que se incorpora a eles como elemento da

---

parte do capital. Conforme a natureza do seu valor de uso, outras mercadorias podem sempre ser emprestadas enquanto capital fixo, tal como casas, máquinas etc. Mas todo capital emprestado, seja qual for a sua forma e seja qual for o modo como o seu retorno é modificado pela natureza do seu valor de uso, é sempre uma forma específica do capital-dinheiro" ("Da die Waare als *Capital* verliehen wird, kann es als *circulirendes* oder fixes *Capital verliehen* werden. Das *Geld* kann in beiden Formen verliehen werden, z.B. als fixes Capital, wenn es in der Form der Annuität zurückgezahlt wird, so daß mit dem Zins immer auch ein Stück Capital returnirt. Andre Waaren können der Natur ihres *Gebrauchswerthes* nach immer nur als fixes Capital verliehen werden, wie Häuser, Maschinen u. s. w. Aber alles verliehene Capital, welches immer seine Form, und wie die *Rückzahlung* durch die Natur seines Gebrauchswerths modificirt sein mag, ist immer nur eine besondre Form des Geldcapitals") (MEGA II/4.2, p. 417 [MEW 25, p. 356; *O capital III*, p. 391]).

[95] "Alle diese Einflüsse auf die *Differentialfruchtbarkeit* verschiedner Ländereien kommen darauf hinaus, daß für die *ökonomische* Fruchtbarkeit der Stand der *Productivkraft der Arbeit* [...] ein Moment der s.g. *natürlichen Fruchtbarkeit* des Bodens ist, wie seine *chemische Zusammensetzung* (abgesehn von den andren *natürlichen* Momenten und *Reichthum*)" (MEGA II/4.2, p. 764 [MEW 25, p. 665; *O capital III*, p. 716]).

"fertilidade natural". Mas, "apesar de atributo objetivo do solo, a *fertilidade* inclui sempre uma *relação* econômica"[96]. Natureza e trabalho não são independentes. E, embora o trabalho, inserido em relações sociais determinantes do seu "nível de força produtiva", seja o "momento" decisivo para a capacidade de criar mais-valor, essa "fertilidade econômica" parece inscrita numa "fertilidade natural" originária. O "diferencial" da natureza se afigura como algo autônomo; e mais, algo que define as condições do trabalho. Ele parece predominar e submeter a "relação econômica", ocultando-lhe a dimensão social. Também por isso, as benfeitorias se incorporam à propriedade e os juros se misturam à renda.

Como todo fetichismo, o da renda tem seu lado real, sua força realizadora. No começo do texto citado acima, está grifado o termo "fertilidade diferencial" de áreas agrícolas diversas, de certa maneira retomando o problema dos desvios, abordado nos itens anteriores pela relação entre as diversas formas de preço e, enfim, como base para a distribuição do mais-valor social entre os muitos tipos de capitalistas. No caso presente, as condições naturais são responsáveis por mais uma forma de desvio, de "diferencial", mas só na medida em que caem sob a propriedade privada de um grupo de "monopolistas". Não é a natureza em si, mas a natureza subordinada à propriedade exclusiva, o elemento determinante do desvio característico da renda.

A teoria da renda da terra de Marx parte desse ponto, tendo como forma genérica a renda "diferencial". O aluguel de um recurso natural inacessível aos outros produtores – uma "queda-d'água" é o exemplo recorrente de Marx – proporciona a um arrendatário produtividade maior para a força de trabalho que emprega e, com isso, um custo menor para o seu produto e um lucro mais alto que a média do seu setor. Da diferença, ele tira o dinheiro para pagar o arrendamento ao proprietário da terra. Quanto maior a diferença, maior poderá ser a renda paga. E deverá ser renda do proprietário, e não lucro do capitalista em funções, porque não decorre de um investimento em nova tecnologia, e sim de um recurso oferecido de graça pela natureza monopolizada pelo rentista[97].

Aqui aparece o movimento de equalização, pois o diferencial se define em relação ao preço de produção, às condições médias de que se desvia o produtor individual beneficiado pela natureza. E, de certa maneira, reaparece a ambivalência registrada no item anterior: "*Em primeiro lugar*, está claro que essa renda sempre é *renda diferencial*, pois ela não entra de modo determinante no *preço de produção* geral da mercadoria, antes o pressupõe"[98]. A equalização não determina em si a renda, mas o preço de produção, a

---

[96] "Die *Fruchtbarkeit*, obgleich objektive Eigenschaft des Bodens, schließt daher immer ökonomisch *Relation* ein" (MEGA II/4.2, p. 763 [MEW 25, p. 664; *O capital III*, p. 715]).
[97] Ver MEGA II/4.2, p. 755-6 [MEW 25, p. 654-6; *O capital III*, p. 704-5]).
[98] "Es ist *erstens* klar, daß diese Rente immer *Differentialrente* ist, denn sie geht nicht bestimmend in die allgemeine *Productionspreiß* der Waare ein, sondern setzt ihn voraus" (MEGA II/4.2, p. 759 [MEW 25, p. 659; *O capital III*, p. 709]).

média de cujo desvio surge a renda. A equalização é "pressuposta" do mesmo modo que no caso do capital a juros, e o duplo papel que desempenha na constituição da renda tem a ver também com a relação entre a distribuição do mais-valor total e as funções sociais dos dois grupos de capitalistas. Da concorrência entre os arrendatários, produtores efetivos, formam-se os preços de produção e de mercado. Mas os proprietários puros não concorrem com ninguém; sua participação no mais-valor procede da vigência dos títulos de direito sobre os quais exercem monopólio.

A ambivalência da equalização é agora ainda maior, entretanto, porque a diferenciação definida pelo recurso natural leva a um processo que modifica sempre o preço de produção, dentro do jogo dos preços de mercado, e o fixa, para de novo modificá-lo. A renda tanto "pressupõe" a equalização quanto corresponde aos diferenciais que constituem esse movimento. Os estudos da sexta seção do Livro III desenvolvem justamente essa nova perspectiva do processo, explicando em detalhe como as possíveis variações do preço de produção agrícola criam variações de renda a partir da aplicação de capital na terra.

Na primeira situação estudada, ocorrem aplicações simultâneas de capital em terrenos de fertilidade distinta. O terreno menos fértil em princípio é aquele que estabelece o preço médio regulador, pois os mais férteis proporcionam renda em relação a ele. E, quanto mais fértil a terra, maior será a renda diferencial paga ao proprietário. Contudo, se houver um aumento da demanda social pelo produto, forçando o uso mais intenso das terras de melhor qualidade para aumentar a oferta, o novo preço de mercado pode levar ao abandono da terra pior, que deixará de regular o preço de produção, de modo a reorganizar todo o sistema de aplicação de capital. Nesse caso, o segundo terreno menos fértil passa a definir o preço de produção, e diminuirão as rendas dos terrenos mais férteis do que ele, pela queda das diferenças em relação ao preço de produção mais alto.

Na segunda situação, não são terrenos distintos, mas o mesmo terreno que se submete a aplicações sucessivas de capital, assim fazendo o preço de produção variar em uma ou outra direção. Mais do que no primeiro caso, é impossível e desnecessário reproduzir aqui todo o pormenor da análise de Marx. Mas interessa perceber a sua crítica em relação à teoria da renda da terra de Ricardo, que só generalizaria uma das múltiplas alternativas do problema. Na crítica de Marx transparece a intenção de demonstrar que, inversamente, a composição de variáveis das duas situações estudadas amplia muito as consequências possíveis: em vez dos "rendimentos decrescentes", dos quais Ricardo deduz a sua hipótese da queda da taxa de lucro, existem "combinações muito complicadas"[99] das variáveis do problema,

---

[99] "[...] sehr complicirten Combinationen" (MEGA II/4.2, p. 788 [MEW 25, p. 691; *O capital III*, p. 742]).

com a aplicação sucessiva de capital podendo levar a diferentes efeitos quanto ao aumento do lucro extra e, daí, talvez, da renda. Ao contrário do que afirma Ricardo, a expansão da produção não leva necessariamente a que se passe das terras mais férteis às menos férteis; e os rendimentos não decrescem necessariamente, pois idênticas aplicações de capital podem gerar mais ou menos lucro extra, conforme se deem nas terras mais férteis ou nas menos férteis.

Mas o interesse de Marx não é meramente crítico. A objeção a Ricardo permite introduzir elementos novos na já emaranhada relação de valores e preços, quando a equalização funciona de modo distorcido. Para começar, o investimento visando obter maior produtividade do trabalho agrícola depende também da riqueza da terra. Ele rende mais produto, só que de modo desproporcional ao que foi investido: se a terra for mais fértil, o mesmo investimento em trabalho renderá mais produto do que a média, e vice-versa.

Além dessa distorção ocasionada pela fertilidade diferencial, há uma discrepância específica aos preços de mercado e aos preços de produção dos produtos agrícolas. Aqui o preço de produção consiste no preço de custo de cada agricultor somado ao lucro médio equalizado a partir da pior terra, não da média; e é por esse preço mais alto, derivado de uma produtividade mais baixa, que a concorrência regula o preço de mercado. Como o produto da fertilidade maior dos demais terrenos se converte em renda, ele não entra em concorrência, não é equalizado, não força à baixa do preço de produção. O diferencial não reduz o preço de mercado do produto das melhores terras, pois a concorrência não o equaliza. Ao contrário, ao penetrar no mundo da terra, ela "cria um falso valor social"[100], nas palavras de Marx, pois as diferenças naturais são incorporadas aos preços como renda.

Mas pode acontecer, por fim, que o preço dos produtos da pior terra já traga uma renda embutida, não decorrente da diferença de fertilidade, porque vem justamente da terra menos fértil. A chamada renda "absoluta" expõe assim um outro tipo de diferença, relacionada ao conjunto da produção social. No caso dos produtos da terra e do solo que, em geral, requerem uma composição orgânica mais baixa, ou seja, em cuja produção o capital variável é relativamente maior do que o capital constante, o valor do produto ultrapassa a média dos demais setores produtivos, superando os preços de produção sociais. Tal diferença está na base da definição da

---

[100] "[...] erzeugt einen falschen sozialen Werth" (MEGA II/4.2, p. 772 [MEW 25, p. 673; *O capital III*, p. 724]). O texto prossegue, dizendo que o "falso" valor social "provém da lei do *valor de mercado* em que são lançados os produtos do solo; provém da sua determinação *social* [baseada] no valor de troca do produto, e não do solo e dos diferenciais de sua fertilidade" ("Dieß entspringt aus dem Gesetzt des *Marktwerths*, dem die Bodenproducte unterworfen werden; aus einer *gesellschaftlichen* Bestimmung derselben die auf dem Tauschwerth des Products (basiert), nicht aus dem *Boden* und den Differenzen seiner Fruchtbarkeit") (MEGA II/4.2, p. 772 [MEW 25, p. 673; *O capital III*, p. 724]).

renda absoluta[101]. Sendo inverso o caso dos produtos dos setores industriais, nos quais a composição orgânica do capital mais elevada implica a criação de valores menores do que os preços de produção, há uma transferência de valor de um tipo de setor para outro. Ela acontece, contudo, pela renda absoluta, e não pela equalização.

Nos setores industriais também existem diferenças entre valores e preços de produção, mas devidas a "barreiras casuais e temporárias que impedem a concorrência dos capitais". Ao contrário, prossegue o texto, a renda absoluta do proprietário de terra se constitui pela propriedade monopolista da terra, "poder estranho" à concorrência que o capital "não pode suplantar ou que suplanta só em parte" e que pereniza um lucro extra "transformado em renda e autonomizado em face do lucro". Não mais temporárias ou casuais, as barreiras "defrontam-se com o capital como a propriedade da terra e do solo [...] ou com o capitalista, como o proprietário da terra"[102], modificando a relação entre propriedade e concorrência, porque

---

[101] Nas palavras de Marx, "a essência da renda absoluta consiste, portanto, no seguinte: capitais de mesma grandeza (considerando-se sua composição média) em esferas de produção diferentes produzem diferentes *massas* de mais-valor, com a mesma taxa de mais-valor, ou mesma exploração do trabalho. Na indústria, essas diferentes massas de mais-valor se equalizam em um lucro médio, ou se distribuem pelos diferentes capitais como partes alíquotas do capital social. Uma vez que a indústria necessita de terra e de solo, seja para a agricultura, seja para a extração de matérias-primas, a propriedade da terra estorva essa equalização dos capitais investidos na terra e no solo e captura uma parte do mais-valor, que de outro modo entraria na taxa de lucro geral pela equalização. A renda forma então uma parte do valor, em especial do mais-valor das mercadorias que, em vez de tocar à *classe* dos capitalistas que a extraiu dos trabalhadores, toca aos proprietários da terra que a extraem dos capitalistas" ("Das Wesen der absoluten Rente besteht also darin: Gleichgrosse Capitalien (ihre Durchschnittszusammensetzung betrachtet) in verschiednen Producionssphäre produciren, bei gleicher Rate des Mehrwerths, oder gleicher Exploitation der Arbeit, verschiedne *Massen* von Mehwerth. In der Industrie gleichen sich diese verschiednen Massen von Mehrwerth zum Durchschnittsprofit aus, oder vertheilen sich an die verschiednen Capitalien als aliquote Theile des Gesellschaftscapitals. Das Grundeigenthum, sobald die Industrie Grund und Boden braucht, sei es zur Agricultur, sei es zu Extraction von Rohproducten, hindert diese Ausgleichung, der im Grund und Boden angelegten Capitalien, und fängt einen Theil des Mehrwerths ein, der sonst in die Ausgleichung zur allgemeinen Profitrate eingehn würde. Die Rente bildet dann einen Theil des Werths, spezieller des Mehrwerths der Waaren, der nur, statt der Capitalisten*klasse*, die ihn extrahirt hat aus den Arbeitern, den Grundeigenthümern zufällt, die ihn aus den Capitalisten extrahiren") (MEGA II/4.2, p. 713 [MEW 25, p. 779-80; *O capital III*, p. 831-2]). A hipótese de que a pior terra pode embutir renda, configurando renda absoluta, não anula a renda diferencial: "embora nesse caso o preço geral do produto do solo fosse essencialmente modificado, a *lei da renda diferencial* não seria de modo algum suspensa" ("obgleich in diesem Fall der allgemeine Preiß des Bodenproducts wesentlich modificirt würde, das *Gesetz der Differentialrente* in keiner Weise dadurch aufgehoben") (MEGA II/4.2, p. 691 [MEW 25, p. 757; *O capital III*, p. 810]).

[102] "Es ist dabei vorausgesetzt, daß keine oder doch nur noch eine zufällige und temporäre *Schranke* die Konkurrenz der Capitalien verhindert [...] Tritt aber das Gegentheil ein, stößt das Capital auf eine fremde Macht, die es gar nicht oder nur Theilweise überwinden kann [...] so würde offenbar

a propriedade deixa de ser a condição positiva da concorrência para se converter em seu obstáculo. De fato, a renda absoluta é possível, no fundo, pela cisão entre propriedade e capital. No espaço assim aberto, a diferença entre o valor e o preço de produção conjunto pode reverter toda em renda – e ficar de fora da equalização – ou pode reverter só em parte – e a parte que sobra participa do processo de equalização, distribuída como lucro entre os capitalistas produtivos. O que define os níveis e graus da reversão é a estrutura de propriedade em cada setor específico.

Em todas as situações que acabamos de examinar, observa-se a divergência dos preços em relação aos valores por circunstâncias que "impedem a equalização"[103] ou que a fazem operar de modo deformado e deformador. Em todas essas situações, a equalização é pressuposta e ao mesmo tempo distorcida, obstruída no ato da circulação do valor e da distribuição do mais-valor. Mais do que divergir das leis da produção do valor, a distribuição se dá aqui levando em conta um "poder estranho" à concorrência, que pertence, porém, intimamente a ela – a propriedade privada. Os desvios entre os preços ou dos preços em relação ao valor, que a concorrência conseguia eliminar, perenizam-se pelo monopólio da terra, escapam da equalização e convertem-se em renda.

Pois o modo de produção capitalista "separa totalmente a terra e o solo, como condições de trabalho, da propriedade e do proprietário da terra, para quem ela nada representa senão uma determinada taxa em dinheiro que ele recebe do capitalista industrial, o arrendatário, por meio do seu monopólio"[104]. Completa-se o

---

[...] ein *Surplusprofit* entspringen, der *in Rente* verwandelt. Als eine solche fremde Macht und Schranke tritt aber das *Grundeigenthum* dem Capital bei seinen Anlagen in Grund und Boden, oder der *Grundeigenthümer* dem *Capitalisten* gegenüber" (MEGA II/4.2, p. 703-4 [MEW 25, p. 770; *O capital III*, p. 822]).

[103] "Die Ausgleichung [...] könnte verhindert werden". A expressão é usada por Marx quando estuda o caso de investimento adicional em uma parte das piores terras, que produzirá renda diferencial. Mesmo que depois uma "revolução na agricultura" faça o restante da terra pior também aumentar sua produtividade, a renda das primeiras poderá ter sido já incorporada pelos proprietários pela "interposição da propriedade da terra". O preço de produção não coincidiria com o preço médio do produto das terras piores, "impedindo a equalização" e criando preços mais altos do que o "preço de produção necessário". Essa renda *não é* só diferença entre preço individual e preço de produção, mas resulta de o próprio preço de produção ter incorporado a renda pela ação da "propriedade" e porque a equalização foi "impedida". Ver MEGA II/4.2, p. 832 [MEW 25, p. 751-2; *O capital III*, p. 803-4].

[104] "[...] Grund und Boden als *Arbeitsbedingung* gänzlich vom Grundeigenthum und Grundeigenthümer trennt, für den er weiter nichts vorstellt als eine bestimmte Geldsteuer, die er vermittelst seines Monopols vom industriellen Capitalisten, dem Pächter, erhebt" (MEGA II/4.2, p. 670 [MEW 25, p. 630-1; *O capital III*, p. 678]). E também: "a exploração capitalista do solo pressupõe separação entre capital em funções e propriedade da terra" ("die capitalistische Bebauung des Bodens Trennung der functionirenden Capitals und des Grundeigenthums voraussetzt") (MEGA II/4.2, p. 693 [MEW 25, p. 759; *O capital III*, p. 812]).

movimento de exclusão de um tipo de capitalista por outro, impondo o proprietário como proprietário puro, que não trabalha nem faz trabalhar. A renda que ele recebe não corresponde sequer a trabalho improdutivo, como no caso de parte do trabalho vinculado ao capital comercial, ou de todo o trabalho vinculado ao capital portador de juros, como vimos. No seu caso, não há trabalho de modo algum.

Completa-se, enfim, o movimento de autonomização da forma de valor, da propriedade privada como forma social que chega a obstruir a circulação e a distribuição do valor pela concorrência. Trata-se da cisão plena entre trabalho e propriedade, entre substância e forma de valor, que prepara a sua inversão e confusão. Mas tudo isso se dá, de fato, por uma cisão anterior, interior ao capital, entre a pura propriedade dos meios de produção e o modo como ele emprega a força de trabalho, cisão evidente no caso da "renda absoluta". É nesse âmbito e no da reunião posterior das duas formas do capital que se deve buscar o fundamento da sua conversão em "sujeito" do processo social. É nesse âmbito que deve ser definida a "forma" como princípio ordenador da vida no mundo do capital.

3.
A FORMA AUTÔNOMA

"*Après moi le déluge!*"[105] É a palavra de ordem de todo capitalista em toda nação capitalista"[106]. Assim Marx resume a dinâmica transtornada da concorrência, ponto de vista mais acessível aos agentes econômicos. Para os proprietários do capital, interessa capturar o máximo possível do mais-valor social metamorfoseado pela equalização em lucro médio, no qual se dissolve o trabalho como fonte de todo o valor e se legitima a propriedade privada como fator decisivo na divisão do ganho capitalista. A expropriação que ocorre entre eles, embora proceda da expropriação da força de trabalho, parece ter força própria; e uma força primordial que, como um mal necessário, se arroga o papel de eixo organizador da economia. Por esse eixo, os preços derivam da concorrência entre os capitalistas, e não do valor criado pelo trabalho contraposto ao capital; o lucro comercial resulta da habilidade do negociante em revender mais caro do que comprou; se a propriedade é remunerada já no caso da divisão do lucro entre os industriais, mais ainda deve ser no caso do pagamento de juros a quem empresta dinheiro ou no de renda aos que alugam recursos naturais e terra.

Vimos que todos esses processos indicam o gradual descolamento da propriedade privada, como princípio distributivo do mais-valor, em relação ao trabalho criador do mais-valor. É que, quando posta na base do capital industrial predominante no mundo moderno, a propriedade privada se generaliza e se impõe socialmente como modo de exclusão que expropria os meios de trabalho do trabalhador. Por

---

[105] "Depois de mim, que venha o dilúvio", frase atribuída à Marquesa de Pompadour (1721-1764) como resposta a alguém na corte que afirmava terem as festas e o luxo da nobreza um custo muito alto aos cofres públicos.

[106] "Après moi le déluge! ist der Wahlruf jedes Kapitalisten und jeder Kapitalistennation" (MEGA II/10, p. 243 [MEW 23, p. 285; *O capital I*, p. 342]).

isso, mesmo presente em modos de produção antigos em que houve comércio, a propriedade privada só passa a ser determinante ao fundar a exclusão que institui o capital industrial e o trabalho assalariado como opostos. Se antes ela era só o pressuposto da circulação de mercadorias, agora a propriedade privada tem a ver com o despojamento dos trabalhadores, fundando, daí, o sistema de exploração da força de trabalho e de criação do excedente econômico. Portanto, é o capital alicerçado na propriedade excludente dos meios de produção que importa aqui. Se a propriedade em geral se autonomiza, é pelo desenvolvimento da relação de capital e força de trabalho. Mas como se articula, de fato, essa relação que leva à autonomia da propriedade privada? É o que deve ser discutido como arremate desta parte.

São famosas as passagens em que Marx expõe a gênese e a lógica da relação entre capital e trabalho. Sabemos que o primeiro momento é o da exclusão do trabalhador, que corresponde ao fato histórico da "acumulação original", também chamada de "primitiva" – a tradução para "original", diga-se aqui, tem a vantagem de realçar o nexo com o "pecado original"[107] que levou a humanidade a ser expulsa do Éden, ou seja, da harmonia com o elemento natural, igualmente perdida quando o trabalho é separado da terra. As consequências são bem conhecidas. A exclusão do trabalhador o impede de trabalhar para si e de obter o seu produto, que se apresenta a ele como algo alheio; e o coage a vender ao proprietário dos meios de produção o que lhe resta, a saber, sua capacidade física e mental para o trabalho[108].

---

[107] No célebre capítulo 24 do Livro I de *O capital*, Marx diz: "Essa acumulação original desempenha na economia política o mesmo papel que o pecado original [*Sündenfall*] na teologia. Adão [Smith? – JG] morde a maçã e assim o gênero humano cai em pecado" ("Diese ursprüngliche Akkumulation spielt in der politischen Oekonomie ungefähr dieselbe Rolle wie der Sündenfall in der Theologie. Adam biß in den Apfel und damit kam über das Menschengeschlecht die Sünde") (MEGA II/10, p. 641 [MEW 23, p. 741; *O capital I*, p. 785]). É preciso observar, no entanto, que na tradução francesa de 1872, autorizada e corrigida pelo próprio Marx, como se sabe, essa acumulação aparece como *primitive* [primitiva] (MEGA II/7, p. 631).

[108] "A relação de capital pressupõe a cisão entre os trabalhadores e a propriedade das condições de realização do trabalho. Tão logo a produção capitalista se firma sobre seus próprios pés, ela não só acolhe essa cisão como a reproduz em escala sempre ampliada" ("Das Kapitalverhältniß setzt die Scheidung zwischen den Arbeitern und dem Eigenthum an den Verwirklichungsbedingungen der Arbeit voraus. Sobald die kapitalistische Produktion einmal auf eignen Füßen steht, erhält sie nicht nur jene Scheidung, sondern reproducirt sie auf stets wachsender Stufenleiter") (MEGA II/10, p. 642 [MEW 23, p. 742; *O capital I*, p. 786]). E ainda: "A propriedade aparece agora, do lado do capitalista, como o direito de se apropriar de trabalho alheio não pago ou de seu produto e, do lado do trabalhador, como a impossibilidade de se apropriar de seu próprio produto. A cisão entre propriedade e trabalho torna-se consequência necessária de uma lei que parte aparentemente de sua identidade" ("Eigenthum erscheint jetzt, auf Seite des Kapitalisten, als das Recht, fremder unbezahlte Arbeit oder ihr Produkt, auf Seite des Arbeiters, als Unmöglichkeit, sich sein eignes Produkt anzueignen. Die Scheidung zwischen Eigenthum und Arbeit wird zur nothwendigen Konsequenz eines Gesetzes, das scheinbar von ihrer

Mas assim se configura o segundo momento da relação, oposto ao da exclusão, pela inclusão da força de trabalho como parte variável do capital, permitindo a ele compor uma totalidade apta a se autoproduzir mediante a autovalorização. Se essa inclusão subordina o trabalhador ao modo de produção do capital, ela o faz, todavia, pelo contrato de compra e venda de trabalho, no qual o trabalhador se afirma diante do capitalista como um sujeito igual em direitos. Afinal, o trabalhador assalariado é proprietário de si e das mercadorias que compra com o seu salário. Se a exclusão o torna socialmente desigual ao capitalista, a inclusão pelo contrato supõe e reitera a sua igualdade jurídica com o empregador, a condição de proprietário. Pois a esfera da circulação de mercadorias, na qual o trabalhador vende a força de trabalho e compra os meios de vida, supõe apenas que o vendedor seja proprietário do que vende ou do dinheiro com que compra. É nela que se efetua a igualdade jurídica, oposta à desigualdade social que condiciona a esfera da produção imediata de mercadorias, na qual a subordinação se faz valer de modo alienante e sempre, de algum modo, primitivo.

Para Marx, a oposição entre igualdade jurídica e desigualdade social é dialética. Elas não são esferas alternativas nem ocorrem ao mesmo tempo, apesar uma da outra, e sim por causa uma da outra. É porque exclui o trabalhador da propriedade dos meios de produção que o capital o reduz a vendedor de sua força de trabalho e pode, desse modo, incluí-lo como capital variável; é por incluí-lo que o capital se valoriza, reproduzindo em escala ampliada o seu poder de excluir o trabalhador sempre e cada vez mais[109]. A desigualdade social se opõe à igualdade de contrato, mas a determina; por seu turno, essa igualdade se opõe à desigualdade social, mas a alimenta. Como propriedade dos meios de produção, a propriedade privada se reforça pelo monopólio crescente do capital, pela concentração e expropriação até de alguns capitalistas por outros, mas ela também se legitima como propriedade dos meios de consumo que se estende a todos, em especial a assalariados. O reforço da igualdade na esfera da circulação esconde o seu contrário, o reforço da desigualdade na esfera da produção.

Contudo, essa dialética logo revela a sua assimetria constitutiva. Como se sabe, a repetição do processo de compra e emprego da força de trabalho pelo capital produz uma inversão das regras de apropriação derivadas da esfera da circulação. É o que expõe o capítulo 22 do Livro I de *O capital*, que trata da conversão de mais--valor em capital. Até aqui estava de pé o princípio da apropriação pelo trabalho, conforme o qual quem produz tem a propriedade do produto; por extensão, se o produtor vende a sua força de trabalho, ele transfere ao comprador, em troca do

---

Identität ausging") (MEGA II/10, p. 522-3 [MEW 23, p. 610; *O capital I*, p. 659]). Na MEGA, esse texto só aparece na quarta edição do Livro I, que Engels fez acrescentando passagens de observações de Marx à edição francesa de 1872-1875. Ver MEGA II/7, p. 880-1, *Apparat*.

[109] Ver o capítulo 23 do Livro I de *O capital*, "A lei geral da acumulação capitalista".

salário, o direito de propriedade sobre o produto. O comprador pagaria o salário com recursos próprios, com o seu capital inicial, e a igualdade de contrato entre ambas as partes estaria assegurada, pois cada qual entraria na troca mobilizando a sua propriedade prévia, capital e força de trabalho. Mas a coisa toda se inverte. Vale a pena citar aqui o texto tão conhecido:

> Uma vez que cada transação singular siga correspondendo à lei da troca de mercadorias, o capitalista sempre comprando força de trabalho e o trabalhador sempre a vendendo – e, queremos supor até, por seu valor efetivo –, a lei de apropriação ou lei da propriedade privada na base da produção e da circulação mercantil inverte-se em seu contrário direto mediante uma dialética própria, interna, inevitável. A troca de equivalentes, que aparecia como a operação original, torceu-se tanto que se trocou em aparência; pois, em primeiro lugar, a própria parte de capital trocada por força de trabalho é apenas uma parte do produto de trabalho alheio apropriado sem equivalente; e, em segundo lugar, deve ser não só suprida pelo seu produtor, o trabalhador, mas suprida com um novo excedente.[110]

É porque o processo se repete sempre, que o pagamento da força de trabalho com dinheiro pertencente ao capital se afirma como simples aparência, pois na verdade esse dinheiro corresponde ao valor criado pelo trabalho e apropriado pelo capital em um ciclo anterior da produção. Considerando-se um desses ciclos em separado, a forma da troca de equivalentes condiz com a igualdade da esfera da circulação; o capitalista a cada momento tira do bolso o salário dos seus empregados. A repetição do movimento, no entanto, evidencia o aspecto meramente formal dessa equivalência. O texto continua:

> Portanto, a relação de troca entre capitalista e trabalhador converte-se em uma aparência relativa ao processo de circulação, *mera forma*, estranha ao seu próprio *conteúdo* e que apenas o mistifica. A constante compra e venda da força de trabalho é a *forma*. O

---

[110] "[...] sofern jede einzelne Transaktion fortwährend dem Gesetz des Waarenaustausches entspricht, der Kapitalist stets die Arbeitskraft kauft, der Arbeiter sie stets verkauft, und wir wollen annehmen selbst zu ihrem wirklichen Werth, schlägt offenbar das auf Waarenproduktion und Waarencirkulation beruhende Gesetz der Aneigung oder Gesetz der Privateigenthums durch seine eigne, innere, unvermeidliche Dialektik in sein direktes Gegentheil um. Der Austausch von Aequivalenten, der als die ursprüngliche Operation erschien, hat sich so gedreht, daß nur zum Schein ausgetauscht wird, idem ersten der gegen Arbeitskraft ausgetauschte Kapitaltheil selbst nur ein Theil des ohne Aequivalent angeeigneten fremden Arbeitsproduktes ist, und zweitens von seinem Producenten, dem Arbeiter, nicht nur ersetzt, sondern mit neum Surplus ersetzt werden muß" (MEGA II/10, p. 522 [MEW 23, p. 609; *O capital I*, p. 659]).

conteúdo é que o capitalista reconverte sempre uma parte do trabalho alheio já objetivado, do qual sem cessar ele se apropria sem equivalente, em um *quantum* cada vez maior de trabalho alheio vivo.[111]

A oposição entre as esferas da circulação e da produção imediata de mercadorias agora se apresenta no quadro das categorias de "forma" e "conteúdo". Pressuposto do contrato de trabalho, a igualdade jurídica das partes aparece como "forma" referida ao "conteúdo" social da valorização do valor, mas oposta a ele. Se a "forma" correspondesse ao "conteúdo", a igualdade contratual implicaria que cada parte entraria no negócio com um quinhão; só que a parte do capitalista, no fundo, nada mais é do que a devolução de uma parcela do que o trabalhador lhe entregou antes. Por isso, o "conteúdo" do processo de criar mais valor a partir de um valor inicial é realizado agora por uma "forma" distorcida, uma "compra e venda da força de trabalho" na qual o valor de compra é pago sempre pela própria força de trabalho. Por isso, a forma é "mera forma", por ser "estranha ao seu próprio conteúdo". E por isso, mais ainda, ela "mistifica" o conteúdo, ao ocultar, a cada vez que o capitalista paga o salário, que quem produz o valor é apenas a força de trabalho. Trata-se, claro, da igualdade contratual entre trabalhador e capitalista a esconder a desigualdade social de ambos, determinante do verdadeiro "conteúdo" do processo de valorização.

Mas o capital, de fato, não poderia entrar com parte alguma no contrato de "compra e venda da força de trabalho", simplesmente porque ele não cria valor; o capital é valor. É valor que se valoriza e que o faz pelo processo de exclusão e inclusão da força de trabalho. E aqui chegamos ao fundamento da distorção da "forma" em relação ao "conteúdo" e da consequente autonomização na qual a forma aparece como "mera forma".

É que, nesse processo de exclusão e inclusão, o capital passa a determinar o desdobramento da dupla dimensão do trabalho, o trabalho concreto e o abstrato, como suporte da divisão social do trabalho e da possibilidade de troca mercantil. Embora já exista na base do comércio antes do surgimento do capital industrial, a separação entre as duas dimensões do trabalho se generaliza como parte integrante do impulso capitalista de tudo transformar em mercadoria e tudo inscrever na

---

[111] "Das Verhältniß des Austausches zwischen Kapitalist und Arbeiter wird also nur ein dem Circulationsproceß angehöriger Schein, bloße Form, die dem Inhalt selbst fremd ist und ihn nur mystificirt. Der beständige Kauf und Verkauf der Arbeitskraft ist der Form. Der Inhalt ist, daß der Kapitalist einen Theil der bereits vergegenständlichen fremden Arbeit, die er sich unaufhörlich ohne Aequivalent aneignet, stets wieder gegen größeres Quantum lebendiger fremder Arbeit umsetz" (MEGA II/10, p. 522 [MEW 23, p. 609; *O capital I*, p. 659]).

finalidade de criar mais-valor. Junto com a divisão do trabalho social, com a diversificação dos trabalhos concretos, o trabalho abstrato, como base da igualação universal do valor das mercadorias, é estabelecido agora pelo interesse e pela força do capital, que o fixa como um suporte, um substrato, ou melhor, como a "substância" da sociabilidade própria à troca de mercadorias.

Por certo, o termo substância é empregado por Marx em contextos distintos. Ele diz, por exemplo, que a "matéria-prima pode constituir a substância principal de um produto ou só entrar como matéria auxiliar na sua composição"[112]; ou, ainda, que o dinheiro, "como papel-moeda, pode adquirir um modo de existência apenas funcional, exteriormente dissociado de sua substância metálica"[113], aludindo aos metais preciosos que constituíam o lastro do valor monetário.

Mas o sentido principal da "substância" sempre se refere ao valor, isto é, ao trabalho abstrato como substância do valor. Ele aparece já na dedução inicial do valor, quando, "como valores, o casaco e a tela são coisas com a mesma substância"[114], e os produtos do trabalho humano "apresentam apenas que em sua produção foi despendida força de trabalho humano, foi acumulado trabalho humano. Como cristalizações dessa substância social que lhes é comum, eles são – valor"[115]. O resultado é

---

[112] "Das Rohmaterial kann die Hauptsubtanz eines Produkts bilden, oder nur als Hülfsstoff in seine Bildung eingehn" (MEGA II/10, p. 165 [MEW 23, p. 196; *O capital I*, p. 259]).

[113] "[...] im Papiergeld eine von seiner Metallsubstanz äußerlich getrennte und bloß funktionelle Existenzweise erhalten" (MEGA II/10, p. 120 [MEW 23, p. 143; *O capital I*, p. 203]). Em um sentido mais próximo do de valor, Marx diz: "O dinheiro, ou, expresso materialmente, os meios de produção e de consumo – a substância do capital novo, é ele mesmo o produto do processo que suga o trabalho alheio não pago" ("Das Geld, oder stofflich ausgedrückt, die Produktions- und Lebensmittel, – die Substanz des neuen Kapitals ist selbst das Produkt des Processes, der fremde unbezahlte Arbeit auspumpt") (MEGA II/6, p. 537 [sem correspondente em MEW, que se baseia na quarta edição de *O capital*, na qual o capítulo 22 é bastante modificado por Engels em relação às duas edições preparadas por Marx).

[114] "Als Werthe sind Rock und Leinwand Dinge von gleicher Substanz" (MEGA II/10, p. 45 [MEW 23, p. 58; *O capital I*, p. 121]).

[115] "[...] stellen nur noch dar, daß in ihrer Produktion menschliche Arbeitskraft verausgabt, menschliche Arbeit aufgehäuft ist. Als Krystalle dieser ihnen gemeinschaftlichen gesellschaftlichen Substanz sin sie Werthe – Waarenwerthe" (MEGA II/10, p. 40 [MEW 23, p. 52; *O capital I*, p. 116]). Em um passo além da dedução, "a alfaiataria e a tecelagem são os elementos que compõem os valores de uso casaco e tela até por suas qualidades diversas; elas são substância do valor do casaco e da tela apenas na medida em que se abstrai a sua qualidade específica e ambas possuem a mesma qualidade, a qualidade de trabalho humano" ("Bildungselemente der Gebrauchswerthe Rock und Leinwand sind Schneiderei und Weberei eben durch ihre verschiednen Qualitäten; Substanz des Rockwerths und Leinwandwerths sind sie nur, soweit von ihrer besondren Qualität abstrahirt wird und beide gleiche Qualität besitzen, die Qualität menschlicher Arbeit") (MEGA II/10, p. 47 [MEW 23, p. 59-60; *O capital I*, p. 122]).

que o "trabalho é a substância e a medida imanente dos valores"[116]. As acepções de cunho material assinaladas antes não devem, de modo algum, sugerir um sentido material também no caso do trabalho criador de valor. Ou seja, a "substância" aqui, apesar de associada à "força de trabalho humano" que é "despendida" como energia física, é acima de tudo uma "substância social".

A substância não é exatamente o que Marx chama de "conteúdo das determinações de valor" na seção sobre o fetichismo da mercadoria no capítulo inicial do Livro I – as "funções do organismo humano", como "dispêndio de cérebro, nervo, músculo, órgãos sensíveis", ou a pura determinação da magnitude do valor, a "duração daquele dispêndio". O caráter "sensível suprassensível" relacionado à substância do valor, diz Marx, provém não desse conteúdo, mas da "forma"[117] – da forma social, bem entendido. É o capital que distingue e vincula o trabalho concreto e o abstrato, conferindo aos produtos um papel social e, no mesmo ato, fornecendo às relações sociais um lastro real, "sensível". Mais do que ao plano físico-fisiológico, a "substância" reporta à conexão desse plano ao social, à operação que conecta o "sensível" ao "suprassensível"; reporta ao imperativo de que a sociabilidade capitalista deve possuir um lastro tangível. "Substância" consiste na ancoragem de uma relação social em um substrato material, para que a relação se torne algo mais do que mera convenção, e o substrato, o lado real do fetichismo.

O trabalho é "substância" do valor, então, na medida em que sua dimensão "sensível", em especial o puro dispêndio de energia na base fisiológica da determinação de valor, serve de substrato para entretecer um conjunto de relações sociais a partir da troca dos seus múltiplos produtos. Mas não é ele o executor dessa operação social. A atividade característica do trabalho no capitalismo se restringe ao tangível da produção de valores de uso e do gasto de energia em geral; não envolve estabelecer a sociabilidade mesma. Porque é despojado da propriedade dos meios de produção, o trabalho perde essa dimensão da atividade, que passa a ser realizada pelo capital. O capital assume o poder de comparar as mercadorias e organizar a sociabilidade das trocas, de dividir as funções sociais e de comandar a produção. Por isso mesmo, contudo, ele precisa escorar essa dimensão da atividade na outra, a saber, na produção palpável de valores de uso e da realidade fisiológica do dispêndio de energia.

---

[116] "Die Arbeit ist die Substanz und das immanente Maß der Werthe [...]" (MEGA II/10, p. 481 [MEW 23, p. 559; *O capital I*, p. 607]). E em seguida, "todo o mais-valor, seja qual for a figura particular em que depois se cristalize, lucro, juros renda etc., é, conforme sua substância, a materialização de tempo de trabalho não pago" ("Aller Mehrwerth, in welcher besondren Gestalt von Profit, Zins, Rente, u.s.w. er sich später krystallisire, ist seine Substanz nach Materiatur unbezahlter Arbeitszeit") (MEGA II/10, p. 478-9 [MEW 23, p. 556; *O capital I*, p. 602]).

[117] MEGA II/10, p. 71 [MEW 23, p. 85-6; *O capital I*, p. 147].

Por um lado, privado da dimensão social da atividade, o trabalho se define como um substrato passivo, amorfo, uma simples matéria de que as coisas são feitas, num sentido que corresponde à concepção filosófica tradicional de "substância"[118]. Por outro, como se a executasse em suas duas dimensões, o capital aparece como a atividade mesma, inteira. Pois o processo de valorização subordina e redefine o processo de trabalho, como exposto no quinto capítulo do Livro I; ou seja, a dimensão que organiza a sociabilidade predomina, sob o capital, sobre a dimensão da produção palpável, "sensível". É como se o capital roubasse até a "substância" do trabalho, apresentando-se como o verdadeiro agente da produção – afinal, ele dá emprego à força de trabalho, divide as suas tarefas técnicas na fábrica, implementa e fomenta as tecnologias que elevam a sua produtividade. É como se ele fosse a "substância" mesma, em outra concepção filosófica[119].

Nesse sentido, referindo-se ao valor que se valoriza, Marx diz: "Se, na circulação simples, o valor das mercadorias alcança diante do seu valor de uso no máximo a forma independente de dinheiro, aqui ele se apresenta de súbito como uma substância processante, semovente, para a qual a mercadoria e o dinheiro são meras formas"[120]. Agora a "substância" é algo ativo, não amorfo, mas que confere a si mesmo as "formas" necessárias à valorização. Mais do que processo, o capital é a "substância processante"; mais do que movimento, ele é a "substância semovente". Ele "passa constantemente de uma forma à outra, sem se perder no movimento, e assim se converte em um sujeito automático"[121]. O capital é "sujeito", em um dos

---

[118] Não é o caso aqui de uma longa digressão a esse respeito. Para esclarecimento dos tópicos exatos da discussão sobre o conceito de "substância", é interessante consultar as seguintes obras: Pierre Aubenque, *Le problème de l'être chez Aristote* (Paris, PUF, 1962) [ed. bras.: *O problema do ser em Aristóteles*, trad. Cristina de Souza Agostini e Dioclézio Domingos Faustino, São Paulo, Paulus, 2012]; André Marc, *L'idée de l'être chez saint Thomas et la scolastique postérieure* (Paris, Gabriel Beauchesne et ses Fils, 1931); Gilles Deleuze, *Spinoza et le problème de l'expression* (Paris, Minuit, 1968) [ed. bras.: *Espinosa e o problema da expressão*, trad. GT Deleuze-12, São Paulo, Editora 34, 2017]; Wolfgang Bonsiepen, *Die Begründung einer Naturphilosophie bei Kant, Schelling, Fries und Hegel: Mathematische versus spekulative Naturphilosophie* (Frankfurt, Klostermann, 1997).

[119] Trata-se agora da concepção que Hegel atribui a Espinosa e ao mesmo tempo critica nele. Novamente sem digressões, ver sobre isso o prefácio da *Phänomenologie des Geistes*, cit., p. 18-20, e também o capítulo sobre Espinosa na *Vorlesungen über die Geschichte der Philosophie*, p. 163-8.

[120] "Wenn in der einfachen Cirkulation der Werth der Waaren ihrem Gebrauchswerth gegenüber höchstens die selbständige Form des Geldes erhält, so stellt er sich hier plötzlich dar, als eine processirende, sich selbst bewegende Substanz, für welche Waare und Geld beide bloße Formen" (MEGA II/10, p. 142 [MEW 23, p. 169; *O capital I*, p. 230]).

[121] "Er geht beständig aus der einen Form in die andre über, ohne sich in dieser Bewegung zu verlieren, und verwandelt sich so in ein automatisches Subjekt" (MEGA II/10, p. 141 [MEW 23, p. 168-9; *O capital I*, p. 229-30]).

famosos "flertes" de Marx com os termos da filosofia de Hegel, por ser "substância processante, semovente".

Deixemos para o final da segunda parte, adiante, o comentário sobre a relação entre Marx e Hegel, sempre tão importante. No momento, o que interessa é ressaltar que Marx expõe deste modo a diferença entre os dois sentidos da "substância": aquele pelo qual o trabalho é definido pelo capital como um substrato passivo e amorfo e aquele pelo qual o próprio capital se arroga a posição de força ativa de autodeterminação, de metamorfose, de fim em si mesmo[122] – de "sujeito", enfim, autônomo, livre, abrangente[123].

Mas não por acaso esse sujeito é dito "automático". Ao contrário do sujeito hegeliano, a força ativa do capital não é e nem pode ser determinada como sendo também autoconsciência. A consciência do trabalhador aqui não conta, justamente por ele ser alienado do controle sobre o processo de trabalho; e a consciência do capitalista só pode ser distorcida, pela usurpação do poder do trabalho de sociabilizar os seus frutos e a divisão das suas tarefas. Quando Marx diz "sujeito", nesse caso, ele tem em mente uma força que independe da consciência e da vontade dos agentes e que parece ter consciência e vontade próprias.

Por exemplo, ao analisar trechos do livro em que o economista inglês Andrew Ure faz uma apologia do sistema fabril, Marx percebe entre eles uma ambiguidade reveladora:

> Essas duas expressões não são de forma alguma idênticas. Em uma, o trabalhador total combinado ou o corpo de trabalho social aparece como um sujeito abrangente, e o autômato mecânico, como objeto; na outra, o próprio autômato é o sujeito, e os trabalhadores são coordenados como órgãos conscientes desse órgão inconsciente, subordinados junto com ele ao motor central.[124]

---

[122] "A circulação do dinheiro como capital, ao contrário, é um fim em si mesmo [*Selbstzweck*], pois a valorização do valor só existe dentro desse movimento sempre renovado" ("Die Cirkulation des Geldes als Kapital ist dagegen Selbstzweck, denn die Verwerthung des Werths existirt nur innerhalb dieser stets erneuerten Bewegung") (MEGA II/10, p. 139 [MEW 23, p. 167; *O capital I*, p. 228]).

[123] "Como o sujeito abrangente de um processo como esse, no qual ele ora assume, ora abandona a forma de dinheiro, mas conserva-se e estende-se com essa mudança [...]" ("Als das übergreifende Subjekt eines solchen Processes, worin er Geldform und Werthform bald annimmt, bald abstreift, sich aber in diesem Wechsel erhält und ausreckt [...]") (MEGA II/10, p. 141 [MEW 23, p. 169; *O capital I*, p. 230]).

[124] "Diese beiden Ausdrücke sind keineswegs identisch. In dem einen erscheint der kombinirte Gesammtarbeiter oder gesellschaftlicher Arbeitskörper als übergreifendes Subjekt und der mechanische Automat als Objekt; in dem andren ist der Automat selbst das Subjekt und die Arbeiter sind nur als bewußte Organe seinen bewußtlosen Organen und mit denselben der centralen Bewegungskraft untergeordnet" (MEGA II/10, p. 377-8 [MEW 23, p. 442; *O capital I*, p. 491]).

É essencial marcar com precisão os termos da ambiguidade. O trabalhador que aparece como "sujeito abrangente" no início do texto é o "total", o "corpo de trabalho social" da fábrica, e não o indivíduo; mesmo assim, ele só é "sujeito" na apologia de Ure, na qual a fábrica é um benefício para o trabalhador. Ure acaba por confessar o contrário, a saber, que o "autômato", o conjunto dos meios de produção de cuja propriedade o trabalhador é excluído, constitui o verdadeiro eixo organizador da fábrica, o "sujeito", nesse sentido apenas, que não passa de um "órgão inconsciente", subordinando o "trabalho" como um "órgão consciente".

A troca de posições entre o "trabalhador total combinado" e o "autômato mecânico" é o aspecto decisivo da análise de Marx. Ela deixa claro que o trabalho como "substância", reduzido à atividade concreta da produção de valores de uso e do gasto de energia física e mental, não pode ser o "sujeito" social. E que o poder que dele se tornou autônomo, configurado na propriedade dos meios de produção, somente se atribui a condição de "substância" na medida em que assume a atividade de articular a sociabilidade, algo que lhe é possível porque a exclusão da força de trabalho permite também incluí-la, isto é, submeter a primeira dimensão da atividade "substancial" à segunda, à realidade "semovente" e "processante" da valorização do valor. Nessa valorização do valor, a sociabilidade se reproduz em escala crescente, ampliando a divisão do trabalho e a base de comparação e troca de mercadorias. Mas faz isso de modo contraditório, mediante a exclusão da força de trabalho que cria a "substância" naquela primeira dimensão. Como capital, a propriedade dos meios de produção pode constituir um "sujeito" somente dessa maneira deslocada, invertida, do poder que a exclusão lhe confere.

E, nesse sentido, o "sujeito" é formal, porque a sociabilização não decorre diretamente da primeira atividade "substancial", mas do poder que tece os laços sociais na medida em que adquire a fonte dessa atividade, isto é, um poder exercido a partir da esfera da circulação. Antes, vimos que a troca de equivalentes entre trabalhador e capitalista, como "forma" baseada na regra de que o salário é pago, contrapunha-se ao "conteúdo" de que o capital se valoriza ao explorar o trabalho não pago. Agora sabemos que a "forma" se contrapõe, mais do que tudo, à "substância" do valor, o trabalho; e que o faz porque inclui a fonte do valor, a força de trabalho, mediante um contrato igualitário que oculta o fato prévio e decisivo de que a força de trabalho mesma surge por um ato de exclusão. A formalidade do "sujeito" capital consiste, portanto, na ocultação do lado excludente da propriedade pelo lado includente, garantindo ao trabalhador direitos iguais aos do capitalista. Trata-se de mais um descolamento da "forma", dessa vez em relação à "substância" que o capital domina e mimetiza.

Da exclusão do trabalhador derivam todas as "formas" pelas quais a propriedade exclui até os capitalistas, como vimos no capítulo anterior. Daí que a repartição do mais-valor social entre o industrial e o comerciante, ou o capitalista em funções e o proprietário de dinheiro, seja exposta por Marx como distinção entre "substância" e "forma": "A divisão do lucro em ganho empresarial e juros (para não falar do emaranhado do lucro comercial e do lucro com o trato do dinheiro [...]) completa a autonomização da *forma* do mais-valor, sua ossificação, em relação à sua substância, sua essência"[125]. E o mesmo se passa na repartição posterior com o rentista, pois "a renda nada mais é que uma *forma* desse lucro extra, que compõe a sua substância"[126]. Nos dois casos, a "substância" é a base da qual a "forma" se desenvolve pela concorrência entre os vários tipos de capitalista, concorrência que vimos se fundar nos direitos da propriedade privada. É assim também que derivam umas das outras as demais formas do Livro III; por isso, o lucro apareceu desde o início como uma "forma" do mais-valor; por isso, os preços de custo, os preços de produção, os preços de mercado são sucessivamente descritos como formas do valor. Cada passagem de um nível a outro da equalização ocorre como progressão do fetichismo do capital, pelo descolamento permanente de cada "forma" em relação à "substância" que a antecede.

É o caso ainda da diferença, fundamental no desdobramento da equalização, entre o trabalho produtivo e o improdutivo. Sabemos que o trabalho produtivo se define para Marx como aquele que proporciona mais-valor para o capitalista, algo decidido não de acordo com o tipo de trabalho em si, mas do emprego que dele faz o capital. Portanto, não é a "substância" no sentido de atividade "sensível", mas de sua submissão ao poder e à finalidade capitalista que conta aqui. Mesmo que produza valores de uso e gaste energia física e mental, o trabalho será produtivo apenas se inscrito em uma esfera de sociabilidade de fato criadora de valor novo, e não em uma esfera que se limite a passar o valor de uma forma para outra, como ocorre na circulação de mercadorias e dinheiro. A partir da esfera da "forma" – da circulação, tanto no sentido da troca das formas de valor quanto no da formalidade dos contratos e no da equivalência entre capital e trabalho –, o capital aparece como "substância processante", que faz do trabalho uma substância amorfa à qual ele se impõe como um "sujeito" para deslocar todo o sentido da produção e engendrar a aberração de um trabalho "improdutivo".

E o capital chega a capturar a "forma" mesma pela qual se impõe à força de trabalho, o salário, conferindo a ela um "conteúdo" alheio ao original. Se, em princípio, recebe salário apenas o trabalhador produtivo no sentido capitalista, em

---

[125] "Die Spaltung des Profits in Unternehmungsgewinn und Zins (gar nicht zu sprechen von der Dazwischenkunft des commerciellen Profits und des Geldhandlungsprofits [...]) vollendet die Verselbständigung der *Form* des Surpluswerths, seine Verknöcherung gegen seine Substanz, sein Wesen" (MEGA II/4.2, p. 851 [MEW 25, p. 837; *O capital III*, p. 891]).

[126] "Und die Rente ist nichts als eine *Form* dieses Surplusprofits, der ihre Substanz bildet" (MEGA II/4.2, p. 779 [MEW 25, p. 687; *O capital III*, p. 738]).

seguida também o recebe o trabalhador dos ramos improdutivos e, por fim, até mesmo os altos funcionários empregados pelo capitalista para dividir com ele as tarefas de gerenciamento. Vimos acima, no item 3 do capítulo anterior, que agentes comerciais relativamente autônomos podiam receber seus proventos na forma de salário, sem que fossem, por isso, criadores de mais-valor para um capitalista. De certo modo, Marx antevê aqui um desenvolvimento histórico importante do sistema, pelo qual é possível disfarçar a exploração da força de trabalho, que se confunde com a partilha do lucro entre os gerentes do capital. Mais tarde, todos, de executivos de grandes empresas a funcionários públicos, passam a receber "salário" relacionado ao serviço que prestam e não ao mais-valor. É que o salário se reveste de um caráter formal quando separado pelo capital da atividade "substancial" da produção tangível, podendo ser generalizado, no limite, para a sociedade inteira pelo poder que quer ver o mundo posto à sua disposição. É como se todos fossem empregados do capital, não dos capitais individuais, mas do grande "sujeito" que põe sua marca em qualquer parte.

Mas a "substância" se conserva ainda em seu primeiro sentido, apesar de oculta sob o domínio da "forma"; o trabalho está lá, gastando energia e fabricando os produtos que servem de lastro para o capital estabelecer sua forma distorcida de sociabilidade. E não é à toa que essa sociabilidade é tecida só pela mediação das coisas. Já foi dito que, para realizá-la, o capital precisa ancorar essa dimensão da atividade na produção "sensível" dos valores de uso e do puro dispêndio de energia. A propriedade privada já é uma relação social mediada pela relação de coisas, mas, potencializada pelo capital industrial, ela supera os limites originais e se generaliza. Se ela submete a relação das coisas à relação social, no entanto, ainda tem na relação das coisas uma referência inelutável, um limite para a sua expansão desmedida.

Tal ambiguidade implica que a "substância" seja constituída de modo integral por trabalho, englobando por completo o capital, embora, do ponto de vista da "forma", seja o capital que se propõe como a totalidade social a englobar o trabalho. De tal desencontro surge o impulso à superação, à tentativa de harmonizar "forma" e "substância", que apenas repõe o desencontro e leva ao processo sempre renovado de valorização do capital, como a um castigo de Sísifo. Mas é nessa "forma" desencontrada, desajustada, que o capital articula o palpável ao social, configurando o "sensível suprassensível", núcleo básico do fetichismo. A explicitação de mais essa forma aberrante, que passa por natural no capitalismo e na economia política, é um ponto central na crítica de Marx. Veremos como ela reconstitui os aspectos do núcleo básico do misticismo do sistema, revelando a cada passo a sua impossibilidade de fundo. Mas, para isso, será preciso retornar ainda ao conceito de "forma" e recapitular desde o começo o seu sentido e de que modo ela pode ser uma "forma social". Voltemos, então, à estaca zero.

Parte II
Da apresentação à representação

4.
FORMBILDUNG

1.
Embora todo autor compartilhe do vocabulário de sua época e do seu ofício, até involuntariamente ele redefine os termos de que lança mão. A palavra "forma", entre outras, aparece nos textos de Marx em contextos e sentidos diversos, não excluindo aqueles consagrados pela linguagem cotidiana e pela tradição filosófica como contraponto de assunto ou matéria de discussão. Pode parecer, às vezes, que Marx simplesmente incorpora "forma" como categoria universal, instrumento de análise cujo uso generalizado dispensaria definição própria. Mas se, para ele, o capital vem a ser dominante pela autonomização das suas formas, como acabamos de ver, então a "forma" é mais do que mera categoria operatória, é um conceito decisivo e específico na sua teoria, com significados próprios que importa agora precisar.

Num sentido amplo, e desde a juventude, Marx caracteriza as épocas da produção material da vida humana como "formas" variáveis das relações sociais e das correspondentes forças produtivas postas em operação por elas. Quando trata da história, Marx registra "formas econômicas" em geral, englobando as do "feudalismo" e da "burguesia"[1], bem como as "formas remanescentes dos antigos romanos"[2]; há as "formas que precedem a produção capitalista"[3], a "forma de uma família patriarcal, de uma comunidade da antiga Índia, de um Estado inca"[4], ou seja, "formas do organismo social de produção"[5].

---

[1] MEW 4, p. 140-1 [ainda não publicado na MEGA; *Miséria da filosofia*, p. 111].
[2] "[...] altrömischen Reminiscenzen entspringenden Formen" (MEGA I/5, p. 108 [MEW 3, p. 64; *A ideologia alemã*, p. 71]).
[3] "Formen, die der kapitalistischen Produktion vorhergehen". Título de uma parte dos *Grundrisse*, no capítulo sobre o capital. Ver MEGA II/1.2, p. 378 [MEW 42, p. 383; *Grundrisse*, p. 388].
[4] "[...] die Form einer patriarchalischen Familie, einer altindischen Gemeinde, eines Inkastaates" (MEGA II/10, p. 85 [MEW 23, p. 102; *O capital I*, p. 162]).
[5] "Formen des gesellschaftlichen Produktionsorganismus" (MEGA II/10, p. 80 [MEW 23, p. 96; *O capital I*, p. 156]).

Mas um olhar atento logo vê que esse "organismo" é complexo. Trata-se de "formas diversas *da divisão do trabalho*, tanto quanto [de] fundamentos vários de *organizações* sociais"[6], e "essas formas diversas são formas da organização do trabalho e, com isso, da propriedade", pois "os diversos níveis de desenvolvimento da divisão do trabalho são igualmente formas diversas da propriedade"[7]. Para além de simples variedade de uma matéria, ou espécie de um gênero, a "forma" também implica formação social, consistindo na estrutura e na hierarquia de grupos e indivíduos mediante a disposição das coisas entre eles; bem como, por seu turno, na disposição das coisas conforme o ordenamento social. Relação com as coisas, a propriedade se define pela relação entre seres humanos; daí o reconhecimento mútuo e em geral forçado dos direitos de apropriação.

Seguem-se os conhecidos corolários: que existe uma variedade de "formas de propriedade", e não uma disposição única das coisas, como seria o caso de um conceito de apropriação limitado ao nexo entre ser humano e natureza; que a alternativa dessas formas se desdobra no tempo, determinando "uma história"[8] e sendo por ela determinada; que, em vez de uma dimensão vazia por onde os acontecimentos apenas se distribuam, esse tempo histórico seja algo de formado, segundo varie a disposição social sobre as coisas que condicionam a existência humana; enfim, que a forma *privada* da apropriação não pode ser confundida com outras formas, nem muito menos eternizada. Em suas plenas consequências, ela é específica e moderna.

Por exemplo, na "forma feudal", "a articulação hierárquica da posse da terra e os séquitos armados ligados a ela davam ao nobre o poder sobre os servos", mas esse vínculo individualizador entre força e posse ainda "repousa sobre uma comunidade, tal como a propriedade tribal"[9] precedente. Ou, ainda, "na forma especificamente

---

[6] MEW 4, p. 151; grifos meus; *Miséria da filosofia*, p. 120.

[7] "Diese verschiedenen Formen sind ebensoviel Formen der Organisation der Arbeit & damit des Eigenthums"; "Die verschiedenen Entwicklungsstufen der Theilung der Arbeit sind eben soviel verschiedene Formen des Eigenthums" (MEGA I/5, p. 89 e 129, respectivamente [MEW 3, p. 61 e 22; *A ideologia alemã*, p. 61 e 89]).

[8] "Mostra-se o princípio, portanto, um nexo materialista dos homens uns com os outros, condicionado pelas necessidades e pelo modo da produção e tão antigo quanto os próprios homens – um nexo que adota sempre novas formas *e assim oferece uma 'história'*" ("Es zeigt sich also schon von vorn herein ein materialistischer Zusammenhang der Menschen unter einander der durch die Bedürfnisse & die Weise der produktionsbedingt & so alt ist wie der Mensch selbst – ein Zusammenhang, der stets neue Formen annimmt *& also eine 'Geschichte' darbietet*") (MEGA I/5, p. 29; grifos meus [MEW 3, p. 30; *A ideologia alemã*, p. 34]).

[9] "Die hierarchische Gliederung des Grundbesitzes & die damit zusammenhangenden bewaffneten Gefolgschaften gaben dem Adel die Macht über dem Leibeignen [...]. Es beruht, wie das Stamm- & Gemeinde-Eigenthum, wieder auf einem Gemeinwesen". O texto conclui: "a propriedade

oriental, o membro da comunidade [é], enquanto tal, copossuidor da propriedade comunitária", que compreende toda a terra cultivável. A propriedade privada existiu, é verdade, na "forma romana, grega (em suma, dos antigos clássicos)", na qual, ao lado do "*ager publicus* [terreno público] em suas diversas formas, a outra parte é distribuída, e cada parcela do solo é romana por ser a propriedade privada, o domínio de um romano"[10]. Mas atentemos ao texto, que afirma ser "cada parcela" privada "romana" antes de tudo; nela predomina ainda a dimensão comunitária. É que, conforme explicado em outro lugar, trata-se de uma "forma anômala subordinada à propriedade comunitária", pois "os cidadãos possuem o poder sobre seus escravos trabalhadores apenas em comunidade e, por esse motivo, permanecem ligados à forma de propriedade comunal"[11].

De todo modo, mesmo baseada na violência direta sobre servos ou escravos, a relação social está sempre combinada a certa divisão das terras e dos demais meios de produção. Pode haver várias "formas" de compulsão ao trabalho e de rapina dos frutos do trabalho, sustentando "séquitos armados", propiciando "hierarquias", criando estruturas de poder estatal fragmentado ou convergente. Em suas possibilidades diversas, a "forma" descreve como se organizam coisas e pessoas, definindo até mesmo o que pode ser um "indivíduo", por intermédio dos processos sociais de individualização.

Estritamente relacionado a esse sentido geral de "forma" como "forma social", Marx desenvolve em seguida os sentidos de "forma de valor", "forma de mercadoria", "de dinheiro" e "de capital". A relação é estrita, porque a forma de mercadoria dos produtos de trabalho é condicionada pela forma privada da propriedade: produtos só podem ser vendidos se o vendedor for o seu proprietário privado, pois o característico aí não é a posse, o *jus utendi* da fórmula latina, e sim o *jus abutendi*,

---

principal durante a época feudal consistia em propriedade da terra, com o trabalho servil encadeado a ela, por um lado, e, por outro, o trabalho próprio com pequeno capital, o capital que dominava o trabalho dos agremiados" ("Das Haupteigenthum bestand während der Feudalepoche also in Grundeigenthum mit daran gekettet Leibeignenarbeit einerseits, & eigner Arbeit mit kleinem, die Arbeit von Gesellen beherrschendem Kapital andrerseits") (MEGA I/5, p. 133 [MEW 3, p. 24-5; *A ideologia alemã*, p. 91]).

[10] "[...] in der spezifisch orientalischen Form, das Gemeindemitglied als solches Mitbesitzer des gemeinschaftlichen Eigenthums [...] in der römischen, griechischen Form (kurz der klassisch antiken) [...] ager publicus in seinen verschiednen Formen; der andre Theil wird vertheilt und jeder Parcelle des Bodens ist dadurch römisch, daß sie das Privateigenthum, die Domäne eines Römers" (MEGA II/1.2, p. 383-4 [MEW 42, p. 389; *Grundrisse*, p. 393]).

[11] "[...] abnorme, dem Gemeindeeigenthum untergeordnete Form. Die Staatsbürger besitzen nur in ihrer Gemeinschaft die Macht über ihre arbeitenden Sklaven, & sind deßhalb an die Form des Gemeindeeigenthums gebunden" (MEGA I/5, p. 130 [MEW 3, p. 22-3; *A ideologia alemã*, p. 90]).

o direito à alienação do bem[12]. Nesse caso particular da propriedade, mais do que a mera relação direta proporcionada pelo direito ao usufruto das coisas, importa a relação interpessoal e negativa típica da alienação na troca delas. O objeto de produção e de consumo adquire então a "forma de mercadoria", que, como "forma social", se autonomiza do seu conteúdo material e configura as determinações mais complexas da sociabilidade capitalista, como foi visto na parte anterior.

Ocorre nesse ponto uma definição crucial do sentido da "forma". Oposto ao conteúdo material dos bens, ao valor de uso, já por isso o valor aparece como uma forma socialmente determinada[13]. Mais ainda, sendo a troca o único modo legítimo de cada produtor individualizado pela divisão do trabalho apropriar-se dos demais bens de que necessita, o vínculo social se realiza precisamente por essa forma. Sabemos que o valor das mercadorias fundamenta a esfera das trocas, da convergência ou da identidade a partir da qual pode se dar e se agudizar a própria diferenciação dos trabalhos e produtos[14]. Nessa dialética da identidade e da diferença manifesta-se o poder alienante chamado por Marx de "fetichismo", uma forma social que dirige a divisão do trabalho e a troca dos seus produtos.

Daí a conclusão: "devemos então considerar todo o processo pelo lado da forma, isto é, como mudança de forma [*Formwechsel*] ou metamorfose das

---

[12] Marx e Engels comentam da seguinte maneira o duplo aspecto da definição de propriedade privada do direito clássico: "O próprio *jus utendi et abutendi* enuncia, por um lado, o fato de que a propriedade privada se tornou totalmente independente da comunidade [*Gemeinwesen*] e, por outro, a ilusão de que a propriedade privada mesma repousaria sobre a mera vontade privada, a disposição arbitrária sobre a coisa" ("Das jus utendi et abutendi selbst spricht einerseits die Thatsache aus, daß das Privateigenthum vom Gemeinwesen durchaus unabhängig geworden ist, & andererseits die Illusion, als ob das Provateigenthum selbst auf dem bloßen Privatwillen der willkührlichen Disposition über die Sache beruht") (MEGA I/5, p. 119 [MEW 3, p. 63; *A ideologia alemã*, p. 76]).

[13] "Os valores de uso formam o *conteúdo material* da riqueza, seja qual for a sua *forma* social" ("Gebrauchswerthe bilden den stofflichen Inhalt des Reichthums, welches immer seine gesellschaftlicher Form sei") (MEGA II/10, p. 38; grifos meus [MEW 23, p. 50; *O capital I*, p. 114]). A generalização na história da produção de valores de uso recorre aqui à oposição entre "conteúdo" e "forma".

[14] A terminologia empregada na primeira edição de *O capital* é inequívoca: "Em toda a forma de trabalho social, os trabalhos dos diversos indivíduos também são referidos uns aos outros como [trabalho] humano, mas aqui [na produção de mercadorias] a *referência mesma* conta como a *forma especificamente social* dos trabalhos" ("In jeder gesellschaftlichen Arbeitsform sind die Arbeiten der verschiednen Individuen auch als menschliche auf einanderbezogen, aber hier gilt diese *Beziehung selbst* als die *spezifisch gesellschaftliche Form* der Arbeiten") (MEGA II/5, p. 41). Se a generalização a "toda a forma de trabalho social" *recorre* à categoria de "forma", na produção de mercadorias a categoria de "forma" é *instituída* pelo processo social efetivo, na medida em que nele "a referência mesma" dos "trabalhos dos diversos indivíduos" é o que conta, é o tematizado.

mercadorias, que medeia o metabolismo [*Stoffwechsel*] social"[15]. O papel estratégico do valor fica claro nessa contraposição de metabolismo e metamorfose. A "mudança de forma" (meta-morfose) opera a mudança de matéria (meta-bolismo), troca dos valores de uso distintos. Essa troca, que alinhava o sistema inteiro da divisão do trabalho na sociedade mercantil, antes de tudo depende da forma. Produtos com diferentes qualidades materiais só podem ser trocados porque são revestidos de uma qualidade não material, instituída de modo social, formal, o valor. Mais ainda, a troca dos valores de uso depende também da "mudança de forma", no sentido da passagem de uma forma de valor à outra. A metamorfose implica que a própria forma tem suas formas, ou seja, que a transição ocorre sob uma forma social específica. A referência aqui é o valor "de troca", distinto do valor por ser a sua forma de aparecimento: o valor de troca é a relação dos valores das mercadorias confrontados na situação inicial de intercâmbio examinada por Marx, a "forma simples". Vejamos.

O já bem mapeado percurso de *O capital* sabidamente começa pelo par conceitual clássico dos economistas – "valor de uso" e "valor de troca" –, para então buscar o elemento interno à mercadoria, apenas exteriorizado na troca, o valor. Descoberto e analisado mediante os conceitos fundantes de "trabalho abstrato" e de "tempo de trabalho socialmente necessário", o valor existe desde o momento da produção da mercadoria, definindo o produto como mercadoria por destiná-lo ao mercado e pela possibilidade de trocá-lo. Sendo interno, porém, o valor só aparece no ato da troca por outra mercadoria[16] e, assim, a análise deve voltar ao valor de troca, diferenciação externa do interno e, nesse sentido, "forma". O valor de troca é a forma do valor, ou forma externa da forma interna. Por isso, um trecho da primeira edição de *O capital*, em 1867, já afirmava: "*forma social* de mercadoria e

---

[15] "Wir haben also den ganzen Proceß nach der Formseite zu betrachten, also nur den Formwechsel oder die Metamorphose der Waaren, welche den gesellschaftlichen Stoffwechsel vermittelt" (MEGA II/10, p. 98 [MEW 23, p. 119; *O capital I*, p. 178]). O texto arremata: "Se se parar nesse momento *material*, [...] então se passará por alto justamente pelo que deve ser visto, a saber, o que ocorre com a forma" ("Hält man an diesem stofflichen Moment, [...] allein fest, so übersieht man grade, was man sehn soll, nämlich was sich mit der Form zuträgt") (MEGA II/10, p. 98-9 [MEW 23, p. 119; *O capital I*, p. 178-9]).

[16] "Se nos lembrarmos, porém, de que as mercadorias só possuem objetividade de valor na medida em que são expressões da mesma unidade *social*, o trabalho humano, e de que *sua objetividade de valor, portanto, é puramente social*, então se entende que ela só possa obviamente aparecer na relação *social* de mercadoria a mercadoria" ("Erinnern wir uns jedoch, daß die Waaren nur Werthgegenständlichkeit besitzen, sofern sie Ausdrücke derselben *gesellschaftlichen* Einheit, menschlicher Arbeit, sind, *daß ihre Werthgegenständlichkeit also rein gesellschaftliche ist*, so versteht sich auch von selbst, daß sie nur im *gesellschaftlichen* Verhältniß von Waare zu Waare erscheinen kann") (MEGA II/10, p. 49; grifos meus [MEW 23, p. 62; *O capital I*, p. 125]).

forma de valor ou forma da permutabilidade são uma só e a mesma"[17]. A passagem para o valor de troca é o ponto em que o valor toma a "forma da permutabilidade" que define a "forma social de mercadoria".

"Considerar todo o processo pelo lado da forma", nas palavras do texto da nota 15 (p. 99), significa examiná-lo pelo prisma da sociabilidade que o constitui. Ela aparece pelo "valor de troca" na equação simples das duas mercadorias intercambiadas diretamente, como em um escambo (x mercadoria A = y mercadoria B), mas se desdobra em novas formas, que vão por fim levar à célebre dedução da "forma de dinheiro" por Marx. A "metamorfose" agora será mais nítida. A "mudança de forma" se passa entre a "forma de dinheiro" e a "forma de mercadoria", nas quais se desdobrou a "forma de valor" simples. Mais uma vez, são as formas da forma, às quais se aludiu antes. Se toda e qualquer "forma social" da história teve de relacionar os trabalhos diferenciados pela sua divisão social e distribuir seu produto em um "metabolismo", o específico da produção mercantil é fazê-lo pela troca. O que está em jogo, então, é como se dá tal passagem, como acontece exatamente essa metamorfose característica da troca das mercadorias.

2.
Um conhecido trecho do Livro I de *O capital*, não por acaso na seção sobre o "fetichismo da mercadoria", critica a economia política por ter descoberto o conteúdo do valor – trabalho médio necessário para a produção de um bem –, mas "nunca sequer ter proposto a questão de por que esse conteúdo assume aquela forma"[18], nunca ter refletido sobre a forma de valor e por isso sempre ter exposto o dinheiro como mera convenção, e não como "forma social" derivada do desdobramento, da metamorfose da mercadoria.

De fato, para Marx esse ponto é crucial. Não só por assinalar a impossibilidade de uma sociedade mercantil que não faça uso de dinheiro, mas principalmente

---

[17] "*Gesellschaftliche Form* der Ware und *Werthform* oder *Form der Austauschbarkeit* sind also eins und dasselbe" (MEGA II/5, p. 38).

[18] "Die politische Oekonomie hat nun zwar, wenn auch unvolkommen, Werth und Werthgröße analysirt und den in diesen Formen versteckten Inhalt entdeckt. Sie hat niemals auch nur die Frage gestellt, warum dieser Inhalt jene Form annimmt, warum sich also die Arbeit im Werth und das Maß der Arbeit durch ihre Zeitdauer in der Werthgröße des Arbeitsprodukts darstellt" (MEGA II/10, p. 79 [MEW 23, p. 95; *O capital I*, p. 154-5]). A crítica é desenvolvida na nota 32 do Livro I de *O capital*, que encontra o motivo da ausência de preocupação com a forma, até nos "melhores representantes" da economia política, no fato de a "forma do valor" ser uma "forma social" determinada, apontando assim para seus limites históricos, para seu fim. Importa registrar a ligação entre os dois sentidos da "forma", como nexo de relações sociais e como valor de troca, que se confirma também por esse caminho.

por exibir o papel das formas simples, dinheiro e mercadoria, na constituição das complexas, capital e força de trabalho e daí por diante. Na medida em que ao encadeamento efetivo dessas "formas sociais" do valor, ou seja, das formas de relação social que presidem a vida econômica no mundo capitalista, corresponde o desenvolvimento formal iniciado por aquela metamorfose, ele pode ser traduzido nas derivações da apresentação categorial, coisa que Marx foi tentando e aperfeiçoando ao longo de todos os seus escritos de maturidade. Esse aspecto categorial da apresentação será abordado adiante, no capítulo que encerra esta parte. Antes, contudo, o próprio encadeamento real deve ser analisado.

Para tanto, voltemos à primeira forma, a da determinação mais simples do valor de troca, "x mercadoria A = y mercadoria B". Aqui surge a distinção entre a forma relativa e a forma equivalente, cuja importância decisiva na teoria do valor de Marx dispensa explicações, mas sobre a qual é interessante ainda observar o seguinte.

A expressão "x mercadoria A = y mercadoria B" consiste em uma equação de duas quantidades de valor e, ao mesmo tempo, em uma relação na qual cada termo possui distinta função. Pois a palavra "expressão", que articula as duas dimensões, tem nesse contexto um significado que supera o de mera fórmula: numa primeira aproximação, "expressar-se" remete ao movimento fetichista pelo qual as mercadorias de fato se relacionam, mas assimetricamente. Apesar de igualadas como valores, como valores de troca A e B expressam o valor de forma diferente. A forma da primeira é o expressar-se do valor pela relação com a segunda; por isso é "forma relativa". E a da segunda é o valor expresso daquela; por isso, é "forma equivalente". Cada forma se determina, assim, pela colocação dos termos dentro do nexo que os une e separa em uma contraposição. É o sentido de "valor de troca", só que especificado, diferenciado. É a "forma social", só que determinada pela sociabilidade fetichista das mercadorias. De acordo com Marx: "se uma mercadoria se encontra na forma de valor relativa ou na forma oposta de equivalente, depende exclusivamente de sua colocação a cada momento na expressão de valor"[19]. Nada há de intrínseco a "A" ou a "B", nada há no seu conteúdo de valor de uso ou de valor que determine a qualquer delas a forma equivalente ou a relativa. Apenas a "colocação" dentro da ordem faz a diferença.

E, como a expressão também é uma equação, a ordem pode ser invertida: em uma equação, tanto faz A = B ou B = A; mas aí "A", por exemplo, ora se coloca na forma relativa, ora na equivalente. Por isso a expressão "total ou desenvolvida"[20], na qual o

---

[19] "Ob einer Waare sich nun in relativer Wethform befindet oder in der entgegengesetzten Aequivalentform, hängt ausschließlich ab von ihrer jedesmaligen Stelle im Werthausdruck" (MEGA II/10, p. 50 [MEW 23, p. 64; *O capital I*, p. 126]).

[20] É a segunda forma, derivada da "forma simples" (MEGA II/10, p. 63 [MEW 23, p. 77; *O capital I*, p. 138]).

valor de "A" encontra equivalência em todas as outras mercadorias, e não só em "B", pode se inverter de modo que todas as mercadorias encontrem equivalência no valor de "A", convertendo-a em equivalente "geral". Marx enfatiza que essa inversão é objetiva, independente da vontade e da consciência dos agentes sociais da troca, porque para eles a ordem da relação é sempre a mesma: do ponto de vista de cada um, a mercadoria que quer vender está sempre na forma relativa. Em outras palavras, tanto para o possuidor de "A" como para o possuidor de "B", sua mercadoria deve ser intercambiável por qualquer outra; deve ter seu valor expresso na relação com todas as demais, como se fosse possível uma forma relativa "geral" oposta à de equivalente[21]. Para cada agente desse intercâmbio direto, a relação é a mesma, e só o conjunto social comandado pela lógica das mercadorias pode inverter a colocação de cada mercadoria na relação e criar a forma de um "equivalente geral"[22] – na prática, já o dinheiro.

A dedução da forma de dinheiro a partir da forma de mercadoria resulta do confronto das duas dimensões – equação e relação – pelo qual o intercâmbio mercantil se define como um jogo em que os termos se colocam ora cá, ora lá, dentro da ordem. É assim, por exemplo, que Marx explica o ouro ter assumido a função de dinheiro: "tão logo ele conquistou o monopólio dessa colocação na expressão de valor do mundo das mercadorias, tornou-se mercadoria-dinheiro"[23]. De novo, a "colocação" de equivalente geral confere a uma mercadoria a função e a dignidade de dinheiro, e "o monopólio dessa colocação" procede de todas as demais mercadorias. O texto correspondente na primeira edição de *O capital* diz: "uma mercadoria apenas adquire a *forma geral de equivalente* porque, e na medida em que, ela serve a todas as outras mercadorias como apresentação de sua forma de valor *relativa em geral*, por isso *não imediata*"[24].

---

[21] "[...] para cada possuidor de mercadorias, toda a mercadoria alheia conta como equivalente especial da sua, e a sua mercadoria, por isso, como equivalente geral de todas as outras mercadorias. Mas, como todo possuidor de mercadorias faz o mesmo, nenhuma mercadoria é equivalente geral e por isso as mercadorias também não possuem a forma de valor relativa geral" ("[...] so gilt jedem Waarenbesitzer jede fremde Waare als besondres Aequivalent seiner Waare, seine Waare daher als allgemeines Aequivalent aller andren Waaren. Da aber Waarenbesitzer dasselbe thun, ist keine Waare allgemeines Aequivalent und besitzen die Waaren daher auch keine allgemeine relative Werthform") (MEGA II/10, p. 84 [MEW 23, p. 101; *O capital I*, p. 161]).

[22] "A ação social de todas as outras mercadorias exclui então uma mercadoria determinada, na qual elas todas *apresentam* seus valores" ("Die gesellschaftliche Aktion aller anderen Waaren schließt daher eine bestimmte Waare aus, worin sie allseitig ihrer Werthe *darstellen*") (MEGA II/10, p. 84; grifo meu [MEW 23, p. 101; *O capital I*, p. 161]). São as mercadorias que "agem socialmente", presidindo a ação dos homens e estabelecendo o equivalente geral.

[23] "Sobald es das Monopol dieser *Stelle* im Werthausdruck der Waarenwelt erobert hat, wird es Geldwaare" (MEGA II/10, p. 70; grifo meu [MEW 23, p. 84; *O capital I*, p. 145]).

[24] "Eine Waare erhält nur die *allgemeine Aequivalentform*, weil und sofern sie allen andern Waaren zur Darstellung ihrer *allgemeinen relativen*, daher *nicht unmittelbaren* Werthform dient" (MEGA II/5, p. 40).

Temos aqui um sentido mais preciso para o ato de "expressar", que havíamos deixado em suspenso. Basta atentar para uma palavra reveladora no texto citado, na qual transparece o vínculo entre forma e colocação: "apresentação", pela qual traduzo a *Darstellung* do original alemão[25]. Além do sentido de apresentação categorial, nos escritos da maturidade de Marx a palavra adquire outro. Embora figure em geral como mero sinônimo de "expressão", ela difere por derivar de "colocação". No texto acima, o equivalente serve às mercadorias "como *apresentação* de sua forma de valor relativa"; ou seja, *colocadas* na forma relativa, as mercadorias "apresentam" o seu valor no equivalente. Ou, ainda, o fato de as mercadorias ocuparem a "colocação" (*Stelle*) relativa faz o seu valor "se apresentar" (*sich darstellen*) no equivalente, que só é equivalente por ocupar essa outra "colocação". Há um nexo estreito entre o lugar ocupado pelas mercadorias na relação e a *apresentação* do valor em cada forma.

Quando fala em "expressão" ou em "aparecimento", Marx explica esses termos, a seguir, como "apresentação" do valor. No primeiro caso: "a tela *expressa* seu valor no casaco, o casaco serve de material para essa *expressão de valor* [...]. O valor da primeira mercadoria é *apresentado* como valor relativo ou ela se encontra na *forma de valor relativa*". E, no caso do "aparecimento", o casaco "conta aqui, assim, como uma coisa na qual o valor *aparece ou* na qual o valor *se apresenta* em sua forma natural palpável"[26]. Ressaltei no texto também a conjunção "ou" por causa da relação entre "o valor aparecer" e ele "se apresentar": o valor "aparece" quando "se apresenta em sua forma". No texto anterior, também, o valor se "expressa" ao ser "apresentado como valor relativo", no sentido posicional do que se "encontra" num lugar dentro de uma ordem.

Os exemplos poderiam ser multiplicados: todos deixam claro que, para Marx, o valor de troca "expressa" ou faz "aparecer" o valor da primeira mercadoria ao "apresentá-lo" no valor da segunda. Ou, ainda, que o valor na forma relativa "se apresenta" no da forma equivalente. Ou, enfim, uma vez que esta última se converte em forma de dinheiro, que o valor das mercadorias "se apresenta" no do dinheiro. Em todos esses casos[27], a relação entre os dois termos consiste no "apresentar-se"

---

[25] Sobre o significado de *darstellen* e *Darstellung*, ver as "Considerações iniciais" deste livro.

[26] "Die Leinwand *drückt* ihren Werth *aus* im Rock, der Rock dient zum Material dieses Werthausdrucks [...]. Der Werth der ersten Waare ist als relativer Werth *dargestellt* oder sie befindet sich in relativer Werthform"; "Er gilt hier daher als ein Ding, worin Werth *erscheint*, oder welches in seiner handgreiflichen Naturalform Werth *darstellt*" (MEGA II/10, p. 50 e 52, respectivamente; grifos meus [MEW 23, p. 63 e 66; *O capital I*, p. 126 e 128]).

[27] "Assim também os valores de troca das mercadorias devem ser reduzidos a algo em comum, do qual elas apresentam [uma quantidade] maior ou menor" ("Ebenso sind die Tauschwerthe der Waaren zu reduciren auf ein Gemeinsames, wovon sie ein Mehr oder Minder darstellen") (MEGA II/10,

do valor, pois ele não é visível numa mercadoria tomada isoladamente, antes da troca. Momento crucial da dedução formal, a passagem de valor a valor de troca ocorre pela sua "apresentação"[28].

A questão, no entanto, é ainda mais complexa. Conforme os dois últimos textos citados, no equivalente "o valor se apresenta em sua forma natural palpável", que é o valor de uso do casaco, justamente o "material para essa expressão de valor". A apresentação não é apenas do valor de uma mercadoria no valor de outra, mas *no valor de uso* dessa última. O valor da mercadoria na forma relativa, porque não pode aparecer no seu próprio valor de uso, necessita do valor de uso de outra mercadoria, equivalente do valor dela[29]. Marx esclarece:

> a oposição interna entre valor de uso e valor, encoberta na mercadoria, *apresenta-se* como uma oposição externa, portanto, mediante a relação de duas mercadorias, na qual a mercadoria *cujo* valor deve ser expresso conta imediatamente só como valor de uso, enquanto a outra mercadoria, *na qual* o valor é expresso, conta só como valor de troca.[30]

---

p. 39 [MEW 23, p. 51; *O capital I*, p. 115]). É interessante registrar que, embora esse texto já figurasse *ipsis litteris* na primeira edição de *O capital* (ver MEGA II/5, p. 19), na preparação da segunda edição Marx oscilou entre escrever "expressar" ou "apresentar", tendo por fim decidido conservar o texto original. Essa oscilação pode ser observada nas variantes: "expressam mais ou menos" e "apresentam mais ou menos" (MEGA II/6, p. 798, *Apparat*), tendo depois confirmado a versão com "apresentam" (MEGA II/6, p. 1132, *Apparat*).

[28] Na primeira edição de *O capital*: "Embora ambas as determinações da *forma de valor* ou ambos os modos de apresentação do *valor* das mercadorias como *valor de troca* sejam só *relativos*, ambos não aparecem no mesmo grau como relativos" ("Obgleich beide Bestimmungen der *Werthform* oder beide Darstellungsweisen des Waaren*werths* als *Tausch*werth nur *relativ* sind, *scheinen* beide nicht in demselben Grad relativ") (MEGA II/5, p. 33, ao que se segue a distinção entre forma relativa e forma equivalente).

[29] Mais uma vez, o "*valor* de uma mercadoria, assim apresentado no *valor de uso* de outra mercadoria, chama-se seu *valor relativo*" ("Der *Werth* einer Waare, so dargestellt im *Gebrauchswerth* einer andern Waare, heißt ihr *relativer Werth*") (MEGA II/5, p. 27).

[30] "Der in der Waare eingehüllte innere Gegensatz von Gebrauchswerth und Werth wird also dargestellt durch einen äußeren Gegensatz, d.h. durch das Verhältniß zweier Waaren, worin die eine Waare, *deren* Werth ausgedrückt werden soll, unmittelbar nur als Gebrauchswerth, die andere Waare hingegen, *worin* Werth ausgedrückt wird, unmittelbar nur als Tauschwerth gilt" (MEGA II/10, p. 62 [MEW 23, p. 75-6; *O capital I*, p. 137]). Sobre isso, também é interessante outra passagem: "A ampliação e o aprofundamento históricos da troca desenvolvem a oposição dormente na mercadoria entre valor de uso e valor. A necessidade para o intercâmbio de *apresentar exteriormente* essa oposição impele a uma forma de mercadoria autônoma, e não descansa nem para, até finalmente obtê-la mediante a duplicação da mercadoria em mercadoria e dinheiro" ("Die historische Ausweitung und Vertiefung des Austausches entwickelt den in der Waaren schlummernden Gegensatz von Gebrauchswerth und Werth. Das Bedürfniß diesen Gegensatz für den Verkehr *äußerlich darzustellen*, treibt zu einer selbständigen Form des Waarenwerths und ruht und rastet

A partir desse ponto, a "apresentação" pode se definir como a passagem da "oposição interna" de valor e valor de uso à "oposição externa" entre a forma relativa e a forma equivalente. A "expressão" do valor no valor de troca, ou do valor de uma mercadoria no valor de outra, ocorre pela "apresentação", na qual a oposição entre valor de uso e valor se resolve exteriormente numa relação em que uma mercadoria "conta só como valor de uso" que separa de si o valor e o projeta no valor de outra, fazendo desta, então, o seu equivalente. Decorre daí a configuração das duas formas da relação de intercâmbio, a relativa e a equivalente.

Todo esse movimento da "apresentação" de duas mercadorias se aprimora quando o equivalente se converte em dinheiro, forma de valor que apaga a qualidade do valor de uso da mercadoria "B". Embora possam ter outra utilidade na produção e no consumo, como dinheiro os metais preciosos têm para Marx um valor de uso funcional; sua utilidade básica decorre de eles exercerem a função de equivalente geral. Podem ser, então, a pura encarnação da equivalência; podem ter um sentido apenas social, conferido a eles pela relação de troca, pela situação ou colocação exclusiva dentro do mundo mercantil, que só neles "apresenta" o valor de todas as mercadorias. Marx repete o termo "apresentação", por isso, ao tratar da circulação já com a mediação do dinheiro, dizendo que o processo de troca "produz uma duplicação da mercadoria em mercadoria e dinheiro, uma oposição externa, na qual eles *apresentam* sua oposição imanente de valor de uso e valor"[31]. Nesse caso, "apresentar a oposição imanente" significa também ocultá-la enquanto *oposição* nos dois polos da relação, concentrando em cada um apenas uma das determinações opostas – a mercadoria aparece como mero valor de uso; o dinheiro, como mero valor; como se a mercadoria, além do valor de uso, não tivesse em si valor e o recebesse só pelo ato de intercâmbio com o dinheiro.

É dessa maneira que o dinheiro e a mercadoria se apresentam, que se colocam na cena social: como se cada qual não fosse uma unidade contraditória de determinações opostas, e sim algo simples e unívoco, desempenhando um papel

---

nicht bis sie endgültig erzielt ist durch die Verdopplung der Waare in Waare und Geld") (MEGA II/10, p. 84; grifos meus [MEW 23, p. 102; *O capital I*, p. 161-2]).

[31] "Er producirt eine Verdopplung der Waare in Waare und Geld, einen äußeren Gegensatz, worin sie ihren immanenten Gegensatz von Gebrauchstwerth und Werth *darstellen*" (MEGA II/10, p. 99; grifo meu [MEW 23, p. 119; *O capital I*, p. 179]). Também antes: "a apresentação da mercadoria implica sua duplicação em mercadoria e mercadoria-dinheiro" ("die Darstellung der Waare schließt ihrer Verdopplung in Waare und Geldwaare ein") (MEGA II/10, p. 90, nota 50 [MEW 23, p. 109, nota 50; *O capital I*, p. 169, nota 50]). E no Livro II de *O capital*: "a duplicação da mercadoria em mercadoria e dinheiro é uma lei da *apresentação* do produto como mercadoria" ("die Verdopplung der Waare in Waare und Geld ist ein Gesetz der *Darstellung* des Produkts als Waare") (MEGA II/11, p. 344; grifo meu [MEW 24, p. 355; *O capital II*, p. 452]).

harmônico, complementar ao do outro. O mais interessante de tal simplificação, contudo, é ela ocorrer por força da "oposição interna", como sua forma inevitável de "apresentação". Rebatida em oposição externa, ela se resolve pela pretensa eliminação do conflito "imanente" aos dois termos, cuja negatividade viria de fora. A "apresentação" consiste, portanto, na exteriorização do conflito interno, que se exterioriza justamente por ser luta de opostos dentro de uma mesma totalidade social – a mercadoria. E consiste também, a partir daí, na forma pela qual essa exteriorização oculta a oposição interna.

Apesar de muito conhecida, uma passagem de *O capital* é de tal modo esclarecedora desse movimento que não pode deixar de ser aqui transcrita e analisada:

> Viu-se que o processo de troca das mercadorias *inclui* relações contraditórias e mutuamente *excludentes*. O desenvolvimento da mercadoria não supera essas contradições, mas *cria a forma* em que elas podem se *mover*. Esse é em geral o método pelo qual contradições efetivas se resolvem.[32]

Essas são as palavras iniciais da seção do terceiro capítulo que aborda a "metamorfose das mercadorias" no processo de venda e compra (M-D-M), a já referida "mudança de forma" do valor mediando o metabolismo social dos bens. A transição da forma de mercadoria à forma de dinheiro, e vice-versa, define novas formas, agora de movimento, venda (M-D) e compra (D-M). Nessa metamorfose, a "relação contraditória" da forma de mercadoria, ou seja, a oposição imanente de valor e valor de uso, "resolve-se" ao se exteriorizar e ao apresentar o seu valor de uso como mercadoria e o seu valor como dinheiro. Ou, ainda, a "inclusão" contraditória dos dois termos opostos em uma mercadoria tem de se "resolver" como "mútua exclusão", isto é, como exteriorização de cada termo interno em um dos termos externos da relação de troca. Essa é a forma "criada" pelo "desenvolvimento da mercadoria", para que as oposições internas possam se "movimentar" exteriormente – a "mútua exclusão".

São as "contradições" e a impossibilidade de o "desenvolvimento da mercadoria superá-las" que implicam a apresentação de novas formas; a forma surgirá sempre

---

[32] "Man sah, daß der Austauschproceß der Waaren widersprechende und einander ausschließende Beziehungen einschließt. Die Entwicklung der Waare hebt diese Widersprüche nicht ab, schafft aber die Form, worin sie sich bewegen können. Dieß ist überhaupt die Methode, wodurch sich wirkliche Widersprüche lösen" (MEGA II/10, p. 98; grifos meus [MEW 23, p. 118; *O capital I*, p. 178]). Poderia ter traduzido *einschließt* por "implica" ou "envolve", mas preferi "inclui" para ressaltar a oposição contraditória com a "exclusão", das "relações mutuamente excludentes", especificando a contradição como simultânea inclusão e exclusão dos termos de um todo. O texto conclui exatamente com o famoso exemplo da elipse como figura que "resolve" a oposição entre a força de atração e a de repulsão entre os corpos.

de um conflito. Além disso, importa enfatizar que a forma é "criada" pela apresentação do conflito imanente: tendo o sentido de um canal, uma dimensão "em que" as contradições "podem se mover" sem, por isso, desaparecerem, a própria "forma" resulta do desenvolvimento das "contradições efetivas". Isto é, em primeiro lugar, a forma não preexiste como categoria, mas é "criada" pela apresentação; em segundo lugar, ela é "efetiva", um "método" enquanto caminho da realidade, e não enquanto procedimento teórico de um saber puro e dos seus sujeitos.

Embora siga designando a exposição categorial, percebe-se nesses textos também um sentido real, referido ao modo de ser e de se "mover" das relações sociais capitalistas, marcadas pelo fetichismo. A troca, por exemplo, estabelece e a seguir "apresenta" a oposição interna da mercadoria, desdobrando novas "formas" como canais para a realização de outras práticas mais complexas, e assim sucessivamente. É ela que engendra "coisas" sociais como o dinheiro, em função das quais os agentes devem orientar o seu comportamento e se apresentar uns diante dos outros portando máscaras prefiguradas. A diferente colocação dentro desse mundo de relações institui, portanto, a ordem das coisas e a hierarquia dos homens, a comparação possível, os padrões de medida social.

Por isso, em certo momento, Marx afirma que "tanta gente significa mais dentro de um casaco com galões do que fora dele"[33]. Além da mera relatividade dos valores sociais, a ironia do texto revela uma relatividade específica, em que a trama das coisas se imbrica à das pessoas, numa mensuração mútua. E daí para o surgimento posterior de qualificações puramente idealizadas, figuradas, existe só um passo.

3.

Com bastante frequência, Marx associa a palavra "apresentação" ao contexto do trabalho. A associação é fundamental, por especificar as condições sob as quais o trabalho é a medida do valor das mercadorias. Pois, para explicar que ele exerça essa função, não basta recorrer à conhecida razão de que a única qualidade comum a toda mercadoria é a de ser fruto de trabalho humano. Resta esclarecer o modo preciso pelo qual a própria prática da troca elabora tal qualidade como qualidade comum, tornando-a adequada ao seu papel.

As caracterizações iniciais de *O capital* sobre esse ponto são ainda genéricas. Lemos que "a força de trabalho conjunta da sociedade [...] se *apresenta* nos valores do mundo das mercadorias", "essas coisas [que] somente *apresentam* que força

---

[33] "[...] wie so mancher Mensch innerhalb eines galonirten Rockes mehr bedeutet als außerhalb desselben" (MEGA II/10, p. 53 [MEW 23, p. 66; *O capital I*, p. 128]).

de trabalho humano foi despendida em sua produção"[34]. Ou lemos que "o valor da mercadoria *apresenta* trabalho humano simplesmente", e que os "trabalhos se *apresentam* nesses valores"[35]. No polo oposto ao do valor, o indivíduo que trabalha "para *apresentar* seu trabalho em mercadorias deve *apresentá*-lo antes de tudo em valores de uso"[36]. De todo modo, pode-se perceber que, em seu duplo aspecto, o trabalho "se apresenta" no valor e no valor de uso das mercadorias[37]. A "apresentação" tem aqui o sentido claro de levar para diante e para fora algo potencial, de criar qualidades sociais – não só o valor é social, ao permitir a sociabilidade da troca; também o é o valor de uso, para o qual a permanente "descoberta" de possibilidades novas é "um feito histórico"[38].

Essa "apresentação" do trabalho nos valores e nos valores de uso liga-se intimamente à já examinada "apresentação" dos valores das mercadorias na troca, também um "feito histórico", por cuja propagação social o elemento abstrato é separado do útil no trabalho produtor das mercadorias. Mas a naturalização da troca obscurece o caráter histórico desse "feito", cristalizando o trabalho abstrato como algo existente por si, e até o ato de trocar como rotina ou ritual cumprido pela força das coisas, processo automático transfigurado em instância autônoma e decisória. Por isso, embora a determinação de valor esteja embutida na mercadoria desde a sua produção como "apresentação" de trabalho abstrato, vimos que é somente na troca

---

[34] "Die gesammte Arbeitskraft der Gesellschaft [...] sich in den Werthen der Waarenwelt darstellt"; "Diese Dinge stellen nur noch dar, daß in ihrer Produktion menschliche Arbeit aufgehäuft ist" (MEGA II/10, p. 41 e 40, respectivamente; grifos meus [MEW 23, p. 53 e 52; *O capital I*, p. 117 e 116]).

[35] "Der Werth der Waare aber *stellt* menschliche Arbeit schlechthin *dar*" e "[...] so in den Arbeiten, die sich in diesen Werthen *darstellen*" (MEGA II/10, p. 46; grifos meus [MEW 23, p. 59; *O capital I*, p. 122]).

[36] "Um seine Arbeit in Waaren *darzustellen*, muß er sie vor allem in Gebrauchswerthen *darstellen*" (MEGA II/10, p. 161; grifos meus [MEW 23, p. 192; *O capital I*, p. 255]).

[37] Conforme a famosa objeção à economia política clássica, ao final do primeiro capítulo do Livro I de *O capital*: "em nenhum lugar explicitamente e com clara consciência [ela] diferencia o trabalho, tal como se apresenta no valor, do mesmo trabalho, como se *apresenta* no valor de uso de seu produto" ("die klassische politische Oekonomie nirgendwo ausdrücklich und mit klaren Bewußtsein die Arbeit, wie sie sich im Werth, von derselben Arbeit, soweit sie sich im Gebrauchswerth ihres Produkts *darstellt*") (MEGA II/10, p. 79, nota 31; grifo meu [MEW 23, p. 94, nota 31; *O capital I*, p. 154, nota 31]).

[38] "Cada coisa útil é um todo de muitas propriedades e pode ser útil, por isso, em diversos aspectos. Descobrir esses diversos aspectos e, daí, as múltiplas formas de uso das coisas, é um feito histórico" ("Jedes nützliche Ding ist ein Ganzes vieler Eigenschaften und kann daher nach verschiednen Seiten nützlich sein. Diese verschiednen Seiten und daher die mannigfachen Gebrauchsweisen der Dinge zu entdecken, ist geschichtliche That") (MEGA II/10, p. 38 [MEW 23, p. 49-50; *O capital I*, p. 113]).

de coisas que ela se realizará e aparecerá, pela "apresentação" do valor no valor de troca. Esse segundo momento da "apresentação" determina retroativamente o primeiro, pois não é trabalho em geral que se "apresenta" no produto, mas trabalho já diferenciado, pela instituição social da troca, em trabalho abstrato e concreto. Portanto, a forma social de mercadoria adquirida pelo produto de trabalho é que determina o conteúdo do trabalho, o fato de ele ser cindido e, assim, se "apresentar" em valores de uso e valores.

E, porque na troca o valor da primeira mercadoria "se apresenta" no valor de uso da sua equivalente, também o trabalho abstrato, que produz o valor, apresenta-se no trabalho útil produtor da mercadoria equivalente. Do mesmo modo que o valor de uso e o valor, o lado útil e o lado abstrato do trabalho entram em oposição dentro da mercadoria individual, e a troca opera a extroversão dessa oposição interna numa oposição externa[39]. É como se a mercadoria que ocupa a forma relativa "apresentasse" só o trabalho útil, enquanto a da forma equivalente, só o trabalho abstrato. Mediante tal extroversão, em que se materializa no corpo de uma mercadoria – e a partir daí, no corpo do dinheiro –, o trabalho abstrato ganha existência social nítida e aptidão para realizar a equiparação entre valores de uso distintos.

Mas atentemos para que a apresentação do trabalho abstrato da primeira mercadoria no trabalho útil da mercadoria equivalente, além de uma extroversão, constitui uma inversão, uma passagem ao oposto. Só assim se completa a forma social da equiparação dos diferentes valores de uso, única forma pela qual a troca é possível, pois eles seriam incomparáveis como fruto de trabalhos úteis qualitativamente diversos. A troca, no entanto, equaciona as quantidades de trabalho abstrato e relaciona as totalidades de trabalho útil e abstrato – as mercadorias –, colocando-as de maneira a converter quantidades em qualidades. Esse movimento de conversão é a medida.

A medida não é uma simples relação entre quantidades; ela está fundada numa qualidade comum ao que se mede e que, justamente por ser idêntica como qualidade, apenas pode variar em quantidade[40]. A "abstração" das qualidades singulares ao

---

[39] Segunda das três inversões indicadas no primeiro capítulo: "Uma segunda peculiaridade da forma equivalente, portanto, é que o trabalho concreto se torna a forma de aparecimento de seu contrário, trabalho humano abstrato" ("Es ist also eine zweite Eigenthümlichkeit der Aequivalentform, daß konkrete Arbeit zur Erscheinungsform ihres Gegentheils, abstrakt menschlicher Arbeit wird") (MEGA II/10, p. 59 [MEW 23, p. 73; *O capital I*, p. 135]).

[40] Na formulação dos *Grundrisse*: "O que a diferença apenas *quantitativa* das coisas pressupõe? A mesmice de sua *qualidade*. Ou seja, o medir quantitativo dos trabalhos [pressupõe] a igualdade, a mesmice de sua *qualidade*" ("Was setzt der *nur quantitative* Unterschied von Dingen voraus? Die Dieselbigkeit ihrer *Qualität*. Also das quantitative Messen der Arbeiten die Ebenbürtigkeit, die Dieselbigkeit ihrer *Qualität*") (MEGA II/1.1, p. 104 [MEW 42, p. 105; *Grundrisse*, p. 120]). E,

trabalho útil não implica o desprezo de toda e qualquer qualidade, para assim obter uma pura quantidade. O valor não se refere exclusivamente ao lado quantitativo do trabalho que produz mercadorias, justaposto ao lado qualitativo do que produz valores de uso. Em vez dessa justaposição de dois termos apenas diferentes, a troca estabelece uma relação entre eles, ou melhor, uma oposição de tipo dialético em que ambos se determinam recíproca e negativamente.

A medida, portanto, é a relação quantitativa de coisas que têm pelo menos uma mesma qualidade; é a determinação quantitativa da qualidade e, inversamente, pelo seu resultado social, a determinação qualitativa da quantidade. Trata-se do próprio trabalho abstrato que, pela repetição e generalização do ato de medir presente nas trocas, adquire espessura, ganha propriedade de instituição social. E assim se firma na circunstância de dimensão privilegiada e exclusiva em que são relacionados produtos de qualidade distinta, na diversificação crescente operada pela divisão mercantil do trabalho concreto. Em suma, a uma qualidade particular confere-se a função estratégica de relacionar as demais pela explicitação do aspecto oposto, a quantidade.

Tal explicitação foi logo percebida por Marx como "apresentação" e, desse modo, indicada já em passagens de *Para a crítica da economia política*, de 1859. Referindo-se às mercadorias, diz Marx: "Como valores de troca de magnitude diversa, elas *apresentam* quantidades maiores ou menores daquele trabalho geral simples, uniforme, abstrato, de que se compõe a substância do valor de troca. A questão é: como *medir* essas quantidades?"[41]. E, depois de responder que é pelo

---

reparando bem, é desse modo inclusive que a medida se define na busca pelo conceito de um valor "imanente" à mercadoria, para além do mero valor de troca, já nas páginas que abrem *O capital*: a justificativa para abandonar temporariamente o valor de troca é que ele "aparece de início como relação quantitativa" apenas, daí "casual e relativa" ao ato de troca; por outro lado, ser "produto de trabalho" é uma "propriedade" social da mercadoria. Ver MEGA II/10, p. 38-40 [MEW 23, p. 50-3; *O capital I*, p. 114-6]. Em relação à "qualidade" e à "quantidade" também se deve afirmar, como para a "forma", que não se trata de categorias subjetivas do ato de conhecimento, aplicadas a vários possíveis objetos. Ao contrário do que talvez sugira o texto da primeira página de *O capital*, em que se lê que as mercadorias podem ser "consideradas de um ponto de vista duplo, conforme a quantidade e a qualidade" ("ist unter doppeltem Gesichtspunkt zu betrachten, nach Qualität und Quantität") (MEGA II/10, p. 38 [MEW 23, p. 49; *O capital I*, p. 113]), esses dois "pontos de vista" decorrem da prática social da produção para a troca, que lhes confere o sentido que podem ter; é a realidade específica a ser analisada que reclama sua formulação e emprego como categorias também teóricas, porque ela as institui como formas reais de canalizar e cristalizar comportamentos e pontos de vista.

[41] "Als Tauschwerthe von verschiedener Größe *stellen* sie ein Mehr oder Minder, größere oder kleinere Quanta jener einfachen, gleichförmigen, abstrakt allgemeinen Arbeit *dar*, die die Substanz des Tauschwerths bildet. Es fragt sich, wie diese Quanta messen" (MEGA II/2, p. 109; grifos meus [MEW 13, p. 17; *Para a crítica da economia política*, p. 32-3]). Um pouco antes, Marx preparava a questão, dizendo: "Como equivalentes, em que se apaga a diferença qualitativa de seus valores de uso, elas

tempo de trabalho, ele desenvolve o conjunto de equações pelas quais, a partir da forma de valor simples – "x mercadoria A = y mercadoria B" – podem ser trocadas todas as mercadorias, concluindo: "Uma vez que aquela mercadoria *meça* o seu valor de troca nos valores de uso de todas as outras mercadorias, inversamente, os valores de troca de todas as outras mercadorias *se medem* no valor de uso dessa mercadoria que nelas *se mede*"[42]. O trânsito para o equivalente geral ocorre como apresentação do valor de troca das mercadorias umas nas outras[43], compondo séries de equações com amplitude sempre maior.

A relação entre "medir" e "apresentar" se estreita em *O capital*, bastando sobre isso registrar uma surpreendente diferença entre a edição de 1867 e a de 1872. Na primeira, ainda se lê uma formulação próxima da do texto de 1859: "Como a grandeza de valor de uma mercadoria apenas *mede* o *quantum* de trabalho nela contido [...]"[44]. A segunda edição, por seu turno, diz: "Como a grandeza de valor de uma mercadoria apenas *apresenta* o *quantum* de trabalho nela contido [...]"[45]. Certamente não foi por acaso que Marx substituiu o "mede" de 1867 pelo "apresenta" de 1872. "Apresentar" a quantidade de trabalho abstrato embutido em uma mercadoria na quantidade embutida em outra, qualitativamente distinta, é "medir". Mas com a vantagem de explicar melhor que essa medida provém do movimento das próprias

---

apresentam volume igual do mesmo trabalho" ("Als solche Aequivalente, worin der qualitative Unterschied ihrer Gebrauchswerthe ausgelöscht ist, *stellen* sie gleiches Volumen derselben Arbeit *dar*"). E ainda: "mas, como valores de troca, elas *apresentam* o mesmo trabalho igual, indiferenciado [...]" ("Als Tauschwerthe *stellen* sie aber gleiche, unterschiedslose Arbeit *dar*"). É oportuno recordar que até a redação de *O capital*, Marx não havia distinguido claramente "valor" de "valor de troca".

[42] "Indem aber so die eine Waare ihren Tauschwerth *mißt* in den Gebrauchswerthen aller andern Waaren, *messen* sich umgekehrt die Tauschwerthe aller andern Waaren in den Gebrauchswerth dieser einen sich in ihnen *messenden* Waare" (MEGA II/2, p. 118; grifos meus [MEW 13, p. 26; *Para a crítica da economia política*, p. 39]).

[43] Após dizer que "o trabalho, tal como se apresenta nos valores de troca, pode ser expresso como trabalho *humano em geral*", Marx completa: "uma vez que se apresente em valores de troca, o trabalho de qualquer indivíduo possui esse caráter social de igualdade e ele só se apresenta no valor de troca, uma vez que se refira como igual ao trabalho de todos os outros indivíduos" ("Oder die Arbeit, wie sie sich in Tauschwerthen darstellt, könnte ausgedrückt werden als *allgemein menschliche* Arbeit [...]. Die Arbeit jedes Individuums, soweit sie sich in Tauschwerthen darstellt, besitzt diesen gesellschaftlichen Charakter der Gleichheit, und sie stellt sich nur im Tauschwerth dar, soweit sie auf die Arbeit aller andern Individuen als gleiche bezogen ist") (MEGA II/2, p. 110 e 111, respectivamente [MEW 13, p. 18 e 19; *Para a crítica da economia política*, p. 33-4]). A "apresentação" do trabalho depende da "referência a todos os outros trabalhos", da comparação e da mensuração. Talvez só se possa pensar em "trabalho *humano em geral*" numa sociedade mercantil.

[44] "Da die Werthgröße einer Waare nur das Quantum der in ihr enthaltenen Arbeit mißt" (MEGA II/5, p. 26).

[45] "Da die Werthgröße einer Waare nur das Quantum der in ihr enthaltenen Arbeit *darstellt*" (MEGA II/10, p. 47; grifo meu [MEW 23, p. 60; *O capital I*, p. 123]).

mercadorias na troca, mais do que de uma ação independente das pessoas. Quando trocam, as pessoas medem até sem saber, levadas por determinações geradas pela forma de mercadoria com a reiteração ao infinito de processos mercantis, de acordo com os quais a qualidade se apresenta na quantidade e vice-versa.

Por isso, sob a forma equivalente geral, o fetichismo adquire mais força. A mercadoria que ocupa tal função possui esse atributo especial, de que em seu valor de uso se apresentam os valores de todas as outras mercadorias trocadas por ela. Mas esse atributo são as outras que lhe conferem, quando *apresentam* seu valor no valor de uso dela. Conforme citado na nota 42 (p. 111), "uma vez que" a mercadoria na forma relativa "*meça* o seu valor de troca nos valores de uso de todas as outras mercadorias", é que os termos podem se inverter e "os valores de troca de todas as outras mercadorias *se medem* no valor de uso dessa mercadoria que nelas *se mede*". Assim Marx esclarece a passagem da "forma de valor total", em que o valor de uma mercadoria acha equivalência no de todas as outras, para a "forma de valor geral", em que todas as mercadorias acham equivalência no valor daquela[46].

Essa passagem para o dinheiro foi examinada no começo do item anterior pelo movimento das dimensões da troca – relação e equação. Agora é preciso observar que tal movimento resulta da medida. Ainda conforme o texto acima, "uma vez que", ou seja, pelo fato de a primeira mercadoria medir o seu valor nas outras, estas se medem no daquela e então a definem como medida. Na versão de *Para a crítica da economia política*, "porque *todas* as mercadorias medem seu valor de troca em ouro, na proporção em que uma determinada quantidade de ouro e uma determinada quantidade de mercadoria contêm o mesmo tempo de trabalho, é que o ouro se torna *medida de valor*"[47]. Além da igualdade dos dois termos da troca, pois ouro e mercadoria "contêm o mesmo tempo de trabalho", acontece aqui aquela apresentação invertida do valor no valor de uso, só que em escala geral, total, elegendo um valor de uso, uma modalidade de trabalho útil como modo de apresentação de todo o trabalho abstrato.

---

[46] Ver MEGA II/10, p. 65 [MEW 23, p. 79-80; *O capital I*, p. 141]. E, mais uma vez, a relação entre "medir" e "apresentar" fica clara nesse contexto: "Lendo as cotações de uma tabela de preços de trás para a frente, encontra-se a grandeza de valor do dinheiro apresentada em todas as mercadorias possíveis. O dinheiro, ao contrário, não tem preço" ("Man lese die Quotationen eines Preiskurants rückwärts und man findet die Werthgröße des Geldes in allen möglichen Waaren dargestellt. Geld hat dagegen keinen Preis") (MEGA II/10, p. 91 [MEW 23, p. 110; *O capital I*, p. 170]). Invertendo a ordem [*Stelle*] na relação de troca, o dinheiro é que tem seu valor apresentado nas mercadorias.

[47] "Weil *alle* Waaren ihre Tauschwerthe in Gold messen, in dem Verhältniß, worin bestimmte Quantität Gold und bestimmte Quantität Waare gleichviel Arbeitszeit enthalten, wird das Gold zum *Maaß der Werthe* [...]" (MEGA II/2, p. 141 [MEW 13, p. 50-1; *Para a crítica da economia política*, p. 56]).

O movimento da medida leva, portanto, a que o valor de uso especial, o atributo ou qualidade social dada à mercadoria equivalente pela sua função de apresentar a quantidade de valor, apareça de tal modo associado ao valor de uso ou qualidade "natural" dela que ambos passam a se confundir e a se reforçar mutuamente. Daí que, no produto – a mercadoria dinheiro –, a qualidade social pareça provir da qualidade específica do valor de uso.

Com isso, esfuma-se o processo social que parte da produção das mercadorias e cria a ilusão de que o dinheiro possui por si a qualidade de medir, de determinar as quantidades de trabalho abstrato. Ou seja,

> como as propriedades de uma coisa não surgem da sua relação com outras coisas, antes apenas se confirmam em tal relação, o casaco também parece possuir por natureza a sua forma de equivalente, sua propriedade de permutabilidade imediata, bem como a sua propriedade de ser pesado ou de conservar o calor.[48]

A "propriedade", ou, nos termos da medida, a qualidade que expressa quantidade, que permite medir os valores, revela a sua origem social quando derivada da relação fetichista de uma coisa "com outras coisas"; mas em geral ela se apresenta em nova inversão, como qualidade "natural" de um valor de uso especial. O que se cria na troca, na "relação de coisas", conforme se coloquem num ou noutro polo dentro da relação, aparece como algo próprio à coisa em si mesma, independente da sociabilidade que se trama ao seu redor e que lhe atribui a qualidade especial.

Marx conclui, reformulando uma antiga crítica sua à filosofia política de Hegel:

> o casaco não pode apresentar valor diante da tela sem que ao mesmo tempo o valor assuma para esta a forma do casaco. Assim como o indivíduo A não pode se relacionar com um indivíduo B como com uma majestade, sem que a majestade assuma para A simultaneamente a figura corpórea de B e, daí, que altere traços fisionômicos, cabelo e muitas características, a cada vez que mude o pai da pátria.[49]

---

[48] "Da aber die Eigenschaften eines Dings nicht aus seinem Verhältniß zu anderen Dingen entspringen, sich vielmehr in solcher Verhältniß nur bethätigen, scheint auch der Rock seine Aequivalentform, seine Eigenschaft unmittelbarer Austauschbarkeit, ebenso sehr von Natur zu besitzen wie seine Eigenschaft schwer zu sein oder warm zu halten" (MEGA II/10, p. 58 [MEW 23, p. 72; *O capital I*, p. 134]).

[49] "Der Rock kann ihr gegenüber jedoch nicht Werth darstellen, ohne daß für sie gleichzeitig der Werth die Form eines Rockes annimmt. So kann sich das Individuum A nicht zum Individuum B als einer Majestät verhalten, ohne daß für A die Majestät zugleich die Leibesgestalt von B annimmt und daher Gesichtszüge, Haare und manches andre noch mit dem jedesmaligen Landesvater wechselt" (MEGA II/10, p. 53 [MEW 23, p. 66; *O capital I*, p. 128-90]). E, logo adiante, Marx acrescenta: "essa pessoa é um rei, por exemplo, porque outras pessoas se comportam para com ela

De fato, para a tela, "o valor assume a forma do casaco" e depois a do ouro, fixando-se no ouro, sem transitar para mais nada que igualmente tenha valor. E a "majestade" adere a tal ponto à "figura corpórea" do rei que a coroação de um novo rei obriga a "alterar os traços fisionômicos" associados à majestade, sem o que ele não seria reconhecido em seu poder.

A majestade do rei funciona bem como comparação do poder do dinheiro. Abstração que se encarna na natureza de algo particular e tangível, que lhe confere em segredo a capacidade de mobilizar e desmobilizar, o dinheiro estabelece comparações e prioridades entre as coisas e entre os seus possuidores, assumindo o poder social da medida. A sua qualidade natural esconde essa qualidade social, o processo social de determinação de qualidades; e esconde até o fato de que qualidades possam ser criadas socialmente. É assim que um casaco "apresenta valor diante da tela"; o ouro, diante das demais mercadorias; um rei, diante dos seus súditos.

4.

Retornemos ainda uma vez à forma de valor simples. Vimos que, em "x mercadoria A = y mercadoria B", a primeira apresenta o seu valor no valor de uso da outra. A certa altura, entretanto, Marx recorre a uma variante do "apresentar" como modo de "colocar" os termos da troca. Na sua famosa discussão do entendimento de Aristóteles sobre o valor, marcado pelo exemplo "5 camas = 1 casa", ele resume a perplexidade do filósofo com esta pergunta: "o que é o igual, quer dizer, a substância compartilhada que a casa *representa* para a cama na expressão de valor da cama? [...] A casa *representa* algo igual diante da cama, ao *representar* o efetivamente igual a ambas, casa e cama. E isso é – trabalho humano"[50].

---

como súditos. Elas pensam, ao contrário, que são súditos porque ele é rei" ("Dieser Mensch ist z.B. nur König, weil sich andre Menschen als Unterthanen zu ihm verhalten. Sie glauben umgekehrt Unterthanen zu sein, weil er König ist") (MEGA II/10, p. 58, nota 21 [MEW 23, p. 72, nota 21; *O capital I*, p. 134, nota 21]). É notável, no quadro dessa dialética do reconhecimento, a analogia entre a figura do monarca na *Crítica da filosofia do direito de Hegel*, de 1843 – no aspecto da personificação individual do poder geral; no da hereditariedade, que transfere para a natureza um poder social; no da corporificação do poder de governo pelo príncipe (MEGA I/2, p. 23-36 [MEW 1, p. 223-37; *Crítica da filosofia do direito de Hegel*, p. 48-61]) – e o conceito de dinheiro já nos *Manuscritos econômico-filosóficos* de 1844 (MEGA I/2, p. 318-22 e 434-8 [MEW 40, p. 562-7; *Manuscritos econômico-filosóficos*, p. 157-61]), bem como na primeira versão [*Urtext*] de *Para a crítica da economia política*. Ver MEGA II/2, p. 19-20. Ambos aparecem como concentração emblemática de poder baseado no reconhecimento geral, síntese de necessidade e arbítrio, de sociedade e natureza. Essa questão deverá ficar mais clara no capítulo que se segue.

[50] "Was ist das Gleiche, d.h. die gemeinschaftliche Substanz, die das haus für den Polster im Werthausdruck des Polsters vorstellt? [...] Das Haus stellt dem Polster gegenüber ein Gleiches vor,

O novo termo – representação[51] – surge como expressão do valor da primeira mercadoria *pela* segunda, e não *na* segunda, isto é, do valor da mercadoria sob a forma relativa pela equivalente, que teria adquirido então um poder expressivo próprio. A cama "apresenta" o seu valor na casa, e a casa "representa" o valor da cama "diante da cama". Num primeiro momento, a representação pode ser definida como movimento simétrico ao da apresentação, no sentido de que se coloca em um lugar de onde defronta a colocação determinada por meio da apresentação. Mais do que simetria, contudo, como as duas colocações se referem às formas relativa e equivalente, trata-se de uma oposição: na mercadoria equivalente, o valor de uso representa o valor, e o trabalho concreto representa o trabalho abstrato.

Mas não é por acaso que o exemplo acima é a única ocorrência da palavra "representação" no âmbito da troca direta de duas mercadorias, isto é, antes do exame da forma de equivalente geral e da derivação do dinheiro. A passagem de uma equivalência fortuita para a equivalência geral também implica aqui um salto histórico, mediante o qual fica visível o modo preciso da "representação" do valor pelo equivalente, e que determina até mesmo o "equivaler" como "representar".

Para que o produto de um trabalho concreto configure a soma de todo o trabalho abstrato de uma sociedade, ele tem de ser dinheiro, forma pela qual as mercadorias, como meros valores de uso, se afirmam diante do puro valor. Já em 1859 Marx expunha tais oposições, dizendo que, nas mercadorias trocadas, "a dupla forma do trabalho contido nelas se *apresenta* agora uma para a outra, uma vez que o trabalho real específico existe efetivamente como seu valor de uso, ao passo que o tempo de trabalho abstrato geral adquire uma existência *representada* em seu preço"[52]. Como vimos, a "apresentação" da "dupla forma do trabalho" preside a *medida do valor*, que sempre aparece, por isso, como a primeira determinação do dinheiro nos textos da fase madura da crítica à economia política. O dinheiro mede o valor das mercadorias, porque exterioriza a oposição interna a

---

soweit es das in Beiden, dem Polster und dem Haus, wirklich Gleiche vorstellt" (MEGA II/10, p. 60; grifos meus [MEW 23, p. 74; *O capital I*, p. 136]). Sobre a "substância" em Aristóteles, ver a nota 118 da Parte I deste livro (p. 88).

[51] Sobre a tradução de *Vorstellung* e *vorstellen*, ver as "Considerações iniciais" deste livro.

[52] "Die Doppelform der Arbeit, die in ihnen enthalten ist, *stellen* sie jetzt für einander *dar*, indem die besondere reale Arbeit als ihr Gebrauchswerth wirklich da ist, während die allgemeine abstrakte Arbeitszeit in ihrem Preis ein *vorgestelltes* Dasein erhält" (MEGA II/2, p. 143; grifos meus [MEW 13, p. 53; *Para a crítica da economia política*, p. 58]). E, antes ainda, ele diz nos *Grundrisse*: "O preço é uma propriedade da mercadoria, uma determinação na qual ela é *representada* como dinheiro" ("Der Preis ist eine Eigenschaft der Waare, eine Bestimmung, in der sie als Geld *vorgestellt* wird") (MEGA II/1.1, p. 120 [MEW 42, p. 121; *Grundrisse*, p. 137]).

elas, resolvida como relação de qualidade e quantidade[53]. Ao se "apresentar" nele, porém, o valor adota a forma específica de "preço", definido de maneira ainda geral, conforme vimos na primeira parte, acima, pela expressão do valor das mercadorias na mercadoria dinheiro.

Com razoável coerência terminológica, Marx costuma dizer que valores se "apresentam", mesmo quando concernem ao dinheiro – como na cotação da tabela de preços "lida de trás para a frente" do texto citado na nota 46 (p. 112) –, enquanto preços "representam" esses valores. Pois, na tabela lida ao inverso, o valor do dinheiro é que se expressa no das demais mercadorias, "apresenta-se", por isso, nos valores de uso delas. É sintomático que esse texto termine com a afirmação: "dinheiro, ao contrário, não tem preço"[54]. Uma expressão hipotética do valor do dinheiro em dinheiro não seria uma medida, não apresentaria de modo invertido a oposição entre valor e valor de uso, interna também ao dinheiro. Mas a medida ocorre, apresenta-se, pela inversão. Ela pode fazê-lo unicamente pelo lado da mercadoria, revelando o caráter formal do preço; nele, supõe-se já realizada a apresentação do valor, ao qual se atribui uma "existência representada" apenas. O trabalho abstrato é que se "apresenta" medindo, mas tal medida, na sua expressão em dinheiro, na forma de preço, "representa" aquela abstração como algo próprio do equivalente.

Assim, a oposição entre apresentar e representar configura-se pelo embate da medida real, de fato apresentada, com a medida que Marx chama de "ideal". O dinheiro se determina já de início como medida do valor ao representá-lo nos preços das mercadorias, mesmo antes da realização da troca, quando ainda não está presente em efetivo. Isso é impossível na troca direta de mercadoria por mercadoria, na qual ambas apresentam os recíprocos valores uma na outra, ao mesmo tempo apresentados e representados, como no exemplo de Aristóteles mencionado por Marx. Com o dinheiro, no entanto, tal simultaneidade se rompe; traduzida em "preço", a representação nele converge como sua forma privilegiada, exclusiva, fruto da exclusividade do próprio dinheiro. E, apresentando-se como puro valor de uso, as mercadorias delegam o papel de representar à mercadoria cujo corpo confronta o delas como algo radicalmente distinto, cuja matéria encarna o "sensível suprassensível" do fetichismo: "o preço, ou a forma de dinheiro das mercadorias,

---

[53] "A primeira função do ouro consiste em fornecer para o mundo das mercadorias o material de sua expressão de valor, ou [seja,] *apresentar* os valores das mercadorias como grandezas homônimas, qualitativamente iguais e quantitativamente comparáveis" ("Die erste Funktion des Goldes besteht darin, der Waarenwelt das Material ihres Werthausdrucks zu liefern oder die Waarenwerthe als gleichnamige Größen, qualitativ gleiche und quantitativ vergleichbare, *darzustellen*") (MEGA II/10, p. 90; grifo meu [MEW 23, p. 109; *O capital I*, p. 169]).

[54] "Geld hat dagegen keinen Preis" (MEGA II/10, p. 91 [MEW 23, p. 110; *O capital I*, p. 170]).

como forma de valor delas em geral, é uma forma diversa da forma corpórea palpavelmente real delas, portanto é uma forma apenas ideal ou *representada*"[55].

A divergência entre uma "forma corpórea palpavelmente real" e outra "apenas ideal", atribuída pela representação, faz do dinheiro "signo" e "símbolo" do valor. E, atendendo por nomes tais, é inevitável que sua virtude pareça independente de qualquer poder social ou, ao contrário, que apareça como imagem reflexa de qualidades pertencentes a um outro, das quais ele careceria por completo. Ambas as alternativas se assemelham, aliás, pela ausência de relação entre seus termos. Mas como advertem os *Grundrisse*:

> É claro que o valor de troca como tal pode existir de modo somente simbólico, embora esse símbolo, para ser empregado como coisa – e não só como *forma de representação* – possua existência de coisa; seja não apenas *representação ideal*, mas *representado realmente* de maneira objetiva.[56]

Tal objetividade, o "emprego como coisa" nos atos de troca, vem de "esse símbolo" ser determinado pela apresentação, movimento da forma social que se reveste da força criadora de conteúdo social. Mesmo ao assumir uma "existência de coisa" (encarnando-se em ouro, por exemplo), a representação se contrapõe à apresentação não por uma qualidade intrínseca material do dinheiro nem por simplesmente refletir as propriedades reais de outra coisa, em princípio ausentes nele. O poder de

---

[55] "Der Preis oder die Geldform der Waaren ist, wie ihre Werthform überhaupt, eine von ihrer handgreiflich reellen Körperform unterschiedne, also nur ideelle oder *vorgestellte* Form" (MEGA II/10, p. 91; grifo meu [MEW 23, p. 110; *O capital I*, p. 170]). Em *Para a crítica da economia política*, lê-se: "No processo m-d-m, se o valor de troca das mercadorias se apresenta somente como unidade processual ou conversão de ambas as metamorfoses uma na outra – e assim ele se apresenta na esfera da circulação em que funciona o signo de valor –, ele adquire no preço existência somente representada, simbólica. O valor de troca aparece, portanto, como algo *apenas* pensado ou representado como coisa, mas não possui nenhuma *realidade* além das próprias mercadorias, uma vez que nelas está objetivado um determinado *quantum* de tempo de trabalho" ("In dem Proceß w_g_w, soweit er als nur processirende Einheit oder unmittelbares Ineinanderumschlagen der beiden Metamorphosen sich darstellt, und so stellt er sich dar in der Cirkulationssphäre, worin das Werthzeichen funktionirt, erhält der Tauschwerth der Waaren im Preis nur ideelle, im Geld nur vorgestellte, symbolische Existenz. Der Tauschwerth erscheint so *nur* als gedachter oder dinglich vorgestellter, aber besitzt keine *Wirklichkeit* außer in den Waaren selbst, sofern ein bestimmtes Quantum Arbeitszeit in ihnen vergegenständlicht ist") (MEGA II/2, p. 181 [MEW 13, p. 94-5; *Para a crítica da economia política*, p. 87]).

[56] "Der Tauschwerth als solcher kann natürlich nur symbolisch existiren, obgleich dieses Symbol, um es als Sache anwenden zu können – nicht blos als *Vorstellungsform* – sachliches Dasein besitzt; nicht nur *ideelle Vorstellung* ist, sondern *wirklich vorgestellt* in einer gegenständlichen Weise" (MEGA II/1.1, p. 87; grifos meus [MEW 42, p. 88; *Grundrisse*, p. 102]).

medir, até quando ainda representado apenas "idealmente", decorre da *apresentação*, processo real da sociabilidade dentro de formas historicamente determinadas[57].

É a partir da função "ideal" de medida de valor que o dinheiro assume a função "real" de meio de circulação, baseada no poder de também substituir, de se instalar no posto da mercadoria. A identidade entre ambos existe, porque o dinheiro é uma mercadoria, mas com os polos do trabalho abstrato e concreto invertidos pela relação de troca. Na troca, o momento "ideal" do dinheiro como medida de valor aparece dentro de um processo mais amplo, que se inverte de novo e, do mero medir, chega ao oposto, à circulação efetiva das mercadorias. Por isso é que a circulação é descrita por Marx como conversão do polo "ideal" no "real" e vice-versa – as já citadas "metamorfoses" do valor.

Conforme *O capital*, "a mercadoria é *realmente* valor de uso, seu ser de valor aparece apenas *idealmente* no preço, que ela refere ao ouro contraposto como à sua figura de valor real", ou seja, pelo lado da mercadoria o valor de uso é realidade, e o valor, idealidade projetada no dinheiro. Pelo lado do dinheiro, o texto prossegue, "inversamente, o material do ouro conta só como materialização de valor, dinheiro. Por isso, ele é *realmente* valor de troca. Seu valor de uso aparece ainda apenas *idealmente* na sequência das expressões de valor relativas, nas quais ele se refere às mercadorias contrapostas como o círculo de suas figuras de uso *reais*"; em outras palavras, o valor é real, e o valor de uso, ideal, projetado na série de mercadorias que ele pode comprar. Concluindo, "portanto, a *realização* do preço ou da forma de valor apenas *ideal* das mercadorias é ao mesmo tempo, inversamente, *realização* do valor de uso apenas *ideal* do dinheiro"[58]. Por tais "inversões" determinam-se os processos de venda (M-D) – a mercadoria real se torna dinheiro, antes para ela ideal – e de compra (D-M) – o dinheiro real se torna mercadoria, até então seu mero ideal.

Essa formulação explica a transição mútua de venda e compra como passagem entre as duas dimensões da representação, real e ideal, ou, ainda, entre apresentação

---

[57] "Todas as mercadorias *representam* em seus preços uma determinada soma de ouro, sendo, portanto, apenas ouro *representado* ou dinheiro *representado*" ("Alle Waaren *stellen* in ihren Preisen eine bestimmte Summe Gold *vor*, sind also nur *vorgestelltes* Gold oder *vorgestelltes* Geld") (MEGA II/2, p. 188; grifos meus [MEW 13, p. 102; *Para a crítica da economia política*, p. 92]). Note-se no texto que as mercadorias é que "representam" uma soma de ouro "em seus preços", antecipando-se idealmente à presença efetiva do dinheiro.

[58] "Umgekehrt gilt das Goldmaterial nur als Werthmateriatur, Geld. Es ist *reell* daher nur Tauschwerth. Sein Gebrauchswerth erscheint nur noch *ideell* in der Reihe der relativen Werthausdrücke, worin es sich auf die gegenüberstehenden Waaren als den Umkreis seiner *reellen* Gebrauchsgestalten bezieht"; "Die *Realisirung* des Preises oder der nur *ideellen* Werthform der Waare ist daher umgekehrt *Realisirung* des nur *ideellen* Gebrauchswerths des Geldes" (MEGA II/10, p. 99 e 102, respectivamente; grifos meus [MEW 23, p. 119 e 123; *O capital I*, p. 179 e 182]).

e representação. Daí o dinheiro substituir não só idealmente as mercadorias em seu valor, mas ocupar, de fato, o lugar delas na sequência de trocas que preside. Enquanto esse movimento é caracterizado como "metamorfose" do ponto de vista das mercadorias, para o dinheiro trata-se de "circulação" propriamente dita, percurso. Pois ele nunca sai da órbita das compras e das vendas, ao contrário das mercadorias, que deixam de ser um não valor de uso para seu possuidor e vendedor e se tornam um valor de uso nas mãos de seu comprador e consumidor. O movimento pode ser descrito mais uma vez pela ideia de "colocação": "A dupla mudança de forma da mercadoria se espelha nas duas mudanças de colocação da mesma moeda [...]. É uma dupla mudança de colocação [...] em direção oposta"[59]. Para que a mercadoria "mude de forma", o dinheiro deve apenas mudar de lugar, passando da mão do comprador para a do vendedor. A forma muda de acordo com o lugar funcional, segundo a mutualidade entre o real e o ideal, o apresentar (*dar-stellen*) e o representar (*vor-stellen*).

Contudo, o poder real de substituir, atribuído ao dinheiro pelas mercadorias, sofre um deslocamento. Como avisa a passagem anterior ao texto acima:

> o resultado da circulação mercantil, substituição de mercadoria por mercadoria, aparece mediado não pela própria mudança de forma delas, e sim pela função do dinheiro como meio de circulação, que faria circular as mercadorias, em si e por si imóveis. [...] Portanto, embora o movimento do dinheiro seja só expressão da circulação de mercadorias, ela aparece, ao contrário, como resultado do movimento apenas do dinheiro.[60]

---

[59] "Der doppelte Formwechsel der Waare spiegelt sich wieder in zweimaligen Stellenwechsel desselben Geldstücks [...]. Es ist doppelter Stellenwechsel [...] in entgegengesetzter Richtung" (MEGA II/6, p. 140). Essa passagem só aparece na segunda edição de *O capital*, de 1872. Na quarta edição do Livro I, feita por Engels em 1890 e na qual se baseou a edição MEW, não há correspondência. De todo modo, ainda na segunda edição, o texto esclarece que "o dinheiro não desaparece por se retirar da série de metamorfoses de uma mercadoria. Ele se precipita sempre para o lugar na circulação aberto pela mercadoria. Por exemplo, na metamorfose completa da tela: tela – dinheiro – Bíblia, primeiro a tela se retira da circulação; o dinheiro entra na sua colocação; depois a Bíblia se retira da circulação, o dinheiro entra na sua colocação" ("Das Geld verschwindet nicht, weil es schließlich aus der Metamorphosenreihe einer Waare herausfällt. Es schlägt immer nieder auf eine durch die Waaren geräumte Circulationsstelle. Z.B. in der Gesammtmetamorphose der Leinwand: Leinwand-Gold-Bibel fällt erst die Leinwand aus der Cirkulation, Geld tritt an ihre Stelle, fällt dann die Bibel aus der Cirkulation, Geld tritt an ihre Stelle") (MEGA II/6, p. 137).

[60] "Das Resultat der Waarencirkulation, Ersatz von Waare durch andre Waare, erscheint daher nicht durch ihren eignen Formwechsel vermittelt, sondern durch die Funktion des Geldes als Cirkulationsmitteln, welches die an und für sich bewegungslosen Waaren cirkulirt [...]. Obgleich daher die Geldbewegung nur Ausdruck der Waarencirkulation, erscheint umgekehrt die Waarencirkulation nur als Resultat der Geldbewegung" (MEGA II/10, p. 108 [MEW 23, p. 130; *O capital I*, p. 189]).

Em mais uma inversão, o aspecto ideal do representar se faz valer sobre o real: de fato, a "mudança de forma" das mercadorias, decorrente da apresentação de sua oposição interna, é que leva à "mudança de colocação" do dinheiro, mero representante de valor; mas, na qualidade de representante geral, universal, exclusivo, ele assume um papel de símbolo, de representante que concentra em sua idealidade todo o valor social e todo o seu movimento, determinando as mercadorias como coisas "em si e por si imóveis". A partir daí, entende-se a afirmação dos *Grundrisse*: "de sua figura servil, na qual aparece como simples meio de circulação, o dinheiro de súbito se torna deus e senhor no mundo das mercadorias. Ele *apresenta* a existência celestial das mercadorias, enquanto elas *apresentam* a [existência] terrena dele"[61].

Uma interessante dialética de senhor e escravo, na qual o dinheiro, pela oposição dos dois lados da sua função de representante, reveste-se de uma proeminência contraditória. Como forma *ideal* de todo o valor social, ele *realmente* impulsiona a circulação e assim reina "no mundo das mercadorias". Como simples meio de circulação, em sua "existência de coisa" *real*, porém, ele revela o aspecto *ideal* da representação, que depende totalmente da forma específica da sociabilidade mercantil. É a contradição mesma que marca o fetiche, mediação hipostasiada em finalidade; coisa banal que abre os portais de uma "existência celestial"; símbolo que rebaixa a substância a algo somente "terreno". Ele tanto parece ser, pelo seu lado ideal, como é também, enquanto produto daquela idealidade real.

Se "o enigma do fetiche do dinheiro é, portanto, apenas o enigma do fetiche da mercadoria, que se tornou visível, ofuscando os olhos"[62], igualmente, "por outro lado, o poder que cada indivíduo exerce sobre a atividade dos outros ou sobre as riquezas sociais consiste em ele ser proprietário de *valor de troca*, de *dinheiro*. Ele carrega consigo no bolso o poder social e o nexo com a sociedade"[63]. Esse "nexo" social, que já a mercadoria medeia e torna acessível, com o dinheiro fica mais próximo e exclusivo, afigurando-se em "poder". Se o "casaco com galões" já dava "significado" social ao seu possuidor, mais ainda o faz se trouxer dinheiro "no bolso":

---

[61] "Aus seiner Knechtgestalt, in der es als bloses Circulationsmittel erscheint, wird es plötzlich der Herrscher und Gott in der Welt der Waaren. Es *stellt* die himmlische Existenz der Waaren *dar*, während sie seine irdische *darstellen*" (MEGA II/1.1, p. 146; grifos meus [MEW 42, p. 148; *Grundrisse*, p. 165]).

[62] "Das Räthsel des Geldfetischs ist daher nur das sichtbar gewordne, die Augen blendende Räthsel des Waarenfetischs" (MEGA II/10, p. 90 [MEW 23, p. 108; *O capital I*, p. 167]).

[63] "Andrerseits die Macht, die jedes Individuum über die Thätigkeit der andren oder über die gesellschaftlichen Reichthümer ausübt, besteht in ihm als dem Eigner von *Tauschwerthen*, von *Geld*. Es trägt seine gesellschaftliche Macht, wie seinen Zusammenhang mit der Gesellschaft, in der Tasche mit sich" (MEGA II/1.1, p. 90 [MEW 42, p. 90; *Grundrisse*, p. 105]).

seu proprietário então exerce "comando sobre o trabalho alheio"⁶⁴, adquirindo com isso um "significado" bem palpável, real, produzido pelo movimento contraditório da representação.

Muito mais do que a mercadoria, o dinheiro garante um comando social que oculta o caráter pessoal das relações articuladas pela sua ação, comando que se afigura como poder outorgado aos indivíduos por uma "coisa" a ser conquistada. Daí a "majestade" investida na "forma corpórea" do ouro durante período tão longo da história. Nesse papel protagonista, o dinheiro substitui relações sociais, de certo modo, ao representar ideal e realmente o poder intrínseco a elas, mediando trocas que seriam inviáveis na prática sem o seu concurso⁶⁵.

Mas isso porque, na sociedade de que se trata aqui, a dimensão social mesma aparece só pela troca mercantil dos produtos de um trabalho antes de tudo concreto e realizado independentemente dos demais. E ele o é pelas condições privadas em que se exerce. Portanto, conclui Marx: "É uma terceira particularidade da forma

---

⁶⁴ Expressão frequente nos textos de Marx. Ver, por exemplo, MEGA II/10, p. 279, 297, 478 e 560-1 [MEW 23, p. 328, 350, 556 e 653-4; *O capital I*, p. 381, 406, 602 e 701], MEGA II/11, p. 187 [MEW 24, p. 238; *O capital II*, p. 326], MEGA II/4.2, p. 429 e 456 [MEW 25, p. 368 e 395; um pouco modificado por Engels; *O capital III*, p. 403 e 431] e MEGA II/1.2, p. 392 [MEW 42, p. 395; *Grundrisse*, p. 399]. Marx a adota de Adam Smith – ver o quinto capítulo de *The Wealth of Nations* (ed. Cannan, Nova York, Modern Library, 1965), p. 31 [ed. bras.: *A riqueza das nações*, trad. Alexandre Amaral Rodrigues e Eunice Ostrensky, 4. ed., São Paulo, WMF Martins Fontes, 2016]. Adam Smith, por sua vez, foi inspirado pela definição de riqueza de Hobbes como uma das diversas formas de poder – ver o décimo capítulo de *Leviathan* (Londres, Penguin, 1968), p. 150 [ed. bras.: *Leviatã*, trad. João Paulo Monteiro e Maria Beatriz Nizza da Silva, 2. ed., São Paulo, Martins Fontes, 2008]. Smith observa, porém, que uma pessoa "de grande fortuna não necessariamente adquire ou alcança qualquer poder político, seja civil ou militar", com isso definindo o poder econômico na especificidade em que se apresenta na sociedade moderna.

⁶⁵ Seguindo a nota 49 (p. 113-4), já nas versões de juventude da sua crítica à economia política, Marx havia visto e enfatizado esse poder real da representação, da *Vorstellung*, mas ainda sem a relacionar à apresentação do valor. Ele afirma: "[o dinheiro] transforma meus desejos, de essência da representação, tradu-los de sua existência pensada, representada, querida, em sua existência *sensível*, *efetiva*, da representação em vida, do ser representado em ser efetivo. Enquanto tal mediação, ele é a força *verdadeiramente criadora*. [...] O dinheiro – como o universal externo, não proveniente do homem enquanto homem, nem da sociedade humana enquanto sociedade – *meio* e *capacidade* de fazer da *representação efetividade* e da *efetividade mera representação* [...]" ("verwandelt meine Wünsche aus Wesen der Vorstellung, es übersetzt sie aus ihrem gedachten, vorgestellten, gewollten Dasein in ihr *sinnliches*, *wirkliches* Dasein, aus der Vorstellung in das Leben, aus dem vorgestellten Sein in das wirkliche Sein. Als diese Vermittlung ist es die *wahrhaft schöpferische* Kraft. [...] Das *Geld* – als das äussere, nicht aus d(em) Menschen als Menschen und nicht von der menschlichen Gesellschaft als Gesellschaft herkommende allgemeine – *Mittel* und *Vermögen*, die *Vorstellung in die Wirklichkeit*, und *Wirklichkeit zu einer blosen Vorstellung* zu machen") (MEGA I/2, p. 320 e 437 [*Manuscritos econômico-filosóficos*, p. 160]).

equivalente que o trabalho privado *se torne a forma* de seu contrário, do trabalho em forma imediatamente social"[66]. Na sequência das outras duas inversões, do valor em valor de uso e do trabalho abstrato em concreto, a forma de equivalente se determina também pela expressão do trabalho social no trabalho privado produtor da mercadoria dinheiro. A forma "privada" do trabalho decorre, contudo, da *propriedade privada* que o produtor tem dos meios de produção e, assim, do produto, acessível aos demais produtores privados apenas mediante a troca. Para retomar o tema do começo desta parte, percebe-se que a "forma" privada da propriedade é que define a "forma" de valor, de equivalente e de dinheiro. É ela que conforma a substância do trabalho.

E tal definição da "forma" ocorre por força da apresentação, em que a oposição interna à mercadoria, nesse caso entre trabalho privado e social, se separa nos dois termos da troca e dá ao equivalente geral o poder de representante privilegiado do social.

Apresentar e representar são movimentos exclusivos da sociedade fundamentada na propriedade privada, que cria o valor e o opõe ao valor de uso do produto. Nessa etapa do desenvolvimento das categorias empreendido por Marx, o sentido da produção parece ser o de servir às carências sociais. Isso já implica a troca por meio de um equivalente geral que representa o valor, de modo que o sentido social também transparece aqui na forma da representação, ou seja, sob uma forma que aparece como criadora do próprio sentido de toda essa forma social. O desdobramento formal, no entanto, demonstrará a inversão até mesmo desse sentido: quando os meios se convertem em fins, uma forma cada vez mais autônoma e fetichista passa a comandar os processos reais.

---

[66] "Es ist also eine dritte Eigenthümlichkeit der Aequivalentform, daß Privatarbeit zur Form ihres Gegentheils wird, zu Arbeit in unmittelbarer gesellschaftlicher Form" (MEGA II/10, p. 59 [MEW 23, p. 73; *O capital I*, p. 135]). É interessante comparar o "tornar-se a forma" do texto com a "apresentação" de um texto posterior, no quadro da primeira discussão da crise em *O capital*: "a oposição imanente à mercadoria de valor de uso e valor, de trabalho privado que deve *se apresentar* em seguida como trabalho imediatamente social, de trabalho específico concreto que vale a seguir apenas como trabalho abstrato geral, de personificação de coisas e coisificação de pessoas [...]" ("Der der Waare immanente Gegensatz von Gebrauchswerth und Werth, von Privatarbeit, die sich zugleich als unmittelbarer gesellschaftliche Arbeit *darstellen* muß, von besondrer konkreter Arbeit, die zugleich nur als abstrakt allgemeine Arbeit gilt, von Personificirung der Sache und Versachlichung von Personen") (MEGA II/10, p. 106; grifo meu [MEW 23, p. 128; *O capital I*, p. 187]).

5.
MUDANÇA DE FORMA

1.
Entremeadas ao delineamento fluido e tecnicamente rigoroso da figura do "entesourador" no terceiro capítulo de *O capital*, as citações literárias às quais Marx recorre com visível gosto podem parecer deslocadas ou apenas ilustrativas. Nada mais falso, em especial no caso da sentença implacável de Diderot: "*Soyons riches ou paraissons riches*" [Sejamos ricos, ou pareçamos ricos][67]. Relacionada por Marx ao chamado "fetiche do ouro", no qual a paixão do entesouramento pode descambar em "forma estética"[68], a frase do *philosophe* serve bem para assinalar o destino do valor. Pois, se é indiferente "parecer" e "ser rico", como sugere a alternativa que marca a ironia, então representar a riqueza equivale a constituí-la, e mesmo "ser" nada importa sem "parecer". Adornar-se com o material usado como medida de valor, exibir o seu poder social, não mais guardado no bolso, significa apresentar-se pela representação.

De fato, observa-se aqui o começo de uma inversão mais drástica do que as assinaladas antes. O entesourador normal não ostenta a sua riqueza, mas também retira de circulação o dinheiro que poupa. Apesar de só por tempo limitado, ele

---

[67] MEGA II/10, p. 124 [MEW 23, p. 148; *O capital I*, p. 207]. A frase de Diderot está no *Salão de 1767*, extensa crítica à exposição de pintura francesa realizada naquele ano em Paris, mais exatamente no fragmento "Sátira contra o luxo, à maneira persa". Ver Denis Diderot, *Oeuvres complètes*, (ed. Dieckmann-Varloot, Paris, Hermann, 1990), t. xvi, p. 553. Também aí, a propósito da pintura de La Grenée, diz ele: "Il fallut avoir de l'argent? Et quoi encore? De l'argent. Quand on en manqua, il fallut en imposer par les apparences, et faire croire qu'on en avait" [Precisava ter dinheiro? E do que mais? Dinheiro. Quando faltava, precisava impô-lo pelas aparências e fazer crer que se o tinha] (ibidem, p. 167).

[68] "Ästhetische Form" (MEGA II/10, p. 124 [MEW 23, p. 147; *O capital I*, p. 207]).

se apodera do dinheiro que na circulação passa por várias mãos e, nessa situação, ainda mais do que na do "comando sobre trabalho alheio", visto no item anterior, "o poder social torna-se poder privado da pessoa privada"[69]. Na posse do entesourador, o dinheiro é "poder social" não efetivamente utilizado, retido como algo privativo. A exclusão distintiva do equivalente geral radicaliza-se em exclusivismo, o "privado", em privação. Privar outras pessoas do poder conferido pelo dinheiro retirado da circulação, no entanto, implica a privação do próprio entesourador: sua regra ordena vender e depois não comprar, modificando o sentido predominante na sociedade mercantil até esse momento, "vender para comprar".

Se a representação já configurava esse sentido geral mediante o poder real de substituição do valor das mercadorias pelo dinheiro, ela o faz ainda mais no entesouramento, adornado ou não de riqueza. Agora o que conta é a dimensão ideal do dinheiro, equivalente apenas em potência a tudo o que ele poderia comprar; é a representação no seu aspecto separado da apresentação. Como meio de circulação, a oposição entre o aspecto real e o ideal do dinheiro se resolve na passagem mútua de venda e compra, e mesmo assim o simbólico adquire precedência e leva o dinheiro a aparecer como o verdadeiro agente da metamorfose das mercadorias. Convertido em finalidade do entesourador, o dinheiro, de meio, passa a ser um fim em si mesmo – *Selbstzweck*, na expressão original de Marx[70]. E, com isso, como não se resolve a oposição das suas duas dimensões, a ideal descola da "existência de coisa" do dinheiro e a representação prepondera, de modo a obscurecer ainda mais a sua base na apresentação.

Nesse caso, não é tanto como coisa, e sim como símbolo, que o dinheiro se transfigura em fetiche. Decerto, um símbolo constituído pela oposição dialética ao aspecto real, mas que inverte a direção desse impulso e pretende ser dele independente,

---

[69] "Die gesellschaftliche Macht wird so zur Privatmacht der Privatperson" (MEGA II/10, p. 122-3 [MEW 23, p. 146; *O capital I*, p. 206]). Lembrando a "terceira particularidade da forma equivalente, que o trabalho privado se torna a forma de seu contrário, do trabalho em forma imediatamente social". Citado na nota 66 (p. 122).

[70] "A mercadoria é vendida não para comprar mercadoria, mas para substituir a forma de mercadoria pela forma de dinheiro. De simples intermediário do metabolismo, essa mudança de forma se torna fim em si mesmo" ("Waare wird verkauft, nicht um Waare zu kaufen, sondern um Waarenform durch Geldform zu ersetzen. Aus bloßer Vermittlung des Stoffwechsels wird dieser Formwechsel zum Selbstzweck"). Ou também, adiante: "A figura de valor da mercadoria, o dinheiro, portanto, torna-se agora fim em si mesmo da venda, mediante uma necessidade social surgida, ela mesma, das relações do processo de circulação" ("Die Werthgestalt der Waare, Geld, wird also jetzt zum Selbstzweck des Verkaufs durch eine den Verhältnissen des Cirkulationsprocesses selbst entspringende, gesellschaftliche Nothwendigkeit") (MEGA II/10, p. 121 e 126 [MEW 23, p. 144 e 150; *O capital I*, p. 204 e 209]). A expressão será usada com mais ênfase quando se tratar da circulação do dinheiro como capital.

apresentando-se como simples nome[71]. Surge assim uma modalidade complexa de fetichismo, na qual as relações sociais são mediadas por coisas – as mercadorias ou o dinheiro efetivo –, e também por representações, ou seja, pelo dinheiro aparecendo na figura de idealidade e nela ocultando a sua figura efetiva. Mais do que mediador, ele se torna objetivo dessa forma social, independentemente de ser ou não usado, já como mero representante do poder de compra. Daí a sua "forma estética", com a exibição desse poder, desse "comando" virtual, que sinaliza a hierarquia dos homens com a nitidez de uma medida empírica do "ser" pelo "parecer".

E, como se trata de potencialidade, tal medida vem da equiparação do dinheiro entesourado com os preços de todas as mercadorias acessíveis. Note-se, porque de um lado está o *dinheiro*, a correlação aqui só pode se dar com os *preços*, já definidos como "forma apenas ideal ou representada" do valor em dinheiro. É significativo, então, que o texto em que aparece essa expressão, citada no capítulo anterior, continue nos seguintes termos: "o valor de ferro, tela, trigo etc. existe, apesar de invisível, nessas coisas mesmas; ele se torna representado por intermédio da sua igualdade com o ouro, mediante uma relação com o ouro que, por assim dizer, só assombra as suas cabeças"[72]. Não é a relação em si com o dinheiro, portanto, mas o nexo da representação ideal do valor que se produz "só na cabeça" das mercadorias, e, como uma "assombração", sombra que parece ter corpo, espectro do valor. O "quiproquó"[73] que genericamente descreve o fetichismo determina-se nesse ponto como transposição do real no ideal, do apresentar no representar, e assume uma feição transfigurada: é a representação que apresenta.

Mas o entesourador se tipifica ao negar a circulação, criando um sentido externo a ela, peculiar, quase antissocial. *Dentro* do movimento, ao contrário, e ao mesmo tempo desenvolvendo o dinheiro como fim em si mesmo, novos personagens entram em cena: "o vendedor se converte em credor, o comprador, em devedor. Como a metamorfose das mercadorias ou o desdobramento de sua forma de valor

---

[71] Justo quando trata do dinheiro como medida de valor, Marx diz: "O nome de uma coisa é totalmente exterior à sua natureza" ("Der Name einer Sache ist ihrer Natur ganz äußerlich") (MEGA II/10, p. 95 [MEW 23, p. 115; *O capital I*, p. 175]).

[72] "Der Werth von Eisen, Leinwand, Weizen u. s. w. existirt, obgleich unsichtbar, in diesen Dinge selbst; er wird vorgestellt durch ihre Gleichheit mit Gold, eine Beziehung zum Gold, die so zu sagen nur in ihren Köpfen spukt" (MEGA II/10, p. 91 [MEW 23, p. 110; *O capital I*, p. 170]).

[73] "A forma natural da mercadoria se converte em forma de valor. Mas esse quiproquó, *notabene*, acontece [...] só dentro da relação de valor" ("Die Naturalform der Waare wird zum Werthform. Aber, notabene, dieß quid pro quod ereignet sich [...] nur innerhalb des Werthverhältnisses") (MEGA II/10, p. 57 [MEW 23, p. 71; *O capital I*, p. 133]). E, em seguida, "por esse quiproquó os produtos de trabalho se convertem em mercadorias, coisas sensíveis suprassensíveis, ou sociais" ("Durch dies quid pro quo werden die Arbeitsprodukte Waaren, sinnlich übersinnliche oder gesellschaftliche Dinge") (MEGA II/10, p. 71 [MEW 23, p. 86; *O capital I*, p. 147]).

se altera aqui, também o dinheiro recebe uma outra função. Ele se torna meio de pagamento"[74]. A função criadora das novas figuras sociais decorre de um desdobramento da "forma de valor" das mercadorias, que aparecerá mais uma vez como se tivesse origem no dinheiro.

Antes de chegar a tal ponto, contudo, é interessante recapitular as linhas básicas da nova função, explicada por Marx ainda pela dupla dimensão do dinheiro. De início, vende-se a mercadoria pelo preço estipulado, seu valor de uso passa às mãos do comprador, para quem era antes só ideal, e torna-se então real. O vendedor, porém, agora não recebe de imediato o dinheiro em troca, e sim uma promessa de pagamento com prazo determinado. O dinheiro conserva para ele a "forma apenas ideal ou representada", e só será real quando se apresentar com o pagamento. Diferentemente da função de meio de circulação, assim, a passagem de real a ideal não corresponde a uma passagem simétrica de ideal a real para um dos envolvidos no negócio. Da sua perspectiva, o dinheiro permanece como "medida de valor", embora a mercadoria se movimente como na circulação normal, ambivalência na qual a forma de meio de pagamento de fato sintetiza as duas formas prévias em uma totalidade mais complexa.

Enquanto totalidade de medida e circulação, por seu turno, essa forma continua se desdobrando, sempre em oposições. Pelo lado da medida, a promessa de pagamento aceita pelo vendedor, agora credor, pode depois ser usada por ele para comprar mercadorias, entrelaçando contratos sucessivos. Mas apenas a realização do primeiro pagamento permitirá quitar toda a cadeia mediante compensações recíprocas de débitos e créditos, cadeia na qual o dinheiro "funciona idealmente como dinheiro contábil, ou medida de valor"[75]. Essa última função se consolida e expande como força organizadora, portanto de acordo com a extensão da corrente de transações por ela intermediada. Nisso consiste o poder efetivo da representação. Pelo outro lado, o dinheiro

> não entra na circulação como meio de circulação ou meio de compra. [...] Ele entra na circulação muito mais como o único equivalente adequado para a mercadoria, como existência absoluta do valor de troca, como a última palavra do processo de intercâmbio; em suma, como dinheiro, e dinheiro na função determinada de *meio de pagamento geral.*[76]

---

[74] "Der Verkäufer wird Gläubiger, der Käufer Schuldner. Da die Metamorphose der Waare oder die Entwicklung ihrer Werthform sich hier verändert, enthält auch das Geld eine andre Funktion. Es wird Zahlungsmittel" (MEGA II/10, p. 125 [MEW 23, p. 149; *O capital I*, p. 208]).

[75] "[...] funktionirt es nur ideell als Rechengeld oder Maß der Werthe" (MEGA II/10, p. 127 [MEW 23, p. 151; *O capital I*, p. 210-1]).

[76] "Aber es tritt nicht in Cirkulation als Cirkulationsmittel oder Kaufmittel. [...] Es tritt vielmehr in Cirkulation als das einzig adäquate Aequivalent für Waare, als absolutes Dasein des Tauschwerths, als letztes Wort des Austauschprocesses, kurz als Geld, und zwar als Geld in der bestimmten

Ou seja, nunca será aqui o caso da simples forma de meio de circulação, pois o pagamento não acontece junto com a transferência da mercadoria nem está limitado a só uma transferência. O dinheiro conclui várias delas e "entra na circulação" para que as trocas, nas quais vinha atuando como simples representação de valor, apresentem contraparte real. Do mesmo modo que, para o entesourador, ele é o objeto do desejo de credores e devedores, um fim em si próprio, pois, quando obtido, pode enfim encerrar a cadeia de obrigações.

A comparação com o entesouramento não vai mais longe, porém. No entesouramento, a oposição dos dois aspectos do dinheiro não se resolve, porque interrompe a circulação e dá ao dinheiro o papel de equivalente sempre potencial, de representante que nunca pode se apresentar de fato na oposição. E de uma maneira muito especial: a medida de valor não está presente só no preço da mercadoria, está também no dinheiro contábil, na promessa de quitação futura da dívida; sob essa forma, ele já mobiliza as vendas e as compras, e isso em grau intensificado pelo giro das notas promissórias, que torna possíveis muitas transações.

É nessa situação ideal de substituto simbólico do dinheiro efetivo que o dinheiro representado multiplica o poder social dos indivíduos engajados na forma da circulação mediada pelo crédito, dado por eles sucessivamente uns aos outros. A representação de tal poder não se distingue da apresentação por interromper as trocas, por inviabilizar a própria apresentação do dinheiro, e sim por conferir a ela uma nova forma, em que a expectativa da apresentação futura como pagamento impulsiona ainda mais a circulação mercantil. Por isso, o meio de pagamento deixa de ser uma forma derivada e torna-se dominante, retroagindo e subordinando a si a forma do meio de circulação[77].

A autonomia do dinheiro, fim em si do processo, aparece assim mais pronunciada, tanto na figura do dinheiro real que permite saldar a soma dos endividamentos quanto na do ideal, que enseja *efetivamente* um conjunto ampliado de trocas. Intensifica-se a inversão pela qual a representação é que leva à apresentação

---

Funktion als *allgemeines Zahlungsmittel*" (MEGA II/2, p. 202 [MEW 13, p. 118; *Para a crítica da economia política*, p. 102]).

[77] "Num determinado grau e extensão da produção mercantil, a função do dinheiro como meio de pagamento ultrapassa a esfera da circulação de mercadorias. O dinheiro se torna mercadoria geral dos contratos" ("Bei gewissem Höhegrad und Umfang der Waarenproduktion greift die Funktion des Geldes als Zahlungsmittel über die Sphäre der Waarencirkulation hinaus. Es wird die allgemeine Waare der Kontrakte") (MEGA II/10, p. 129 [MEW 23, p. 154; *O capital I*, p. 213]). Ou, já no Livro II de *O capital*: "Na produção capitalista desenvolvida, a economia monetária aparece só como base da economia creditícia" ("In der entwickelten kapitalistischen Produktion erscheint die Geldwirthschaft nur noch als Grundlage der Creditwirthschaft") (MEGA II/11, p. 656 [MEW 24, p. 119; *O capital II*, p. 195]).

do valor. "Parecer rico" começa a significar, nesse caso, o acesso às representações ideais do dinheiro real futuro, e daí o acesso às mercadorias que no presente podem ser compradas e consumidas de fato.

Definido pelo compromisso de pagamento, o lapso então aberto entre presente e futuro tem de ser medido no tempo com rigor. Até vencer o prazo para a apresentação do dinheiro, é o representante que vale. Esse tempo é marcado pela representação; é ele mesmo tempo representado. Depois de reduzido a uma abstração pelo trabalho criador da forma social de valor, o tempo é passível de medida e representação e, finalmente, projetado no futuro, que lhe imprime sentido, como se o presente fosse só a espera de um prazo de reembolso, do cumprimento de uma promessa. O crescente poder do dinheiro como meio de pagamento faz da vivência do tempo uma crescente expectativa, regulada zelosamente nos termos do compromisso; mas sempre adiável, no limite ao infinito, porque resultado de um mero contrato.

Esse caráter da representação será desenvolvido adiante, na Parte III, quando se retomar o conceito de "título de direito" visto na Parte I, relativo ao capital portador de juros. Por agora, a promessa é garantida juridicamente como representante da futura apresentação do dinheiro efetivo e assim pode ser equiparada ao preço de mercadorias e, enfim, usada para adquiri-las. Mais do que nunca, o dinheiro aparece como equivalente geral do trabalho embutido nos produtos. Mas o direito de apropriação é nítido na figura do "título" jurídico que habilita o seu detentor a cobrar valores lançados ao futuro. A "forma de valor" nesse momento reaparece no sentido indicado no início do capítulo: só pode decorrer de uma "forma social" situada na história pela separação entre o trabalho e a propriedade privada dos seus instrumentos e produtos. Como meio de pagamento, o dinheiro, com todo o poder social nele investido, é representado pelo "título de direito" pelo qual a propriedade privada se espraia no tempo e no espaço, ampliando o seu "comando do trabalho alheio".

O sentido do movimento de autonomia do dinheiro agora não é mais "vender para comprar", produzir para atender a necessidades sociais. Já para o entesourador, o presente se caracteriza pela recusa de uma possível fruição, pelo acúmulo de um virtual poder aquisitivo futuro, de representação. A forma de meio de pagamento corrige e completa a rota dessa inversão, antecipando a fruição, de um lado, mas potenciando, de outro, a negação do presente, dominado por um tempo previsto em um certificado de propriedade privada. Enquanto tempo representado, porém, o futuro é medido de modo apenas formal, isto é, por um prazo estabelecido de acordo com o "direito privado", e não exatamente pela medida social do tempo de trabalho abstrato. Como essa expectativa de reembolso, além de talvez não se cumprir, sempre pode ser adiada, os parâmetros temporais perdem a estabilidade necessária aos processos efetivos, desde que isso permita o crescimento dos valores esperados. Não por acaso, nesse ponto da sua apresentação categorial, Marx evoca pela primeira vez o mito de Sísifo e fala de mau infinito[78]. Começa a se configurar o problema crônico da desmedida, radicalizado a seguir de modo paulatino, conforme progrida a autonomia da representação sobre a apresentação.

2.

Inicialmente, a passagem do mundo da produção simples de mercadorias para o do capitalismo é explicada por Marx como mera alternância de formas[79]. Não tanto pela primazia histórica, mas pela sistêmica, as funções do dinheiro comparecem antes e, em crescente autonomia, alcançam, na forma de capital, a expressão máxima do desenvolvimento do equivalente geral. A fórmula do meio de pagamento prenuncia a capitalista, antepondo o comprar ao vender. Mas, enquanto nela o credor tem de vender mercadoria para apenas pagar sua dívida, na fórmula capitalista a mercadoria vendida possui valor maior do que a comprada. Nos dois casos, são mercadorias distintas que se compram e se vendem, só que no primeiro ambas têm o mesmo valor, enquanto no segundo a mercadoria vendida é produto das mercadorias compradas – meios de produção e força de trabalho –, adquirindo mais valor que elas. O sentido diverge de um caso a outro: a fórmula D-M-D', antes de "comprar e pagar depois", prescreve ao capital que o decisivo é "comprar para vender mais caro".

---

[78] "O impulso ao entesouramento é desmedido por natureza. Qualitativamente, ou segundo sua forma, o dinheiro é ilimitado, isto é, representante geral da riqueza material, uma vez que conversível imediatamente em qualquer mercadoria. Mas ao mesmo tempo cada soma efetiva de dinheiro é quantitativamente limitada, daí também apenas meio de compra de efeito limitado. Essa contradição entre o limite quantitativo e a falta de limite qualitativo do dinheiro impulsiona o entesourador sempre de volta à tarefa de Sísifo da acumulação. Ocorre a ele, como ao conquistador do mundo, que, com cada nova terra, conquista somente uma nova fronteira" ("Der Trieb der Schatzbildung ist von Natur maßlos. Qualitativ oder seiner Form nach ist das Geld schrankenlos, d.h. allgemeiner Repräsentant des stofflichen Reichtums, weil in jede Waare unmittelbar umsetzbar. Aber zugleich ist jede wirkliche Geldsumme quantitativ beschränkt, daher auch nur Kaufmittel von beschräkter Wirkung. Dieser Widerspruch zwischen der quantitativen Scharanke und der qualitativen Schrankenlosigkeit des Geldes treibt den Schatzbildner stets zurück zur Sisyphusarbeit der Akkumulation. Es geht ihm wie dem Welteroberer, der mit jedem neuen Land nur eine neue Grenze erobert") (MEGA II/10, p. 123 [MEW 23, p. 147; *O capital I*, p. 206]).

[79] "Dinheiro como dinheiro e dinheiro como capital diferenciam-se em primeiro lugar somente por sua forma diversa de circulação" ("Geld als Geld und Geld als Kapital unterscheiden sich zunächst nur durch ihre verschiedne Cirkulationsform") (MEGA II/10, p. 135 [MEW 23, p. 161; *O capital I*, p. 223]).

A mediação pela forma do meio de pagamento é incontornável, entretanto, já por inverter o mero M-D-M da produção simples e sua conversão direta entre a dimensão ideal e a real do valor, destacando o valor na dimensão ideal e fazendo o movimento girar em torno da representação do dinheiro. Inscrito na órbita do capital, o dinheiro também se destaca, por ser a forma geral assumida pelo valor no processo de valorização, de constituição do capital, mesmo quando usado só como meio de compra. Por isso, a fórmula D-M-D' – chamada no Livro II de *O capital* de "circuito do capital-dinheiro" – define essa autovalorização determinante da nova ordem social.

Na passagem de M-D-M para D-M-D', novo patamar da análise, as formas de valor não se limitam a mercadoria e dinheiro, abrangendo a transição de uma à outra: compra (D-M) e venda (M-D) também são formas, agora claramente formas de movimento. Inverte-se o sentido todo – do "vender para comprar" ao "comprar para vender" – pela inversão das formas mesmas, ou melhor, da *colocação* das formas de valor M e D nos vários circuitos do capital[80]. A essa mera mudança corresponderão novas apresentações do valor. Por exemplo, Marx afirma que no circuito do capital--dinheiro o "movimento *se apresenta* como D-M<$^T_{Mp}$...P", enquanto no segundo circuito, do capital produtivo, "a circulação total *se apresenta* na forma oposta à que possui no circuito do capital-dinheiro" e "os circuitos P...P e M'...M' *apresentam-se* eles mesmos como D...D', uma vez que o movimento de P e de M seja de acumulação"[81]. Ou, ainda, "o processo de valorização do capital, bem como a realização do produto mercadoria, no qual *se apresenta* o valor do capital, completa-se com M'-D'", porque "a *apresentação* de D' como relação entre d e D, como relação de capital, não é imediatamente uma função do capital-dinheiro, e sim uma função do

---

[80] Pela contraposição de *darstellen* e *vorstellen*, o Livro I de *O capital* confronta a produção simples e a capitalista: "na forma M-D-M a mesma moeda muda duas vezes de colocação. [...] Ao contrário, na forma D-M-D. Não é a mesma moeda que muda aqui duas vezes de colocação, mas a mesma mercadoria" ("In der Form w_G_w wechselt dasselbe Geldstück zweimal die Stelle [...]. Umgekehrt in der Form G_w_G. Nicht dasselbe Geldstück wechselt hier zweimal die Stelle, sondern dieselbe Waare") (MEGA II/10, p. 136 [MEW 23, p. 163; *O capital I*, p. 225]). O Livro II opõe em idênticos termos o circuito do capital-dinheiro ao do capital produtivo: "na circulação M-D-M<$^T_{Mp}$ o mesmo dinheiro muda duas vezes de *colocação*" ("In der Cirkulation w_G_w<$^A_{Pm}$ wechselt dasselbe Geld zweimal die Stelle") (MEGA II/11, p. 608; grifo meu [MEW 24, p. 77; *O capital II*, p. 151]). Respectivamente, e a seguir também no texto principal, "T" e "Mp" (A & Pm) designam força de trabalho e meios de produção, as duas mercadorias compreendidas pelo segundo "M" (w).

[81] "Die Bewegung stellt sich dar als G_w<$^A_{Pm}$...P"; "Die gesammte Cirkulation selbst stellt sich dar in der entgegengesetzten Form"; "Die Kreisläufe P...P und w'...w' stellen sich selbst nur soweit als G...G' dar, als die Bewegung v. P u. w'zugleich *Akkumulation* ist" (MEGA II/11, p. 696, 599 e 649 [MEW 24, p. 40, 70 e 111; *O capital II*, p. 117, 144 e 187]).

capital-mercadoria M'"[82]. Enfim, "para cada forma funcional do capital, o percurso total *se apresenta* como seu percurso específico, e, de fato, cada um desses circuitos condiciona a continuidade do processo total"[83]. O percurso de cada forma do capital é "específico" e, ao mesmo tempo, parte do percurso ininterrupto encadeado pelos circuitos do capital-dinheiro, do capital produtivo e do capital-mercadoria.

São apenas alguns exemplos das inúmeras ocorrências do termo "apresentação" nesse momento importante da obra de Marx, a saber, os três circuitos do capital, destinados à abertura do Livro II[84]. Não cabe aqui explicar as conhecidas diferenças entre os três circuitos, mas enfatizar o papel estratégico neles desempenhado pela "apresentação". É principalmente na seção dedicada a eles que o termo é encontrado e, como sempre, associado à ideia de metamorfose.

Dizer, então, que o circuito "se apresenta" de certa forma significa, obviamente, que ele pode ser assim apresentado pelo expositor, mas também que isso é possível só por força da apresentação do próprio capital. Nos exemplos acima, quando "o valor do capital se apresenta" no M' final do circuito do capital-mercadoria, ele adota a forma cuja "função" o obriga a passar a D', à "realização do produto mercadoria", e pode concluir "o processo de valorização". Daí ser "função do capital--mercadoria" também "a apresentação de D' como relação entre d e D", atribuindo a D' o papel de caracterizar a relação entre o capital inicial investido D e o mais-valor d, proporcionado pelo investimento. Cada "circuito específico" é forma de apresentação de um processo decorrente de uma "forma funcional do capital".

---

[82] "Der Verwerthungsprocess des Kapitals, so wie die Realisirung des Waarenprodukts, worin sich der verwerthete Kapitalwerth *darstellt*, ist also beendet mit w'_G' [...]. Die *Darstellung* v. G' als verhältniss von g zu G, als Kapital*verhältniss*, ist unmittelbar keine Funktion des Geldkapitals, sondern des Waarenkapitals w'" (MEGA II/11, p. 604 e 613, respectivamente; grifos meus [MEW 24, p. 73 e 82; *O capital II*, p. 147 e 156]).

[83] "Der Gesammtumlauf stellt sich für jede funktionelle Form des Kapitals als sein specifischer Kreislauf dar u. zwar bedingt jeder dieser Kreisläufe die Continuität des Gesammtprocesses" (MEGA II/11, p. 644; grifo meu [MEW 24, p. 108; *O capital II*, p. 182-3]).

[84] Desde a publicação pela MEGA dos manuscritos preparatórios do Livro II, em 2008, sabe-se que, em seus últimos anos de vida, Marx se concentrava em acertar esse começo, para isso tendo elaborado pelo menos seis versões depois daquela escrita entre 1863 e 1867 (antes da publicação do Livro I, portanto, em 1867): elas constam do manuscrito IV (escrito entre 1867 e 1868), do manuscrito II (escrito entre 1868 e 1870, ambos visando a uma provável publicação do Livro II logo após a do Livro I) e dos manuscritos V e VII (escritos entre 1876 e 1881), com correções e adendos em fragmentos anexados. A versão escrita entre 1863 e 1867 foi publicada na MEGA II/4.1, a versão de 1867 na MEGA II/4.3 e as seguintes na MEGA II/11. Desse material, Engels escolheu e reelaborou alguns trechos para compor sua edição da primeira seção do livro publicado em 1885 (o "manuscrito redacional" de Engels está na MEGA II/12 e a edição de 1885 do Livro II de *O capital* está na MEGA II/13).

O capital não tem simples "formas", portanto, e sim formas aptas à realização de uma "função" dentro do movimento mais amplo que o compõe, "percurso total" a unificar o processo de produção e o de circulação como algo por ele "apresentado". São esses os processos que as formas funcionais "apresentam", resolvendo e recolocando desse modo as contradições mediante as quais se desenvolve o valor que se valoriza. Como vimos no fim da primeira parte, o capital é o "sujeito" das formas de sua autovalorização, como *Selbstzweck* social mais acabado.

Mais uma vez, a apresentação explica a expressividade do capital, pois a ideia de "função" traz à tona a elo entre qualidade e quantidade, ou seja, a medida. A qualidade aparece como o valor de uso do capital-mercadoria M' e do capital produtivo P, que passa a ter importância crucial no movimento até agora descrito pela perspectiva exclusiva da forma, trazendo para a análise questões de conteúdo que vão desde a matéria dos bens comprados e vendidos até a peculiaridade do nexo social que os produz. Elas completam a definição de capital, de modo a permitir um melhor entendimento do significado também da forma.

Já no circuito do capital-dinheiro, a forma final D', adotada para voltar ao começo e entrar em novo processo de valorização, impõe um paralelo estabelecido pela própria apresentação:

> em primeiro lugar, há aí uma *diferença quantitativa*. Ele era 422 £ (= D) e agora é 500 £ (= D') [...]. Nessa soma, D' apresenta simultaneamente uma relação *qualitativa*, apesar de tal relação qualitativa mesma existir apenas como relação das partes de uma soma de homônimos, isto é, apenas como relação quantitativa.[85]

---

[85] "Erstens ist eine *quantitative Differenz* da. Es war 422 £ (= G); es ist jetzt 500 £ (= G') [...]. Als solche Summe stellt G' zugleich ein *qualitatives* Verhältniss dar, obgleich dies qualitative Verhältniss selbst nur als Verhältniss existirt" (MEGA II/11, p. 581-2 [MEW 24, p. 49; *O capital II*, p. 126]). No Livro I, Marx dizia que o capital "*se apresenta*, de súbito, como uma substância em processo, que move a si mesma [...]. Em vez de *apresentar* relações entre mercadorias, ele entra, por assim dizer, em uma relação privada consigo mesmo. Ele se diferencia, enquanto valor original, de si mesmo enquanto mais-valor, como Deus-Pai [se diferencia] de si mesmo enquanto Deus-Filho e ambos têm a mesma idade e formam de fato uma só pessoa, pois só através do mais-valor de 10 libras as 100 libras adiantadas se tornam capital e, tão logo elas se converteram nele [capital], tão logo o Filho e, através do Filho, o Pai produz, desaparece novamente sua diferença e ambos são um, 110 libras" ("*stellt* sich plötzlich *dar* als eine processirende, sich selbst bewegende Substanz [...]. Statt Waarenverhältnisse *darzustellen*, tritt er jetzt so zu sagen in ein Privatverhältnis zu sich selbst. Er unterscheidet sich als ursprünglicher Werth von sich selbst als Mehrwerth, als Gott Vater von sich selbst als Gott Sohn, und beide sind vom selben Alter, und bilden in der That nur eine Person, denn nur durch den Mehrwerth von 10 Pfd. St. Werden die vorgeschossenen 100 Pfd. St. Kapital, und sobald dieß geworden, sobald der Sohn, und durch der Sohn der Vater erzeugt, verschwindet ihr Unterschied wieder und sind beide Eins, 110 Pfd. St.") (MEGA II/10, p. 142; grifos meus [MEW 23, p. 169-70; *O capital I*, p. 230]).

Embora "homônimos", frações iguais de capital-dinheiro distintas apenas em quantidade, D e D' estabelecem entre si uma diferença "qualitativa" que só pode vir da distinção funcional, dada a homogeneidade da sua substância: D' é produto da valorização de D e o diferencial de ambos – ΔD – pode ser capitalizado e criar mais-valor[86]. "D' apresenta [...] uma relação qualitativa", portanto, estabelecida pelo impulso sem repouso do capital a ultrapassar os limites por ele sempre de novo demarcados. Adquire sentido o "tormento de Sísifo" do devedor e do entesourador, ao realizar a "contradição entre o limite quantitativo e a falta de limite qualitativo do dinheiro"[87].

Aqui convergem qualidades sociais e valores de uso peculiares. No seu circuito de valorização, o capital deve comprar força de trabalho e, para tanto, sabemos, supõe-se a situação histórica que a transforma em mercadoria, cindida da propriedade dos meios de produção e apta a valorizar valor. O capital produtivo consiste justamente nestes dois valores de uso: força de trabalho e meios de produção, a partir dos quais se esclarece o outro aspecto da relação entre quantidade e qualidade. Marx diz, a propósito, que, "além dessa divisão qualitativa da soma de mercadorias M em que D foi investido, $D-M<^T_{Mp}$ apresenta uma relação *quantitativa* altamente característica"[88]. A determinação anterior se inverte e explica, pois agora é a qualidade dos bens comprados que "apresenta uma relação quantitativa", é o valor de uso da força de trabalho que produz o valor novo incorporado a D'.

Na "apresentação" de D', portanto, a "diferença quantitativa" determina uma "relação qualitativa", bem como a "divisão qualitativa" do dinheiro investido em força de trabalho e meios de produção determina a "relação quantitativa altamente característica" do capital, a autovalorização. E isso porque a "divisão qualitativa" já se determina de modo quantitativo, ou seja, porque a força de trabalho e os meios de produção não podem se apresentar em quantidades quaisquer, mas

---

[86] "A relação de capital contida em D', a referência de uma de suas partes, como valor de capital, à outra, como seu incremento de valor, recebe justamente significado funcional uma vez que, sob constante repetição do circuito D... D', D' se divide em duas circulações, circulação de capital e circulação de mais-valor; portanto, as duas partes cumprem funções diversas não só *quantitativa* mas também *qualitativamente*, D diferente de d" ("Das in G' enthaltene Kapitalverhältniss, seine Beziehung v. einem Theil der Summe als dessen Werthincrement, bekommt allerdings funktionelle Bedeutung, so weit bei beständiger Wiederholung des Kreislaufs G...G', G' sich in 2 Cirkulationen spaltet, Kapitalcirculation u. Mehrwerthcirkulation, also die beiden Theile nicht mehr blos quantitativ, sondern qualitativ verschiedne Funktionen vollziehn, G andre als g") (MEGA II/11, p. 583; grifos meus [MEW 24, p. 51; *O capital II*, p. 128]).

[87] Já citado na nota 78 (p. 129).

[88] "Ausser dieser qualitativen Spaltung der Waarensumme w, worin G umgesetzt wird, stellt $G\_w<^A_{Pm}$ aber noch ein höchst charakteristisches *quantitatives* Verhältniss dar" (MEGA II/11, p. 687 [MEW 24, p. 32; *O capital II*, p. 108]).

naquelas exigidas pelo processo de produção específico de um bem. A qualidade, portanto, "apresenta-se" com uma quantidade e esta, em uma qualidade. Cada forma de apresentação corresponde a uma medida, a uma combinação precisa de qualidade e quantidade, na qual ambas se determinam reciprocamente. Enquanto "sujeito" do processo, o capital preside a passagem de uma forma de apresentação para outra dentro de um circuito, assim como a passagem mesma de um circuito para outro, sempre de acordo com as medidas cabíveis. E até essas passagens são "apresentação", como dizia um dos textos citados acima (ver nota 80, p. 130), em que "os circuitos P...P e M'...M' se apresentam como D...D' se o movimento de P e de M' for de acumulação".

Mas, com esse aspecto da apresentação associado à medida, Marx introduz um elemento novo no problema da valorização do valor. Distintos capitais individuais se entrelaçam em seus respectivos circuitos[89], podendo coincidir em um momento funcional, no qual, para uns, se apresenta a fase de venda do produto e, para outros, a da compra de meios de produção. O mesmo M-D significa operações opostas para cada um dos lados envolvidos. Como a quantidade do que se quer vender e do que se quer comprar varia segundo as distintas necessidades desses capitais, a concordância das medidas numa determinada forma é fortuita. A coincidência na forma não implica a concordância quantitativa para capitais independentes, cuja relação se dá praticamente no mercado.

O problema fica ainda mais complicado levando-se em conta que essas medidas de valor são medidas de *tempo* de trabalho, pelas quais se distingue até a duração das tarefas de produção e de circulação de mercadorias para capitais envolvidos nos vários ramos de atividade. A coincidência deles numa certa forma funcional do circuito também não implica concomitância das funções simétricas aí entretecidas. Um capital individual pode ter de vender mercadorias que o outro capital ainda não tem meios para comprar, ou ter de comprar mercadorias que o outro ainda não pode vender, talvez porque nem sequer as tenha produzido. Na produção capitalista, prazos de venda, de compra e de produção em geral divergem. Nesse ponto, Marx volta a empregar uma palavra decisiva:

---

[89] "Em primeiro lugar, como vimos, D-M (MP) pode *apresentar* um entrelaçamento das metamorfoses de diversos capitais individuais. [...] o mesmo ato de circulação *apresenta* aqui metamorfoses opostas de dois capitais industriais (pertencentes a ramos de produção diversos), portanto, entrelaçamento da série de metamorfoses desses capitais" ("Erstens kann G_w (pm) wie wir gesehn eine Verschlingung der Metamorphosen verschiedner individueller Kapitalien *darstellen* [...] derselbe Cirkulationsakt entgegengesetze Metamorphosen zweier (verschiednen Produktionszweigen angehöriger) industrieller Kapitalien *darstellt*, also Verschlingung der Metamorphosenreihe dieser Kapitalien") (MEGA II/11, p. 654-5; grifos meus [MEW 24, p. 117; *O capital II*, p. 193]).

essa diferença de tempo entre a execução de M-D e de D-M pode ser mais ou menos considerável. Embora, como resultado do ato M-D, D *represente* trabalho passado, D pode *representar* no ato D-M a forma transformada de mercadorias que ainda não estão disponíveis no mercado, que só se encontrarão nele no futuro, pois D-M deve ocorrer só depois de novo M ser produzido. (Do mesmo modo, D pode *representar* mercadorias que serão produzidas simultaneamente ao M de que ele é expressão de valor). Por exemplo, [...] ao funcionar como acumulação de dinheiro, e não como renda gasta, d pode *representar* lã que só será produzida no ano seguinte.[90]

Até aqui o dinheiro vinha se apresentando, inclusive como capital-dinheiro, na mera função de meio de compra. Mas a "diferença de tempo" impõe a ele outras formas, como adiantamentos e pagamentos. O ajuste de compras e vendas em momentos distintos, assegurando aos capitais entrelaçados a fluidez nos circuitos, é feito pelo dinheiro como forma "representada". Determinados insumos essenciais, necessários em medidas e ritmos igualmente determinados, independentes das condições de sua oferta, só podem ser plenamente garantidos pelo recurso a essa representação, que torna viável comprar antes de vender.

No sentido já examinado do deslocamento no tempo, o do meio de pagamento, aqui é o lugar onde se utiliza o "dinheiro contábil" como substituto do dinheiro real em novos negócios, transferindo-o de um capital para outro. E esse é o caso não só da compra de força de trabalho, cujo salário é sempre pago depois do trabalho realizado, mas também da compra de matérias-primas. Os credores e os devedores do item anterior são principalmente os capitalistas, que carregam um "poder social no bolso" muito maior do que o produtor simples. Pois, se cada transação permite contabilizar e empregar aquela promessa de pagamento como capital-dinheiro, e não só como meio de compra de simples mercadorias, na sucessão de transferências esse dinheiro representado cauciona a criação real de valores novos, valorizando todos os capitais individuais envolvidos e potenciando a capacidade organizadora da produção e da circulação mercantil pelo capital. Ele reforça o "comando do

---

[90] "[...] diese Zeitdifferenz zwischen der Exekution der beiden Akte kann mehr od. minder beträchtlich sein. Obgleich als Resultat des Akts W_G, G vergangne Arbeit *vorstellt*, kann G für den Akt G_W die verwandelte Form v. Waaren *vorstellen*, die noch gar nicht auf dem Markt befindlich sind, sondern sich erst in Zukunft darauf befinden werden, da G_W erst vorzugehn braucht, nachdem W neu producirt ist (G kann ebensowohl Waaren vorstellen, die gleichzeitig mit dem W, dessen Geldausdruck es ist, producirt werden). Z.B. [...] Soweit g als Geldaccumulation functionirt, nicht als Revenü verausgabt wird, kann es Baumwolle *vorstellen*, die erst nächstes Jahr producirt etc producirt wird)" (MEGA II/11, p. 607-8; grifos meus [MEW 24, p. 76-7; *O capital II*, p. 150-1]). Engels substitui em sua edição do Livro II o "funcionar" do manuscrito de Marx por "figurar".

trabalho alheio" – tanto o imediato, dos próprios empregados, quanto o mediado pela troca, que dá acesso ao produto do trabalho contratado por outros capitais.

No entanto, o texto acima se refere também a outro sentido do deslocamento no tempo. A representação permite uma antecipação, um movimento inverso ao do meio de pagamento. Pois o equivalente do tempo de "trabalho passado" compra mercadorias "não disponíveis no mercado, que só se encontrarão nele no futuro"; e isso porque ainda serão produzidas, ou porque ainda não estão disponíveis, apesar de serem produzidas "simultaneamente" àquelas em troca das quais o dinheiro foi obtido. O dinheiro representa tanto mercadorias vendidas quanto, idealmente, as compradas para o futuro.

De qualquer modo, em ambos os sentidos resolve-se a oposição entre as dimensões real e ideal do dinheiro. Na forma de pagamento, a mercadoria passa para as mãos do comprador, passa de valor de uso ideal para real, e o dinheiro permanece como medida de valor até ser pago. Na forma de adiantamento, ao contrário, o dinheiro circula, e o que permanece ideal é a mercadoria, cuja compra se antecipa, mas cujo recebimento e respectivo consumo se posterga. A mercadoria não passa de imediato a valor de uso real nas mãos do comprador; o vendedor apenas se compromete a produzi-la e entregá-la no futuro; mas sua figura ideal se representa como valor projetado pelo equivalente. O ato pelo qual o dinheiro circula do mesmo modo o define como medida do valor – no caso, o da mercadoria a receber. Pela compra antecipada, o capitalista pode garantir a apropriação de um insumo cujo valor ou preço ele calcula que subirá. Não é tanto o dinheiro, então, e sim a própria mercadoria que tem o preço representado. É o trabalho futuro da produção que o capital "comanda" desde o presente.

A "diferença de tempo", a defasagem dos circuitos e das funções de capitais independentes, os vários tipos de trabalho concreto e de meios de produção que é preciso adquirir – tudo isso distancia a apresentação da representação do valor. A medida desse valor – a qualidade que se apresenta em certa quantidade e a quantidade que se apresenta com qualidades específicas – passa a ter existência apenas representada nos preços a pagar ou a antecipar. Nesse sentido, a apresentação permanece constitutiva da medida, mas oculta por um processo que parece derivar a medida de uma representação autônoma, puramente ideal, vinculada ao dinheiro como símbolo de valor. É que agora o que está presidindo essa inversão é o capital como *Selbstzweck*, finalidade em si de um "sujeito" dado a conhecer como representante de todo o valor social. De acordo com as medidas de sua autovalorização, ele se cinde, separa momentos no tempo e no espaço, atribui funções e distribui papéis. Essa autonomia, justamente por ser formal, encarna-se perfeitamente no dinheiro como símbolo de "comando sobre o trabalho", sendo em tal símbolo que o fetichismo adquire força e expressão máximas, portanto. O acesso à riqueza, não só à que se pode comprar, mas à que se pode mandar produzir, é franqueado por tais representações do capital-dinheiro e afigura-se, ele mesmo, como representação, ou seja, como expectativa de produção e valorização. Nesse momento, o "poder social" supera limites espaciais e barreiras temporais e apresenta-se todo investido na forma, que, pela idealização real, se desgarra e agarra a substância verdadeira da sociabilidade.

3.
Para além do palco onde se encena a investidura do capital em "sujeito" central da sociedade, descortina-se a atividade dos bastidores, com todo um maquinismo de alçapões, gruas, adereços, luzes e fumaça. A imagem teatral de Marx, em todo caso, mais uma vez é clara:

> Ao sair dessa esfera da circulação simples ou da troca de mercadorias, [...] algo já se transforma, parece, na fisionomia de nossos *dramatis personae*. O antigo possuidor de dinheiro adianta-se como capitalista, o possuidor de força de trabalho segue-o como seu trabalhador; aquele sorrindo significativamente, satisfeito e empreendedor, este tímido e relutante, como alguém que levou sua pele ao mercado e que nada mais tem a esperar senão o – curtume.[91]

Como na passagem do meio de circulação ao de pagamento da nota 73 (p. 125), as novas funções definem novos personagens. Agora, porém, não por uma mera inversão formal, e sim por um verdadeiro deslocamento no âmbito da ação, que designa para os atores papéis e posturas totalmente distintos num espaço de representação marcado pela assimetria.

---

[91] "Beim Scheiden von dieser Sphäre der einfachen Cirkulation oder des Waarenaustausches [...] verwandelt sich, so scheint es, schon in etwas die Physiognomie unsrer dramatis personae. Der ehemalige Geldbesitzer schreitet voran als Kapitalist, der Arbeitskraftbesitzer folgt ihm nach als sein Arbeiter; der eine bedeutungsvoll schmunzelnd und geschäftseifrig, der scheu, widerstrebsam, wie Jemand, der seine eigne Haut zu Markt getragen und nun nichts andres zu erwarten hat als die - Gerberei" (MEGA II/10, p. 161 [MEW 23, p. 190-1; *O capital I*, p. 251]). Pouco antes, Marx começava assim a descrever a cena: "Junto com o possuidor de dinheiro e o possuidor de força de trabalho, abandonamos essa esfera ruidosa, situada na superfície e acessível a todo o olhar, para segui-los ao local escondido da produção, em cujo umbral se pode ler: *No admittance except on business*" [proibida a entrada de estranhos ao serviço] ("Diese geräuschvolle, auf der Oberfläche hausende und Aller Augen zugängliche Sphäre verlassen wir daher, zusammen mit Geldbesitzer und Arbeitskraftbesitzer, um beiden nachzufolgen in die verborgne Stätte der Produktion, an deren Schwelle zu lesen steht: No admittance except on business") (MEGA II/10, p. 160 [MEW 23, p. 189; *O capital I*, p. 150]).

Em primeiro lugar, define-se o *fundamento* do "poder social", que "no bolso" dos capitalistas assume a função especial de criar e recriar postos de trabalho para quem recebe salário, isto é, remuneração em dinheiro. É como capital-dinheiro que o dinheiro aparece na plenitude da força de configurar sociabilidade, principalmente por impulsionar a produção das mercadorias mais tarde compradas por seus próprios produtores diretos, ou seja, por determinar a nova função da esfera da circulação a partir das condições específicas da produção capitalista. O trabalhador empregado tem de ser aqui também consumidor, e só por isso recebe dinheiro ou, antes, só por isso também se apresenta como vendedor de uma mercadoria, participante das trocas. Mas sua situação social resulta desde o início do poder do capital, constituído pela propriedade exclusiva dos meios de produção. Daí o mencionado reparo de Marx à definição clássica:

> O capital não é, portanto, apenas comando sobre trabalho, como diz A. Smith. Ele é essencialmente comando sobre trabalho não pago. [...] O mistério da autovalorização do capital resolve-se na sua disposição sobre um *quantum* determinado de trabalho alheio não pago.[92]

Trata-se da capacidade de "dispor" do "trabalho alheio" pela via do assalariamento, e não mais de ter acesso a ele pela compra das mercadorias e serviços prontos de produtores autônomos. Essa nova "disposição" traz embutido o mais-valor, a diferença entre trabalho pago e "não pago", apropriada pelo capital como "*auto*valorização".

Mais do que criação de valor e de "apresentação" de trabalho em geral no valor de uma mercadoria, aqui é o caso da apresentação de *cada parte* do trabalho, a paga e a não paga, nas partes do valor final em que se materializa a valorização característica do sistema. Até o modo da "apresentação" daí se altera. Marx pode falar, então, que "um determinado *quantum*, um quintal, por exemplo, de carvão arrancado do veio *apresenta* um determinado *quantum* de trabalho sugado"[93], pois aquela simples "diferença entre o trabalho que cria valor de uso e o trabalho que cria valor, obtida antes na análise da mercadoria, agora *se apresenta* como diferenciação dos diversos

---

[92] "Das Kapital ist also nicht nur Kommando über Arbeit, wie A. Smith sagt. Es ist wesentlich Kommando über unbezahlte Arbeit [...]. Das Geheimniß von der Selbstverwerthung des Kapitals löst sich auf in seine Verfügung über ein bestimmtes Quantum unbezahlter fremder Arbeit" (MEGA II/10, p. 478-9 [MEW 23, p. 556; *O capital I*, p. 602]).

[93] "[...] *stellte* ein bestimmtes Quantum aus dem Bett losgebrochener Kohle, z. B. ein Centner, ein bestimmtes Quantum aufgesaugter Arbeit *dar*" (MEGA II/10, p. 173; grifo meu [MEW 23, p. 204; *O capital I*, p. 267]).

lados do processo de produção"[94]. A passagem de nível do trabalho em geral ao trabalho assalariado cria uma "apresentação" distinta, que "diferencia os diversos lados do processo" de composição do valor e os relaciona como tempo de trabalho necessário e tempo de trabalho excedente. Ela está, com isso, na base do capital.

É o tema do sétimo capítulo do Livro I de *O capital*, mais exatamente da seção intitulada "Apresentação do valor do produto em partes proporcionais do produto"[95]. O capital se distribui – e daí se "apresenta" – em partes distintas de valor, de acordo com medidas precisas. Em tais medidas, articula qualidade e quantidade do trabalho subordinado a ele e, assim "como o valor total se *apresenta* no produto total [...], também os diversos elementos do valor devem ser *apresentáveis* em partes proporcionais do produto". O produto é decomposto, então,

> em um *quantum* que *apresenta* apenas o trabalho contido nos meios de produção, ou parte constante do capital; em outro *quantum* que *apresenta* apenas o trabalho necessário adicionado no processo de produção, ou parte variável do capital; e um último *quantum* de produto que *apresenta* apenas o mais-trabalho adicionado no mesmo processo, ou o mais-valor.[96]

Se até a divisão de fundo entre capital constante, capital variável e mais-valor pode ser caracterizada como "apresentação" das partes do tempo de trabalho pelo capital, é possível caracterizar também desse modo as relações entre as partes, ou seja, a composição orgânica – capital variável sobre capital constante – e a taxa de mais-valor – mais-valor sobre capital variável.

A produtividade do trabalho pode então ser medida conforme "cresça a massa de produtos nos quais *se apresenta* um determinado valor, e assim também um mais-valor de dada grandeza", devido a uma mudança nas condições de produção, pela qual agora "o mesmo valor constante de capital *se apresenta* em mais meios

---

[94] "Man sieht: der früher aus der Analyse der Waare gewonnene Unterschied zwischen der Arbeit, soweit sie Gebrauchswerth, und derselben Arbeit, soweit sie Werth schafft, hat sich jetzt als Unterscheidung der verschiednen Seiten des Produktionsprocesses *dargestellt*" (MEGA II/10, p. 179; grifos meus [MEW 23, p. 211; *O capital I*, p. 273]).

[95] "Darstellung des Produktenwerths in proportionellen Theilen des Produkts" (MEGA II/10, p. 198 [MEW 23, p. 234; *O capital I*, p. 296]).

[96] "Da dieser Gesammtwerth sich in dem Gesammtprodukt [...] *darstellt*, müssen auch die verschiednen Werthelemente in proportionellen Theilen des Produkts *darstellbar* sein. [...] in ein Quantum Produkt, das nur die in den Produktionsmitteln enthaltene Arbeit oder den konstanten Kapital, ein andres Quantum, das nur die im Produktionsproceß zugesetzte nothwendige Arbeit oder den variablen Kapitaltheil, und ein letztes Quantum Produkt, das nur die im selben Proceß zugesetzte Mehrarbeit oder den Mehrwerth *darstellt*" (MEGA II/10, p. 199 e 200; grifos meus [MEW 23, p. 235 e 236; *O capital I*, p. 297 e 298]).

de produção, isto é, mais matérias auxiliares, meios e materiais de trabalho [...]"[97]. Retoma-se aqui claramente o sentido da apresentação como medida.

No sentido tradicional de exposição de conceitos, entretanto, Marx critica o modo de apresentação da economia política, apontando o que as fórmulas por ela elaboradas para calcular a taxa do mais-valor dissimulam:

> a *apresentação* do mais-valor e do valor da força de trabalho como frações do valor do produto – um *modo de apresentação*, aliás, que resulta do próprio modo de produção capitalista e cujo significado será mais tarde esclarecido – esconde o caráter específico da relação de capital, a saber, a troca de capital variável por força de trabalho vivo e a exclusão correspondente do trabalhador do produto.[98]

Deixemos para "mais tarde", junto com Marx, o exame detalhado da relação crucial de "modo de apresentação" e "modo de produção". O que está em jogo e interessa por ora é que a construção das fórmulas, pela composição das partes por que se distribui o valor do produto, permite ocultar o trabalho não pago e o mais-valor, apresentando o capitalismo como sistema harmônico. Isso só é possível, evidentemente, devido a algo na *realidade* desse "modo de produção", algo que se passa entre o palco e os bastidores, para voltarmos à metáfora do começo. Qual é de fato o papel interpretado pelos atores? Possuidor de dinheiro e vendedor de mercadoria, ou patrão e empregado?

Está em jogo a determinação complexa do trabalho assalariado, com um pé na esfera da circulação e outro na da produção. Não por acaso, a crítica aos economistas feita no texto anterior é seguida por toda a discussão da sexta seção do Livro I –

---

[97] "Derselbe konstante Kapitalwerth *stellt* sich in mehr Produktionsmitteln, d.h. mehr Arbeitsmitteln, Arbeitsmaterial und Hilfsstoffen *dar* [...]" (MEGA II/10, p. 542; grifo meu [MEW 23, p. 631; *O capital I*, p. 679]). Também nos exemplos numéricos de Marx: "Se uma hora de trabalho se apresenta em um *quantum* de ouro de 6 d. ou ½ sh., então uma jornada de trabalho de doze horas produz um valor de 6 sh. [...] De outro modo, a jornada de trabalho de doze horas agora *se apresenta* em 24 unidades de mercadoria, e não como antes em 12" ("*Stellt* sich eine Arbeitsstunde in einem Goldquantum von 6 d. oder ½ sh. *dar*, so wird in zwölfstündigem Arbeitstag ein Werth von 6 sh. producirt [...]. Andreseits *stellt* sich aber der zwölfstündige jetzt für ihn in 24 Stück Waare *dar* statt früher in 12") (MEGA II/10, p. 285-6; grifos meus [MEW 23, p. 335-6; *O capital I*, p. 391-2]).

[98] "Die *Darstellung* von Mehrwerth und Werth der Arbeitskraft als Bruchtheilen des Werthprodukts – eine *Darstellungsweise*, die übrigens aus der kapitalistische Produktionsweise selbst erwächst und deren Bedeutung sich später erschließen wird – versteckt den specifischen Charakter des Kapitalverhältnisses, nämlich den Austausch des variablen Kapitals mit der lebendigen Arbeitskraft und den entsprechenden Ausschluß des Arbeiters vom Produkt" (MEGA II/10, p. 477; grifos meus [MEW 23, p. 555; *O capital I*, p. 601]).

"O salário". A prática real dos capitalistas, a organização real do capitalismo, confere ao trabalho a ambiguidade explícita na forma de sua remuneração e, daí, do cálculo do mais-valor. Vejamos.

Já no começo da seção sobre o salário, Marx afirma, talvez de maneira surpreendente, que

> o trabalho é a substância e a medida imanente dos valores, mas ele mesmo não tem valor. Na expressão: "valor do trabalho", o conceito de valor não só está totalmente removido, mas virado no seu contrário. É uma expressão imaginária, como valor da terra. Tais expressões imaginárias, porém, surgem das próprias relações de produção. São categorias para formas de aparecimento de relações essenciais.[99]

Nesse importante texto, chama a atenção desde logo o paradoxo da "substância e medida" do valor não ter valor e, por isso, o seu próprio conceito se apagar e inverter: parece que o valor não existe, ou que existe só como "expressão imaginária".

Trata-se de uma das situações de mercadorias que têm preço sem ter valor, por não serem produto de trabalho, e às quais atribuir valor – como em "valor da terra" e "valor do trabalho" – deriva de uma espécie de "imaginação" social. Essa situação geral será examinada adiante, na Parte III, mas já é bom advertir que não é o caso de grande parte das mercadorias. Tampouco da força de trabalho; mas é, sim, do trabalho. A distinção entre força de trabalho e trabalho é que este último se converte historicamente em valor de uso daquela primeira, ou seja, de uma mercadoria detentora de valor próprio, distinto do valor produzido a seguir pelo trabalho. Ambos os valores parecem idênticos, porém: o valor criado pelo trabalho parece ser o valor do trabalho, ou melhor, e o esclarecimento é decisivo, o valor *da força de trabalho*. A confusão dos dois valores obscurece o "comando sobre o trabalho não pago" e impede daí o reconhecimento do mais-valor, fazendo pensar que a remuneração da força de trabalho cobre integralmente o valor acrescido ao produto pelo trabalho vivo. Dessa maneira, tal remuneração, o salário, encerra o "mistério" da origem da valorização do valor numa forma chamada por Marx de "irracional"[100].

---

[99] "Die Arbeit ist die Substanz und das immanente Maß der Werthe, aber sie selbst hat keinen Werth. Im Ausdruck: 'Werth der Arbeit' ist der Werthbegriff nicht nur völlig ausgelöscht sondern in sein Gegentheil verkehrt. Es ist ein imaginärer Ausdruck wie etwa Werth der Erde. Diese imaginären Ausdrücke entspringen jedoch aus den Produktionsverhältnissen selbst" (MEGA II/10, p. 481 [MEW 23, p. 559; *O capital I*, p. 607]).

[100] Depois de afirmar que "a história mundial precisa de muito tempo para deslindar o mistério do salário", Marx adverte: "a forma do salário por peça é tão irracional quanto a do salário por tempo" ("Braucht die Weltgeschichte viele Zeit, um hinter das Geheimniß des Arbeitslohns zu kommen [...]. Die Form des Stücklohns ist ebenso irrationell als die des Zeitlohns") (MEGA II/10, p. 484 e

E a "irracionalidade" aqui não deriva de ilusões subjetivas, pois, ainda conforme o texto anterior, as "expressões imaginárias surgem das próprias relações de produção", da forma singular assumida pelo trabalho sujeito ao capital. A apresentação retoma com isso o sentido de expressividade das formas sociais, e "o valor [...] em que *se apresenta* a parte paga da jornada de trabalho aparece como valor ou preço da jornada de trabalho inteira de doze horas, que *contém* seis horas não pagas", de modo que a "forma de salário remove qualquer traço de divisão da jornada de trabalho em trabalho necessário e mais-trabalho, em trabalho pago e não pago"[101]. A apresentação oculta o que ela "contém". O valor total do produto apresenta as suas partes – trabalho morto, trabalho vivo pago e trabalho vivo não pago – numa grandeza única, ao pagar a força de trabalho como trabalho prestado. O Livro II arremata: "mas nós sabemos que o salário é meramente uma forma travestida, uma forma na qual o preço diário, por exemplo, da força de trabalho *apresenta-se* como preço do trabalho realizado durante o dia"[102].

---

494 [MEW 23, p. 562 e 576; *O capital I*, p. 610 e 623]). E no Livro II de *O capital*: "aqui não é o irracional da forma que vale como algo característico. Essa irracionalidade, ao contrário, passa inadvertida. O irracional consiste em que o trabalho, como elemento que forma valor, não possui valor ele mesmo; em que um determinado *quantum* de trabalho, portanto, não pode ter um valor que se exprima em seu preço, em sua equivalência com um *quantum* de dinheiro" ("Hier ist es wieder nicht das Irrationelle der Form, welches für das charakteristische gilt. Dies Irrationelle wird vielmehr übersehn. Das Irrationelle besteht darin, dass Arbeit als Werthbildendes Element selbst keinen Werth besitzen, also ein bestimmtes Quantum Arbeit auch keinen Werth haben kann, der sich in ihrem Preise ausdrückt, in ihre Equivalenz mit einem bestimmten Quantum Geld") (MEGA II/11, p. 691 [MEW 24, p. 35; *O capital II*, p. 150-1]). Conforme exposto na sexta seção do Livro I, se a forma de salário por tempo já permite ao capital escamotear a exploração, apagando a divisão entre o tempo necessário e o excedente, o salário por tarefa ou peça produzida o faz ainda melhor, ao apagar a centralidade do tempo no processo de trabalho, embora seja ainda o tempo que conta, embutido no valor total da(s) peça(s) produzida(s).

[101] "Der Werth [...] worin sich die bezahlte Theil des Arbeitstags *darstellt*, erscheint als Werth oder Preis des Gesammtarbeitstags von 12 Stunden, welcher 6 unbezahlte Stunde *enthält*. Die Form des Arbeitslohns löscht also jede Spur der Theilung des Arbeitstags in nothwendige Arbeit und Mehrarbeit, in bezahlte und unbezahlte Arbeit aus" (MEGA II/10, p. 483; grifos meus [MEW 23, p. 562; *O capital I*, p. 610]).

[102] "Aber wir wissen, dass der Arbeitslohn blos eine verkleidete Form ist, eine Form worin z.B. der Tagespreis der Arbeitskraft sich als Preis der während eines Tages v. dieser Arbeitskraft flüssig gemachten Arbeit *darstellt*" (MEGA II/11, p. 691; grifo meu [MEW 24, p. 35; *O capital II*, p. 112]). E no Livro I: "veremos a seguir como o valor e o preço da força de trabalho se *apresentam*, em sua forma transmutada, como salário" ("Sehn wir nun zunächst, wie Werth und Preise der Arbeitskraft sich in ihrer verwandelten Form als Arbeitslohn *darstellen*"). E também: "a forma transmutada em que se *apresenta* imediatamente o valor diário, o valor semanal etc., da força de trabalho é a do 'salário por tempo', ou seja, salário diário etc." ("Die verwandelte Form, worin der Tageswerth, Wochenwerth u.s.w. der Arbeitskraft sich unmittelbar *darstellt*, ist daher die des

Não obstante, as "expressões imaginárias surgem das próprias relações de produção". Pois esse modo específico de sociabilidade projeta a forma de mercadoria da força de trabalho sobre o seu uso, sobre a atividade do trabalho subordinado ao capital. O "irracional" do salário é fruto de um deslocamento da racionalidade capitalista[103] pelo qual a apropriação do trabalho não pago se "esconde" no valor total do produto, por corresponder ao direito de propriedade do capitalista aos meios de produção, ao produto e até mesmo à força de trabalho por ele comprada.

Concebe-se então a importância decisiva da transformação de valor e preço da força de trabalho na forma do salário ou no valor e preço do próprio trabalho. Sobre essa forma de manifestação, que torna invisível a relação efetiva e mostra o seu exato contrário, repousam todas as representações jurídicas [*Rechtsvorstellungen*] do trabalhador, bem como do capitalista, todas as mistificações do modo de produção capitalista, todas as suas ilusões de liberdade, todas as artimanhas apologéticas da economia vulgar.[104]

Mais uma vez, a apresentação se inverte em "representação". Tanto a igualdade legal entre capitalista e assalariado como a "liberdade" do assalariado para vender a sua força de trabalho a capitais individuais distintos são formas próprias da esfera

---

'Zeitlohns' also Tageslohn etc") (MEGA II/10, p. 482 e 486; grifos meus [MEW 23, p. 561 e 565; *O capital I*, p. 609 e 613]).

[103] "Mas 90 £ de capital variável é aqui de fato só um *símbolo* do processo que esse valor percorre. A parte de capital despendida na compra de força de trabalho é um *quantum* determinado de trabalho pretérito, portanto uma grandeza de valor constante, tal como o valor força de trabalho comprada. Mas no processo de produção a força de trabalho em atividade *coloca-se no lugar* das 90 £ despendidas, o trabalho vivo *no lugar* do morto, uma grandeza fluente *no lugar* de uma em repouso, uma variável *no lugar* de uma constante" ("Aber 90 £ variables Kapital ist hier in der That nur Symbol für den Proceß, den dieser Werth durchläuft. Der im Ankauf der Arbeitskraft vorgeschoßne Kapitaltheil ist ein bestimmtes Quantum vergegenständlichter Arbeit, also konstante Wertgröße, wie der Werth der gekauften Arbeitskraft. Im Produktionproceß selbst aber tritt *an die Stelle* der vorgeschoßnen 90 Pfd. St. die sich bethätigende Arbeitskraft, *an die Stelle* todter lebendige Arbeit, *an die Stelle* einer ruhenden eine fließende Größe, *an die Stelle* eine konstanten eine variable") (MEGA II/10, p. 193; grifos meus [MEW 23, p. 228; *O capital I*, p. 291]). Antecipando o nexo com a representação que virá a seguir, Marx fala aqui novamente de uma forma de valor – o capital variável despendido em salários – como "símbolo", isto é, algo "no lugar" de algo, representando-o e, com isso, ocultando-o.

[104] "Man begreift daher die entscheidende Wichtigkeit der Verwandlung von Werth und Preis der Arbeitskraft in die Form des Arbeitslohns oder in Werth und Preis der Arbeit selbst. Auf dieser Erscheinungsform, die das wirkliche Verhältniß unsichtbar macht und grade sein Gegentheil zeigt, beruhn alle Rechtsvorstellungen des Arbeiters wie des Kapitalisten, alle Mystificationen der kapitalistischen Produktionsweise, alle ihre Freiheitsillusionen, alle apologetischen Flausen der Vulgärökonomie" (MEGA II/10, p. 484 [MEW 23, p. 562; *O capital I*, p. 610]).

da circulação mercantil; as "ilusões" surgem quando elas são transpostas à esfera da produção. Na circulação, no entanto, liberdade e igualdade expressam a condição da troca de equivalentes, correspondendo assim a uma realidade essencial já para a determinação efetiva do mais-valor[105]. Embora o trabalhador seja assalariado por ser não proprietário dos meios com que opera, ele é proprietário de si e de sua força de trabalho, de cuja venda obterá o salário para comprar meios de consumo. Ele também é proprietário, portanto. Mas ele o é, nesse caso, para que o capital tenha mais liberdade na disposição de sua força de trabalho. Sua condição de proprietário e vendedor de força de trabalho supõe sua exclusão da propriedade dos meios de produção, exclusão que funda a oposição entre trabalhador e capitalista também na esfera da produção, assim permitindo a criação do mais-valor. Porém, a exclusão fundadora se apaga com a confusão entre trabalho e força de trabalho. E, portanto, inverte a assimetria social própria à oposição do capital ao trabalho assalariado na simetria legal subjacente à noção de equivalência.

---

[105] O mais-valor não resulta apenas do processo de trabalho. Marx diz que "o capital não pode se originar da circulação, tampouco não se originar da circulação. Ele deve simultaneamente se originar dela e não dela" ("Kapital kann also nicht aus der Cirkulation entspringen und es kann eben so wenig aus der Cirkulation nicht entspringen. Es muß zugleich in ihr und nicht in ihr entspringen") (MEGA II/10, p. 151 [MEW 23, p. 180; *O capital I*, p. 240]). "Dela", porque no ponto de partida está o valor da força de trabalho, ajustado e pago pelas regras da *circulação*; e "simultaneamente não dela", porque o valor no final será o do produto criado pelo trabalho para o capital na esfera da *produção*. É nessa diferença que se radica o excedente de valor: "O valor da força de trabalho e sua valorização no processo de trabalho são, portanto, duas grandezas distintas. O capitalista tinha essa diferença de valor em vista quando comprou a força de trabalho" ("Der Werth der Arbeitskraft und ihre Verwerthung im Arbeitsproceß sind also zwei verschiedne Größen. Diese Werthdifferenz hatte der Kapitalist im Auge, als er die Arbeitskraft kaufte") (MEGA II/10, p. 176 [MEW 23, p. 208; *O capital I*, p. 270]). É a diferença, afinal, entre o valor e o valor de uso da força de trabalho. Na formulação clara dos *Grundrisse*: "O que o capitalista recebe nessa troca simples é um valor de uso: disposição sobre o trabalho alheio" ("was der Capitalist in diesem einfachen Austausch erhält ist ein Gebrauchswerth: Disposition über fremde Arbeit") (MEGA II/1.1, p. 204 [MEW 42, p. 207; *Grundrisse*, p. 220]), formulação que *O capital* completa: "Mas o decisivo foi o valor de uso específico dessa mercadoria, ser fonte de valor, e de mais valor do que ela mesma possui" ("Was aber entschied, war der specifische Gebrauchswerth dieser Waare, Quelle von Werth zu sein und von mehr Werth als sie selbst hat") (MEGA II/10, p. 176 [MEW 23, p. 208; *O capital I*, p. 270]). Que aquela "disposição sobre o trabalho alheio" seja um "valor de uso" é algo assim justificado no mundo capitalista: "O próprio ser humano, considerado simples Ser-aí de força de trabalho, é um objeto natural, uma coisa, mesmo que viva, autoconsciente, e o próprio trabalho é a exteriorização dessa força em coisa" ("Der Mensch selbst, als bloßes Dasein von Arbeitskraft betrachtet, ist ein Naturgegenstand, ein Ding, wenn auch lebendiges, selbstbewußtes Ding, und die Arbeit selbst ist dingliche Aeußerung jener Kraft") (MEGA II/10, p. 183 [MEW 23, p. 217; *O capital I*, p. 280]). A dupla determinação da força de trabalho, igual a qualquer outra mercadoria, é talvez a maior razão de Marx iniciar sua obra pela análise da mercadoria. Da dupla determinação deriva o próprio mais-valor.

As "representações jurídicas" reproduzem esse processo real. São "jurídicas" porque desprezam o conteúdo específico da mercadoria vendida pelo trabalhador, tomando-a só pelo aspecto da forma legal[106]. E tornam-se "representações" ao *apresentar* uma dimensão da realidade social como sendo a realidade inteira. Com isso, a exclusão do trabalho se inverte em inclusão pelo emprego; a produção de valor excedente, em circulação de equivalentes; a alienação, em "liberdade".

Para o capitalista, a relação com o trabalhador também inverte a ordem entre as esferas da circulação e da produção. Matéria-prima e tecnologia são vendidas a ele por outros capitalistas, que evidentemente se apropriaram do produto do trabalho dos seus empregados. Mas para o capitalista comprador isso não importa. Importa apenas obter uma inovação, ou pagar menos pela matéria-prima, assim tornando seus próprios empregados mais produtivos.

Por isso, ao tratar das formas de poupar capital constante e dos benefícios daí decorrentes para diminuir custos e aumentar lucros, o Livro III de *O capital* diz:

> apesar dessa origem da economia de capital constante, ela aparece para o capitalista como uma condição totalmente estranha ao trabalhador e sem relação alguma com ele; enquanto, por seu turno, é sempre muito claro para o capitalista que o fato de ele comprar mais ou menos trabalho com o mesmo dinheiro tem a ver com o trabalhador (pois assim aparece na sua consciência a transação entre capitalista e trabalhador).[107]

A relação com o trabalho só aparece para o capitalista como "transação" com seus empregados, na esfera da circulação, portanto. A relação mais ampla, social, com o trabalho que produz os elementos do seu capital constante é sempre mediada pelos outros capitalistas, que empregam aquele trabalho. É como se o capital

---

[106] "O intercâmbio entre capital e trabalho *apresenta-se* à percepção, em primeiro lugar, exatamente do mesmo modo que a compra e a venda de qualquer outra mercadoria. O comprador dá certa soma de dinheiro e o vendedor, um artigo distinto do dinheiro. A consciência jurídica reconhece aqui no máximo uma diferença material, expressa nas fórmulas juridicamente equivalentes" ("Der Austausch zwischen Kapital und Arbeit *stellt* sich der Wahrnehmung zunächst ganz in derselben Art *dar* wie der Kauf und Verkauf aller andren Waaren. Der Käufer gibt eine gewisse Geldsumme, der Verkäufer einen von Geld verschiednen Artikel. Das Rechtbewußtsein erkennt hier höchstens einen stofflichen Unterschied, der sich ausdrückt in den rechtlich äquivalenten Formels") (MEGA II/10, p. 484; grifo meu [MEW 23, p. 563; *O capital I*, p. 611]).

[107] "[...] trotz dieses Ursprungs der *Oekonomie des constanten Capitals*, erscheint dieselbe dem Capitalisten als eine dem Arbeiter gänzlich fremde und ihn absolut nichts angehende Bedingung, mit der er gar nichts zu thun hat, während dem Capitalisten immer sehr klar bleibt, daß der Arbeiter wohl etwas damit zu thun hat, ob er viel oder wenig Arbeit für dasselbe Geld kauft (denn so erscheint in seinem Bewußtsein die Transaction zwischen Capitalist und Arbeiter)" (MEGA II/4.2, p. 119 [MEW 25, p. 95; *O capital III*, p. 112]).

fosse o responsável pelo avanço técnico, pelas novas e mais baratas matérias-primas. E como se o trabalhador fosse o culpado pelo salário eventualmente mais alto.

Marx conclui: "não é de se estranhar esse *modo de representação*, uma vez que a ele corresponde a aparência dos fatos e que a relação de capital encobre realmente o nexo interno na completa indiferença, exterioridade e alienação entre o trabalhador e as condições de realização do seu trabalho"[108]. O modo capitalista de produção, presidido pela propriedade excludente e pelo contrato de trabalho como condições opostas e complementares, gera um modo de representação que não é "de se estranhar", uma vez que o trabalhador tenha sido deslocado para uma situação "alienada", estranha.

O aspecto "irracional" dessa forma é o seu "modo de representação" próprio, que faz do "poder social no bolso" algo até certo ponto acessível a todos, uma ilusão que tem um pé fincado na realidade. O sentido inteiro da vida social só aparece para a consciência dos agentes como o acesso a tal poder, pelo qual capitalistas e assalariados se identificam enquanto compradores.

Trata-se da representação que apresenta, que preside e ordena as relações sociais com intensidade sempre maior, desde as figuras do entesourador e do credor. Agora, contudo, aquelas inversões meramente formais entre dinheiro e mercadoria, entre o lado ideal e o lado real do valor, entre o "comprar para vender" e o "vender para comprar", entre o representar e o apresentar, revelam todas o espaço onde se fundam. São os bastidores privados da cena pública, com um arsenal de maquinismos produtores da "ilusão real". Aqui a ação transcorre em um âmbito totalmente distinto, a partir do qual passa a ser de fato possível e necessária a representação social. Ela avança com a autonomia da apresentação, chegando a "parecer" medir o "ser rico" daquela ironia de Diderot. O fetiche, mais do que das coisas, vem então do lugar por elas ocupado nesse mundo de formas deslocadas.

4.

À maneira de um organismo, o capital revela capacidade de se reproduzir, arrastando consigo o seu entorno. Ele o faz, é claro, como uma força estranha que se apodera de algo substancial e lhe imprime forma, para movimentá-lo "como se tivesse

---

[108] "Diese *Vorstellungsweise* ist um so weniger befremdlich, als ihr der Schein der Thatsachen entspricht und als das Capitalverhältniß in der That den innern Zusammenhang verbirgt in der vollständigen Gleichgültigkeit, Aeusserlichkeit und Entfremdung zwischen dem Arbeiter und den Productionsbedingungen seiner Arbeit" (MEGA II/4.2, 119; grifos meus [MEW 25, p. 95; *O capital III*, p. 113]). Na edição do Livro III, Engels mexeu no texto, introduziu algumas precisões, mas tornou-o mais complicado.

amor no corpo"[109]. A citação do *Fausto* revela bem a intenção de Marx – "como se": não é o "corpo" mesmo que "ama", se anima e vive; ele adquire uma vida impulsionada a partir de fora, que o invade, desfigurando-o em "monstro animado". Também a reprodução do capital evidencia a dupla dimensão da sua "subjetividade". Ele pode se mover, ao incluir formalmente a substância social; mas a inclusão é apenas formal, e por isso ele também gira em falso nas crises.

As duas dimensões não se distinguem como numa justaposição, contudo, mas a partir da sua oposição. Cada qual nega e complementa a outra, no sentido de contribuir para a realização das potencialidades opostas do movimento do capital: acumulação fluida ou desvalorização. É pela necessidade de superar sempre a sua tendência autonegadora que o capital tem de crescer, articulando bem a passagem sucessiva das fases e formas assumidas no processo de reprodução, tanto no âmbito individual quanto no social. Esse é o tema do Livro II.

Vimos logo acima como cada uma das três formas de capital "apresenta" a forma seguinte nos circuitos do capital individual que abrem o livro. Reunindo, a seguir, a forma de capital-mercadorias à de capital-dinheiro como formas próprias à fase de circulação, Marx contrapõe-lhes a forma de capital produtivo e assim volta ao par conceitual: circulação-produção. Ele pode então explicar que, por um lado,

> [a] renovação contínua, a *apresentação* contínua do capital como capital produtivo é condicionada [...] pelas suas transformações no processo de circulação. Por outro lado, o processo de produção continuamente renovado é a condição das transformações por que passa o capital sempre de novo na esfera da circulação, da sua *apresentação* alternante como capital-dinheiro e capital-mercadoria.[110]

---

[109] "*Als hätt' es Lieb' im Leibe*" (MEGA II/10, p. 177 [MEW 23, p. 209; *O capital I*, p. 271]). Na sequência, Marx chama essa "objetividade morta que incorpora força de trabalho viva" de "monstro animado", sendo o "monstro" o "*Ungeheuer*" que adjetiva a "coleção de mercadorias" na primeira frase de *O Capital*, ou seja, o desmedido. O verso de Goethe aparece como o estribilho cantado por um dos estudantes na "Taverna de Auerbach", seguido de um coro e, de certa forma, antecipando a chegada de Mefistófeles e Fausto. Ver Goethe, *Werke in zwei Bände* (Stuttgart, Bertelsmann, 1982), t. 2, p. 619 [ed. bras.: *Fausto*, trad. Jenny Klabin Segall, 3. ed., São Paulo, Editora 34, 2017].

[110] "Seine beständige Erneuerung, die beständige Darstellung des Kapitals als produktives Kapital ist [...] durch seine Verwandlungen im Circulationsprozeß bedingt. Andrerseits ist der beständig erneuerte Produktionsprozeß die Bedingung der Verwandlungen, die das Kapital in der Circulationssphäre stets von neuem durchmacht, seiner abwechselnden Darstellung als Geldkapital u. Waarenkapital" (MEGA II/11, p. 340; grifos meus [MEW 24, p. 351; *O capital II*, p. 449]). Descrevendo a reprodução do capital, a "apresentação" comparece no Livro II em geral no sentido já examinado acima, da partição do valor do capital em distintas formas. Por exemplo, ainda na primeira seção: "Sobre a parte do produto anual que apresenta o mais-valor na forma de mercadorias,

Nesse que é o texto da página inicial da segunda seção do Livro II, o entrelaçamento entre produção imediata e circulação de mercadorias também ocorre porque cada momento "apresenta" o seguinte. A "apresentação" pode ser, digamos, estável, na forma específica do capital produtivo, ou "alternante", na circulação que passa pelas formas de mercadoria e de dinheiro. Mas a produção sempre condiciona a circulação, ao gerar o mais-valor que define o próprio capital; e a circulação, por sua vez, permite a realização do mais-valor e a compra dos novos meios de produção e de força de trabalho para retomar o processo.

O problema fica mais complicado, no entanto, ao se considerar a diferença entre o modo como o valor é produzido e o modo como ele circula. Na esfera da produção, é o trabalho, no seu duplo aspecto, que define a composição das partes de valor do produto, transferindo o valor dos meios de produção, como trabalho útil, ou criando valor novo, como trabalho abstrato. É diferente na esfera da circulação, onde importa a reposição do capital de acordo com cada parte componente do valor, para que ele possa voltar ao começo do ciclo. Há uma parte do capital constante cujo valor de uso – matérias-primas, energia – se transforma integralmente no valor de uso do produto, transferindo para ele, assim, todo o seu valor de uma só vez: é o chamado capital "circulante". O valor de uso da outra parte – máquinas, instalações – fica inalterado por um período longo, consumindo-se aos poucos, e também aos poucos transferindo seu valor para o produto: é o chamado capital "fixo". A reposição dessa parte é mais complicada para o capitalista, que tem de esperar alguns anos antes de comprar novos equipamentos, mas que recebe ao final de cada ciclo de produção o valor transferido por ela ao produto vendido.

Mas a dificuldade de fato está na circulação do capital variável, cujo valor de uso, a força de trabalho, se incorpora por inteiro e de uma só vez ao produto, de maneira análoga à da parte do capital constante que circula. Como, do ponto de vista

---

vale o mesmo que sobre a outra parte do produto anual. Para a sua circulação, exige-se certa soma de dinheiro. Essa soma de dinheiro pertence à *classe* dos capitalistas tanto quanto a massa de mercadorias produzidas anualmente, que apresenta *mais-valor*" ("Von dem Theil des jährlichen Produkts, der Mehrwerth in Waarenform darstellt, gilt ganz dasselbe, was v. dem andren Theil des jährlichen Produkts. Zu seiner Cirkulation ist eine gewisse Geldsumme erheischt. Diese Geldsumme gehört ebensowohl der Kapitalisten*klasse*, wie die jährlich producirte Waarenmasse, die *Mehrwerth* darstellt"); ou: "o capitalista individual, bem como a classe capitalista inteira ou a assim chamada nação, recebe, no lugar do capital despendido na produção, um *produto mercantil* cujo valor – apresentável em partes proporcionais do próprio produto – substitui o valor de capital empregado [...]" ("Der individuelle Kapitalist, wie die ganzen Kapitalistenklasse od. die s.g. Nation nimmt ein an die Stelle des in der Production verzehrten Kapitals ein *Waarenproduct*, dessen Werth – darstellbar in proportionellen Theilen dieses Products selbst – den aufgewandten Kapital Werth ersetzt [...]") (MEGA II/11, p. 338 e 704; respectivamente [MEW 24, p. 350 e 363; *O capital II*, p. 446 e 464]).

da circulação, só interessa a forma de transferência no tempo das partes de valor, o capital variável entra na rubrica de capital circulante. A diferença permanece e é radical na esfera da produção, contudo, pois a força de trabalho não se transforma no valor de uso do produto, só se incorpora a ele como dispêndio de vitalidade produtiva, física e mental. De todo modo, ao final do ciclo, os trabalhadores receberão o salário como pagamento por essa vitalidade despendida e esgotada ao longo do período. Nas palavras de Marx:

> em relação ao processo de circulação, uma parte do capital *se apresenta* como fixa, a outra como líquida ou "circulante". [...] Com isso, a diferença decisiva entre capital variável e constante é apagada, ou seja, é apagado todo o mistério da formação de mais-valor e da produção capitalista, as condições que convertem em capital certos valores e as coisas em que eles *se apresentam*.[111]

As partes do capital se "apresentam" na esfera da circulação, portanto, de modo tão distinto daquele da esfera da produção que chegam a encobrir as formas desta última, justamente no que diz respeito à criação do mais-valor. Ao "apresentar-se" como circulante, o capital variável oculta o momento da valorização, que lhe é essencial, nas regras da simples transferência de valor, próprias da circulação.

E, assim, não se entende como o capital é capital, isto é, como os valores e "as coisas em que eles se apresentam" se "convertem em capital". Essas "coisas" não se apresentam mais determinadas como capital constante e variável, mas como capital fixo e circulante, e apenas dessa forma. Daí completar-se

> assim o fetichismo próprio à economia burguesa, que transforma o caráter social, econômico, que as coisas têm no processo de produção social em uma determinação natural, originada da natureza material dessas coisas. Por exemplo, meios de produção são capital *fixo* – uma definição escolástica, que leva a contradições e confusões. [...] Não se trata aqui de uma definição, sob a qual as coisas podem ser classificadas. Trata-se de determinadas funções, expressas em determinadas categorias.[112]

---

[111] "In dieser Beziehung stellt sich der eine Theil des Kapitals mit Bezug auf den Cirkulationsprozeß als fix, der andre als flüssig oder 'cirkulierend' dar. [...] Damit ist der alles entscheidende Unterschied zwischen *variablem* u. *constantem* Kapital ausgelöscht, also das ganze Geheimniß der Mehrwerthbildung u. der kapitalistischen Produktion, der Umstände, die gewisse Werthe u. die Dinge, worin sie sich darstellen in *Kapital* verwandeln, ausgelöscht" (MEGA II/11, p. 170; grifos meus [MEW 24, p. 220-1; *O capital II*, p. 308]).

[112] "Ferner vollendet sich damit der der bürgerlichen Oekonomie eigenthümliche Fetischismus, der die gesellschaftlichen, ökonomischen Charaktere, welche Dinge im gesellschaftlichen Produktionsprozeß erhalten, in eine natürliche, aus der stofflichen Natur dieser Dinge entspringende

Em vez da definição rígida das coisas enquanto coisas, temos o fetichismo desmascarado pela "função" social das coisas, associada, como vimos, à colocação delas dentro de uma relação social mediada por coisas.

No Livro II, vários capítulos são dedicados a explicar a confusão dos conceitos de capital constante e variável com os de capital fixo e circulante. Nem mesmo os economistas mais respeitados por Marx – Smith e Ricardo – escaparam desse quiproquó, e a isso Marx atribui o fato de eles terem eliminado o capital constante da contabilidade social. Eles reconhecem a existência de capital fixo e circulante, diferenciados pela forma de sua circulação, e a seguir rebatem essa distinção para a esfera da produção, chamando de "fixo" o capital que, para Marx, é o constante e de "circulante" o que ele considera variável. Resulta disso que o capital variável criaria valor por ser circulante, pelo mero modo de transferência; e que o capital constante o seria por ser fixo. Além de apagar "todo o mistério da formação de mais-valor", como dizia o texto da nota 111 (p. 149), apaga-se no fim o capital constante.

O argumento dos economistas clássicos para o que Marx chama de "dissolução do valor de troca em v + m"[113] é que, na passagem da reprodução de um capital individual para a do capital agregado, o que para um capitalista é capital fixo (constante) corresponde ao produto de outro capital situado em um momento anterior da cadeia produtiva. Somar esse produto ao capital fixo de quem o comprou seria duplicar o valor no cômputo geral. O capital "fixo" tem então de ser posto de lado e o valor produzido pelos capitais individuais tem de se restringir ao realmente produzido por eles, isto é, ao conjunto formado pelo valor novo (o "m", da equação de Marx) e o valor dos salários (o "v").

Marx objeta que nesse caso se considera só o valor produzido, e não o valor de uso, ou melhor, só o trabalho abstrato, e não o trabalho concreto, com o que retoma a crítica feita já no primeiro capítulo d'*O capital* aos economistas clássicos. Em sua dimensão útil, o trabalho transfere o valor do capital constante ao produto, algo impossível de se perceber ao se desprezar o valor de uso e se rebater a diferença entre capital constante e variável à diferença entre capital fixo e circulante. Assim Marx explica que Smith e Ricardo tenham feito desaparecer do agregado a parte constante, reduzindo a reprodução global do capital de uma sociedade à mera soma dos capitais individuais. Esse é um ponto importante para ele, que explica a partir

---

Bestimmtheit verwandelt. Z.B. Arbeitsmittel sind *fixes* Kapital – eine scholastische Bestimmung, die zu Widersprüche u. zur Confusion führt. [...] Es handelt sich hier um *Definition*, unter welche die Dinge rubricirt werden. Es handelt sich um bestimmte Funktionen, welche in bestimmten Kategorien ausgedrückt werden" (MEGA II/11, p. 176-7 [MEW 24, p. 228; *O capital II*, p. 315-6]).

[113] "A. Smith's Dogma, dass der Preis oder Tauschwerth [...] 'löst sich auf in' [...] v + m" (MEGA II/11, p. 710 [MEW 24, p. 370; *O capital II*, p. 471]), transformado em intertítulo do capítulo 19 na edição de Engels.

daí o desinteresse dos clássicos pelos esquemas de circulação do produto social elaborados pelos fisiocratas. E Marx fundamenta na crítica a esse desprezo os seus próprios esquemas, os famosos esquemas de reprodução do capital social, com os quais encerra o Livro II.

Mas a crítica de Marx reconhece que a confusão não decorre de um simples erro de julgamento:

> Embora o capital social seja apenas = à soma dos capitais individuais [...]; embora daí a *análise do valor das mercadorias em suas partes componentes*, válida para qualquer capital-mercadoria individual, também o deva ser para o da sociedade inteira, e ela de fato é válida no resultado final, a *forma de aparecimento* na qual esses elementos se apresentam do ponto de vista do capitalista individual e no processo de reprodução social é *distinta*.[114]

Marx divide o capital social em três partes – o capital constante ("c"), o variável ("v") e o mais-valor ("m") – porque a reprodução se "apresenta" no plano social sob uma forma de fato "distinta". É o movimento pelo qual o próprio capital se eleva ao plano social que revela a dimensão do valor de uso, do capital constante transposto pelo trabalho útil, oculto na esfera da circulação pela diferença entre capital fixo e circulante. Isso fica claro na sequência da crítica a Smith: "Um ponto correto aqui é que no *movimento do capital social* – isto é, na totalidade dos capitais individuais – a coisa se apresenta de *modo diferente* do que se apresenta para cada capital *individual* considerado particularmente, portanto do ponto de vista de cada capital singular"[115]. O plano social e o individual se "apresentam" ainda de maneira diversa. Mas agora Marx fala de "totalidade", para além da "soma" de capitais individuais, como caracterização mais adequada ao capital social. Numa "totalidade" há mais do que numa "soma", há a relação que individualiza conforme a particularidade. Nesse caso, o capital individual por si só, fora de sua relação com os demais, fora da "totalidade", conta só pela *quantidade* de valor que produz e que "soma" ao dos

---

[114] "Obgleich das gesellschaftliches Kapital nur = der Summe der individuellen Kapitalien [...] obgleich daher die *Analyse des Waarenwerths in seine Bestandtheile*, die für jedes individuelle Waarenkapital gilt, auch für das der ganzen Gesellschaft gelten muss u. im Endresultat wirklich gilt, so ist die *Erscheinungsform*, worin sich diese Elemente vom Standpunkt des individuellen Kapitalisten u. worin sie sich im gesammten Gesellschaftlichen Reproductionsprocess darstellen, *eine verschiedne*" (MEGA II/11, p. 709 [MEW 24, p. 369; *O capital II*, p. 470]).

[115] "Ein richtiger Punkt hierin, dass in der *Bewegung des Gesellschaftlichen Kapitals* – d.h. der Gesammtheit der individuelle Kapitale – die Sache sich *anders* darstellt, als sie sich für jedes *individuelle Kapital*, besonders betrachtet, also vom Standpunkt jedes einzelnen Kapitalisten darstellt" (MEGA II/11, p. 721 [MEW 24, p. 384; *O capital II*, p. 486]).

outros, conta só pelo valor criado pela dimensão abstrata do trabalho que emprega. "A coisa se apresenta de modo diferente" na "totalidade" da reprodução social, porém, porque a divisão do trabalho entre os capitais individuais atribui a cada um deles um valor de uso que deve ser produzido, de modo que o capital individual conta até mesmo pela qualidade daquilo que o trabalho por ele empregado produz em sua dimensão concreta. Cada indivíduo é então "singularizado", e a união da quantidade e da qualidade dos produtos entrelaçados configura uma "totalidade".

Marx deriva daí os esquemas de reprodução social com um setor que produz meios de produção, que não pode ser eliminado do cômputo geral pelo artifício clássico que considera aqueles meios apenas como capital fixo. A reprodução se "apresenta" dessa forma como "totalidade" de capitais individuais, compondo o capital social mediante compras e vendas mútuas de mercadorias produzidas em qualidade e quantidade determinada – em medidas determinadas, como vimos[116].

Mas a "totalidade" constituída pelo capital é formal – como vimos também. Boa parte das transações entre os dois setores é feita com o uso do capital-dinheiro nas funções de representação examinadas acima. A totalidade do capital social, nesse caso, será representada. Ou seja, a relação precisa entre quantidades e qualidades de mercadorias produzidas pelos dois setores para a sua reprodução conjunta se apresentará na forma de pagamento ou antecipação em dinheiro. Ou, ainda, os tempos de trabalho apresentados nessas medidas, e que devem ser articulados na composição da totalidade dos muitos capitais de cada setor, serão articulados pela representação em dinheiro pago ou antecipado. E só assim estará garantida a continuidade do movimento totalizador, da reprodução do capital social.

De fato, na terceira seção do Livro II, o fluxo de compras e vendas entre os dois setores é efetuado na análise de Marx com dinheiro à vista. Mas a circulação contínua permite supor transações ainda não realizadas, cujo equivalente em dinheiro pode ser desembolsado antes ou depois de sua realização. Marx descreve

---

[116] Tratando do produto que cada setor deve fornecer para assegurar sua própria reprodução e a do setor complementar, em medidas precisas, Marx também utiliza a linguagem da apresentação. Ele diz que "essa parte de valor do produto de I se *apresenta* em uma parte do próprio produto"; ou que "as diversas partes do valor do produto se *apresentam* então na mesma forma natural, como produtos do mesmo trabalho"; ou ainda que "exatamente como o valor do capital constante, do variável e do mais-valor – em que o valor do capital-mercadoria de II é divisível (como o de I) – eles mesmos são *apresentáveis* em quotas particularmente proporcionais das mercadorias de II e de I [...]" ("Dieser Werttheil des Produkts I, stellt sich dar in einem Theil des Products selbst. [...] Die verschiednen Theile des Produktenwerths stellen sich daher in derselben Naturform als Produkte derselben Arbeit dar. [...] Ganz wie constanter Kapitalwerth, variabler Kapitalwerth u. Mehrwerth – worin der Mehrwerth von II (wie von I) zerfällbar in besondren proportionellen Quotis der Waaren (II) (resp. I) selbst darstellbar [...]") (MEGA II/11, p. 389, 396 e 762 [MEW 24, p. 426, 429 e 457; *O capital II*, p. 531-2, 535 e 565]).

várias sequências possíveis de transações entre o setor I e o setor II. Numa delas, o primeiro compra do segundo meios de consumo para seus capitalistas, antecipando o dinheiro que supõe receber com uma venda futura de meios de produção para o setor II: "o *mais-valor é monetizado* como dinheiro gasto pelos produtores capitalistas com seu próprio *consumo privado* (que representa *renda antecipada*, receita antecipada a partir do mais-valor contido nas mercadorias ainda por vender)"[117]. O dinheiro gasto é "representado", porque aqui se trata de uma "receita antecipada" de uma venda futura. Em outra sequência de transações, o setor que produz meios de consumo precisa repor parte do seu capital constante, no valor de 500 libras, e "antecipa a forma de dinheiro" do valor dos meios de consumo que pretende vender para os capitalistas do setor I. Nesse caso, Marx também se refere a valores "representados"[118].

---

[117] "Der *Mehrwerth* wird hier *versilbert* durch von seinen kapitalistischer Producenten selbst *in ihrer Privatconsumtion verausgabtes* Geld (das *anticipirte Revenue* vorstellt, anticipirte Einnahme aus dem in der noch zu verkaufenden Waare steckenden Mehrwerth)" (MEGA II/11, p. 749 [MEW 24, p. 417; *O capital II*, p. 522]).

[118] Mesmo que negativamente. Um pouco antes do texto anterior, Marx analisa assim a sequência que começa com a antecipação do setor II: "Com o *desembolso* (pelo setor II) de D (500 £) *para* comprar as outras partes dos meios de produção, é *antecipada* a *forma de dinheiro* da parte de IIc ainda na forma de mercadorias (meios de consumo); no ato D-M, em que o setor II compra com D, e M (do setor I) é vendida, o dinheiro (do setor II) se transforma em uma parte do capital produtivo, enquanto M (do setor I) perfaz o ato M-D, transforma-se em dinheiro, mas dinheiro que não representa parte alguma do valor de capital para o setor I, só *mais-valor monetizado*" ("Bei dem *Vorschuss* (II) von G (500 £) zum Ankauf der andern Theile der Productionsmittel ist die *Geldform* des noch in Waarenform (Consumtionsmittel) existirenden Theils von *cii anticipirt*; der Akt G_w, wo G von II kauft, und w (I) verkauft wird, verwandelt sich das Geld (II) in Theil v. productivem Kapital, während w (I) den Act w_G durchmacht, sich in Geld verwandelt, das aber kein Bestandtheil des Kapitalwerths für I vorstellt, sondern *versilberten Mehrwerth* [...]") (MEGA II/11, p. 747 [MEW 24, p. 415; *O capital II*, p. 521]). Ele "não representa o valor", mas "mais-valor monetizado". E segue: "Na circulação D-M...P...M'-D', o primeiro ato D-M de um capitalista é o último ato M'-D' (ou parte dele) de outro capitalista; se esse M, em que o D é investido em capital produtivo, *representa* para o vendedor de M (que assim investe esse M em D) parte componente do capital constante, do capital variável ou do mais-valor, isso é completamente indiferente para a circulação de mercadorias" ("In der Circulation G_w...P...w'_G', ist der erste Act G_w des einen Capitalisten der letzte w'_G' eines andern (oder Theil davon) ob dies w, wodurch G in Productives Kapital umsetzt wird, für den Verkäufer von w (der also dies w in Geld umsetzt) constanten Capitalbestandtheil, variablen Capitalbestandtheil oder Mehrwerth vorstellt, ist für die Waarencirculation selbst durchaus gleigültig") (MEGA II/11, p. 747; grifo meu [MEW 24, p. 416; *O capital II*, p. 521]). Sobre a capacidade de não só dinheiro, mas também mercadoria "representar" capital para o seu possuidor, é interessante lembrar o texto citado na nota 57 (p. 118): "todas as mercadorias representam em seus preços uma determinada soma de ouro, sendo, portanto apenas ouro representado ou dinheiro representado, *representantes do dinheiro*" ("Alle Waaren stellen in ihren Preisen eine bestimmte Summe Gold vor, sind also nur vorgestelltes Gold oder

E, quando se trata não mais de meios de consumo ou de capital circulante, e sim de capital fixo, reposto em prazos mais longos, o dinheiro só pode assumir a forma de representação. Num primeiro momento, quando o capitalista vai guardando uma parte do dinheiro recebido para formar o fundo ou a reserva com a qual comprará o capital fixo, Marx ainda diz que "a forma mais simples na qual o capital-dinheiro adicional latente pode se apresentar é a de *tesouro*"[119]. O capital se "apresenta" sob a forma que antes aparecia só como loucura do entesourador e que agora recebe um sentido capitalista.

Marx faz questão de não antecipar o sistema de crédito no Livro II, em parte para estudar os processos de circulação em tempo real, em parte porque o crédito só pode ser entendido a partir do capital portador de juros, objeto do Livro III. Sem o crédito, o único meio para o capitalista dispor da quantia de dinheiro necessária para comprar os elementos do seu capital fixo é guardar parte da receita anual e entesourá-la como dinheiro vivo. E, como tal, o dinheiro tem existência efetiva, ele se "apresenta", como diz o texto anterior. Mas esse dinheiro é "capital-dinheiro potencial", como também diz o texto, ele "efetua *apenas a formação de tesouro*, que não é um elemento da reprodução real"[120]. O dinheiro se destina a investimento futuro e, por isso, "embora não seja riqueza social adicional, esse *mais-valor entesourado em forma de dinheiro* representa um *novo capital-dinheiro potencial* por causa da *função* para a qual ele foi guardado"[121]. Mais uma vez, a função define a forma. Ela faz com que o dinheiro que se "apresenta" como tesouro "represente" um novo capital e "riqueza social adicional". O crédito está previsto nessa passagem da apresentação à representação do dinheiro, que tem existência efetiva, mas que não deverá ser usado como meio de compra puro e simples, e sim como capital.

Os deslocamentos no tempo de cada fase da metamorfose, a não simultaneidade dos processos em que se entrelaçam os muitos capitais, novamente constituem o elemento decisivo da representação. Mas aqui se trata da reprodução social desses capitais, que devem produzir uns para os outros em quantidades e qualidades

---

vorgestelltes Geld, *Repräsentanten des Goldes*") (MEGA II/2, p. 188 [MEW 13, p. 102; *Para a crítica da economia política*, p. 92]). Ali já se notava que as mercadorias é que "representam" uma soma de ouro "em seus preços", antecipando-se *idealmente* à presença efetiva do dinheiro.

[119] "Die einfachste Form, worin sich dieß zuschüssige latente Geldkapital darstellen kann, ist die des *Schatzes*" (MEGA II/11, p. 312 [MEW 24, p. 323; *O capital II*, p. 417]).

[120] "[...] *potentielles neues Geldkapital* [...]. Faktisch aber vollzieht er *nur einfache Schatzbildung*, die kein Element der wirklichen Reproduction ist" (MEGA II/11, p. 791 [MEW 24, p. 486; *O capital II*, p. 596]).

[121] "Obgleich kein zuschüssiger, neuer gesellschaftlicher Reichthum, stellt dieser in *Geldform aufgeschatzte Mehrwerth neues potentielles Geldkapital* vor, wegen der *Funktion*, für die es aufgespeichert wird" (MEGA II/11, p. 792 [MEW 24, p. 487; *O capital II*, p. 597]).

convenientes – e, agora vemos, em tempos também convenientes – para não causar atrito e interrupção no fluxo reprodutor. A totalização dessas medidas, que, no fundo, são medidas de tempo, é garantida em parte pela representação do valor em dinheiro, ou seja, pela antecipação de processos futuros num penhor presente.

A totalidade da reprodução, desse ponto de vista, é totalidade representada. O fluxo, a ampliação da escala, o ritmo da produção e do consumo dependem de condições conhecidas do presente e do passado, mas também de condições representadas. Seu risco pode ser calculado com rigor matemático; elas continuam sendo expectativas, projeções, representações do futuro. O sistema reforça o seu poder de se alastrar e se reproduzir em escala crescente, graças ao poder da representação; mas a contrapartida é o aumento dos riscos.

De qualquer modo, só a reprodução do capital estabelece como necessidade social a passagem do tempo real, apresentado nas compras e vendas presentes, para um tempo marcado pela antecipação da continuidade do presente, para um tempo representado. Por seu turno, o tempo representado assegura o processo de reprodução do capital e das condições de vida em geral a ele submetidas. Essas condições se elevam então à totalidade, integram-se, globalizam-se – a vida social converte-se em nexo sempre mais estrito de dependências recíprocas – pela sua submissão às exigências do monstro, animado "como se tivesse amor no corpo", como se a forma tivesse substância, como se o tempo representado fosse vivido. O sentido social inteiro se cria e transparece nessa simples representação, afirmando em definitivo o "dinheiro [como] o poder de todos os poderes"[122].

---

[122] "Geld die macht aller Mächte" (MEGA II/10, p. 646 [MEW 23, p. 746; *O capital I*, p. 790]).

6.
MODO DE APRESENTAÇÃO CAPITALISTA

1.

Para Marx, o sentido do termo "apresentação" é, antes de tudo, o da exposição dos conceitos de sua "crítica da economia política". Nas suas conhecidas palavras: "É apresentação do sistema e, mediante a apresentação, sua crítica"[123]. Mas como aparece essa "crítica" no tecido da apresentação? E qual seria, de todo modo, a forma mais adequada para uma tal apresentação crítica do objeto concebido como "sistema", seja a teoria econômica clássica, seja a realidade das relações capitalistas? Essas são algumas das questões tradicionais que a obra de Marx propõe aos seus intérpretes, e sobre as quais o que foi dito até aqui permite lançar uma luz distinta.

Em primeiro lugar, lembremos que as dificuldades de Marx com a apresentação não se restringem a decidir o ponto de partida – dinheiro, valor ou, por fim, mercadoria – nem à passagem sempre comentada da circulação simples para a produção capitalista. Como vimos no começo deste livro, a matéria do Livro III sempre foi parte essencial do programa de Marx, arrematando o estudo da relação constitutiva entre capital e trabalho assalariado, chamada de "capital em geral" nos *Grundrisse*. E, sobre o Livro II, desde logo é preciso entender por que a circulação do capital só é apresentada depois da produção imediata. E por que a circulação do capital individual vem antes do capital social. Ou, ainda, no que se refere às categorias desenvolvidas, qual a relação entre o par capital constante e capital variável, base do Livro I, e o par capital fixo e capital circulante, fundamental no Livro II. Enfim, o próprio Livro I articula os conceitos em uma estrutura rigorosa, como na sequência de "cooperação", "manufatura" e "grande indústria"; ou na anterioridade

---

[123] "Es ist zugleich Darstellung des Systems u. durch die Darstellung Kritik desselben" (carta a Lassalle em 22 de fevereiro de 1858; ver MEGA III/9, p. 72 [MEW 29, p. 550]).

do mais-valor absoluto sobre o relativo, exposto só depois daquele. Tudo isso é tão familiar para o leitor costumeiro de *O capital* que não chega a lhe chamar a atenção. O fato, no entanto, é que cada passo da apresentação é dado em um momento exato dentro de uma ordem, que Marx teve de descobrir.

Não é o caso de responder aqui a todas as questões que acabamos de propor, mesmo porque algumas delas já foram examinadas nos itens anteriores; também não é cabível investigar em detalhe a apresentação nos três livros de *O capital*. Para uma explicação mais ampla, em geral é invocada a introdução de 1857, da qual se infere um movimento de "ascensão" a partir de um nível profundo e "abstrato" para outros cada vez mais próximos de uma superfície "concreta". Mas os conceitos ali presentes de "concreto de pensamento" e "concreto mesmo"[124] acabam por sugerir que o "abstrato" da apresentação é apenas mental e que a diferença entre o "concreto" de Marx e o "concreto" da economia política por ele criticada é que, em Marx, se trata de "múltiplas determinações" apreendidas por "abstrações" do pensamento.

Contudo, já nessa introdução Marx fala da passagem a "abstratos cada vez mais finos", até atingir "determinações mais simples", de modo a associar o "abstrato" ao "fino", ao rarefeito, oposto à espessura de um "concreto" determinado por "múltiplos" elementos[125]. O "abstrato" contém um mínimo de elementos, é o "mais simples".

Isso vale para a mercadoria, sempre referida como a "forma mais geral e menos desenvolvida da produção burguesa" e contraposta às "formas mais concretas" em que desaparece a "simplicidade" inicial[126]. Isso vale para as fases seguintes da apresentação, como a passagem do mais-valor absoluto para o relativo, que depende da introdução de condições sociais e técnicas que elevam a produtividade do trabalho nos ramos produtores de meios de consumo para os assalariados, condições cuja

---

[124] "Gedankenconcretum" e "Concreten selbst", respectivamente. Ver MEGA II/1.1, p. 36-7 [MEW 42, p. 35-6; *Grundrisse*, p. 55]. A palavra "ascensão" (*Aufsteigen*) para designar a passagem do abstrato para o concreto é de Marx.

[125] "[...] immer dünnere Abstrakta", "einfachsten Bestimmungen", "Zusammenfassung vieler Bestimmungen", respectivamente (MEGA II/1.1, p. 36 [MEW 42, p. 35; *Grundrisse*, p. 55]).

[126] "Da die Waarenform die allgemeinste und unentwickeltste Form der bürgerlichen Produktion ist [...]. Bei konkreterer Formen verschwindet selbst dieser Schein der Einfachheit" (MEGA II/10, p. 81 [MEW 23, p. 97; *O capital I*, p. 157]). Ver também: "Mas aqui importa alcançar aquilo que a economia burguesa nem sequer tentou, a saber, demonstrar a gênese dessa forma de dinheiro, ou seja, seguir o desenvolvimento da expressão de valor contida na relação de valor das mercadorias, desde a sua figura mais simples e discreta até a brilhante forma de dinheiro" ("Hier gilt es jedoch zu leisten, was von der bürgerlichen Oekonomie nicht einmal versucht ward, nämlich die Genesis dieser Geldform nachzuweisen, also die Entwicklung des im Werthverhältniß der Waaren enthaltenen Werthausdrucks von seiner einfachsten unscheinbarsten Gestalt bis zur blendenden Geldform zu verfolgen") (MEGA II/10, p. 49 [MEW 23, p. 62; *O capital I*, p. 125]).

ausência define a forma "absoluta" como mais simples do que a "relativa"[127]. E a série "cooperação", "manufatura" e "grande indústria", desdobramento do mais-valor relativo, expressa o poder crescente do capital de organizar a produção imediata de mercadorias, introduzindo condições sociais e técnicas cada vez mais ricas, mais "concretas"[128]. Isso vale ainda, no Livro II de *O capital*, em diversos momentos importantes. No exemplo mais claro, ao explicar a reprodução do capital social, Marx primeiro considera o caso em que não há acumulação e o chama de "reprodução simples". Mas já antes, na segunda seção do livro, na análise do efeito do tempo de rotação do capital sobre a grandeza do seu desembolso, ele diz que o caso em que o período de trabalho é igual ao de circulação, "apesar de exceção, deve servir de ponto de partida para o exame, pois aqui as relações se apresentam do modo mais simples e palpável"[129]. Ou, enfim, quando descarta introduzir o sistema de crédito na reprodução do capital social, na última parte do livro, insistindo em considerar os fundos de investimento de cada setor na forma de dinheiro vivo; como vimos na nota 119 (p. 154), Marx explica que "a forma mais simples na qual o capital--dinheiro adicional latente pode se apresentar é a do *tesouro*" em espécie[130].

Voltando ao início, isso vale para a forma de circulação mercantil, não por acaso chamada de "simples" e vista antes da produção imediata e da circulação

---

[127] "A produção do mais-valor relativo pressupõe a produção do mais-valor absoluto, portanto também a forma geral correspondente da produção capitalista" ("Die Produktion des relativen Mehrwerths setzt die Produktion des absoluten Mehrwerths voraus, also auch die entsprechende allgemeine Form der kapitalistischen Produktion") (MEGA II/6, p. 479). Na quarta edição do Livro I (1890), base para a edição do *Marx-Engels Werke*, esse capítulo é bastante modificado por Engels em relação à edição de 1872, e o trecho correspondente diz que o mais-valor absoluto "forma a base geral do sistema capitalista e o ponto de partida da produção de mais-valor relativo" ("Sie bildet die allgemeine Grundlage des kapitalistischen Systems und den Ausgangspunkt der Produktion des relativen Mehrwerths") (MEGA II/10, p. 458 [MEW 23, p. 532; *O capital I*, p. 578]).

[128] O que Marx diz sobre a cooperação abrange as outras duas formas: "A cooperação permanece como a forma básica da produção capitalista, embora sua própria figura simples apareça como forma particular ao lado de suas formas mais desenvolvidas" ("Die Kooperation bleibt dir Grundform der kapitalistischen Produktionsweise, obgleich ihre einfache Gestalt selbst als besondre Form neben ihren weiter entwickelten Formen erscheint") (MEGA II/10, p. 302 [MEW 23, p. 355; *O capital I*, p. 410]).

[129] "Dieser Fall ist der, welcher (obgleich natürlich in der Wirklichkeit nur zufällig u. Ausnahme) als Ausgangspunkt für die Betrachtung dienen muß, weil in ihm die Verhälnisse sich am einfachsten u. handgreiflichsten darstellen" (MEGA II/11, p. 229 [MEW 24, p. 269; *O capital II*, p. 363]).

[130] "Die einfachste Form, worin sich dieß zuschüssige latente Geldkapital darstellen kann, ist die des *Schatzes*" (MEGA II/11, p. 312 [MEW 24, p. 323; *O capital II*, p. 417]). Mais tarde, Marx explica que restringir a circulação ao dinheiro vivo deixa à "mostra" que a base da relação entre capitalista e trabalhador é o pagamento do salário em dinheiro vivo, e não em crédito (MEGA II/11, p. 777 [MEW 24, p. 474; *O capital II*, p. 583-4]).

do capital. Sobre essa passagem sempre discutida, resta esclarecer alguns aspectos importantes. Comecemos por lembrar que a caracterização de "simples" tem a ver com a hipótese de que os meios de produção pertencem aos produtores diretos e que o sentido de suas trocas é "vender para comprar" (m-d-m). Isso se contrapõe à forma capitalista, mais complexa, baseada na exclusão do produtor direto da propriedade dos meios de produção e que tem, por isso, o sentido de "comprar para vender" (d-m-d').

O fato de figurar no ponto de partida da apresentação não quer dizer que a circulação simples anteceda historicamente à capitalista e que a transição de m-d-m para d-m-d' corresponda a um movimento de gênese. Não é o caso de entrar aqui num debate sobre as formas de mercadoria e de dinheiro anteriores ao capitalismo propriamente dito; o próprio Marx distinguia na introdução de 1857 o encadeamento das categorias e a sucessão histórica das formas sociais:

> Seria impraticável e falso fazer as categorias econômicas seguirem umas às outras na sequência em que foram historicamente determinantes. Sua ordem é determinada, antes, pela relação que elas têm umas com as outras na sociedade burguesa moderna, e que é justamente o contrário de como aparecem naturalmente ou daquilo que corresponde à ordem do desenvolvimento histórico. Não se trata da relação que as relações econômicas adotam historicamente na sequência das várias formas de sociedade. E muito menos de sua ordem "na ideia" (Proudhon), [...] mas de sua articulação dentro da sociedade burguesa moderna.[131]

De modo coerente, a "acumulação original", gênese do sistema capitalista, só é apresentada no penúltimo capítulo do Livro I, depois de analisado todo o modo pelo qual o capital faz produzir.

Marx parte da "sociedade burguesa moderna", que já desenvolveu todos os mecanismos para a sua reprodução técnica e social e pode ter esses mecanismos apresentados de acordo com sua "articulação", com a "relação" das determinações dentro do capitalismo constituído. Nesse quadro de determinações, m-d-m e d-m-d' não

---

[131] "Es wäre also unthubar und falsch, die ökonomischen Categorien in der Folge auf einander folgen zu lasse, in der sie historisch die bestimmenden waren. Vielmehr ist ihre Reihenfolge bestimmt durch die Beziehung, die sie in der modernen bürgerlichen Gesellschaft auf einander haben, und die gerade das umgekehrte von dem ist, was als ihre naturgemässe erscheint oder der Reihe der historischen Entwicklung entspricht. Es handelt sich nicht um das Verhältnis, das die ökonomische Verhältnisse in der Aufeinanderfolge verschiedener Gesellschaftsformen historisch einnehmen. Noch weniger um ihre Reihenfolge 'in der Idee' (Proudhon) [...]. Sondern um ihre Gliederung innerhalb der modernen bürgerlichen Gesellschaft" (MEGA II/1.1, p. 42 [MEW 42, p. 41; *Grundrisse*, p. 60]).

se excluem no tempo, não se sucedem necessariamente. M-D-M não deixa de existir quando D-M-D' se impõe. Ele persiste "na sociedade burguesa moderna" como forma de circulação dos agentes econômicos em geral – nas compras de bens de consumo, em especial pelos trabalhadores:

> na circulação do trabalhador M (= T)-D-M, que inclui o seu consumo, embora só o primeiro elo, como resultado de D-T, entre no circuito do capital. O segundo ato depois de T-D, a saber, D-M, não entra na circulação do capital individual, embora ela parta dele. Mas a existência permanente da classe trabalhadora é necessária para a classe capitalista, e por isso também o consumo do trabalhador, mediado por D-M.[132]

A mercadoria vendida pelo trabalhador (M) é "(= T)", isto é, sua força de trabalho; assim começa o circuito da circulação para a maioria dos agentes econômicos. Eles recebem um salário (D) em troca dessa venda e compram com ele as mercadorias de que precisam, realizando o "vender para comprar" da circulação "simples". Esse ato "não entra na circulação do capital individual, embora ela parta dele", pois o trabalhador recebe seu salário inserindo-se no circuito da circulação do capital[133].

---

[132] "[...] die Cirkulation des Arbeiters w (=A)_G_w, welche Consumtionsprocess einschliesst, obgleich nur das erste Glied A_G als Resultat v. G_A in den Kreislauf des Kapitals fällt. Der zweite Akt v. A_G, nämlich G_w, fällt nicht in die Cirkulation des individuellen Kapitals, obgleich sie aus derselben hervorgeht. Das beständige Dasein der Arbeiterklasse aber für die Kapitalistenklasse nöthig, daher die Consumtion des Arbeiters, die durch g_w vermittelt ist" (MEGA II/11, p. 611 [MEW 24, p. 80; *O capital II*, p. 154]). Ver também: "Para os trabalhadores [...], a circulação é o M-D-M: 1) M (*força de trabalho*) – 2) D (1.000 £, forma de dinheiro do capital variável de I) – 3) M (meios de vida necessários na quantia de 1.000 £)" ("Für der Arbeiter [...] die Cirkulation diese: w_G_w 1) w (*Arbeitskraft*) 2) G (*1000 £, Geldform des variablen Kapitals*) 3) w (nothwendige Lebensmittel zum Betrag v. 1000 £)") (MEGA II/11, p. 747 [MEW 24, p. 415; *O capital II*, p. 520]). E, nas *Teorias do mais-valor*, "para o capitalista, ocorre aqui o movimento D-M-D [...]. Ao contrário, o trabalhador *representa* a circulação M-D-M. Ele vende sua mercadoria (capacidade de trabalho) e, com o dinheiro pelo qual ele a vendeu, ele compra de volta uma parte do seu próprio produto (mercadoria)" ("Bei dem Capitalisten findet hier die Bewegung G_w_G statt. [...] Der Arbeiter dagegen *stellt* die Circulation w_G_w *vor*. Er verkauft seine Waare (Arbeitsvermögen) und mit dem Geld, wofür es sie verkauft hat, kauft er einen Theil seines eigenen Produkt, Waare, wieder zurück") (MEGA II/3.2, p. 637 [MEW 26.1, p. 297-8; *Teorias da mais-valia*, v. I, p. 306]).

[133] "Mas, se a circulação simples de mercadorias não implica necessariamente a circulação do capital – pois ela pode ocorrer a partir da base da produção não capitalista –, o circuito do capital social conjunto, como já foi observado, implica também a circulação de mercadorias que não incide no circuito do capital individual, isto é, a circulação de mercadorias que não formam capital" ("Wenn aber die einfache Waarencirkulation keineswegs nothwendig die Cirkulation des Kapitals einschloß – da sie auch auf Grundlage nichtkapitalistischer Produktionsweise vorgehn kann – schlißt, wie bereits bemerkt, die Cirkulation, der Kreislauf des Gesammtkapitals auch die nicht in den Kreislauf des einzelnen Kapitals fallende Waarencirkulation ein, d.h. die Cirkulation der Waaren,

A convivência das duas formas de circulação é peça fundamental no esclarecimento da relação entre capital e trabalho assalariado. Marx precisa começar com a forma de mercadoria também porque a força de trabalho se reveste dessa forma, isto é, da forma de mercadoria vendida pelo trabalhador livre, que, como toda mercadoria, tem valor de uso e valor; sabemos que essa distinção é crucial, porque dela se deduz o mais-valor, como diferença entre o valor da força de trabalho e o valor que ela cria ao ter seu valor de uso consumido no processo de produção comandado pelo capital. A análise inicial da mercadoria em sua dupla forma de valor e valor de uso permite explicar depois a exploração da força de trabalho pelo capital e, assim, o pilar sobre o qual se assenta toda a "sociedade burguesa moderna".

O consumo produtivo da força de trabalho ocorre depois de sua inclusão no circuito do capital pelo momento inicial (D-M) do "comprar para vender". Por seu turno, o consumo do trabalhador entra na esfera da reprodução da força de trabalho, mas no momento inicial (M-D) do "vender para comprar" da circulação simples. É essa dupla dimensão que articula a exploração e o capital. Por isso, embora a "substância" do valor e do capital seja o trabalho, Marx sabe que não pode partir direto do trabalho no entendimento da valorização do valor:

> Para desenvolver o conceito de capital, é preciso partir não do trabalho, mas do valor, e, de fato, do valor de troca desenvolvido já no movimento da circulação. É tão impossível passar direto do trabalho para o capital quanto das várias raças humanas direto para o banqueiro, da natureza para a máquina a vapor.[134]

Esse é mais um rodeio da apresentação, na qual não o trabalho, mas a força de trabalho se divide em valor de uso e valor e circula tanto na forma "simples" quanto na do capital, para criar valor novo.

É sintomático que, nesse rodeio, a valorização seja apresentada por Marx como um problema, como aporia marcante do quarto capítulo do Livro I de *O capital*. Em geral despercebido, o quarto capítulo faz justamente a ponte entre a primeira seção, que apresenta a circulação simples, e a terceira, que descreve já a produção

---

die nicht Kapital bilden") (MEGA II/11, p. 343 [MEW 24, p. 354; *O capital II*, p. 451-2]). Depois de reconhecer que M-D-M é uma forma que "pode ocorrer" antes do capitalismo, em sociedades comerciais, Marx confirma que o interesse da apresentação categorial é estudá-la dentro do "circuito do capital social conjunto".

[134] "Um den Begriff des Capitals zu entwickeln ist es nöthig nicht von der Arbeit, sondern vom Werth auszugehen und zwar von dem schon in der Bewegung der Circulation entwickelten Tauschwerth. Es ist ebenso unmöglich direkt von der Arbeit zum Capital übergehen, als von den verschiednen Menschenracen direkt zum Banquier oder von der Natur zur Dampmaschine" (MEGA II/1.1, p. 183 [MEW 42, p. 183-4; *Grundrisse*, p. 200]).

de mais-valor. Ele é tão importante que, sendo um capítulo, constitui sozinho uma seção. E a junção que faz da esfera da circulação com a da produção imediata passa pela pergunta reiterada: como é possível criar valor excedente sob as condições da troca de equivalentes? Marx examina e descarta várias possibilidades para de novo recolocar a mesma questão e, por fim, depois de muitas páginas em que leva o leitor a quase se exasperar, sacar a solução aparentemente do bolso do colete: é a força de trabalho como mercadoria que permite a valorização, por situar-se na intersecção entre a circulação – na qual o salário equivale ao dispêndio de energia do trabalhador – e a produção – na qual a "substância" trabalho é consumida de modo produtivo pelo capital.

Por que o quarto capítulo é o único a percorrer esse caminho estranho, propondo insistentemente uma questão que não pode ser resolvida nos termos iniciais, esbarrando sempre em respostas frustradas? O que parece ficar claro é que Marx procura, assim, destacar que nenhuma solução se oferece só a partir da esfera da circulação; e nenhuma também só a partir da esfera da produção, o que seria "ir do trabalho" direto para o capital, no texto citado acima. Resumindo a dificuldade, Marx diz: "Portanto, o capital não pode surgir da esfera da circulação, e tampouco não surgir da esfera da circulação. Ele deve, ao mesmo tempo, surgir nela e não nela"[135]. Uma vez fixado o valor da força de trabalho na circulação, o capital tratará de consumir seu valor de uso, na esfera da produção, de modo a obter o maior valor, o maior mais-valor possível. Para Marx, trata-se de contrastar M-D-M e D-M-D', por um lado, e ressaltar a diferença específica da segunda forma, ou seja, evitar a confusão entre elas e a redução da segunda à primeira, como é o costume da economia política. Por outro lado, trata-se de revelar o "mistério" maior, derivado dos "fetiches" da mercadoria e do dinheiro: como se explora trabalho no sistema social determinado pelo valor, pela troca de equivalentes? Como a criação de mais-trabalho, que também ocorreu em sistemas não capitalistas, aparece especificamente agora como mais-valor?

Por isso, o princípio da troca de equivalentes é mantido por todo *O capital*, mesmo quando, como já vimos, a repetição das condições da exploração da força de trabalho torce o princípio em uma mera "forma", alheia ao conteúdo social efetivo, autônoma em relação a ele. A forma M-D-M permanece ao lado de D-M-D'; disfarça a exploração aos olhos dos próprios trabalhadores e revela, para os do crítico, como a forma "simples" abriga a complexidade de uma inversão e de um descolamento em relação à apropriação pela troca.

---

[135] "Kapital kann also nicht aus der Cirkulation entspringen und es kann eben so wenig aus der Cirkulation nicht entspringen. Es muß zugleich in ihr und nicht in ihr entspringen" (MEGA II/10, p. 151 [MEW 23, p. 180; *O capital I*, p. 240]).

No final da primeira parte deste livro, examinou-se como a inversão de M-D-M em D-M-D' cria uma nova forma e um novo conteúdo, pelos quais a propriedade privada se descola da "substância" do valor instituída pelo capital, o trabalho abstrato. Este se rebaixa a matéria amorfa, passiva, enquanto o capital usurpa sua vitalidade e aparece como a verdadeira "substância processante, semovente"[136], que comanda a sociabilidade da produção e da troca de mercadorias e se converte, assim, em "sujeito" do processo pelo qual ele se reproduz e se acumula. A forma se define como forma social, portanto, não só porque é o canal por onde devem fluir as relações entre os agentes, mas porque esses canais são criados e recriados pelo capital como forma autônoma e abrangente, fundadora de um "sistema" autocentrado de relações sociais que tem a si mesmo como finalidade (*Selbstzweck*) imposta a todas as demais formas possíveis. O capital tende a dominar e a se alastrar, porque, mais do que simples forma, é forma autônoma. Enquanto a circulação simples é "simples", porque aparentemente se determina pela vontade de agentes individuais que se julgam livres para tomar suas decisões de consumo e para escolher o lugar que desejam na divisão do trabalho social, a do capital é complexa na mediação pela qual vontades, decisões e escolhas são comandadas por uma força alheia, em parte oculta, imputada aos agentes como se partisse deles mesmos.

Ao criar formas de sociabilidade, o capital funda a "relação que as relações econômicas adotam" não na história nem na ideia, e sim "dentro da sociedade burguesa moderna". De fato, como dizia o texto citado na nota 131 (p. 160), a "ordem" da apresentação das "categorias econômicas" deve corresponder a uma "articulação" efetiva das formas sociais, ou seja, à "relação que as relações econômicas adotam" dentro da lógica da reprodução do capital já constituído. É o próprio capital, como "sujeito", que pretende estabelecer essa "relação"[137]. E ele o faz, conforme foi visto ao longo desta segunda parte, mediante a "apresentação" em um sentido real, no qual as formas sociais mesmas se "apresentam" em outras formas.

Marx chega a falar de um "modo de apresentação" referido a esse movimento efetivo das formas de valor postas a serviço do capital. Ele diz, por exemplo, ter descoberto que "o valor de troca era apenas uma 'forma de aparecimento', um modo

---

[136] "[...] processirende, sich selbst bewegende Substanz" (MEGA II/10, p. 142 [MEW 23, p. 169; *O capital I*, p. 230]). Ver nota 120 da Parte I deste livro (p. 88).

[137] Sobre esse ponto, e também sobre o problema da "abstração" no começo da apresentação, ver: "Aqueles que consideram a autonomização do valor simples abstração esquecem que o movimento do capital industrial é a abstração *in actu*" ("Diejenigen, die die Verselbständigung des Werths als eine Abstraktion betrachten, vergessen dass die Bewegung des industriellen Kapitals diese Abstraktion in actu ist") (MEGA II/11, p. 646 [MEW 24, p. 109; *O capital II*, p. 184]).

de apresentação do *valor* contido na mercadoria, e por isso fui analisá-lo"[138]. Ou, ainda, na primeira edição de *O capital*: "Embora ambas as determinações da *forma de valor* ou ambos os modos de apresentação do *valor* das mercadorias como *valor de troca* sejam só *relativos*, ambos não aparecem no mesmo grau como relativos"[139]. Ou, em um texto já citado na nota 98 desta parte, ele diz que "a apresentação do mais-valor e do valor da força de trabalho como frações do valor do produto" é "um modo de apresentação que brota do próprio modo de produção capitalista"[140]. Ou, enfim, falando do dinheiro no Livro III,

> quanto menos desenvolvido o caráter do produto como mercadoria, quanto menos o valor de troca se apoderou da produção em toda a sua extensão e profundidade, mais aparece o *dinheiro* como a verdadeira riqueza, a riqueza abstrata, em contraposição ao seu modo de apresentação em valores de uso.[141]

Em todos esses casos, bem como em outros que apenas repetem a expressão, é o valor, o dinheiro, o capital, o mais-valor que têm um "modo de apresentação" na forma do valor de troca, do valor do produto, do valor de uso. A palavra alemã empregada aqui é sempre *Darstellungsweise*, a mesma que designa a exposição categorial, mas agora aplicada a formas sociais reais, que se "apresentam" de acordo com um padrão definido, proposto como modelo para o desenvolvimento das categorias. E qual é o padrão desse desenvolvimento?

Desde a forma "simples" da mercadoria, a "apresentação" designa o movimento pelo qual se extroverte a oposição interna que caracteriza todas as formas do capital, a oposição em que a propriedade excludente dos meios de produção colocou a esfera social e a privada[142]. Já na troca de duas mercadorias, o valor de uso da

---

[138] "[...] der Tauschwert nur eine 'Erscheinungsform', selbständige Darstellungsweise des in der Ware enthaltenen *Werts* ist, und dann gehe ich an die Analyse des letzteren" (MEW 19, p. 369). Trata-se aqui das *Notas marginais a Adolph Wagner*, em que Marx corrige os comentários errôneos do professor alemão sobre *O capital*; escritas entre 1879 e 1880, elas ainda não foram publicadas pela MEGA.
[139] "Obgleich beide Bestimmungen der *Werthform* oder beide Darstellungsweisen des Waaren*werths* als *Tauschwerth* nur *relativ* sind, *scheinen* beide nicht in demselben Grad relativ" (MEGA II/5, p. 33).
[140] "[...] eine Darstellungsweise, die übrigens aus der kapitalistische Produktionsweise selbst erwächst", já citado acima, na nota 98 acima.
[141] "Je weniger der Charakter des Products als Waare entwickelt, je weniger sich der Tauschwert der Production in ihrer ganzen Breite und Tiefe bemächtig hat, desto mehr erscheint das *Geld* als der eigentliche Reichthum, als der abstrakte Reichthum, gegenüber seiner beschränkten Darstellungsweise in Gebrauchswerthen" (MEGA II/4.2, p. 650 [MEW 25, p. 611; *O capital III*, p. 657-8]).
[142] Lembremo-nos da "terceira particularidade da forma equivalente", examinada na nota 69 acima.

mercadoria que está na forma de equivalente "apresenta" o valor da mercadoria que está na forma relativa; quando passa a equivalente geral, e então a dinheiro, seu valor de uso "apresenta" o valor de qualquer outra mercadoria e faz com que esta "se apresente" como simples valor de uso. A apresentação real é um movimento de resolução da oposição interna a cada mercadoria, insustentável em cada uma isoladamente, e que deve aparecer, por isso, como oposição externa das duas mercadorias intercambiadas. Por sua vez, essa oposição externa se "apresenta" em outra oposição externa, mais abrangente, que envolve todas as mercadorias diante do dinheiro; e esta, mais uma vez, na oposição externa mais complexa entre a forma do dinheiro como meio de circulação e como medida de valor, isto é, a forma do meio de pagamento.

Essa sequência é desencadeada justamente pelo modo como se move a oposição interna a cada forma social; quando passa à oposição externa, a oposição interna só parece se resolver, mas continua dentro de cada polo da nova relação, preservando a relação e compelindo à sua resolução em outra relação. Na troca simples de duas mercadorias, por exemplo, a que fica no polo relativo parece apenas valor de uso, mas também tem valor, que é o que se apresenta como valor de troca na relação com a mercadoria no polo equivalente. Por isso, é fundamental que os dois polos estejam em oposição, e não em uma mera diferença; porque, daí, há uma recíproca negação, há um lado negativo na relação entre eles que se "apresenta" e que torna precária a oposição externa. São aquelas "relações contraditórias e mutuamente excludentes" de que falava um texto citado no segundo capítulo desta parte, cuja exteriorização "não supera" a negação, apenas "cria a forma em que elas podem se mover"[143]. Assim, as formas sociais passam a outras, cada vez mais impregnadas pelas "múltiplas determinações" que as tornam ainda mais "concretas". A apresentação real é a resolução dialética do negativo, que o "supera", mas sempre o preserva.

Examinando as inúmeras situações nas quais Marx diz que o capital "se apresenta" sob uma forma ou outra, percebe-se algo mais do que a descrição de um arranjo passivo da matéria diante de quem a estuda, percebe-se a referência a um princípio ativo que se dispõe de um modo específico por suas próprias razões[144]. É o capital que compõe as formas sociais efetivas em um tecido complexo, no

---

[143] Ver nota 32 (p. 106).
[144] Aos textos já citados antes, creio que basta acrescentar este, muito interessante: "A *taxa anual do mais-valor*, ou a proporção entre o mais-valor produzido ao longo do ano e o capital variável adiantado [...] não é, de modo algum, simplesmente subjetiva; *o próprio movimento efetivo do capital apresenta essa contraposição*" ("Die *Jahresrate des Mehrwerths* oder die Vergleichung zwischen dem während des Jahrs producirten Mehrwerths mit dem Vorgeschoßnen variablen Kapital [...] ist durchaus keine blos subjektive, sondern die wirkliche Bewegung des Kapitals stellt selbst diese Gegeneinanderstellung dar") (MEGA II/11, p. 296 [MEW 24, p. 308; *O capital II*, p. 402]).

qual a extroversão das oposições internas em seguida redefine essas mesmas oposições em novos sentidos e formas, criando a "articulação dentro da sociedade burguesa moderna" que a apresentação categorial procura revelar. O elo entre as duas dimensões da apresentação se revela no conceito tão repetido de "metamorfose", ou seja, de mudança de forma, presidindo o metabolismo da produção social em sentido amplo. Vimos que Marx chega a explicar a passagem da circulação simples para a capitalista como metamorfose de M-D-M para D-M-D', que implica a transformação radical do "vender para comprar" em "comprar para vender". E, por todo o Livro II, os circuitos das três formas de capital – ou as três formas de circuito do capital – são igualmente apresentados como metamorfoses que se tecem para tramar a passagem do capital individual ao capital social com seus departamentos e intercâmbios.

É esse poder desmedido do capital de se metamorfosear, mediante a exteriorização de suas oposições internas, que deve ser captado; a ele corresponde o "movimento efetivo", a "vida do material que se espelha idealmente" na apresentação das categorias, conforme as palavras do posfácio da segunda edição de *O capital*. A realidade do capitalismo que deve ser apreendida é essa "vida", essa "efetividade" que constitui seu núcleo contraditório e da qual decorrem todas as suas formas essenciais. Mas o posfácio continua, com uma advertência decisiva: "Se isso der certo e a vida do material se refletir idealmente, pode parecer que se trata de uma construção *a priori*"[145]. Ao captar o *modus operandi* do capital e "espelhá-lo idealmente" em suas categorias, a apresentação se confunde com o sistema expressivo real das formas sociais capitalistas, pelo qual se resolvem em parte as suas oposições internas e se desdobram sempre novas formas sociais. "Parece", então, que se trata de uma "construção *a priori*", como se a exposição soubesse de antemão o rumo dos acontecimentos; pior, como se ela os determinasse.

Não por acaso, *O capital* foi acusado por alguns resenhistas de ser muito influenciado pelo idealismo alemão; pelo de Hegel, em particular. O contexto em que Marx escreve as linhas citadas imediatamente acima é, inclusive, o da sua defesa contra tal acusação. De fato, ele admite, "pode parecer" que o movimento da realidade obedece à lógica pela qual são deduzidos os conceitos, mas a apresentação precisa revelar a "vida do material" considerado.

Marx conhecia esse risco desde, pelo menos, os *Grundrisse*. Tanto que faz lá a famosa anotação para evidente uso pessoal: "Mais tarde será necessário [...] corrigir o estilo idealista da apresentação, que produz a aparência de que só se trata de

---

[145] Posfácio de 1872: "Gelingt dieß und spiegelt sich nun das Leben des Stoffs ideell wieder, so mag es aussehn, als habe man es mit einer Konstruktion a priori zu thun" (MEGA II/10, p. 17 [MEW 23, p. 27; *O capital I*, p. 90]).

determinações conceituais e da dialética desses conceitos"[146]. Pelo visto, entre a redação dessa nota, em 1858, e a primeira edição de *O capital*, nove anos depois, ele não "corrigiu o estilo idealista da apresentação". Os resenhistas da primeira edição diriam que ele continuou deduzindo as formas de valor – coisas palpáveis, como a mercadoria e o dinheiro – pela "dialética" de suas oposições internas; que ele ainda concebia o capital como um todo "contraditório" em sua relação com o trabalho assalariado; e que daí é que teria deduzido a crítica à sociedade burguesa. É inegável que Marx seguiu empregando a "maneira de falar peculiar" de Hegel, e não apenas "aqui e ali no capítulo sobre a teoria do valor"[147], como ele confessa no mencionado posfácio.

Marx sabia o que estava fazendo. Sabia que a apresentação como dedução simultânea de conceitos e formas sociais efetivas se aproximava perigosamente do ideal filosófico hegeliano, inclusive no que diz respeito à noção de história como encadeamento lógico. Por isso insiste tanto que a apresentação das categorias na sua obra não pretende corresponder ao processo histórico e que, ao contrário, precisa supô-lo em momentos específicos, quando a resolução das oposições internas não dá conta da passagem para formas mais "concretas"[148], como no caso do surgimento da mão de obra assalariada na metamorfose de M-D-M para D-M-D'. Mesmo não sendo histórico, porém, o processo descrito pela apresentação é real, no sentido de que deve reconstituir a "articulação" das relações sociais presidida pelo capital desde as formas mais "simples" em que ele manifesta o seu poder como "sujeito" e meta da reprodução social. E, apesar de recorrer à história como a um *deus ex-machina*, a apresentação categorial volta ao "estilo idealista" da dialética das formas

---

[146] "Es wird später nöthig sein [...] die idealistische Manier der Darstellung zu corrigiren, die den Schein hervorbringt, als handle es sich nur um Begriffsbestimmungen und die Dialektik dieser Begriffe" (MEGA II/1.1, p. 85 [MEW 42, p. 85-6; *Grundrisse*, p. 100]).

[147] "[...] kokettirte sogar hier und da" (MEGA II/10 p. 17 [MEW 23, p. 27; *O capital I*, p. 91]).

[148] Além do trecho da introdução de 1857, citado na nota 131 (p. 160), ver: "Por outro lado, o nosso método mostra os pontos em que deve entrar a consideração histórica [...]. Daí não ser preciso escrever a história efetiva das relações de produção para desenvolver as leis da economia burguesa" ("Andrerseits [...] zeigt unsre Methode die Punkte, wo die historische Betrachtung hineintreten muß [...]. Es ist daher nicht nöthig, um die Gesetze der bürgerlichen Oekonomie zu entwickeln, die wirkliche Geschichte der Produktionsverhältnisse zu schreiben") (MEGA II/1.2, p. 369 [MEW 42, p. 373; *Grundrisse*, p. 378]). A história "entra", por exemplo, no quarto capítulo do Livro I, pois a transformação da força de trabalho em mercadoria não decorre da lógica do dinheiro. Outro texto muito conhecido, referindo-se ao trabalhador livre, diz o seguinte: "Sua existência é o resultado de um longo processo histórico na configuração econômica da sociedade. Fica claro, nesse ponto, como a forma dialética da apresentação está correta só quando conhece os seus limites" ("Seine Existenz ist das Resultat eines langwierigen historischen Processes in der ökonomischen Gestaltung der Gesellschaft. Es zeigt sich an diesem Punkt bestimmt, wie die dialektische Form der Darstellung nur richtig ist, wenn si ihre Grenze kennt") (MEGA II/2, p. 91 [*Grundrisse*, Urtext, p. 945]).

sociais quando retoma a dedução do mais "concreto" a partir do mais "simples" e quando chega a explicar por essa lógica processos históricos como a transição da "manufatura" à "grande indústria", nos capítulos 12 e 13 do Livro I de *O capital*.

Todo o problema clássico da relação de Marx com Hegel aparece aqui no pano de fundo. Também no posfácio de 1872, Marx afirma criticar a filosofia hegeliana e, em seguida, declara-se "discípulo daquele grande pensador"; recusa a "mistificação sofrida pela dialética nas mãos de Hegel", mas aponta para um "núcleo racional" que pode ser extraído do "envoltório místico", se a dialética for "virada do avesso"[149]. Mais intrigante, ao comentar a sequência da sua obra depois da publicação do que seria a primeira parte, em 1859 – *Para a crítica da economia política* –, Marx escreve: "Meu texto prossegue, mas devagar [...]. De todo modo, ele será muito mais acessível, e o método, muito mais escondido do que na parte I"[150]. Que Marx desejasse tornar o texto "mais acessível" a um público amplo é fácil de entender; mas o que ele quis dizer com "método escondido"? Ele queria "esconder" a dialética, sobre a qual não havia até então refletido o suficiente? São questões delicadas, que exigem um exame mais cuidadoso.

2.
Foi ainda no começo do grande projeto de redigir uma "crítica da economia política", em meio às anotações editadas muito depois da sua morte sob o nome de *Grundrisse* – os "fundamentos" justamente dessa "crítica" –, que Marx teve a oportunidade de "folhear" de novo a *Lógica* de Hegel, como ele conta a Engels em carta de 14 de janeiro de 1858. Tratou-se de "mero acidente", mas lhe "prestou um grande serviço no método de elaboração" do seu texto[151]. Essa famosa referência ilustra bem o movimento de volta a Hegel realizado por Marx depois das críticas de juventude, conforme também registra o posfácio de 1872[152]. Deve-se a isso que

---

[149] "Man muß sie umstülpen, um den rationellen Kern in der mystischen Hülle zu entdecken" (MEGA II/10, p. 17 [MEW 23, p. 27; *O capital I*, p. 91]).

[150] Carta a Engels de 9 de dezembro de 1861: "Meine Schrift geht voran, aber langsam. [...] Es wird indeß viel populärer u. die Methode viel mehr versteckt als in Theil I" (MEGA III/11, p. 616 [MEW 30, p. 207]).

[151] "In der *Methode* des Bearbeitens hat es mir grossen Dienst geleistet, dass ich *by mere accident* – Freiligrath fand einige ursprünglich dem Bakunin gehörige Bände Hegels u. schickte sie mir als Präsent – Hegels Logik wieder durchgeblättert hatte" (MEGA III/9, p. 24-5 [MEW 29, p. 260]).

[152] Vale a pena citar de novo o belo texto de Marx: "Critiquei o lado mistificador da dialética hegeliana há cerca de trinta anos, numa época em que ela era a moda do dia. Mas justamente quando eu elaborava o primeiro livro de *O capital*, os epígonos aborrecidos, medíocres e presunçosos que têm a palavra agora na Alemanha culta começaram a tratar Hegel [...] como cachorro morto. Por isso, declaro publicamente que sou discípulo daquele grande pensador e que flertei aqui e ali no

a apresentação categorial da sua obra e até a própria ideia de "apresentação" tenham se inspirado no exemplo da filosofia hegeliana; mais, que as formas da sociedade burguesa – da relação do capital e do trabalho à concorrência entre os capitalistas – tenham sido visivelmente pensadas por Marx no parâmetro das categorias da *Lógica* do "grande pensador".

É o caso já da "contradição" entre capital e trabalho assalariado, no exemplo mais saliente, e também da "oposição", categoria que está em uma espécie de antessala da contradição. Elas participam da série das "determinações da reflexão" na "Doutrina da essência", segunda parte da *Lógica*, resolvendo a diferença da "identidade" e da "diferença" como uma oposição contraditória[153]. São figuras antes de tudo lógicas, discursivas. Mas os *Grundrisse* repetem exatamente a sequência das "determinações da reflexão" de Hegel:

> O fato simples de a mercadoria existir duplamente, primeiro como produto determinado [...] e depois como valor de troca manifesto (*dinheiro*) [...], essa existência dupla *diversa* [*verschieden*] deve avançar para a *diferença* [*Unterschied*], a diferença para a *oposição* [*Gegensatz*] e a *contradição* [*Widerspruch*].[154]

De certo modo, aqui se define o programa da crítica ao capitalismo pelo ponto de vista lógico. Trata-se, para Marx, de demonstrar que os dois lados da mercadoria não são meramente "diversos", mas contêm a "contradição" da relação entre capital e trabalho.

"Contradição" é uma palavra cuja etimologia já demonstra que a sua origem e o seu âmbito pertencem à lógica, e não à caracterização da realidade. Por que Marx

---

capítulo sobre a teoria do valor com a sua maneira de falar peculiar" ("Die mystificirende Seite des Hegel'schen Dialektik habe ich vor beinah 30 Jahren, zu einer Zeit kritisirt, wo sie noch Tagesmode war. Aber grade als ich den ersten Bandes des 'Kapital' ausarbeitete, gefiel sich das verdriessliche, anmaßliche und mittelmäßige Epigonenthum, welches jetzt im gebildeten Deutschland das große Wort führt darin, Hegel zu behandeln [...] nämlich als 'todten Hund'. Ich bekannte mich daher offen als Schüler jenes großen Denkers und kokettirte sogar hier und da im Kapitel über die Werththeorie mit der ihm eigenthümlichen Ausdrucksweise") (MEGA II/10, p. 17 [MEW 23, p. 27; *O capital I*, p. 91]).

[153] G. W. F. Hegel, *Gesammelte Werke*, Band 11-12: *Wissenschaft der Logik* (1812-1813) (ed. Friedrich Hogemann & Walter Jaeschke, Hamburgo, Felix Meiner, 1978-1981), I, p. 258-90 [ed. bras.: *A ciência da lógica*, v. II: *A doutrina da essência*, trad. Christian Iber, Marloren Miranda e Federico Orsini, Petrópolis, Vozes, 2017].

[154] "Das einfache Factum, daß die Waare doppelt existirt, einmal als bestimmtes Product [...] und dann als manifestirter Tauschwerth (Geld) [...] diese doppelte *verschiedne* Existenz muß zum *Unterschied*, der Unterschied zum *Gegensatz* und *Widerspruch* fortgehn" (MEGA II/1.1, p. 81 [MEW 42, p. 81-2; *Grundrisse*, p. 96]).

Modo de apresentação capitalista / 171

a emprega para descrever a relação do capital com o trabalho, em vez de palavras como "diferença", "conflito", "antagonismo", "adversidade", em geral usadas quando se trata de fatos? E por que, ao entrar no pormenor dessa "contradição", ele não diz simplesmente que o capital subordina o trabalho, e sim que ele o "subsume"[155], termo que em lógica possui o sentido da pertinência de um termo menor no maior, ou do particular no universal? Ou, ainda, por que o recurso contínuo à figura especulativa da "mediação" e do seu oposto, o "imediato", vigente desde a definição do tema do Livro I como sendo o "processo imediato de produção" pelo capital, depois mediado pelo processo de circulação, para alcançar, enfim, o "processo de produção como um todo"[156]? E a "mediação" aparece em inúmeros momentos dos textos de Marx, em especial nas primeiras versões da "crítica", quando o método ainda não estava bem "escondido"[157]. Em Hegel, a "mediação" é o movimento pelo qual o conceito põe um termo médio entre os extremos do universal e do

---

[155] Por exemplo: "se a subsunção formal do trabalho ao capital é suficiente para a produção do mais-valor absoluto" ("Wenn zur Produktion des absoluten Mehrwerths die bloß formelle Subsumtion der Arbeit unter das Kapital genügt"). Ou: "no lugar da subsunção formal surge a subsunção real do trabalho ao capital" ("An die Stelle der formellen tritt die reelle Subsumtion der Arbeit unter das Kapital") (MEGA II/10, p. 458 [MEW 23, 533; *O capital I*, p. 579 e 578]). Trata-se da diferença entre o mais-valor absoluto e o relativo, na base das seções 3, 4 e 5 do Livro I de *O capital*, que compõem o seu miolo temático.

[156] "[...] der Productionsprozeß im Ganzen" (MEGA II/4.2, p. 7 [MEW 25, p. 33; *O capital III*, p. 53]).

[157] Para ficar só nos *Grundrisse*, Marx diz que "uma *mediação* efetiva é necessária no intercâmbio efetivo" de mercadorias ("Aber im wirklichen Umtausch ist eine wirkliche *Vermittlung* nothwendig") (MEGA II/1.1, p. 77 [MEW 42, p. 77; *Grundrisse*, p. 92]); e fala do "capital como *unidade imediata* do produto e do dinheiro" ("Capital ist *unmittelbare Einheit* von Product und Geld") (MEGA II/1.1, p. 247 [MEW 42, p. 251; *Grundrisse*, p. 262]) e, um pouco antes, da riqueza como "o *mediador* entre os dois extremos de valor de troca e valor de uso. Esse meio aparece sempre como a relação econômica acabada, porque sintetiza as oposições" entre o valor e o valor de uso, sendo "a relação ou o movimento que aparece *originalmente* mediando os extremos, levando por uma necessidade dialética a que ela apareça para si mesma como o sujeito cujos momentos são só os extremos [...]". Essa sucessão de categorias e raciocínios especulativos não podia deixar de se completar com a referência à "esfera religiosa", em que "Cristo é o mediador entre Deus e os homens", no melhor estilo hegeliano. ("[...] als die Vermittlung der Extreme von Tauschwerth und Gebrauchswerth selbst. Diese Mitte erscheint immer als das vollendete *ökonomische* Verhältnis, weil es die Gegensätze zusammenfaßt [...] die Bewegung oder das Verhältnis, das als vermittelnd zwischen den Extremen *ursprünglich* erscheint, dialektisch dazu nothwendig fortführt, daß es als Vermittlung mit sich selbst erscheint, als das Subject, dessen Momente nur die Extreme sind [...]. So in der religiösen Sphäre Christus der Mittler zwischen Gott und dem Menschen") (MEGA II/1.1, p. 246-7 [MEW 42, p. 250; *Grundrisse*, p. 261-2]). Mas mesmo em *O capital*, Marx diz, por exemplo, que "a função do dinheiro como meio de pagamento implica uma contradição não mediada" ("Die Funktion des Geldes als Zahlungsmittel schließt einen unvermittelten Widerspruch ein") (MEGA II/10, p. 127 [MEW 23, p. 151; *O capital I*, p. 210]).

particular, como no silogismo[158], permitindo que o universal "subsuma" o particular a si e imponha a ele o seu predicado. No caso do capital, a "subsunção" do trabalho é uma inclusão baseada em uma exclusão, levando a um conflito chamado por Marx de "contradição".

E, coroando toda essa volta a Hegel, Marx chega a fazer algumas surpreendentes declarações, como quando fala do dinheiro mundial no Livro I: "Só no mercado mundial o dinheiro funciona plenamente como a mercadoria cuja forma natural é de imediato a forma de realização social do trabalho humano *in abstracto*. O seu modo de existência se torna adequado ao seu conceito"[159]. Suprimidas as "mediações" prévias, o trabalho humano abstrato assume "de imediato" a forma do valor de uso do material empregado como dinheiro. Essa "forma natural" é o "modo de existência" que se revela "adequado ao conceito" de dinheiro, ou seja, à tarefa de "realização social do trabalho humano". Só que em vez de "adequar" o conceito ao que existe, Marx aceita a definição idealista de "verdade", como adequação do existente ao conceito. E, de novo, ao tratar da equalização das taxas de mais-valor no Livro III, ele diz: "Em tal investigação geral sempre se pressupõe que as relações reais correspondam ao seu conceito ou, o que é o mesmo, as relações reais só serão apresentadas na medida em que expressem (apresentem) o seu tipo geral"[160].

É importante notar aqui a presença simultânea dos dois sentidos da "apresentação" – como exposição das "relações reais" e como sinônimo da "expressão" do "tipo geral" nessas relações. O mais importante, contudo, é que "apresentar o que se apresenta" supõe que o que se apresenta é o "tipo geral", médio, equalizado; é o "conceito", ao qual as relações sociais existentes "correspondem".

---

[158] É interessante registrar que, em 1859, em *Para a crítica da economia política*, Marx ensaiou um paralelo da metamorfose das mercadorias com o silogismo clássico, de Aristóteles a Hegel: "Assim, M-D-M pode ser reduzido logicamente de modo abstrato à forma do silogismo P-U-I, em que o particular compõe o primeiro extremo; o universal, o termo médio unificador; e o individual, o último extremo" ("w_G_w kann daher abstrakt logisch auf die Schlußform B_A_E reducirt werden, worin die Besonderheit das erste Extrem, Die Allgemeinheit die zusammenschließende Mitte und die Einzelheit das letzte Extrem bildet") (MEGA II/2, p. 164 [MEW 13, p. 76; *Para a crítica da economia política*, p. 74]).

[159] "Erst auf den Weltmarkt funktionirt das Geld in vollem Umfang als die Waare, deren Naturalform zugleich unmittelbar gesellschaftliche Verwirklichungsform der menschlichen Arbeit in abstracto ist. Seine Daseinsweise wird seinem Begriff adäquat" (MEGA II/10, p. 131 [MEW 23, p. 156; *O capital I*, p. 215]).

[160] "In solcher allgemeinen Untersuchung wird überhaupt immer vorausgesetzt, daß die wirklichen Verhältnisse ihrem Begriffe entsprechen oder was dasselbe, werden die wirklichen Verhältnisse nur dargestellt, so weit sie ihren eignen allgemeinen Typus ausdrücken (darstellen)" (MEGA II/4.2, p. 215 [MEW 25, p. 152; *O capital III*, p. 177-8]).

Qual o sentido dessas expressões idealistas, segundo as quais a realidade é que deve "corresponder" ou se "adequar" ao conceito, e não o contrário, como sempre reivindicou o realismo epistemológico do qual faz parte a concepção materialista de Marx? De modo coerente com as definições do capital como "sujeito" que este livro vem sustentando, o "idealismo" das categorias referentes ao capital, à sua apresentação, à proposta mesma de que o capital se "apresenta" e a realidade deve se "adequar ao conceito", tem de ser explicado como imposição do objeto específico ao pesquisador. O capital comanda processos sociais como a "abstração" dos trabalhos úteis, concretos, para determinar o valor das mercadorias, ou como a equalização das taxas de lucro pela concorrência entre os capitalistas, que estipula um lucro médio e, daí, os preços de produção; em outras palavras, ele comanda os processos reais pelos quais um "tipo geral" se produz e se apresenta socialmente. Por esse poder, o capital estabelece o correlato do "conceito" na filosofia hegeliana, assim como a força centrípeta que atrai e suga as demais formas sociais, de modo a torná-las "adequadas" a ele.

Foi a consciência crescente, à medida que avançava em seus estudos, da inversão completa da realidade social pelo capital que fez Marx voltar a Hegel. A dialética que Hegel pôs "de cabeça para baixo" corresponde perfeitamente ao movimento do capital, que põe na mesma posição a sociedade inteira. Marx não abandona em nada a perspectiva materialista ao retomar as categorias da dialética, quando se trata de captar o movimento complexo ditado pelo capital à sociedade burguesa, pois esse movimento cria naturalizações, deslocamentos, "fetichismos", inversões e encobrimentos que só podem ser explicados por categorias como "contradição", "mediação" e "subsunção". O capital, como forma descolada da substância do valor, atua enquanto lógica que articula a sociabilidade de acordo com uma razão estrita – no sentido do motivo, da finalidade da autovalorização do valor, e também no sentido do encadeamento rigoroso das metamorfoses das formas sociais; mas, em ambos os sentidos, essa razão é externa à sociabilidade original, é um *logos ex-machina*. Assim, as formas sociais se hierarquizam em relação à finalidade da valorização e se apresentam umas para as outras como meios para alcançá-la, como "mediações", como o termo médio de um silogismo cujos extremos são as formas particulares – por exemplo, mercadoria ou dinheiro – e a universalidade do capital a que as formas são "subsumidas". E o conflito entre o capital e o trabalho se desenvolve segundo o movimento lógico da negação e da autonegação, isto é, da "contradição".

Mas as categorias dessa "lógica" são necessariamente distintas das de Hegel, não tanto em seu objeto, e sim em sua forma. A análise das referências de Marx a Hegel no posfácio de 1872, ou em cartas como a citada acima na nota 149 (p. 169), faz pensar que se trataria de aplicar a dialética ao estudo de outro objeto, o capital, ou de transformar uma dialética idealista em outra, materialista. Marx, porém, não havia esquecido àquela altura que o mote da sua crítica a Hegel não era diretamente a lógica, e sim a concepção da sociedade burguesa. É a partir desse tema, desse objeto compartilhado pelos dois pensadores, que a lógica adquire significado. Um dos temas centrais da filosofia de Hegel, profundamente imbuído do sentido histórico, é a interpretação da modernidade como sendo determinada pela constituição da sociedade civil-burguesa. Marx dedicou-se desde a juventude à crítica dessa interpretação hegeliana, da maneira como ela pretende que o Estado resolva os conflitos da sociedade civil e, mais tarde, da maneira como a sociedade civil mesma é definida na *Filosofia do direito*, que se inspira na economia política para generalizar as condições da circulação simples de mercadorias como base das relações sociais e jurídicas modernas. A contradição da sociedade civil-burguesa pôde ser concebida por Hegel, portanto, como fruto da simples oposição entre interesses individuais, interesses que encontrariam um árbitro competente na esfera social superior instituída primeiro pela corporação e, enfim, pelo Estado.

Podemos imaginar como a crítica de Marx à ideia de que a esfera da circulação simples predomina na economia capitalista repercute em sua crítica a essa concepção de Hegel. O fato de a troca de equivalentes e a igualdade de contratos serem determinadas a partir de uma esfera de desigualdade social entre proprietários e não proprietários dos meios de produção e, ao mesmo tempo, esconderem essa desigualdade que as determina rebate a oposição dos interesses individuais para a instância das classes sociais e faz com que ela não possa ser solucionada por nenhuma instituição burguesa. Portanto, o tema de Marx é o mesmo de Hegel, mas redefinido desde os pressupostos.

A redefinição, contudo, implica uma mudança radical na forma da dialética que caracteriza o objeto. O conflito de classe, na medida em que é estabelecido por um "sujeito" formal, o capital, adquire uma figura lógica, a "contradição". Só que essa contradição possui forma distinta, inversa à da contradição hegeliana. Enquanto Hegel pensava a contradição como forma correspondente a uma sociedade civil-burguesa cujos problemas essenciais encontrariam solução a partir dela mesma, Marx, em contrapartida, a pensava como forma decorrente de uma força social que deveria reproduzir, até em escala ampliada, a desigualdade profunda de sua base. Enquanto para Hegel, depois de se abismar, a contradição emerge para instituir um "fundamento" positivo, para Marx o abismo é incontornável dentro do quadro social burguês, e qualquer nova forma social apenas repõe a contradição em outro nível.

Esse é o sentido da contraposição das duas dialéticas feita ainda no posfácio da segunda edição do Livro I. Marx diz que a sua dialética é "crítica e revolucionária", porque "no entendimento positivo do existente inclui ao mesmo tempo também o entendimento de sua negação"; a de Hegel, ao contrário, "parecia transfigurar o existente"[161]. Mais uma vez, não é o caso aqui de proceder a uma análise detalhada desse texto e de todo o complexo problema da contradição em Hegel e Marx, algo que procurei fazer em um artigo publicado há tempo considerável[162]. O que importa enfatizar agora é que, para além do que há de comum à dialética de ambos os pensadores – a relação essencial entre o aspecto positivo e o negativo –, para Hegel, o negativo é momento de uma positividade maior que o "transfigura", isto é, que projeta a terra no céu; mas, para Marx, o negativo é que domina e rebaixa o positivo a seu momento, como o "existente" que deve ser "criticado e revolucionado".

Transpondo a questão da esfera lógica, o que Hegel considera o aspecto negativo da sociedade burguesa decorre da propriedade privada, pela qual, como diz o nome, cada indivíduo "priva" os demais do usufruto dos bens que possui; mas esse negativo se resolve no fato de todos serem proprietários, pelo menos de si mesmos, residindo aí o elemento distintivo da modernidade burguesa. Não é incoerente, por isso, dizer que o Estado representa a todos e que ele representa só os proprietários, de modo que o embate dos interesses particulares pode se decidir dentro de um âmbito positivo maior, que a todos define como indivíduos cidadãos, capazes de arbitrar seus conflitos nas instituições do espaço público. Por seu turno, a propriedade privada de Marx "priva" não só do usufruto dos meios de consumo – problema, aliás, que a troca de mercadorias equaciona – como também, especificamente, dos meios de produção, obrigando quem não os possui a trabalhar para quem os possui. Por trás da igualdade de mercado que sustenta a cidadania universal, ela cria desigualdade social e impede o Estado de se afirmar como o positivo que abrange o negativo. Ao contrário, os dois planos formam a oposição perene entre a esfera da produção de mercadorias, que repousa na desigualdade de trabalho e capital, e a do intercâmbio das mercadorias por agentes igualados no mercado, oposição que, como vimos, embasa a oposição do valor e do valor de uso das mercadorias no começo da apresentação categorial na obra de Marx.

O predomínio do positivo na dialética de Hegel permite não só que ele entenda a sociedade burguesa, mas que a entenda como a última etapa do desenvolvimento do "espírito" na história universal, e esta, como uma "teodiceia, uma justificação de Deus", na qual "o mal do mundo em geral, aí incluída a maldade, deve ser

---

[161] "[...] weil sie in dem positiven Verständniß des Bestehenden zugleich auch das verständniß seiner Negation [...] ihrem Wesen nach kritisch und Revolutionär ist" (MEGA II/10, p. 17 [MEW 23, p. 27-8; *O capital I*, p. 91]).
[162] Ver meu artigo "A dialética do avesso", *Crítica Marxista*, São Paulo, Boitempo, n. 14, 2002, p. 26-47.

concebido de modo a reconciliar o espírito pensante com o negativo"[163]. Embora muita "maldade" e muitos acasos incompreensíveis a olho nu sejam registrados na história, uma compreensão dialética percebe aí um momento em si mesmo negativo, que serve, contudo, para afirmar a vitória final do racional, do direito burguês baseado na liberdade do indivíduo. A "justificação de Deus" é essa vitória final, alcançada por uma "providência divina" atuando na história, inscrevendo o mal no bem, o aspecto negativo da propriedade privada no positivo da cidadania e do Estado burguês. Mas entender esse movimento requer o "olho do conceito, da razão"[164], que capta a forma mesma do movimento como uma lógica do negativo, sobre cujo conteúdo Hegel pensa "poder se expressar" dizendo que ela "é a apresentação de Deus, tal como ele é em seu ser eterno, antes" e como princípio "da criação da natureza e do espírito finito"[165]. Só quando o "espírito finito" na história atinge a etapa final, em que, pelo exercício da cidadania, o homem se torna consciente de si e de sua historicidade, a história aparece para ele "justificada" pela "apresentação" de sua lógica imanente.

Na sociedade burguesa comandada pela dialética do capital, de acordo com Marx, a "apresentação de Deus" seria a desse "sujeito" que tem de controlar suas condições de existência e de "eterna" expansão. Com isso, porém, nada está "justificado". Essa dialética é "crítica", como vimos, por "incluir a negação" no "entendimento positivo do existente", isto é, porque a oposição interna a cada forma social, ao se projetar em oposição externa, não se resolve, mas gera novas oposições internas ainda mais complexas. Pois a desigualdade social entre proprietários e não proprietários dos meios de produção não pode ser superada por instituições

---

[163] "Unsere Betrachtung ist insofern eine Theodizee, eine Rechtfertigung Gottes [...] das Übel in der Welt überhaupt, das Böse mit inbegriffen, sollte begriffen, der denkende Geist mit dem Negativen versöhnt werden" (G. W. F. Hegel, *Die Vernunft in der Geschichte*, ed. Georg Lasson, Hamburgo, Felix Meiner, 1955, p. 48 [ed. port.: *A razão na história*, trad. Artur Morão, Lisboa, Edições 70, 1995, p. 46]). Hegel completa na sequência, explicando que essa "reconciliação só pode ser alcançada pelo conhecimento do afirmativo no qual cada negativo desaparece como um subordinado e um superado", isto é, no qual o negativo é rebaixado a momento do "afirmativo" mais amplo ("Diese Aussöhnung kann nur durch die Erkenntnis des Affirmativen erreicht werden, in welchem jenes Negative zu einem Untergeordneten und Überwundenen verschwindet").

[164] "[...] keine physischen Augen, keinen endlichen Verstand, sondern das Auge des Begriffs, der Vernunft, das die Oberfläche durchdringt und sich durch die Mannigfaltigkeit des bunten Gewühls der Begebenheiten hindurchdringt" (G. W. F. Hegel, *Die Vernunft in der Geschichte*, cit., p. 32 [ed. bras.: *A razão na história*, cit., p. 34]).

[165] "[...] man kann sich deßwegen ausdrücken, daß dieser Inhalt die Darstellung Gottes ist, wie er in seinem ewigen Wesen, vor der Erschaffung der Natur und eines endlichen Geistes ist" (G. W. F. Hegel, *Wissenschaft der Logik*, cit., p. 21).

fundadas na esfera da circulação mercantil e, ditada pelo "sujeito" capital, aparece como "contradição" insolúvel.

Se para Hegel a "apresentação de Deus" e a sua "justificação", a lógica e a história convergem, para Marx a "apresentação" do capital expõe, afinal, o poder destrutivo com que ele determina as suas crises e o seu "necessário declínio"[166], ainda conforme o posfácio de 1872. A verdadeira história do capital não aparece pela sua "apresentação", mas como algo externo ao sistema, no caso da acumulação original, ou como o esgotamento do poder do capital de se apresentar, se reproduzir e existir. A apresentação das categorias demonstra a complexidade crescente do capital, mas também, em negativo, a complexidade crescente da sua determinação destrutiva, autonegadora, "contraditória" – em suma, da sua crise, o oposto da "justificação".

A emergência do conceito de crise nos interstícios sucessivos da apresentação do conceito de capital assinala o fracasso recorrente do capital na execução de suas metamorfoses reais. Se ele as executa e se reproduz, porque é sujeito, ele também falha recursivamente em fazê-lo, porque é um "sujeito" apenas formal, no sentido examinado no fim da primeira parte deste livro. Vimos ali que não é a "substância" social, como no caso do "espírito" hegeliano, que se eleva a "sujeito" de sua história – o burguês com seu Estado –, mas o poder alheio – o capital, fundado na propriedade excludente dos meios de produção – que define o trabalho abstrato como "substância" amorfa, da qual é usurpada a vivacidade criadora de laços sociais. Mas o capital só inclui a força de trabalho ao excluí-la, com isso excluindo-se de si mesmo. Não é a "substância" social, portanto, que é contraditória e passa de uma forma a outra para resolver sua contradição, como o "espírito" para Hegel; a "substância" trabalho abstrato tem suas metamorfoses impostas por uma forma estranha, e a "contradição" corresponde justamente a essa torção de "substância" e "forma" estranhada, a essa distorção que resulta em um "sujeito" formal. A forma não é a afirmação do poder da "substância"; não é o predomínio da identidade – da substância consigo mesma – sobre a diferença, mas a oposição à substância, o domínio da diferença – do capital, trabalho alienado – sobre a identidade.

Em vez de uma "verdade" que se configura no resultado de cada etapa da apresentação, como na dialética de Hegel, o capital produz uma verdade que é, ao mesmo tempo, a inverdade da etapa anterior, ou seja, a negação do poder de autodesenvolvimento da forma. Por isso, na passagem do Livro I para o Livro III de *O capital*, a lei do valor-trabalho aparece como lei da distribuição pela propriedade privada; o valor, como preço de produção no qual o valor só se realiza ao se ocultar e inverter. A "verdade" do valor não é a identidade consigo no preço, a volta a si

---

[166] "[...] nothwendigen Untergangs" (MEGA II/10, p. 17 [MEW 23, p. 28; *O capital I*, p. 91]).

do "sujeito" que emergiu diretamente da "substância", e sim a diferença em relação a si mesmo, a "substância" social do trabalho que se torceu em "forma" social da propriedade privada dos meios de produção. O sujeito hegeliano consiste na reflexão que parte de um fundamento sólido, para daí subir em espiral; e o de Marx, ao contrário, numa reflexão aparente, em que a forma perde o pé no fundamento e passa a girar em falso, às vezes progredindo, às vezes retrocedendo.

A função da apresentação categorial em Marx é reconstruir para o leitor a pretensão do capital de se reproduzir e acumular como uma "verdade" dessa dialética, para a qual o decisivo é o lado oposto – o da "inverdade" revelada pelo fracasso crônico da sua pretensão. Se, por um lado, a apresentação categorial corresponde à "verdade" da pretensão, isto é, à "apresentação" como poder formal do capital de comandar as suas necessárias metamorfoses, por outro lado, ela também indica, em suas lacunas, a "inverdade" da pretensão, ou a "verdade" da pretensão como mera pretensão, que esvazia de "substância" as formas sociais e torna inócuas as suas metamorfoses. O capital procura escapar de suas crises instaurando processos de transformação, acelerando rotações, trocas de forma e de máscara; mas, com tudo isso, acaba sempre de novo girando em falso.

Nesse sentido, uma crítica imanente como aquela reivindicada no primeiro texto citado neste capítulo – "mediante a apresentação, crítica" do sistema – implica que é o próprio capital que apresenta a sua crítica ao apresentar a sua pretensão de poder. Aqui a crítica imanente não implica qualquer reflexão ou autoconsciência, mas a dimensão real das crises objetivas, encravada em uma correspondência "contraditória" da apresentação categorial com a "apresentação" como domínio das formas sociais. Aqui o crítico deve deixar para o capital a tarefa de se expor, pois, ao fazê-lo, toda a tentativa capitalista de "justificação" resulta no seu oposto: o "mal do mundo" não se inscreve em nenhum bem final, como esperava Hegel nos inícios da sociedade burguesa; antes, ele só se "reconcilia com o espírito pensante" na medida em que engendra "representações" nas quais se apresenta falsificado, mutilado, invertido. Trata-se do caminho da apresentação à representação do capital, assim, que tem de ser retomado.

Parte III
A representação do capital

7.
Motivos de compensação

1.
No decorrer das suas metamorfoses, o capital vai se confirmando gradativamente como *Selbstzweck*, o fim em si mesmo que só encontra a si em toda a parte e que tudo vê como produto da sua potência. Desde os *Grundrisse*, esse momento é descrito como aquele em que o capital "se comporta para consigo próprio como quem põe valor novo, como quem o produz. [...] seu movimento consiste em que ele se produz ao mesmo tempo como fundamento de si enquanto fundado"[1]. Nos manuscritos destinados ao Livro III de *O capital*, essa ideia é desenvolvida com uma linguagem diferente da de 1857. Agora o valor novo, "o mais-valor, se apresenta como *excedente* do valor do produto sobre o preço de todos os seus integrantes, inclusive o trabalho. Já se viu antes que c + v + m se apresenta no resultado como (c + v) + m"[2]. A primeira parte deste livro fez referência a esse texto e explicou a propósito dele o problema geral da passagem da primeira fórmula, na qual o mais-valor "m" surge do trabalho empregado como capital variável "v", para a segunda, na qual o mais-valor parece resultar do capital inteiro, da soma da sua parte constante "c" com a variável. O que a primeira parte não explicou foi que a passagem consiste numa "apresentação".

---

[1] "[...] verhält es sich zu sich selbst als Neuwerth setzend, Werth producirend. [...] Seine Bewegung besteht darin, indem es sich producirt zugleich als Grund von sich als Begründetem" (MEGA II/1.2, p. 619 [MEW 42, p. 638; *Grundrisse*, p. 623]).

[2] "[...] der Mehrwerth stellt sich dar als *Ueberschuß* des Werths des Products über den Preiß aller seiner aller seiner Ingredienzien, die Arbeit eingerechnet. Man hat schon früher gesehn, daß c + v + m, sich im Resultat darstellt als (c + v) + m" (MEGA II/4.2, p. 51 [MEW 25, p. 34; com modificações na edição de Engels; *O capital III*, p. 53]). Texto indicado, embora não transcrito, na nota 38 da Parte I (p. 42).

As fórmulas do texto correspondem às fases de um processo real de ocultação da origem do mais-valor, em que a origem "se apresenta no resultado" sob outra forma, com a equalização dos lucros individuais compondo uma taxa geral de lucro. O lucro de cada capital industrial é designado agora pela concorrência, e não apenas pelas condições de produção do próprio capital individual ou do ramo industrial a que ele pertence. E a proporção do lucro assim designado se baseia no volume de todo o seu capital, e não só no da parte variável. Essa ocultação real é uma metamorfose, executada pela apresentação.

A primeira parte ainda não podia explicá-la desse modo, porque o seu objetivo era expor a autonomia da forma social da propriedade privada resultante da equalização, revelar como a equalização destaca essa forma do seu conteúdo substancial, o trabalho. Feito isso, o conceito mesmo de "forma" pôde ser examinado na segunda parte deste livro desde o ponto de partida de toda a exposição de *O capital*, a mercadoria, e, flagrado na metamorfose, pôde ser reconstituído a partir dali pelo jogo da apresentação e da representação.

Trata-se então de avançar nessa reconstituição, retomando os temas do Livro III sob o enfoque do par conceitual que configura o poder expressivo real do capital em suas transformações e expansões. De fato, a apresentação e a representação até aqui se moveram dentro de certos limites. O valor podia se apresentar sob uma ou outra forma, podia ser representado no dinheiro; como sujeito do processo de valorização, o capital já se colocava no centro determinante de sua apresentação e representação; a representação por vezes se afastava da apresentação, invertendo e pervertendo o movimento das formas sociais. Mas não mais do que isso. Pois o capital ainda era definido pela oposição imediata ao trabalho assalariado que o constitui, enquanto no Livro III a oposição ao trabalho é mediada pela oposição do capital a outro capital, ou seja, aparece como concorrência pela divisão do mais-valor social. Porque se dá pelo princípio da propriedade privada cindida do valor-trabalho, essa divisão acaba ocorrendo por força de contratos, títulos de direito, "representações jurídicas". Agora a representação pode se autonomizar completamente e, enfim, trocar de papel com a apresentação. O processo, contudo, é de novo gradual.

Inicialmente, na luta distributiva entre capitais industriais, vimos ainda na primeira parte que algo se conserva do princípio do valor-trabalho, pois até capitais de maior magnitude e de composição orgânica mais alta empregam trabalho de modo produtivo e contribuem na criação social do mais-valor. Marx então diz que nessa instância o trabalho "se apresenta"[3] em valores de uso e em valores de que o

---

[3] O termo aparece no Livro III tanto em casos nos quais "o mesmo *quantum* de trabalho pode aqui se *apresentar* em quantidades diversas de *valores de uso*, devido a condições naturais fora

capital se apropria. Só que os capitais competem uns com os outros para vender o produto do trabalho de seus empregados e assim desencadeiam o movimento de equalização, que converte a apresentação do trabalho no valor e no mais-valor em outra forma, na qual "o próprio mais-valor se apresenta brotando por igual de todas as partes do capital"[4]. Como a concorrência entre os capitais se dá na esfera da circulação, essa esfera redefine as determinações da esfera da produção. Para o capital em concorrência, apropriar-se do produto do trabalho de seus empregados – a quem ele acredita ter remunerado com o salário equivalente ao capital variável – e apropriar-se do produto de valor dos empregados de outros capitais, por ele adquirido e transformado em capital constante, são atos análogos, baseados na propriedade privada.

O processo inteiro de ocultação da origem do mais-valor no lucro e na taxa de lucro se reconstitui nesse momento como um novo modo de apresentação[5], ainda do trabalho no valor, mas pelo intermédio do princípio oposto, a saber, o da propriedade privada. Em vários trechos dos manuscritos do Livro III, é denominado

---

de controle, estações do ano propícias ou não propícias etc." ("Dasselbe Quantum Arbeit kann sich hier in Folge uncontrollirbarer Naturverhältnisse, Gunst oder Ungunst der Jahreszeiten u.s.w. in sehr verschiednen Quantis *Gebrauchswerthen darstellen*") (MEGA II/4.2, p. 188; grifos meus [MEW 25, p. 128; *O capital III*, p. 148]) quanto em casos nos quais a apresentação se refere a valores: "não que o mesmo *quantum* de valor v se valorize mais ou menos, e sim que ele apresente *quantidades diversas* de trabalho" ("nicht so daß dasselbe Werthquantum v sich mehr oder minder verwerthet, sondern daß es *verschiedne Quanta Arbeit* darstellt") (MEGA II/4.2, p. 45 [eliminado na edição de Engels]); ou, ainda: "deve-se fazer uma distinção essencial aqui entre o capital variável, ou capital investido em salário, enquanto seu valor = à *soma de salários* que um *quantum* determinado *de trabalho objetivado* apresenta, e enquanto seu valor *é um mero índice da massa de trabalho vivo por ele posta em movimento*, que se apresenta, daí, em um valor mais elevado como se fosse o seu próprio [...]" ("Es ist also ein sehr wesentlicher Unterschied hier zu machen zwischen dem variablen Capital oder dem in Arbeitslohn ausgelegten Capital, so weit sein Werth = der *Summe der Arbeitslöhne* ein bestimmtes *Quantum vergegenständlichter Arbeit darstellt* und soweit sein Werth *blosser Index ist der Masse der lebendigen Arbeit, die es in Bewegung setzt*, die sich daher auch in einem höhren Werth als seinem eignen darstellt [...]") (MEGA II/4.2, p. 219 [MEW 25, p. 156; *O capital III*, p. 181-2]). Há diversos exemplos de emprego semelhante do termo.

[4] "Der Mehrwerth selbst stellt sich also dar als ein aus allen Theilen des Capitals gleichmässig Hervorquellendes" (MEGA II/4.2, p. 57 [MEW 25, p. 46; *O capital III*, p. 61]). Na redação modificada por Engels para o Livro III, o verbo "apresenta" é substituído por "brota" (*entspringt*).

[5] Lembrando o texto citado na nota 45 da Parte I (p. 46): "Em geral, é na figura do preço de mercado e, mais ainda, na figura do *preço de mercado regulador*, ou *preço de produção de mercado*, que se apresenta em geral a natureza do *valor* das mercadorias [...]" ("Es ist überhaupt in der Gestalt des *Markt*preisses und weiter in der Gestalt des *regulierenden Marktpreisses*, oder *Markt--Produktionpresses*, daß sich überhaupt die Natur des *Werths* der Waaren darstellt [...]") (MEGA II/4.2, p. 754 [MEW 25, p. 654; *O capital III*, p. 704]).

"apresentação" esse deslocamento de forma em que o capital realiza sua pretensão fetichista de também criar valor e mais-valor. Num dos mais interessantes,

> o próprio mais-valor aparece não como produto da apropriação de tempo de trabalho, mas como excedente do preço de venda das mercadorias sobre seu *preço de custo*, no qual ele facilmente se apresenta como seu *valeur intrinsèque* [valor intrínseco], de modo que o lucro *se apresenta* como excedente do *preço de venda da mercadoria sobre o seu valor imanente*.[6]

Aqui não é nem o preço de produção, mas o "preço de venda", o preço de mercado, que se eleva sobre o preço de custo como se não tivesse relação alguma com o trabalho. O preço de custo "se apresenta como *valeur intrinsèque*" da mercadoria e, por isso, o "lucro *se apresenta* como excedente" do preço de mercado "sobre o seu valor imanente". No sentido contrário, a forma externa do lucro como "excedente" é que faz o preço de custo aparecer sob forma interna, "imanente", "intrínseca" – como "valor".

Trata-se de uma confusão, porque "o *valor* da mercadoria inclui tanto o mais-valor, isto é, o trabalho não pago nela contido, quanto o pago; e o *preço de custo* da mercadoria exclui o mais-valor, que por isso mesmo se apresenta como *excedente* sobre esse preço de custo"[7]. Mas essa confusão entre preço de custo e valor resulta do processo real de apresentação, que define "valor" excluindo o mais-valor, a

---

[6] "[...] der Mehrwerth selbst erscheint nicht als Product der Aneignung von Arbeitszeit, sondern als Ueberschuß des Verkaufspreiß der Waaren über ihren *Kostenpreiß*, welcher letztre leicht als ihr eigentlicher valeur *intrinsèque* sich darstellt, so daß der Profit als Ueberschuß des *Verkaufspreiß der Waare über ihren immanenten Werth sich darstellt*" (MEGA II/4.2, p. 60 [MEW 25, p. 54; *O capital III*, p. 70]). Há outras passagens, mas a maior parte delas não foi aproveitada por Engels na sua edição do Livro III em 1894, ou foi aproveitada, mas descaracterizada por mudanças de redação. Nos manuscritos de Marx lê-se, por exemplo: "Portanto, o mais-valor se apresenta como excedente realizado (excedente realizado em dinheiro) do valor do *produto sobre* o valor do *capital desembolsado*, ou do *preço dos integrantes da produção*" ("Der Mehrwerth stellt sich also dar als realisirter Ueberschuß (in Geld realisirter Ueberschuß) des Werths des *Products über* den Werth des *vorgeschossenen Kapitals* oder des *Preisses der Productionsingredienzien*") (MEGA II/4.2, p. 53). Ou, ainda, "o *valor do capital desembolsado*, tanto o constante quanto o variável, e tanto o fixo quanto o circulante, a parte consumida e a não consumida do capital constante, apresenta o valor total desembolsado como diferença em relação ao *excedente de valor* (como aparece agora o mais-valor)" ("Der *Werth des vorgeschossenen Capitals*, sowohl des constanten als des variablen, und sowohl des fixen als des circulirenden, consummirten und nicht consummirten Theil des constanten Capitals, stellt im Unterschied zu dem *Werthüberschuß* (wie jetzt der Mehrwerth erscheint) den vorgeschossenen Gesammtwerth dar") (MEGA II/4.2, p. 53). São formas de explicar a fórmula mencionada acima: (c + v) + mv.

[7] "Der *Werth* der Waare schließt ihren Mehrwerth, d.h. die in ihr enthaltne unbezahlte Arbeit ein, ganz so gut wie die bezahlte, aber der *Kostenpreiß* der Waare schließt ihren Mehrwerth aus, der

exploração do trabalho alheio. O excedente viria de fora da esfera da produção; viria do mercado, do "preço de venda" obtido.

Esse novo modo da apresentação implica também um novo modo de medição, a taxa de lucro. Como vimos na segunda parte deste livro, ao apresentar qualidade em quantidade e quantidade como qualidade, o capital mede. Mas, na taxa de lucro, a medida da taxa de mais-valor se inverte:

> A taxa de mais-valor expressa o grau de exploração efetivo, a proporção efetiva em que o capital se apropria de trabalho sem equivalente, de trabalho não pago, enquanto a taxa de lucro, se é que ela deve contar como medida da exploração do trabalho, *apresenta* essa proporção sempre menor do que ela é, justamente a expressa de *modo falso*.[8]

A medida pela taxa de lucro "apresenta" a medida "efetiva" da exploração, a taxa de mais-valor, "sempre menor do que ela é", em uma "falsa" expressão. Se a taxa de lucro apenas apresenta o grau de exploração da força de trabalho "sempre menor do que ele é", nem por isso, porém, deixa de apresentá-lo; por que então essa diferença quantitativa implica uma expressão "falsa"?

De certo modo, a distinção entre algo "efetivo" e algo "falso" aqui pressupõe uma diferença qualitativa determinada por uma diferença quantitativa, e é isso o que define a medida. O caráter "falso" da taxa de lucro decorre, sim, de ela medir o grau de exploração "sempre menor do que ele é", mas mais exatamente porque o faz somando capital variável e constante, como se ambos fossem criadores do excedente de valor. Esse é o elemento de fato qualitativo por trás da diferença

---

eben darum als *Ueberschuß* über eben diesen Kostenpreiß sich darstellt" (MEGA II/4.2, p. 55 [eliminado na edição de Engels]).

[8] "Die *Rate des Mehrwerths* drückt den wirklichen Exploitationsgrad der Arbeit aus, das wirkliche Verhältniß, worin das Capital sich Arbeit ohne Equivalent, unbezahlte Arbeit aneignet, während die *Profitrate*, wenn sie als Maaß der Exploitation der Arbeit gelten soll, dies Verhältniß stets viel kleiner darstellt als es ist, es gradezu falsch ausdrückt" (MEGA II/4.2, p. 47; grifos meus [sem correspondente na edição de Engels]). Outro texto destaca mais o problema da medida: "Já foi discutido [...] que, nessa *medição do mais-valor*, o grau de exploração do trabalho se apresenta muito menor do que ele é na realidade" ("Es ist vorhin auseinandergesetzt [...] daß in dieser *Messung des Mehrwerths* der Exploitationsgrad der Arbeit viel kleiner sich darstellt als er in der Wirklichkeit ist") (MEGA II/4.2, p. 53 [eliminado na edição de Engels]). Até matematicamente, a relação entre taxa de mais-valor e taxa de lucro é pensada por Marx como "apresentação": antes de enunciar a "lei" de que "a mesma taxa de mais-valor pode se expressar nas mais diversas taxas de lucro", Marx oferecia uma variante: "as mais diversas taxas de lucro podem apresentar a mesma taxa de mais-valor" ("*Dieselbe Profitrate kann verschiedne Raten des Mehrwerths ausdrücken* [...] *die verschiedensten Profitraten können dieselbe Rate des Mehrwerths darstellen*") (MEGA II/4.2, p. 49 [eliminado na edição de Engels]).

quantitativa das duas taxas, que faz tal diferença não se limitar à mera quantidade. A medida menor é "falsa" não tanto por ser menor, mas porque essa redução se baseia na conjectura fetichista de que o capital constante também cria valor, de que o capital todo é que produz o mais-valor. A taxa de lucro é "falsa" porque, ao "apresentar" determinada qualidade social – a exploração da força de trabalho – em uma quantidade menor, ela resvala para uma qualidade inversa, que afirma o capital como criador de valor e que nega, com isso, a exploração da força de trabalho. Não é a medida em si mesma que é "falsa", mas a qualidade social que nela se apresenta.

Por isso Marx conclui: "O modo como o mais-valor se transforma em lucro, mediante a passagem pela taxa de lucro, é mero desenvolvimento da inversão de sujeito e objeto, em curso durante o processo de produção". E esclarece agora a inversão, citando a sequência do texto:

> Já aqui vimos como todas as forças produtivas do trabalho se apresentam como forças produtivas do capital. [...] Correspondendo à relação invertida, no próprio processo de produção brota necessariamente uma representação invertida, uma consciência transposta, desenvolvida ainda mais nas transformações e modificações do próprio processo de circulação.[9]

A famosa "inversão de sujeito e objeto", núcleo do conceito de fetichismo em geral e da crítica de Marx à sociedade burguesa, traduz-se em uma "apresentação" deslocada das "forças produtivas do trabalho" em "forças produtivas do capital". Situação nova, criada pela concorrência e pela equalização, à qual "corresponde" um modo de representação específico. E, por intermédio da apresentação das forças produtivas sob uma nova forma, cria-se uma "relação invertida" que se rebate numa "representação invertida", no sentido de uma "consciência transposta".

De fato, nesse ponto do Livro III, "representação" indica em geral um modo de consciência. O texto acima é cauteloso, ao observar uma "correspondência" entre ela e a apresentação, da qual a representação, embora "necessariamente", apenas "brota". Não há uma relação causal estrita, antes uma conformidade, uma reciprocidade na resposta de um termo ao outro. A forma sob a qual se apresenta

---

[9] "Die Art, wie mittelst des Uebergangs durch die Profitrate der Mehrwerth in die Form des Profist verwandelt wird, ist jedoch nur die Weiterentwicklung der schon während des Productionsprocesses vorgehenden Verkehrung von Subjekt und Objekt. Schon hier sahen wir wie sämmtliche gesellschaftliche Produktivkräfte der Arbeit sich als Produktivkräfte des Capitals darstellen [...]. Dem verkehrten Verhältnis entsprechend, entspringt nothwendig schon im eigentlichen Produktionsprozess selbst entsprechend verkehrte Vorstellung, transponiertes Bewusstsein, das durch die Verwandlungen und Modifikationen des eigentlichen Circulationsprocesses weiter entwickelt wird" (MEGA II/4.2, p. 61 [MEW 25, p. 55; *O capital III*, p. 71]).

agora a relação entre trabalho e capital, ou seja, entre capital variável e constante, condiciona as relações sociais a tal ponto que não há como agir sem passar pelos canais mais ou menos institucionalizados pela forma. A prática da concorrência iguala as partes do capital e confunde preço de custo e valor. Com sua repetição, a concorrência adquire espessura, fazendo o capital se apresentar como produtor de valor e mais-valor, e os produtos de que ele é composto e que ele produz se apresentarem a seguir como se não fossem criados pela exploração do trabalho alheio, e nem sequer por trabalho em geral, existindo como coisa autônoma. De acordo com outro texto:

> aqui até o conceito de valor se perde para o capitalista, porque ele não tem diante de si o *trabalho total* que custa a produção da mercadoria, mas só a parte desse trabalho total que ele *pagou* na forma de *meios de produção*, vivos ou mortos; e, assim, o lucro aparece para ele como algo que está fora do valor imanente das mercadorias; então agora plenamente se confirma, consolida, ossifica a representação de que o *lucro acrescentado* ao preço de custo se estabelece [...] não pelos *limits* da própria formação de valor, que determina a própria formação de valor que ocorre nele, mas que se estabelece de modo totalmente externo.[10]

A cisão entre o plano privado e o social, que é própria da produção capitalista e está na base da concorrência, age nesse ponto opondo as duas dimensões de atuação do capitalista: de imediato, o que ele tem "diante de si" é o seu capital individual, soma dos "meios de produção, vivos ou mortos", ou seja, do capital variável

---

[10] "[...] hier schon der Begriff des Werths dem Capitalisten abhanden kommt, weil er nicht die *Gesammtarbeit* vor sich hat, die die Production der Waare kostet, sondern nur den Theil dieser Gesammtarbeit den er in der Form von *Productionsmitteln*, lebendigen oder todten, *bezahlt* hat, und ihm so der Profit als etwas ausserhalb des immanenten Werths der Waare Stehendes erscheint; so wird jetzt diese Vorstellung vollständig bestätigt, befestigt, verknöchert [...] nicht durch die limits ihrer eignen Werthbildung, der in ihr selbst vorgehenden Werthbildung bestimmt, sondern ganz äusserlich dagegen festgesetzt ist" (MEGA II/4.2, p. 245 [MEW 25, p. 178; *O capital III*, p. 202]). Ou também: "como o capitalista só pode explorar o trabalho mediante dispêndio de capital constante, como ele só pode valorizar o capital constante mediante dispêndio do variável, então tudo isso coincide em sua representação, e isso ainda mais porque o grau efetivo do seu ganho é determinado não pela relação do mais-valor com o capital variável, mas por sua relação com o capital todo; não pela taxa de mais-valor, e sim pela de lucro [...]" ("Da der Capitalist die Arbeit nur exploitiren kann durch Vorschuß des contanten Capitals, da er das contante Capital nur verwerthen kann durch Vorschuß des variablen, so fallen diese in der Vorstellung ihm alle gleichmässig zusammen und dieß um so mehr als der wirkliche Grad seines Gewinns bestimmt ist nicht durch das Verhältniß des Mehrwerths zum variablen Capital, sondern durch sein Verhältniß zum Gesammtcapital, nicht durch die rate des Mehrwerths, sondern durch die rate des Profits [...]") (MEGA II/4.2, p. 66 [MEW 25, p. 52; *O capital III*, p. 68]).

com o constante, equiparados; "ele não tem diante de si" (*vor sich*) o plano social do "trabalho total que custa a produção da mercadoria", ou melhor, ele o tem apenas mediado pela concorrência com os demais capitalistas, de modo negativo, portanto. A cisão dos dois planos implica que só o privado se coloca "diante" do capitalista, referido à sua representação[11]. O plano social, imposto de modo negativo pela concorrência, pode no máximo ser representado "como algo fora do valor imanente", fora do que "ele pagou", fora do seu controle.

A "correspondência" entre apresentação e representação ocorre na cisão entre os planos da vida no capitalismo, que dá acesso ao produto social só por meio da luta da concorrência individualizante. A "inversão de sujeito e objeto", pela qual a força do trabalho se apresenta como força do capital, acompanha a equalização, a distribuição do mais-valor de acordo com a grandeza do capital individual inteiro, desconsiderando em parte "os *limits* da própria formação de valor" desse capital, ou melhor, do volume do seu capital variável. Como tal distribuição é feita "de modo totalmente externo" ao seu plano privado de atuação, o capital individual não a tem "diante de si", ou seja, "não tem diante de si" a proporção entre o mais-valor criado pelos trabalhadores que ele emprega individualmente e o mais-valor criado pelos demais, empregados dos outros capitalistas. Isso nem importa na esfera da concorrência. Mas ele "tem diante de si" a grandeza inteira do seu capital, o peso que pode lançar na luta distributiva do mais-valor.

A repetição e a propagação da prática da concorrência "confirma, consolida, ossifica a representação" de que o lucro é externo, de que o que conta para obtê-lo é o todo de um capital individual, de que o trabalho que ele emprega é simples "meio de produção vivo". Então:

> depois de o *preço médio* e os correspondentes preços de produção terem se firmado por um período de tempo, inculca-se na *consciência* do capitalista individual que, nessa equalização, *certas diferenças* foram equalizadas, de modo que elas entram nos cálculos recíprocos como iguais. Na sua representação, elas vivem e são levadas em conta como motivos de compensação [*Compensationsgründe*].[12]

---

[11] Mantive entre parênteses na citação do texto acima justamente o original alemão "*vor sich*" (diante de si) para destacar a relação com o "*vor-stellen*" (representar). Como vimos nas "Considerações iniciais" deste livro, em alemão "representar" é mais colocar diante de si do que tornar novamente presente.

[12] "Nachdem sich der *Durchschnittspreiß* und ihm entsprechende Productionspresse für eine Zeitlang befestigt haben, tritt es in das *Bewußtsein* des einzelnen Capitalisten, daß in dieser Ausgleichung *bestimmte Unterschiede* ausgeglichen werden, so daß sie dieselben gleich in ihrer *wechselseitigen Berechnung* einschlagen. In ihrer Vorstellung leben sie und werden von ihnen in Rechnung gebracht als *Compensationsgründe*" (MEGA II/4.2, p. 280 [MEW 25, p. 219; *O capital III*, p. 245]). E na continuação: "A representação fundamental aí é o próprio lucro médio; que capitais de mesma

O que se "firma", para além dos preços médios em si, é a crença dos capitalistas de que os lucros derivam do volume total do capital individual, independentemente de sua composição orgânica e do mais-valor que cada qual produz. Essa é a "representação fundamental", assinalada na sequência do texto, que os capitalistas formam sobre as regras de divisão do mais-valor pela concorrência.

Os preços de produção consistem muito mais em uma referência da lucratividade geral do que em algo rígido, como vimos no segundo capítulo. Eles servem para os capitais que produzem em piores condições tentarem a equiparação com os padrões médios, e para os capitais que produzem em melhores condições tentarem se desviar desses padrões. A diferença, portanto, está sempre presente na equalização, obrigando-a a se recompor a todo o momento, mas também lhe conferindo a função de estabilizar a concorrência pela aplicação universal de sua justiça distributiva. Marx dá o exemplo de um capital cuja rotação é mais lenta, mas que mesmo assim adiciona ao seu custo um lucro médio igual ao dos demais; ou ainda de outro capital cujo negócio é arriscado e que vê o lucro médio como uma espécie de indenização. A conclusão é:

> a situação que faz um investimento de capital [...] ser menos lucrativo, e outro, daí, mais lucrativo, *within certain limits*, é levada em conta como um *motivo de compensação válido* de uma vez por todas, sem ser preciso voltar sempre à atividade da concorrência para constatar a legitimidade de tais motivos ou fatores de cálculo.[13]

A representação do capitalista individual antecipa a equalização como elemento de correção das distorções inerentes a investimentos em setores distintos, e conta com ela para "compensar" as diferenças.

Mas a compensação é um "motivo", existe na representação do capitalista. É interessante notar que "equalização" e "compensação" são palavras de significado equivalente, e, conforme registrado na nota 29 da Parte I (p. 39), o termo alemão aqui traduzido por "equalização" pode muito bem sê-lo por "compensação". Se Marx reserva a palavra de raiz latina para a acepção específica de "motivos" do capitalista, tem certamente em vista a distinção de tais motivos em face do processo

---

grandeza devam render, nos mesmos prazos de tempo, *lucros de igual grandeza*" ("Die Grundvorstellung dabei ist der Durchschnittprofit selbst, daß Capitalien von gleicher Grösse in denselben Zeitfristen *gleich grosse Profite* abwerfen müssen").

[13] "[...] jeder Umstand, der eine Capitalanlage [...] weniger und daher eine andre mehr profitlich macht, within certain limits, als ein für allemal gültiges Compensationsmotiv in Rechnung gebracht wird, ohne daß es immer von neuem wieder der Thätigkeit der Concurrenz, um die Berechtigung solchen Motivs oder Berechnungsfaktors zu constatiren" (MEGA II/4.2, p. 280 [MEW 25, p. 220; *O capital III*, p. 246]).

real. A compensação é a forma de representação da equalização. Por ela, os "fatores de cálculo" da equalização são "legitimados", e "de uma vez por todas". Esse é "o ponto de vista subjetivo do capitalista"[14] apenas mencionado na primeira parte deste livro, e lá preterido em favor da análise das condições objetivas da equalização. Mas aqui se trata da passagem da apresentação para a representação, na qual o processo objetivo se rebate no subjetivo. O "ponto de vista" deve ser explicado, e o é como correlato de uma forma invertida de apresentação ou, ainda, de uma forma "falsa" de expressão e de medição do mais-valor.

Se o capitalista acha "legítimo" que a equalização "compense" as diferenças entre o seu negócio e o dos rivais, é porque a forma de divisão do mais-valor pelo capital inteiro já foi imposta pela realidade da concorrência. E Marx assim completa o raciocínio:

> Só que o capitalista esquece – ou melhor, não vê, pois a concorrência não *mostra* isso para ele – que todos esses motivos de compensação, que os capitalistas fazem valer uns aos outros no *cálculo recíproco dos preços das mercadorias* de ramos industriais diversos, referem-se simplesmente a que eles todos possuem, *pro rata* do seu capital, porções de mesma grandeza no *butim comunitário*, o mais-valor total. Antes, *parece*-lhes que o lucro por eles embolsado é *distinto* do *mais-valor* por eles extorquido; que esses *motivos de compensação* não equalizam as participações no mais-valor, mas *criam lucro*, uma vez que o lucro é devido apenas ao *acréscimo* sobre *o preço de custo das mercadorias*, motivado de uma ou outra maneira.[15]

---

[14] Ver nota 36 da Parte I (p. 41). Para a compensação Marx planejava um capítulo à parte do Livro III (ver Índice, MEGA II/4.2, p. 6). Como no fim deixou pouco material, apenas uma folha manuscrita, Engels acabou por reuni-lo a dois outros no capítulo 12 da edição de 1894. De qualquer forma, colocou-o como último texto da segunda seção inteira – "Transformação do lucro em lucro médio" – do Livro III, o que revela bem a relevância e o caráter conclusivo do problema: o lado subjetivo de todo o processo de equalização descrito acima. Acepções semelhantes aparecem em outras passagens da seção, como quando uma mercadoria é vendida com lucro, mesmo por um preço abaixo do seu valor, desde que esteja coberto o preço de custo, o que ocorre porque "a parte do mais-valor não realizada em uma mercadoria será realizada por outra mercadoria, de modo que, se uma é vendida abaixo do seu valor, a outra é vendida acima" ("[...] der in der einen Waare nicht realisirte Theil des Mehrwerths wird von einer andren Waare realisirt, so daß wenn die eine unter, die andre über ihrem Werth verkauft wird") (MEGA II/4.2, p. 110 [MEW 25, p. 47; *O capital III*, p. 62; modificado por Engels]). Ou, ainda, quando o tempo de circulação de uma mercadoria pode ser maior que o de outra, mas o preço de produção "compensa" a perda de mais-valor decorrente (MEGA II/4.2, p. 226 [eliminado na edição de Engels]).

[15] "Nur vergißt der Capitalist – oder sieht vielmehr nicht, da die Concurrenz ihm das nicht *zeigt* – daß alle diese in der *wechselseitigen Berechnung der Waarenpreise* verschiedner Industriezweige von den Capitalisten gegen einander geltend gemachten Compensationsgründe blos sich darauf beziehn, daß sie alle, pro rata ihres Capitals, gleich grosse Antheile haben an der *gemeinschaftlichen*

Na representação, até mesmo a equalização some do olhar do capitalista, para quem a compensação não resulta do processo real de divisão do mais-valor. De tal modo a equalização é representada, que ela só aparece na antecipação dos "fatores de cálculo" do lucro, na correção prévia das distorções, no balanço das diferenças entre os vários tipos de investimento de capital. Como "motivo", a compensação "não equaliza as participações no mais-valor", não admite a existência do mais-valor e atribui a si o poder de criar um lucro vindo de fora da esfera da produção.

O capitalista "não vê" isso, contudo, ou vê de acordo com uma "representação invertida", porque "a concorrência não mostra isso para ele". É o processo de equalização que o encobre – ao desconsiderar a parte de cada capitalista na criação do mais-valor social – e o inverte – ao considerar o capital inteiro de cada um como o criador efetivo de lucro. Dada a nova forma de apresentação do valor pelo capital, surge "necessariamente" uma forma de representação, primeiro também como processo real, no qual a equalização é antecipada, fixada "de uma vez por todas" em esquemas de avaliação funcionando *a priori*; e só depois como "correspondência" desse processo real a formas de "consciência transposta". A "correspondência" de relação social e representação tem seu lastro na compensação, como sistema de medida e correção das diferenças, legitimador das "transposições" do capital sobre si mesmo e sobre o trabalho.

2.

A inclusão do capital comercial no processo de equalização torna ainda mais forte a representação do excedente de valor como lucro que se acrescenta de fora aos custos individuais. E, ao se tornar mais forte, ela adquire características novas. Compradas por um comerciante, as mercadorias são revendidas por ele a um preço mais alto, até certo ponto dependente de arbítrio e habilidade pessoal, determinando um lucro extraordinário, até certo ponto independente das condições da produção. Vimos na primeira parte que Marx explica tal situação como mera "aparência" derivada da equalização formalmente estendida à esfera comercial autonomizada. Mais do que desvendar o mistério, porém, ele procura apreender sua função dentro do processo de divisão do mais-valor social pelos capitalistas.

Beute, dem Total-Mehrwerth. Ihnen *scheint* vielmehr, da der von ihnen einkassirte Profit *verschieden* von dem von ihnen erpreßten *Mehrwerth*, daß jene *Compensationsgründe* nicht die Theilnahme am Mehrwerth ausgleichen, sondern den *Profit schaffen*, indem dieser einfach dem so oder so motivirten *Aufschlag* auf *den Kostenpreiß der Waaren* geschuldet" (MEGA II/4.2, p. 280-1 [MEW 25, p. 220; *O capital III*, p. 246]).

Poucos parágrafos depois de tratar dessa "aparência" e de dar alguns exemplos do lucro aumentado do comerciante, o manuscrito do Livro III arremata:

> Essa é a realização do lucro mercantil – pelo acréscimo no preço das mercadorias – tal como ela se oferece, antes de tudo, em seu aparecimento, e toda a representação de que o lucro brota de uma elevação nominal do preço das mercadorias, ou da venda delas *acima* do seu valor, brota de fato da visão do capital mercantil.[16]

É interessante ressaltar no texto, antes de tudo, que o âmbito imediato é o do "aparecimento" (*Erscheinung*), distinto da "aparência" (*Schein*), por ser real, e não ilusório, por ser a manifestação do movimento interno efetivo. Mas a "aparência" decorre do "aparecimento", é o seu lado ilusório. Longe de ser gratuita, ela está na base da "representação" de que o lucro consiste em vender "acima do valor", coincidindo com a "visão" do capitalista mercantil. O texto todo tem esse cunho imagético, que leva ao deslocamento de ênfase, por fim, da procedência do lucro para a representação do ponto de vista comercial.

Como se dá esse deslocamento, exatamente, de onde "brota" a "visão" do capital que define a representação do lucro e do preço final das mercadorias vendidas pelo comerciante – são os temas que devem ser reconstituídos pela análise da quarta seção do Livro III.

Do mesmo modo que em outros momentos, a representação aqui é precedida de uma nova apresentação das formas anteriores. O preço de produção resultante da concorrência entre capitalistas industriais deve ser redefinido quando a concorrência inclui capitalistas dedicados exclusivamente ao comércio. Mas ele ao mesmo tempo se apaga nesse movimento, apresentando-se ao comerciante como seu preço de custo ou, ainda, como o preço de compra das mercadorias que serão depois revendidas:

> Se o *preço de compra* das mercadorias para o negociante for igual ao preço de produção delas (de modo que o *preço de produção*, em última instância o *valor* das mercadorias, apresente para ele o *preço de custo*), [...] o *excedente* do seu *preço de venda* sobre o seu preço de compra – e apenas essa diferença constitui a fonte do seu lucro – deve ser, de fato, um excedente do seu preço mercantil sobre seu preço de

---

[16] "Dieß ist die Realisirung des mercantilen Profits – durch Preißaufschlag der Waaren – wie sie sich zunächst in der Erscheinung darbietet, und die ganze Vorstellung von dem Entspringen des Profits aus einer nominellen Preißerhöhung der Waaren oder verkauf derselben *über* ihren Werth ist in der That aus der Anschauung des mercantilen Capitals entsprungen" (MEGA II/4.2, p. 357 [MEW 25, p. 295; *O capital III*, p. 325]).

produção, e em última instância o comerciante vende toda mercadoria *acima* do seu valor.[17]

Escrito na sequência imediata do anterior, sobre a representação do lucro, o texto se refere à "apresentação" do preço de produção em geral como preço de custo do comerciante, na hipótese de o produtor ter vendido a ele a mercadoria pelo preço de produção. Se a situação assim se "apresenta", esse preço de custo constitui o preço de compra da mercadoria pelo comerciante, e é claro que o lucro que ele obtém com a venda aparece como um excedente sobre o preço de produção; "em última instância", sobre "o valor".

E Marx afirma que é assim "de fato", ou seja, pelo fato de o preço de produção, ou o valor, se "apresentar" como o preço de custo do comerciante. Então ele "de fato [...] vende toda mercadoria acima do seu valor", sem qualquer falsa "aparência". A "aparência" real corresponde agora a um "aparecimento" real, corresponde à nova forma pela qual o preço de produção se "apresenta" quando não é mais o próprio produtor que vende a mercadoria ao consumidor, mas um agente especializado no negócio comercial.

A Parte I deste livro examinou tal condição para a autonomia do capital comercial em relação ao produtivo. Não se trata do surgimento de um grupo de mercadores, pois ele historicamente antecede em muito o dos capitalistas industriais; é que a função comercial passa a se inscrever na órbita da reprodução industrial. Desfaz-se então a coincidência entre preço de produção e preço de venda, possível

---

[17] "Wenn der *Kaufpreiß* der Waaren für den Waarenhändler gleich ihrem Productionspreiß, (so daß also der *Productionspreiß*, in letzter Instanz der *Werth* der Waaren den *Kostpreiß* für ihn darstellt) [...] der *Ueberschuß* seines *Verkaufspreisses* über seinen *Kaufpreiß* – und nur diese Differenz bildet die Quelle seines Profits – ein Ueberschuß ihres mercantilen Preisses über ihren Productionspreiß sein, und in letzter Instanz der Kaufmann alle Waaren *über* ihren Werthen verkaufen" (MEGA II/4.2, p. 357 [MEW 25, p. 295; *O capital III*, p. 326]). Para recordar e ilustrar os conceitos vistos no primeiro capítulo sobre o preço de produção, basta citar o exemplo oferecido por Marx na continuação do texto. Ver MEGA II/4.2, p. 359 [MEW 25, p. 296-7; *O capital III*, p. 327-8]. De início, um capital produtivo consiste em 900 libras e o lucro em 180 libras; a taxa de lucro, portanto, é de 20%; se depois se acrescenta um capital comercial de 100 libras, o capital social conjunto passa a ser 900 + 100 = 1.000 libras; mas o lucro, criado apenas pelo capital produtivo, continua sendo 180 libras, de modo que a taxa de lucro cai para 18%. Somando-se ao preço de custo o lucro produzido sob essa nova taxa, o preço de produção cai. O preço de custo de 900 libras do capital produtivo, a que se somava 20% de 900 (= 180) resultava em um preço de produção de 1.080 libras; agora a ele se soma 18% (= 162) de modo que o preço de produção do capital produtivo passa a ser 1.062 libras. Por outro lado, o preço de custo do capital comercial é de 100 libras, a que se soma 18% (= 18), resultando em 118 libras. Essas 118 libras, somadas às 1.062 libras do preço de produção do capital produtivo, resultam em 1.180 libras, o mesmo valor total de antes. Vê-se como o capital comercial arrebata 18 libras das 180 libras do mais-valor criado pelo trabalho empregado pelo capital produtivo.

quando a venda ainda é realizada diretamente pelo produtor, e a diferença dos dois preços torna-se inevitável, porque "apenas essa diferença constitui a fonte do [...] lucro" comercial, de acordo com o texto acima. O preço de produção não pode se "apresentar" mais como preço de venda, e sim como preço de compra da mercadoria pelo comerciante.

Marx desdobra daí outra condição, a de que o capital-mercadorias se converta em capital-mercadorias de comércio. Quando a venda é feita diretamente pelo produtor, a circulação assume a forma do circuito do capital-mercadorias – M'-D'-M'[18] – e se reduz ao espaço da metamorfose que garante ao produtor realizar o mais-valor contido nas mercadorias e comprar novos meios de produção para retomar o curso da valorização. Mas o comerciante tem em vista uma forma singular de valorização, e as mercadorias que vende se determinam como capital, não só porque contêm mais-valor e se destinam à compra de meios de produção como também porque assumem um valor maior no processo de comprar para vender mais caro. A segunda condição, portanto, é que o comerciante tenha capital próprio, adiantado na forma de dinheiro para comprar as mercadorias do produtor. Nesse caso, elas não são mais simples capital-mercadorias, e sim capital-mercadorias de comércio.

Sabemos que a valorização de fato ocorre na esfera da produção. Mas, para o comerciante, a circulação é a forma de arrancar uma porção do mais-valor social. Assim, dentro da esfera mais ampla de reprodução do capital social, a circulação se torna autônoma como forma, como desvio dentro do processo normal de criação do mais-valor, como pura metamorfose que se faz passar por metabolismo.

Daí o movimento ter a forma do circuito do capital-mercadorias para o produtor, e a do circuito do capital-dinheiro para o comerciante. O ato que, para o produtor, significa apenas vender mercadorias para poder comprar outras de igual valor – troca de equivalentes, M'-D'-M' – permite ao comerciante apropriar-se de parte do mais-valor criado pelos trabalhadores empregados de modo produtivo. Por isso, "aquilo que se apresenta para o capital no seu processo de reprodução simplesmente como M-D, transformação de capital-mercadorias em capital-dinheiro, ou *mera venda*, apresenta-se para o comerciante como D-M-D' [...]". E o texto prossegue, descrevendo outras situações do novo contexto da apresentação:

> É sempre M-D, a transformação do capital-mercadorias em capital-dinheiro, que *se apresenta* como D-M-D para o comerciante (uma vez que ele adiante capital para

---

[18] A fórmula completa do circuito do capital-mercadorias, apresentado no terceiro capítulo do Livro II de *O capital*, é M'-D'-M'...P...M". A última parte do circuito – M'...P'...M'" –, que corresponde à produção imediata, continua sob responsabilidade do produtor, mas a primeira parte – M'-D'-M' – separa-se como atribuição do comerciante.

Motivos de compensação / 195

comprar mercadorias dos seus produtores), sempre a primeira metamorfose do capital-
-mercadorias, embora o mesmo ato possa *se apresentar* ao produtor ou ao seu capital no
processo de reprodução como D-M, transformação de dinheiro de volta em mercadoria
(os meios de produção), ou como segunda fase da metamorfose. (Para o produtor[19]
da tela, M-D é a primeira metamorfose do capital-mercadorias, sua transformação em
capital-dinheiro. Esse ato *se apresenta* para o comerciante como D-M, transformação
do seu capital-dinheiro em capital-mercadorias. Se ele depois vender a tela para um
estampador [*printer*], por exemplo, isso *se apresentará* para o estampador como D-M,
transformação de capital-dinheiro em capital-mercadorias, a segunda metamorfose do
seu capital-mercadorias; para o comerciante, contudo, como M-D, a venda da tela comprada por ele. De fato, só agora o capital-mercadorias que o produtor de tela produziu
é vendido em definitivo; ou esse D-M-D do comerciante *apresenta* só um processo mediador para o M-D compreendido no seu processo de reprodução).[20]

Examinando o texto, percebe-se a contínua inversão dos lados do movimento, dos pontos de vista, como distinta "apresentação". O que é venda para o

---

[19] No manuscrito, Marx escreve *Leinwandhändler*, que se refere literalmente ao negociante e não ao produtor de tela. Como isso altera o sentido do texto, trata-se certamente de um descuido de redação, aliás, corrigido por Engels na sua edição do Livro III. Sigo aqui a correção de Engels.
[20] "Es ist immer W_G, d.h. die Verwandlung des Waarencapitals in Geldcapital, das sich für den Kaufmann als G_W_G darstellt, (sofern er Capital vorschießt im Kauf der Waare vom Producenten) immer die erste Metamorphose des Waarencapitals, obgleich derselbe Akt für den Producenten oder für das in seinem Reproductionsproceß befindliche Capital, sich als G_W, Rückverwandlung des Geldes in Waare (die Produktionsmittel) oder als zweite Phase der Metamorphose darstellen mag. (Für den Leinwandhändler war W_G, die erste Metamorphose des Waarencapitals, seine Verwandlung in Geldcapital. Dieser Akt stellt sich für den Kaufmann dar als G_W, Verwandlung seines Geldcapitals in Waarencapital. Verkauft er nun die Leinwand z.B. an den Färber (printer), so stellt dieß für den Färber dar G_W, Verwandlung von Geldcapital in Waarencapital oder die zweite Metamorphose seines Waarencapitals, für den Kaufmann aber W_G, den Verkauf der von ihm gekauften Leinwand. In der That aber ist erst jetzt das *Waarencapital*, das der Leinwandproducent producirt hat, definitv verkauft, oder dieß G_W_G des Kaufmanns stellt nur einen vermittelnden Proceß für das W_G der in ihrem Reproductionsproceß begriffnen Leinwand dar" (MEGA II/4.2, p. 347; grifos meus [MEW 25, p. 284; *O capital III*, p. 314-5]). Completando, "essa *atividade mediadora* do processo de circulação do capital é a função exclusiva do capital comercial, com o qual opera o comerciante, e por essa função ele transforma seu dinheiro em capital-dinheiro, apresenta seu D como D-M-D'. Pelo mesmo processo, ele transforma o capital-mercadorias em capital-mercadorias de comércio" ("diese den Circulationsproceß des Capitals *vermittelnde Thätigkeit* ist die ausschließliche Funktion des Geldcapitals, womit der Kaufmann operirt und durch diese Funktion verwandelt er sein geld in Geldcapital, stellt sein g dar als G_W_G'. Durch denselben Proceß verwandelt er das *Waarencapital* in *Waarenhandlungscapital*") (MEGA II/4.2, p. 348 [MEW 25, p. 285; *O capital III*, p. 316]). A transformação do "capital-
-mercadorias em capital-mercadorias de comércio", portanto, se dá quando o comerciante adianta o capital próprio na forma de dinheiro, ou seja, "apresenta seu D como D-M-D".

produtor "apresenta-se" como compra para o comerciante, o M-D-M do primeiro "apresenta-se" como o D-M-D' do segundo. Algo óbvio, mas que, ligado ao sentido anterior, mostra a dimensão formal do modo por que se insere o capital comercial na reprodução conjunta. Ele cinde o momento em que o capital do produtor se apresenta na forma de dinheiro, para abrir aí uma cunha e desdobrar seu movimento de "valorização"; ele cinde o D, mero intermediário no M-D-M do produtor, e aí insere o seu D-M-D', capturando parte do mais-valor contido nas mercadorias do primeiro M do produtor. Onde ocorria a venda direta pelo produtor, com o preço de produção e o de venda coincidindo, agora o comerciante se instala, comprando pelo preço de produção em D-M e vendendo por um preço de mercado mais alto em M-D'. A forma é essa, embora saibamos pela análise de Marx que na verdade o comerciante não vende por um preço mais alto do que o valor, e sim que compra das mãos do produtor por um preço mais baixo do que este venderia, se vendesse diretamente.

E por que não o faz? Por que o produtor aceita dividir seus lucros com o comerciante? Vimos na primeira parte a resposta de Marx: a garantia de vender, a rapidez e a fluência da reprodução, reservando o dinheiro para o uso produtivo etc. Mas é preciso levar em conta aqui também a dimensão formal que acabamos de examinar: não é mera casualidade que a circulação seja cindida no momento em que o valor está sob a forma do dinheiro adiantado pelo comerciante para iniciar o seu circuito particular D-M-D'. A vantagem para o produtor é que, "considerando o capital comercial conjunto em proporção ao capital produtivo, o giro do capital comercial pode *representar* não só os giros de muitos capitais em uma esfera de produção mas os giros de numerosos capitais em diversas esferas de produção"[21]. Reaparece o termo "representação", no contexto do "giro" ou rotação do capital, que a primeira parte mostrou ter grande importância na distinção entre o capital investido na atividade produtiva e o investido na comercial. O dinheiro adiantado pelo comerciante "gira", "representa" o de "numerosos capitais" em uma e em várias esferas produtivas, ligando-os numa organicidade que eles mesmos dificilmente alcançariam por si. Nele, a rotação de todos esses capitais e ramos da produção se combina e concentra, encontrando um canal de realização, isto é, uma forma social que os "representa".

Por isso, também a massa de valor em dinheiro que a sociedade tem de reservar para a circulação pode ser menor do que seria se cada capitalista produtivo tivesse

---

[21] "[...] das gesammte Kaufmannscapital im Verhältniß zu dem productiven Capital betrachtet, der Umschlag des Kaufmannscapitals nicht nur die Umschläge vieler Capitalien in einer Productionssphäre, sondern die Umschläge einer Anzahl von Capitalien in verschiednen Productionssphären vorstellen kann" (MEGA II/4.2, p. 350; grifo meu [MEW 25, p. 287; *O capital III*, p. 318]).

de realizar suas compras e vendas com dinheiro próprio. Marx diz que essa massa de dinheiro, essa parte do capital social,

> nada é senão a *parte do capital-dinheiro* pertencente ao próprio mercador e empenhada na compra e venda de mercadorias. Essa parte representa em *escala* [*Maßstab*] *reduzida* a parte do capital adiantado para a produção, que se acha nas mãos do *manufacturer* sempre como reserva de dinheiro, *meio de compra*, que sempre deve circular como seu capital-dinheiro.[22]

O capital-dinheiro do comerciante, encarregado de fazer girar o capital-mercadorias dos "*manufacturers*", realiza a função da "reserva de dinheiro" que eles deveriam manter em grande "escala" se não existisse o comerciante. A quantidade de valor é menor; e a qualidade social também se diferencia, ao ser definida por agente autônomo. O capital-mercadorias passa a capital-mercadorias de comércio, que se instala simultaneamente como corpo estranho e funcional dentro do processo. A determinação mútua de qualidade e quantidade retoma o problema da medida, presente na "escala"[23] em que a nova qualidade social se expressa como quantidade, em que o dinheiro do comerciante "representa" o dos produtores.

A partir daqui, Marx chama o entrelaçamento do capital comercial no capital produtivo também de "representação". A explicação anterior da inversão das metamorfoses como "apresentação" aparece agora como "representação":

---

[22] "[...] ist nichts als der *Theil des Geldcapitals*, der dem merchant selbst gehört und im Kauf und Verkauf von Waaren umgetriben wird. Dieser Theil stellt auf *reducirten Maaßstab* den Theil des zur Production vorgeschossenen Capitals vor, der sich als Geldreserve, *Kaufmittel*, stets in der Hand des manufacturers befinden und stets als sein Geldcapital circuliren müßte" (MEGA II/4.2, p. 352-3 [MEW 25, p. 289-90; *O capital III*, p. 320]). Vale também no caso da intermediação do capital comercial aquilo que Marx diz adiante sobre o capital que circula em uma cadeia de empréstimos entre os produtores: "Para cada vendedor o dinheiro representa a forma transformada da sua mercadoria; e agora, quando qualquer valor é expresso como capital, ele representa diversos capitais [...]. Se A emprestasse dinheiro a B, B a C e assim por diante, sem a mediação da *purchase* [compra], então o *mesmo dinheiro* representaria não três, mas apenas um capital, apenas um *valor de capital*. O número de capitais efetivamente representados por ele dependerá de quantas vezes ele funciona como forma de valor de capitais mercadoria diversos" ("Jedem der Verkäufer stellt das Geld die verwandelte Form seiner Waare vor; und jetzt, wo jeder Werth als Capitalwerth ausgedrückt wird, stellt es also verschiedne Capitalien vor [...]. Hätte A das geld an B B an C geliehen u.s.w., ohne die Vermittlung des purchases, so würde *dasselbe Geld* nicht 3 Capitalien, sondern nur eins vorstellen, nur einen *Capitalwerth*. Wie viel Capitalien es wirklich vorstellt, hängt davon ab, wie oft es als die Werthform verschiedner Waarencapitalien functionirt") (MEGA II/4.2, p. 527 [MEW 25, p. 489-90; *O capital III*, p. 529]).

[23] Por isso, deixei indicado o original alemão *Maßstab* no texto citado imediatamente antes, assinalando a relação entre "escala" e "medida" (*Maß*).

Observar que o giro do capital comercial pode mediar não só os giros de *diversos* capitais produtivos mas também as fases *opostas* da metamorfose do capital-mercadorias. D-M representa aqui M-D para o produtor de tela, a venda da mercadoria. M-D, pelo lado do comerciante que vendeu a tela para um branqueador, por exemplo, representa D-M para o branqueador. Assim, o circuito do mesmo capital comercial – de fato, o mesmo M-D, a realização da tela – representa aqui dois atos opostos de dois capitais produtivos diversos. Na medida em que o comerciante vende em geral as suas mercadorias para o consumo produtivo, o seu M-D representa sempre o D-M de um capital produtivo, e o seu D-M, o M-D de outro capital produtivo.[24]

---

[24] "Vorher noch zu bemerken, daß nicht nur der *Umschlag des Kaufmannscapitals* Umschläge *verschiedner* productiver Capitalien vermitteln mag, sondern die *entgegengesetzte* Phase der Metamorphose des Waarencapitals. G_w stellt für den Leinwandproducenten hier w_G, den verkauf seiner Waare vor. w_G auf Seite des Kaufmanns, der z.B. die Leinwand an den Bleicher verkauft, stellt G_w für den Bleicher vor. Hier stellt also der Umschlag desselben Kaufmannscapitals – in der That dasselbe w_G, die Realisirung der Leinwand – zwei entgegengesetzte Akte zweie vershiedner productiver Capitalien vor. So weit der Kaufmann überhaupt seine Waare für die productive Consumtion verkauft, stellt sein w_G, stets das G_w eines productiven Capitals und sein G_w stets das w_G eines andren productiven Capitals vor" (MEGA II/4.2, p. 378-9 [MEW 25, p. 317; *O capital III*, p. 348]). Engels suprime na transcrição do manuscrito justamente a frase em que aparecem as "representações". De todo modo, depois de introduzir a nova função da "representação" do capital comercial, Marx ainda emprega o termo "apresentação" para descrever o movimento pelo qual os dois tipos de capital se articulam, alternando-o com a "representação", conforme o caso. Mesmo quando o capital do comerciante "representa" giros de capitais produtivos, ele os "apresenta" ainda de seu ponto de vista. Por exemplo, um trecho do começo do item sobre a rotação de capital diz: "O giro do *capital mercantil* – que é de fato só o movimento autonomizado do capital-mercadorias, apresenta de fato a primeira fase [da] *metamorfose* da mercadoria – M-D como um movimento de retorno a si de um capital específico. D-M-D no sentido comercial [...] (Se considerarmos o capital mercantil conjunto como mediador do M-D-M' do capital produtivo, então um comerciante compra M e a revende. Isso representa D-M-D para ele; mas, para o capitalista produtivo, a venda de M, a primeira fase da metamorfose de M. Outro comerciante vende M' (o que mais uma vez para ele é D-M-D') e isso representa para o capitalista produtivo D-M', a segunda metamorfose da mercadoria. O mesmo comerciante pode comprar mercadoria de um e vender para outro). Dentro da circulação, a metamorfose do capital produtivo apresenta-se sempre como M-D-M' [...]" ("Der Umschlag des *Kaufmannscapitals* dagegen – da er in der That nur die verselbständigte Bewegung des Waarencapitals ist, stellt in der That die erste Phase [der] *Metamorphose der Waare* – w...G als in *sich returnirende Bewegung eines besondren Capitals* dar. G_w_G im kaufmännischen Sinn [...] (Betrachten wir das gesammte Kaufmannscapital, als vermittelnd das w_G_w' des productiven Capitals, so kauft ein Kaufmann w, und verkauft es wieder. Dieß stellt für ihn G_w_G vor; aber für den productiven Capitalisten der Verkauf von w, die erste Phase der Metamorphose von w. Ein andrer Kaufmann verkauft w' (was für ihn wieder G_w'_G] und dieß stellt für den productiven Capitalisten G_w', die zweite Metamorphose der Waare vor. Derselbe Kaufmann kann für den einen Waare kaufen, für den andren Waare verkaufen). Innerhalb der Circulation stellt sich Metamorphose des productiven Capitals immer dar als w_G_w' [...]") (MEGA II/4.2, p. 375-376 [MEW 25, p. 314; *O capital III*, p. 345]).

Ao "representar" o giro do capital produtivo, o capital comercial, além disso, inverte o ponto de vista do movimento, "apresentando" as compras como vendas e vice-versa. Por seu turno, os capitais e os ramos produtivos articulam o seu fluxo de circulação de acordo com o do capital comercial, porque ele "representa dois atos opostos de dois capitais produtivos diversos"; ele articula os "diversos" pela "oposição" das duas fases da metamorfose em que eles se encontram.

Em outras palavras, capitais produzindo "diversos" valores de uso têm de passar igualmente pela metamorfose que "opõe" venda e compra (M-D-M). A "oposição", porém, se "apresenta" invertida na metamorfose do capital comercial (compra e venda, D-M-D), porque aqui o dinheiro adiantado comanda o processo, ao "representar" o dinheiro e os giros que os "diversos" capitais produtivos poupam. "Diversos" podem ser assim "representados" por um, que os captura na "oposição" formal de seus movimentos. O passo dialético da "diversidade" para a "oposição" – e os dois termos vêm grifados no próprio manuscrito de Marx – leva da mera diferença à diferenciação, ao processo instaurador da diferença. Embora possam ser "diversos" pelo valor de uso que produzem, os capitais se encontram em uma ou outra das fases de sua metamorfose, em uma ou outra das duas fases "opostas" possíveis. Eles são capturados nessa mudança de forma, nessa dimensão formal de sua existência.

E não podia ser de outro modo. Pois, uma vez que não produz mais-valor, apenas arrebata parte dele pelo direito a ele concedido pela propriedade privada, o capital comercial adquire um caráter ainda mais formal que o produtivo. Ele opõe formalmente conteúdos "diversos", enfeixa produções várias num momento autônomo de compra e venda. A circulação capitalista "se apresenta" nele, portanto, e ele "representa" as etapas desse movimento, os giros do capital produtivo, o dinheiro despendido para o seu exercício.

É esse sentido da representação real – forma social cuja função concentra e substitui o funcionamento de várias outras formas – que permite entender o sentido da representação tal como aparece no texto citado no começo deste item, a saber, como forma de consciência dos agentes. O giro do capital comercial simplifica a tarefa do capital produtivo, mas tem um efeito contrário sobre a formação dos preços de mercado, como examinado na primeira parte. Quanto mais vezes girar o capital produtivo, maior o valor e o preço das mercadorias produzidas, o que concorda com a determinação do valor pelo trabalho nelas contido. Já o giro do capital comercial não afeta o valor, apenas distribui o lucro e, daí, reduz o preço de mercado. O modo como ele "representa" o capital produtivo distorce o aparecimento do valor no preço.

Como resultado, "por esse efeito do giro, parece que o *processo de circulação como tal* determina os preços das mercadorias, independentemente do processo de produção"; mais ainda, que "do ponto de vista do capital mercantil – em oposição ao capital produtivo –, portanto, o próprio giro *aparece* como *determinante do preço*"[25]. Ao seu preço de custo, o capital comercial acrescenta um lucro que diminui, para cada giro, à medida que aumenta o número de vezes que ele gira num certo período de tempo. De fato, o preço de venda ou de mercado cai por uma situação que se agrava no próprio funcionamento da representação real: quanto mais gira o capital comercial, menor o volume de dinheiro exigido para a circulação das mercadorias, maior o poder de representar o dinheiro dos produtores, contudo mais distorcidos os preços de mercado em relação aos preços de produção e aos valores.

Esse "ponto de vista do capital mercantil" corresponde à "visão" do lucro brotando "de uma elevação nominal do preço das mercadorias, ou da venda delas *acima* do seu valor", nas palavras do primeiro texto citado neste item[26]. Dela "brota a representação" do caráter comercial do lucro, que se estende para o conjunto dos agentes sociais, em especial para os produtores. Eles podem muito bem encontrar aí novos "motivos de compensação", considerando que o lucro nasce do comércio, e não da atividade produtiva, na qual o preço de produção já havia substituído e apagado os vestígios do valor. Então,

> compreende-se que na cabeça dos agentes da produção e da circulação devam se formar *representações* sobre as leis da produção que se desviem por completo das leis reais e que sejam apenas a *expressão na consciência* do movimento aparente. As representações de um comerciante, de um especulador da Bolsa, de um banqueiro, são necessariamente invertidas como um todo. As do *manufacturer* são falsificadas pelos atos de circulação aos quais é submetido seu capital, pela equalização das taxas de lucro geral etc. A concorrência desempenha nessas cabeças um papel também necessariamente de todo invertido.[27]

---

[25] "Es scheint, namentlich, durch diesen Einfluß der Umschläge, als ob der *Circulationsproceß als solcher* die Preisse der Waaren bestimme, unabhängig vom Productionsproceß. [...] Vom Standpunkt des merkantilen Capitals – im Gegensatz zum productiven Capital – *erscheint* also der Umschlag selbst als *Preißbestimmend*" (MEGA II/4.2, p. 385-6 [MEW 25, p. 324-5; modificado por Engels; *O capital III*, p. 345-6]).

[26] Podemos agora acrescentar: "Todas as visões superficiais e invertidas do processo total são extraídas da consideração do capital mercantil e das representações que seus movimentos próprios formam na cabeça dos agentes da circulação" ("Alle oberflächlichen und verkehrten Anschauungen des Gesammtprocesses sind der Betrachtung des mercantilischen Capitals entnommen, und den Vorstellungen, die seine eigenthümlichen Bewegungen in den Köpfen der Circulationsagenten bilden") (MEGA II/4.2, p. 385 [MEW 25, p. 324; com pequena modificação de Engels; *O capital III*, p. 355]).

[27] "[...] so versteht es sich ganz von selbst, daß in den Köpfen der capitalistischen Productions- und Circulationsagenten sich *Vorstellungen* über die Productionsgesetze bilden müssen, die von den

Mesmo que não adotasse a "visão do capital comercial", o produtor teria sua visão "falsificada" pelo processo próprio ao seu capital, isto é, "a equalização das taxas de lucro gerais". Quanto ao comerciante, vemos que Marx o inclui no rol dos "especuladores da Bolsa e dos banqueiros". Não nos resta, por isso, senão avançar para esses novos personagens postos em cena para entender como neles se radicalizam as representações reais e as mentais.

3.

O terceiro estágio da trama pela qual a representação se destaca da apresentação e troca de papel com ela é protagonizado pelo capital portador de juros. Ele se desdobra a partir da forma de dinheiro como meio de pagamento, que antecipa o poder real da forma ideal do valor[28]. Vimos na segunda parte deste livro o dinheiro adquirir o poder de articular uma sequência de trocas, atuando em primeiro lugar como mera medida de valor realizável em prazo estipulado por contrato. Mas naquele momento o jogo de apresentação e representação mal podia ser vislumbrado; mesmo os termos "apresentação" e "representação" pouco aparecem nesse contexto no

---

wirklichen ganz abweichen und nur der *bewußte Ausdruck* der scheinbaren Bewegung sind. Die Vorstellungen eines Kaufmanns, Börsenspeculanten, Banquiers sind nothwendig total verkehrt. Die des manufacturers sind verfälscht durch die Circulationsakte, denen sein Capital unterworfen ist, durch die Ausgleichung der allgemeinen Profitrate etc. Die Concurrenz spielt in diesen Köpfen nothwendig auch eine ganz verkehrte Rolle" (MEGA II/4.2, p. 385-6 [MEW 25, p. 324-5; de novo, com pequenas modificações de Engels; *O capital III*, p. 356]).

[28] O Livro I já dizia: "O dinheiro de crédito surge imediatamente da função do dinheiro como meio de pagamento, uma vez que certificados de dívida das mercadorias vendidas circulem de novo para transferir dívidas ativas. Por seu turno, a função do dinheiro como meio de pagamento se estende junto com o sistema de crédito" ("Das Kreditgeld entspringt unmittelbar aus der Funktion des Geldes als Zahlungsmittel, indem Schuldcertifikate für den verkauften Waaren selbst wieder zur Uebertragung der Schuldforderungen cirkuliren. Andrerseits, wie sich das Kreditwesen ausdehnt, so die Funktion des Geldes als Zahlungsmittel") (MEGA II/10, p. 119 [MEW 23, p. 153-4; *O capital I*, p. 213]). A forma mais elementar não é anulada, portanto, pela forma mais complexa; ao contrário, é reforçada por ela. O Livro III volta ao tema: "Em geral, o dinheiro funciona aqui só como meio de pagamento. Ou seja, a mercadoria não é vendida por dinheiro, mas por uma *promise of paying*/promessa escrita de pagamento para certo prazo, que podemos subsumir à categoria genérica de [letra de] *câmbio*. Até o vencimento, tal [letra de] câmbio circula como o próprio meio de pagamento e forma o autêntico dinheiro de comércio" ("Im Grossen und Ganzen functionirt das Geld hier nur als Zahlungsmittel. D.h. die Waare wird verkauft nicht gegen Geld, sondern gegen ein schriftliches promise of paying/Zahlungsversprechen an einem gewissen Termin, die wir unter der allgemeinen Categorie Wechsel subsumiren können. Bis zu ihrer Zahlungsfälligkeit cirkuliren diese Wechsel selbst als Zahlungsmittel und sie bilden das eigentliche Handelsgeld") (MEGA II/4.2, p. 469-70 [MEW 25, p. 413; *O capital III*, p. 451]).

Livro I de *O capital*, sinal claro de que ainda se trata da forma geral, desenvolvida somente no Livro III.

No começo do Livro I, compradores e vendedores já utilizam letras de câmbio no lugar do dinheiro efetivo, na prática como um crédito mutuamente concedido. Mas os compradores e vendedores ali definidos como simples produtores individuais – trabalhadores proprietários dos meios de produção – são na verdade capitalistas. E o crédito que circula entre eles é monopolizado de fato por um grupo especial de capitalistas, agentes do capital portador de juros. Nas mãos deles se concentra a propriedade do dinheiro disponível para empréstimo, pelo qual, em razão disso, podem ser cobrados juros.

Na primeira parte deste livro, vimos como a concentração em um lado da relação de crédito institui uma oposição entre o ganho empresarial e a taxa de juros; e, mais, inverte a ordem da determinação recíproca dentro da oposição: no movimento corrente dos capitais, não são os juros que se descontam do montante prévio de lucro, do ganho do empresário, e sim esse ganho que é contado como o que sobra do lucro, depois de o empresário pagar os juros ao proprietário do dinheiro-capital. Essa inversão na relação das duas formas de capital, por razões examinadas a seguir, dá aos juros o poder de definir, ou melhor, de "apresentar" as demais formas em que se divide o lucro social médio. Marx afirma:

> Em si, os juros [...] apresentam a mera propriedade de capital como meio para se apropriar de produtos do trabalho alheio. Mas eles apresentam esse caráter do capital como algo atribuído de fora do próprio processo de produção, de modo algum como o resultado da determinidade específica desse processo de produção mesmo. Eles o apresentam não como oposição ao trabalho, mas, ao contrário, sem relação com o trabalho e como simples relação de um capitalista com outro. [...] As funções específicas que o capitalista deve executar enquanto tal e que lhe são atribuídas à diferença do trabalhador e em oposição a ele são apresentadas como meras funções de trabalho.[29]

---

[29] "Der Zins an sich [...] stellt das blosse Capitaleigenthum als Mittel dar sich Producte fremder Arbeit anzueignen. Aber er stellt diesen Charakter des Capitals dar als etwas, was ihm ausser dem Productionsproceß selbst zukommt und keineswegs das Resultat der spezifischen Bestimmtheit dieses Produktionsprocesses selbst ist. Er stellt es dar, nicht im Gegensatz zur Arbeit, sondern umgekehrt, ohne Verhältniß zur Arbeit und als blosses Verhältniß eines Capitalisten zum andern. [...] Die besondren Functionen, die der Capitalist als solcher zu verrichten hat, und die ihm grade im Unterschied von und Gegensatz zu den Arbeitern zukommen, werden als blosse Arbeitsfunctionen dargestellt" (MEGA II/4.2, p. 453 [MEW 25, p. 395-6; *O capital III*, p. 421]). Um pouco antes, Marx preocupava-se em esclarecer que "na forma dos juros, por outro lado, essa oposição ao trabalho é *apagada*, pois o capital portador de juros não se confronta *enquanto tal* com o trabalho assalariado, e sim com o *capital, uma vez que ele funcione*; o capitalista que empresta se confronta

Sabíamos que a "mera propriedade de capital" confere ao proprietário, aquele que concede crédito ao produtor, o direito de se "apropriar de produtos de trabalho alheio", ou de lucro na forma de juros. Mas esse direito agora se estabelece como algo que os "juros apresentam", isto é, como poder embutido neles enquanto forma social. Sabíamos também que "esse caráter do capital", o caráter advindo da "mera propriedade", é a ele "atribuído de fora do próprio processo de produção", como direito ajustado pelo contrato entre prestamista e prestatário. Mas o "caráter" deriva agora do poder de "apresentação" da forma dos juros.

Os juros escondem, assim, a relação de "oposição ao trabalho", constitutiva do capital, ou melhor, eles a "apresentam [...] como simples relação de um capitalista com outro". À primeira vista, a razão disso é conhecida: os juros consistem em apropriação de parte do lucro de um capitalista, o empresário, por outro, o prestamista. Há mais, todavia, porque nos juros as "funções específicas do capitalista enquanto tal", a saber, a "oposição ao trabalhador" decorrente da exploração da força de trabalho, "são apresentadas como meras funções de trabalho", e não funções de exploração. Vejamos.

Uma das questões significativas dessa seção do Livro III é a das tarefas vinculadas à coordenação e à supervisão pelo capitalista dos trabalhadores que ele emprega. Marx assinala que tais tarefas são tanto mais importantes quanto mais forte a oposição entre capital e trabalho assalariado[30], pois aí os trabalhadores são cada vez menos capazes de coordenar o todo de seu trabalho e mais propensos a não executá-lo de acordo com os interesses do capital. Quando o empresário delega a um grupo especial de trabalhadores a realização dessas tarefas, ele deduz a remuneração devida da sua própria parte no mais-valor, a do ganho empresarial. Quando ele mesmo as realiza, é claro, não precisa fazer a dedução. Só que nesse caso parece que a parte não deduzida, e, por extrapolação, o ganho empresarial inteiro, corresponde a uma espécie de remuneração paga pelo empresário a si mesmo por executar a coordenação e a supervisão dos trabalhadores. Interessa aqui exatamente esse ponto, e não tanto as demais questões referentes ao problema geral do trabalho de superintendência.

---

enquanto tal não com o trabalhador assalariado, e sim com o *capitalista funcionando* efetivamente no processo de reprodução [...]. Por outro lado, o *ganho empresarial* não faz oposição ao *trabalho assalariado*, mas aos *juros*" ("In der Form des *Zinses* jedoch ist andrerseits dieser Gegensatz gegen die Lohnarbeit *ausgelöscht*, denn das Zinstragende Capital steht *als solches* nicht der Lohnarbeit, sondern dem Capital *soweit es functionirt*, der ausleihende Capitalist steht als solcher nicht dem Lohnarbeiter, sondern dem im Reproductionsproceß wirklich *functionirenden Capitalisten* gegenüber [...]. Andrerseits der *Unternehmungsgewinn* bildet keinen Gegensatz zur *Lohnarbeit*, sondern nur zum *Zins*") (MEGA II/4.2, p. 450-1 [MEW 25, p. 392; *O capital III*, p. 428]).
[30] Ver MEGA II/4.2, p. 455 [MEW 25, p. 397; *O capital III*, p. 432].

Pois decorre daí mais um quiproquó decisivo: para o empresário,

em oposição aos juros, o seu ganho empresarial se apresenta como algo independente da propriedade de capital, antes como resultado de suas funções como não proprietário – como *trabalhador*. No seu crânio, desenvolve-se assim necessariamente a representação de que o seu ganho empresarial – longe de compor uma oposição ao trabalho assalariado e de ser trabalho alheio não pago – é, em vez disso, *salário*, *wages of superintendence of labour* [salários de superintendência do trabalho], salário mais alto que o do trabalhador comum 1) porque é trabalho mais complexo, 2) porque ele paga a si mesmo um salário.[31]

Uma nova "representação" assim se forma, a de que o capitalista em funções também trabalha, num trabalho por certo distinto do realizado pelos trabalhadores comuns, mas idêntico ao deles por ser assalariado. O empresário industrial e comercial se considera tão membro das classes produtoras quanto qualquer trabalhador, a quem presume se irmanar na luta contra o proprietário de dinheiro-capital, esse o verdadeiro explorador, por cobrar juros. Como se a única propriedade de capital fosse a do dinheiro-capital, oposta ao "salário" recebido pelos administradores da produção; como se a luta entre capital e trabalho consistisse na luta entre o credor e o produtor em geral. Por isso, o empresário se sente contraposto ao banqueiro, que o "explora", e não ao trabalhador, a quem explora[32]. E. assim,

---

[31] "Im Gegensatz zum Zins, stellt sich ihm also sein Unternehmungsgewinn dar als unabhängig vom Capitaleigenthum, vielmehr als Resultat seiner Functionen als Nicht Eigenthümer, – als *Arbeiter*. Es entwickelt sich daher nothwendig in seinem Hirnkasten die Vorstellung, daß sein Unternehmungsgewinn – so weit entfernt irgend einen Gegensatz zur Lohnarbeit zu bilden und nur unbezahlte fremde Arbeit zu sein – vielmehr selbst *Arbeitslohn* ist, *wages of superintendence of labour*, höherer Lohn als der des gewöhnlichen Lohnarbeiters, 1) weil sie complicirtere Arbeit, 2) weil er sich selbst den Arbeitslohn auszahlt" (MEGA II/4.2, p. 451 [MEW 25, p. 393; *O capital III*, p. 429]). Nesse sentido, mais adiante Marx afirma que "a representação do *ganho empresarial* como *wages of superintendence of labour*, que surge de sua oposição aos *juros*, acha abrigo, mais ainda, em que de fato uma parte do lucro pode se destacar como salário e realmente se destaca, ou melhor, ao contrário, em que sobre a base do modo de produção capitalista, uma parte do salário aparece como parte integrante do lucro" ("Die Vorstellung des *Unternehmungsgewinns* als *wages of superintendence of labour*, die aus seinem Gegensatz zum *Zins* entsteht, findet weiteren Halt darin, daß in der That ein *Theil des Profits* als *Arbeitslohn* abgesondert werden kann und sich wirklich absondert, oder vielmehr umgekehrt, daß ein Theil des Arbeitslohns, auf Basis der capitalistischen Productionsweise als *integrirender Bestandtheil des profits* erscheint") (MEGA II/4.2, p. 454 [MEW 25, p. 396; *O capital III*, p. 432]).

[32] "Como o caráter alienado do capital – sua oposição ao trabalho – é deslocado para além do processo efetivo de exploração, esse processo de exploração mesmo aparece como mero processo de trabalho, no qual o capitalista em funções apenas executa um trabalho *diferente* daquele do *trabalhador*, de modo que o trabalho de explorar e o trabalho explorado, enquanto trabalho,

passa-se aqui na consciência do capitalista exatamente o mesmo que com os *motivos de compensação,* antes indicados, na equalização do lucro médio. Esses motivos de compensação, que entram de maneira determinante na distribuição do mais-valor, distorcem-se, no modo de representação capitalista, em *motivos da gênese* e (subjetivamente) em *motivos da legitimação* do próprio lucro.[33]

Analisemos o texto com algum detalhe. Primeiro, mais que de uma representação, trata-se aqui do "modo de representação capitalista" mencionado nas "Considerações iniciais" deste livro e depois na Parte II, com referência à relação de capital e trabalho. Seu sentido inicial consiste na confusão entre ganho empresarial e salário, entre superintendência capitalista e trabalho. E ele se configura como os "motivos de compensação", já examinados em seu nexo com a equalização. Ali vimos a equalização ocorrer por um princípio de "distribuição do mais-valor" que começa a tomar distância do princípio da produção de valor pelo trabalho e a pender para o da propriedade privada. Vimos também a "compensação", por seu turno, rebater a equalização para o plano da representação mental dos agentes. Agora vemos a própria "distorção" desses motivos, desdobrados em "motivos da gênese" e "motivos de legitimação", para explicar a origem do ganho empresarial como sendo o "trabalho" de supervisão e, dessa maneira, justificá-lo.

Mas o que significa falar ainda em "motivos de compensação" no caso dessa forma "distorcida" pela ação do capital portador de juros, regulado por normas independentes daquelas que regulam a produção? Justamente, essa "distorção". Ou seja, já a equalização entre os ramos industriais e comerciais se afasta do princípio do trabalho como criador de valor para distribuir o mais-valor de acordo com a grandeza da propriedade privada dos meios de produção de cada capital individual, numa forma modificada daquele princípio. Com a entrada em cena do capital fornecedor de crédito, o movimento avança e se afasta ainda mais do princípio

---

são idênticos. O trabalho de explorar é identificado ao trabalho que é explorado" ("Da der entfremdete Charakter des Capitals, sein Gegensatz zur Arbeit, jenseits des wirklichen Exploitationsprocesses verlegt wird, erscheint dieses Exploitationsproceß selbst als blosser Arbeitsproceß, wo der functionirende Capitalist nur *andre* Arbeit verrichtet als der *Arbeiter,* so daß die Arbeit des Exploitirens, und die exploitirte Arbeit als Arbeit identisch sind. Die Arbeit des exploitirens ist identificirt mit der Arbeit, die exploitirt wird") (MEGA II/4.2, p. 453-4 [MEW 25, p. 396; *O capital III*, p. 431-2]).

[33] "Es geht hier im Bewußtsein des Capitalisten ganz dasselbe vor, wie bei den früher angedeuteten *Compensationsgründen* in der Ausgleichung zum Durchschnittsprofit. Diese Compensationsgründe, die bestimmend in die Verthailung des Mehrwerts eingeht, verdrehn sich in der capitalistischen Vorstellungsweise in *Entstehungsgründe* und (subjektiv) *Rechtfertigungsgründe des Profits selbst*" (MEGA II/4.2, p. 454 [MEW 25, p. 396; *O capital III*, p. 432]).

do trabalho: agora ele o "distorce" até quase o perder, pela confusão de trabalho e tarefa de supervisão, mantendo o princípio de modo invertido, falso, e concedendo ao capital em funções o atributo de também "trabalhar".

Tudo isso ocorre junto com a autonomização da forma de salário em relação ao trabalho propriamente dito, pois não é só o trabalhador despojado da propriedade dos meios de produção que é remunerado mediante salário, também o são o administrador e o gerente contratados pelo capitalista – e até o próprio capitalista, que se vê ou se "representa" como produtor, como não proprietário do capital inicial, ao qual só teria tido acesso mediante o crédito. O "salário" desse capitalista não corresponde de fato ao valor da força de trabalho, nem o seu "trabalho" cria valor e mais-valor; ao contrário, ele consiste nesse mais-valor mesmo na forma de ganho empresarial, a seguir "distorcido" na forma de salário. A autonomia da forma do ganho é consequência da sua deformação, que "se apresenta" como salário ao se contrapor aos juros, à remuneração da propriedade pura do dinheiro-capital, e que "apresenta" a função do empresário como idêntica à do trabalho produtor de valor.

A base de todo esse movimento está, portanto, na "apresentação". Por ela, em primeiro lugar, os juros se distinguem do ganho empresarial de modo aparentemente absoluto[34]; e, em seguida, o ganho empresarial pretende se identificar ao salário. A partir daí é que ele pode se afirmar como "algo independente da propriedade de capital", conforme o texto citado à nota 31 (p. 204). Pela lógica do crédito, a propriedade dos meios de produção – nesse caso, o dinheiro – diz respeito só ao empréstimo tomado pelo empresário, como se ela não existisse antes. O empresário se representa como mero gerente do capital, não como seu proprietário, porque

---

[34] "Pela ossificação e autonomização recíproca das duas partes, a relação real entre as coisas se torce na representação. O lucro (já uma forma modificada do mais-valor) não aparece como *unidade pressuposta*, a soma do trabalho não pago que se divide em juros e ganho empresarial, e sim os juros e o ganho empresarial aparecem como grandezas autônomas, cuja *adição* compõe o lucro, o lucro bruto. Como em cada uma dessas duas partes, autonomamente consideradas, é apagada a relação com o mais-valor, e daí a relação efetiva do capital com o trabalho assalariado, também o é no próprio lucro, uma vez que ele se apresenta como mera adição, como soma posterior dessas duas grandezas autonomamente determinadas, aparentemente pressupostas diante dele, dadas a ele" ("Durch die Verknöcherung und Verselbständigung der beiden Theile gegen einander dreht sich aber das wirkliche Sachverhältniß in der Vorstellung um. Der Profit (selbst schon verwandelte Form des Mehrwerts) erscheint nicht als die *vorausgesetzte Einheit*, die Summe der unbezahlte Arbeit, die sich theilt im Zins und Unternehmungsgewinn, sondern Zins und Unternehmungsgewinn erscheinen als selbständige Grössen, deren *Addition* den Profit bildet, den *Rohprofit*. Da nun in jedem dieser beiden Theile, selbständig betrachtet, die Beziehung zum Mehrwerth, und daher das wirkliche Verhältniß des Capitals zur Lohnarbeit ausgelöscht ist, so in dem Profit selbst, soweit er als blosse Addition, als nachträgliche Summe dieser selbständig bestimmten und ihm scheinbar *vorausgesetzten*, vor ihm gegebnen Grössen sich darstellt") (MEGA II/4.2, p. 454-5 [eliminado na edição de Engels]).

tem de pagar juros pelo empréstimo obtido junto àquele que seria o proprietário único e verdadeiro, o credor.

E, com isso, a propriedade privada como que passa por uma nova depuração, que a restringe ao dinheiro-capital disponível para crédito. Ela não parece derivar do trabalho que produz mais-valor, nem a ele se opor, e sim repousar sobre um contrato, isto é, sobre uma relação social cujo fundo, de mera aparência jurídica, a define em estado puro, oposto a qualquer forma de atividade.

Pode-se dizer que Marx abordou as tarefas de superintendência nesse ponto da sua obra, e não na dedicada ao capital industrial, por exemplo, porque apenas aqui elas fazem sentido. Não se trata tanto de entender supervisão e coordenação como relações de trabalho quanto de explicitá-las na oposição à pura propriedade do capital e, por essa explicitação, revelar a origem de todo o movimento de inversão pelo qual a forma dos juros determina a forma do lucro, "apresentando-a" como um salário do capitalista em funções[35]. A "apresentação" se refere, desse modo, a um poder de determinação derivado da "distorção" do poder original do capital para comandar trabalho e para se valorizar. Como forma social consolidada, os juros sobre empréstimo de capital passam a interferir na valorização e na ação do capital produtivo, apontando as atividades e os espaços mais lucrativos, para onde esse capital deve se dirigir. Sob tais formas, o comando do dinheiro-capital se exerce como "apresentação", como movimento puramente formal.

Daí que a apresentação crie todo um "modo de representação capitalista". Nele, qualquer atividade é remunerada por salário e, em contrapartida, "capital" é só o dinheiro emprestado por financiadores. Nas palavras de Marx:

> é da natureza da coisa que o *capital portador de juros* se apresente na representação popular como a forma do capital κατ'ἐξοχήν [por excelência]; por ser uma atividade mediadora, o capital comercial pode ser visto como roubalheira, trabalho ou o que seja. Ao contrário, no capital portador de juros o caráter *self-reproducing* [autorreprodutor] do capital se apresenta de modo puro, valor que se valoriza, produção do mais-valor como qualidade oculta.[36]

---

[35] "Por seu lado, essa *forma dos juros* dá à outra parte do lucro a *forma qualitativa* do ganho empresarial, a seguir, a dos salários de superintendência" ("Andrerseits giebt diese *Form des Zinses* dem andern Theil des Profits die *qualitative Form des Unternehmungsgewinns*, weiter der *wages of superintendence*") (MEGA II/4.2, p. 453 [MEW 25, p. 396; *O capital III*, p. 431]). É importante notar a passagem de uma "forma" a outra, fixando "qualidades" por um movimento essencialmente formal; e notar que a passagem começa pela "forma dos juros".

[36] "Es liegt aber in der Natur der Sache, daß das *Zinstragende Capital* in der Volksvorstellung sich als die Form des Capitals κατ'ἐξοχήν darstellt; weil im Kaufmannscapital eine vermittelnde Thätigkeit ist, möge sie nun als Prellerei, Arbeit oder wie immer ausgelegt werden. Dagegen stellt sich im Zinstragende Capital der Selfreproducing Charakter des Capitals, der sich verwerthende Werth,

Sem elo visível com o trabalho, o capital portador de juros pode "apresentar" a criação do excedente de valor como "qualidade oculta", brotando do "caráter" próprio do capital de se reproduzir. E esse caráter se "apresenta" de "modo puro" apenas no capital destinado ao crédito, que se "apresenta na representação", por isso, como o capital em si.

Em outro trecho, Marx vai além:

> o *monied capital*, o capital portador de juros, ainda vigora na representação popular como o capital *enquanto tal*, capital κατ'εζοχην. Donde a representação, dominante até a época de Massie, de que é o dinheiro enquanto tal que é pago nos juros. A circunstância de que o capital emprestado rende *juros*, seja ele de fato empregado ou não – talvez emprestado apenas para o consumo – confirma a representação da autonomia dessa forma de capital.[37]

Há mais agora na "representação popular" do que antes. Há a confusão do "capital enquanto tal" com o "dinheiro enquanto tal", a "representação" do capital como dinheiro em geral, não importando se "empregado" para investir na produção ou "emprestado para o consumo". Sob qualquer uma dessas formas, ele rende juros ao seu proprietário.

---

die Produktion des Mehrwerths als occulte Qualität rein dar" (MEGA II/4.2, p. 663 [MEW 25, p. 622; *O capital III*, p. 668-9]). Bem antes, a propósito das tabelas de Richard Price (1723-1791), Marx aludia à "representação do capital como valor que se reproduz a si mesmo [...]" (MEGA II/4.2, p. 464 [MEW 25, p. 407; *O capital III*, p. 444]). E já no Livro I: "Por fim, no capital portador de juros a circulação D-M-D' se *apresenta* resumidamente no seu resultado sem mediação, em estilo lapidar, por assim dizer, como D-D', dinheiro que é logo mais dinheiro, valor maior do que ele próprio" ("In dem zinstragende Kapital endlich *stellt* sich die Cirkulation G_W_G' abgekürzt *dar*, in ihrem Resultat ohne die Vermittlung, so zu sagen im Lapidarstil, als G_G', Geld, das gleich mehr Geld Werth, der grösser als er selbst ist") (MEGA II/10, p. 142 [MEW 23, p. 170; *O capital I*, p. 231]).

[37] "[...] in der Volksvorstellung *monied Capital*, Zinstragendes Capital, als Capital *als solches*, als Capital κατ'εζοχην gilt. Daher andrerseits die Vorstellung – bis zur Zeit Massie's vorherrschend – daß es das Geld als solches ist, was im Zins bezahlt wird. Der Umstand, daß verliehenes Capital *Zins* abwirft, ob oder ob nicht selbes wirklich als Capital verwandt wird, – vielleicht nur zur Consumption geliehen wird etc – befestigt die Vorstellung von der Selbständigkeit dieser Form des Capitals" (MEGA II/4.2, p. 447 [MEW 25, p. 389; *O capital III*, p. 425]). Marx esclarece a seguir que apenas em meados do século XVIII Joseph Massie (?-1784) e David Hume (1711--1776) "descobriram" que os "juros são simples parcela do lucro bruto". O texto de Massie é de 1750: *An essay on the governing causes of the natural rate of interest* (Londres, W. Owen). E o de Hume é o capítulo "Of Interest" do livro de 1764: *Essays and Treatises on Several Subjects* (Londres, A. Millar) (MEGA II/4.2, p. 448 [MEW 25, p. 389-90; *O capital III*, p. 425]). A nota sobre os livros está em MEGA II/4.2, p. 1274, *Apparat* [MEW 25, p. 935]).

E Marx acrescenta que, se o dinheiro disponível para crédito for usado para investir ou apenas para financiar compras, "se nas contas daquele que o emite ou daquele que o recebe, ele *representa* capital ou renda, isso nada muda aqui"; ou, ainda, "se o dinheiro nessas funções *representa* capital ou renda para quem o emite ou recebe, isso não muda em absoluto nada na coisa"[38]. Ele pode "representar" capital, se investido na produção de valor, ou mero valor, se usado como meio para pagar contas.

Mas é preciso notar aqui uma importante distinção terminológica. Nesses últimos textos, ao caracterizar em geral o dinheiro à disposição do crédito, a "representação" volta a possuir um sentido real[39], formado pelas práticas econômicas que "apresentam" o dinheiro como o signo do valor das mercadorias, conforme visto anteriormente. Lá, o dinheiro "representava" o poder de compra "ideal" do entesourador; em seguida, a quantia que se tornará efetiva apenas ao termo da cadeia de transações, na forma de meio de pagamento; e, por fim, como título de direito, a antecipação das compras mútuas dos vários setores da reprodução capitalista. Em todas essas formas, retomadas no Livro III, o dinheiro é "representação" como medida "ideal" do poder social real, ainda mais forte quando o dinheiro não circula em efetivo.

Compreende-se, a partir disso, que Marx tenha se restringido ao crédito à produção, consumo produtivo, deixando de lado o consumo final. O dinheiro-capital em propriedade dos agentes de crédito ("*monied capital*") pode ser emprestado para ambos os propósitos e, em ambos, "representa" valor. Mas não "representa" capital em sentido estrito, se servir para financiar consumo ou para pagar contas, pois, em vez de produzir mais riqueza e valor, nesse caso apenas dá ao consumidor acesso à riqueza já produzida. Deveria ser dito que ele "representa" capital só quando potencializa a valorização do valor. Se, no entanto, "vigora na representação popular [...] que é o dinheiro enquanto tal que é pago nos juros", que dinheiro emprestado

---

[38] "Die weitere Bestimmung, die es in der *Rechnung* seiner Ausgeber oder Empfänger hat, daß es ihnen Capital oder Revenu vorstellt, ändert hieran absolut nichts [...]. Ob das so functionirende Geld Capital oder Revenu vorstellt für seine Ausgeber oder Empfänger, ändert hier absolut nichts an der Sache" (MEGA II/4.2, p. 506 e 508, grifo meu [MEW 25, p. 460 e 462; *O capital III*, p. 503 e 505]).

[39] Há vários casos em que Marx se refere a um título de direito "representando" de fato valor, como no exemplo a seguir: "Para o *moneylender* [prestamista de dinheiro], essas letras de câmbio são papéis portadores de juros. Quer dizer, ao comprá-las, ele descontará *juros* pelo tempo que elas ainda correrem. Depende assim de cada taxa de juros, quanto será descontado da soma que a letra de câmbio representa" ("Für den moneylender sind diese Wechsel Zinstragende Papiere. D.h. wenn er sie kauft, zieht er den *Zins* ab für die Zeit, die sie noch zu laufen haben. Es hängt also vom jedesmaligen Zinsfuß ab, wie viel von der Summe, die der Wechsel vorstellt, abgezogen wird") (MEGA II/4.2, p. 524-5 [MEW 25, p. 487; *O capital III*, p. 526]).

é capital, sem importar qual o seu emprego futuro, é porque não é o destino do dinheiro que se leva em consideração, mas sua origem. Ainda nas mãos do proprietário original, o dinheiro tem a forma de capital em latência; já nas de quem recebe o empréstimo, só terá essa forma se investido na reprodução ampliada. Como, uma vez tomado o empréstimo, impõe-se o dever contratual de pagar juros seja qual for o seu uso, dá-se uma confusão: o caráter de capital do destino se transfere para a origem, e aí pode se apagar como capital, restando apenas o caráter de dinheiro em geral.

O poder formal do contrato que obriga a pagar juros, portanto, faz todo dinheiro parecer capital, em consequência da inversão pela qual os juros são antecipados ao lucro efetivo da atividade de produção. Mais uma vez, a propriedade pura na origem do crédito é que situa o capital no "modo de representação capitalista"; é a representação do dinheiro na prática dos agentes que baliza a representação mental que eles têm de como o processo se apresenta.

Nas palavras de Marx: "Como visto, o próprio capital efetivamente em funções se apresenta de tal modo que ele não rende *juros* enquanto capital em funções, mas enquanto *capital em si* (enquanto *moneyed capital*)". Por isso, "em vez da transformação *efetiva* de dinheiro em capital, aqui se mostra sua *forma sem conteúdo* [*inhaltlose Form*]. Assim como a *capacidade de trabalho*, o valor de uso do dinheiro aqui é criar *valor de troca, valor de troca* maior *do que estava nele contido*"[40].

No texto, chama particularmente a atenção o termo "forma sem conteúdo", que designa a não ocorrência da "transformação *efetiva* de dinheiro em capital". Logo, quando ocorre a transformação, a forma tem conteúdo, e o conteúdo, forma. Ou melhor, quando o dinheiro é usado de fato como capital em funções, os juros pagos – a forma – procedem realmente do lucro com o investimento produtivo – o conteúdo. Mas, quando isso não acontece, "forma sem conteúdo" indica um descompasso entre juros e lucro, definido pela cisão entre o dinheiro-capital de pura propriedade do prestamista e o seu uso como capital pelo prestatário.

Dessa cisão, entretanto, deriva uma figura ainda mais complexa da representação prática, cuja relação com a representação mental deve ser examinada.

O texto acima equipara o dinheiro emprestado a seu antípoda, a saber, a "capacidade de trabalho", como se ele pudesse igualmente criar valor. Não pode, claro, mas guarda uma semelhança formal com a força de trabalho, porque também é mercadoria, com valor de uso e valor: "o valor de uso do dinheiro é criar valor

---

[40] "Statt der *wirklichen* Verwandlung von Geld in Capital zeigt sich hier nur die *inhaltlose Form* derselben. Wie beim Arbeitsvermögen, wird der Gebrauchswerth des Geldes hier den *Tauschwerth* zu schaffen, grösseren *Tauschwerth als in ihm selbst enthalten* ward" (MEGA II/4.2, p. 462 [MEW 25, p. 405; *O capital III*, p. 442]).

de troca" e mais-valor, se houver "transformação efetiva em capital"; e ele tem igualmente valor, como toda mercadoria. A questão que o texto não responde de imediato é como se determina esse valor. Um primeiro elemento a se considerar é a semelhança apontada ser apenas "formal", quer dizer, o dinheiro-capital é mercadoria como objeto de apropriação privada e comercialização, e não como produto; seu valor não se mede pelo tempo de trabalho necessário para produzi-lo. Outro elemento é a própria semelhança com a força de trabalho, uma vez que o dinheiro--capital faz criar "valor de troca maior do que estava nele contido".

E assim justamente se define seu valor: "Enquanto *capital*, o valor do dinheiro ou das mercadorias não é determinado por seu valor como dinheiro ou mercadorias, mas pelo *quantum* de mais-valor que elas 'produzem' para o seu possuidor"[41]. O que importa aqui não é o passado, não é o que está "contido" nessa mercadoria especial, mas o futuro, a expectativa de quanto ela poderá "produzir" (as aspas estão no próprio texto), se investida de maneira lucrativa. Estima-se o valor do dinheiro-capital na fonte do empréstimo pela projeção do lucro esperado com o investimento do capitalista em funções, situado no meio do processo cujo final é o pagamento dos juros de volta ao seu proprietário. Esse lucro, porém, é uma probabilidade que talvez não se realize plenamente ou nem sequer em parte. Por isso, Marx chama o dinheiro posto em tais condições de capital "fictício", forma mais complexa da representação real, cujo significado é necessário especificar.

Comecemos com uma definição que traz de volta a representação nos dois sentidos vistos acima:

A formação [*Bildung*] do *capital fictício* chama-se *capitalização* [...]. Por exemplo, se o rendimento anual = 100 £ e a taxa de juros = 5 p.c., as 100 £ seriam os juros anuais de 2.000 £ e essas 2.000 £ imaginadas [*eingebildeten*] seriam consideradas o *valor de capital* do título de direito (título de propriedade) sobre as 100 £ anuais. Para aquele que compra esse título de propriedade, as 100 £ de rendimento anual representam de fato os juros do seu capital investido aí a 5%. Todo o nexo com o processo de valorização efetivo do capital se perde até o último rastro e a representação do capital se firma como um autômato que se autovaloriza.[42]

---

[41] "Der Werth des Geldes oder Waaren als *Capital* ist nicht bestimmt durch ihren Werth als Geld oder Waaren, sondern durch das Quantum Mehrwerth, das sie 'produciren' für ihren Besitzer" (MEGA II/4.2, p. 429 [MEW 25, p. 367; *O capital III*, p. 442]).

[42] "Die Bildung des *fictiven Capital* heißt *Capitalisiren* [...]. Z.B. wenn di jährliche Einnahme = 100 £ und der Zinsfuß = 5p.c., so wären 100 £ der jährliche Zins von 2000 £ und diese eingebildeten 2000 £ gelten nur als der *Capitalwerth* des Rechtstitel (Eigenthumstitel) auf die 100 £ jährlich. Für den, der diesen Eigenthumstital kauft, stellen die 100 £ jährliche Einnahme dann ja in der That die Verzinsung seines darin investirten Capitals zu 5% vor. Aller Zusammenhang mit dem

A "representação" de que o capital é um "autômato que se autovaloriza" se reporta ao já examinado "caráter *self-reproducing*" da propriedade pura, contrário ao emprego produtivo. Entretanto, agora essa representação decorre da "representação" real do capital investido, mediante os juros. Para quem possui um "título de direito" que rende por ano 100 libras, tudo se passa como se ele fosse mesmo proprietário de um capital no valor de 2 mil libras, a juros de 5% ao ano. Mas tudo não passa de uma "representação". Se a taxa de juros se elevar a 10%, o capital "imaginado" cairá pela metade, como se as 100 libras fossem 10% de um total, então, de mil libras. E vice-versa[43].

A "formação" de capital é "imaginada" – e Marx visivelmente joga com as palavras no original, *Bildung* e *Einbildung* –, ou seja, o capital total do proprietário do título de propriedade se "forma" pela projeção de valor a partir de dado rendimento e de dada taxa de juros. Ela se funda na pretensão de que as 100 libras "representam" um capital total, ou o rendimento de $\frac{1}{20}$ do capital total, equivalente aos 5% de juros. Mas a representação é real, o capital "imaginado" pela projeção de valor se "forma" na prática do crédito.

Esse duplo aspecto do capital "fictício" está presente também no capital por ações, analisado a seguir por Marx. Ele novamente começa com um exemplo:

> Por exemplo, seja o *valor nominal* de uma ação 100 £, isto é, a soma investida que a ação representa [*repräsentiert*] originalmente, e digamos que a empresa renda 10% em vez de 5%, então o seu valor de mercado sobe para 200 £, dobra, pois, capitalizada em 5%, representa [*vorstellt*] agora um capital fictício de 200 £. Quem a compra por 200 £ recebe 5% do seu capital investido desse modo. E vice-versa, quando o rendimento da empresa diminui.[44]

---

wirklichen Verwerthungsproceß des Capitals geht so bis auf die letzte Spur verloren und die Vorstellung des Capitals als eines sich selbst verwerthenden Automaten befestigt sich" (MEGA II/4.2, p. 522 [MEW 25, p. 484; *O capital III*, p. 524]).

[43] Numa outra situação, em que o capital inicial fosse de 100 libras, "se a taxa de juros subir, por exemplo, de 5 para 10, então um *título de crédito* que garante uma receita de 5 p.c. representará um capital de 50. Se a taxa de juros cair de 5 para 2½, então o título de crédito que rende 5% subirá de 100 para 200. Pois seu valor = rendimento capitalizado, isto é, juros sobre um capital ilusório calculado pela taxa de juros prevalecente" ("Steigt der Zinsfuß von 5 auf 10 z.B., so stellt ein *Werthpapier*, das einen Ertrag von 5 p.c. sichert, nur noch ein Capital von 50 vor. Fällt der Zinsfuß von 5 auf 2½, so steigt ein Werthpapier, das einen Ertrag von 5% abwirft, von 100 auf 200. Da ihr Werth = dem Ertrag, capitalisirt, d.h. als Zins auf ein illusorisches Capital nach dem bestehenden Zinsfuß berechnet") (MEGA II/4.2, p. 523-4 [MEW 25, p. 485; *O capital III*, p. 525]). Ao "garantir uma receita" de 5 libras pela capitalização a 5%, o título "representa" capital. Mas a mudança na taxa de juros modifica em sentido inverso o montante de capital "representado".

[44] "Z.B. ist der *Nominalwerth* einer Aktie 100 £, d.h. die eingeschoßne Summe, die die Aktie ursprünglich repräsentirt und wirft das Unternehmen statt 5% 10% ab, so steigt ihr Marktwerth auf

Motivos de compensação / 213

O proprietário de ações com "valor nominal" de 100 libras pode vendê-las por 200 libras, porque o "valor de mercado" dobra, ao dobrar o rendimento esperado da empresa a cujo lucro as ações dão direito de participação. Essa alta é uma forma de "capitalização" na qual o valor de mercado "representa" não mais só valor, mas valor futuro "formado" por expectativas, o fundamento do "capital fictício". Marx prossegue, explicando que "o valor de mercado é em parte *especulativo* [*speculativ*], pois não é determinado apenas pelo rendimento efetivo, e sim pelo esperado (previamente calculado)"[45]. O "fictício" se associa ao "especulativo", porque ao "rendimento efetivo" se adiciona o "esperado", que, apesar de "previamente calculado", sempre conterá uma dose de risco.

No entanto, mais uma vez, o elemento "especulativo" não implica a total irrealidade dessa forma de capital. Marx explica:

Os papéis que representam título de propriedade sobre esse capital, *ações* de companhias ferroviárias, por exemplo, ou mineradoras, navais, bancárias etc., representam capital efetivo, a saber, capital funcionando (investido) nessas empresas, a soma de dinheiro adiantado pelos *sociétaires* para ser despendido como capital em tais empresas (é claro, eles podem também representar mero embuste). Mas esse capital não existe duas vezes, uma como *valor capitalizado* do título de propriedade, das *ações*, e outra como capital investido realmente ou a investir nessas empresas. Ele existe só nessa última forma e a ação nada mais é do que um título de propriedade sobre o mais-valor a ser realizado por ele.[46]

---

200 £ oder verdoppelt sich, denn zu 5% capitalisirt, stellt sich jetzt ein fictives Capital von 200 £ vor. Wer sie zu 200 £ kauft, erhält 5% von seinem so investirten Capital. Umgekehrt, wenn der Ertrag der Unternehmung abnimmt" (MEGA II/4.2, p. 523 [MEW 25, p. 485; *O capital III*, p. 525]). No texto, um caso de sinonímia no original entre *repräsentieren* e *vorstellen*, como dito nas "Considerações iniciais" deste livro.

[45] "Der Marktwerth ist zum Theil *speculativ*, da er nicht nur durch die wirkliche Einnahme, sondern durch die erwartete (vorher zu calculirende) bestimmt ist" (MEGA II/4.2, p. 523 [MEW 25, p. 485; *O capital III*, p. 525]).

[46] "Die Papiere, welche die Eigenthumstitel auf dieses Capital vorstellen, die *Actien* z.B. von Eisenbahn- Bergwerk- Schiffahrts- Bank- etc gesellschaften, stellen wirkliches Capital vor, nämlich das in diesen Unternehmungen functionirende (angelegte) Capital, oder die Geldsumme, die von den Sociétaires vorgeschossen ist, um als Capital in solchen Unternehmungen verausgabt zu werden. (Sie können natürlich auch blossen Schwindel vorstellen.) Aber dieß Capital existirt nicht doppelt, einmal als Capitalwerth der Eigenthumstitel, der *Aktien*, und das andremal als das in jenen Unternehmungen wirklich angelegte oder anzulegende *Capital*. Es existirt nur in der letztern Form und die Aktie ist nichts als ein *Eigenthumstitel* auf den vom ihm zu realisirenden Mehrwerth" (MEGA II/4.2, p. 523 [MEW 25, p. 484-5; *O capital III*, p. 524]). Duas observações: o termo *sociétaires* em francês se refere aos acionistas; e *Schwindel*, em alemão, pode também significar vertigem. Sobre essa dimensão vertiginosa ou embusteira das representações, Marx diz,

Por isso, o lucro alcançado pelo "capital investido realmente" acaba trazendo de volta à realidade o "valor capitalizado" por vezes de modo especulativo e até "embusteiro". As ações representam o valor real, mas, como somente o "representam", nelas ocorre uma duplicação entre o momento inicial, da capitalização, e o final, da participação em lucros efetivos.

Aqui transparece com nitidez a cisão entre o dinheiro-capital e o capital em funções da "forma sem conteúdo": o que pode ser designado como "fictício" é o dinheiro disponível para financiar a produção, e não o capital já investido; é o dinheiro nas mãos do proprietário e passível de "rendimentos esperados", que talvez se frustrem totalmente diante dos "rendimentos efetivos" proporcionados pelo uso do capital. O capital não pode ser "fictício" enquanto capital em funções, só enquanto dinheiro que vê à sua frente várias oportunidades e "calcula previamente" qual delas seria mais lucrativa. Ao contrário do crédito ao consumidor, nesse caso ocorre uma "transformação efetiva de dinheiro em capital", mas só porque o dinheiro é emprestado ao capitalista; pois também se verifica um descompasso entre juros e lucro, quando a própria cisão entre a propriedade pura do dinheiro-capital e seu uso tem como consequência uma disparidade entre o "rendimento esperado" e o "efetivo". A "forma" da pura propriedade e da disponibilidade do dinheiro diverge do "conteúdo" que ela pretende "representar". Entretanto, Marx explica que:

> o movimento *autônomo* do *valor* desses *títulos de propriedade*, sejam ações ou letras do Estado, confirma a *aparência* de que eles constituiriam capital efetivo em paralelo ao capital ou ao direito do qual são um título. Eles se tornam, mais exatamente, *mercadorias*, cujo preço possui um movimento e uma determinação próprios. Seu *valor de mercado* obtém uma determinação diferente da do seu *valor nominal*, sem que se modifique o *valor* (apesar da *valorização*) do capital efetivo. Por um lado, o seu valor de mercado oscila com o montante e a garantia das receitas sobre as quais eles conferem título de propriedade.[47]

---

adiante: "portanto, a crise toda deve se apresentar *prima facie* como crise de crédito e crise de dinheiro. Porém, de fato, trata-se não só da 'convertibilidade' de letras de câmbio em dinheiro. Uma monstruosa massa dessas letras representa meras transações embusteiras que agora explodem e vêm à luz do dia" ("die ganze Crise daher als Creditcrise und Geldcrise prima facie darstellen muß. Aber in der That handelt es sich nicht nur um die 'Convertibilität' der Wechsel in Geld. Eine ungeheure Masse dieser Wechsel stellen blose Schwindeltransactionen vor, die jetzt explodirt sind und ans Tageslicht kommen") (MEGA II/4.2, p. 543 [MEW 25, p. 507; *O capital III*, p. 547]).

[47] "Die *selbständige* Bewegung des *Werths* dieser *Eigenthumstitel*, seien es Staatseffekten oder Aktien bestätigt den *Schein*, als bildeten sie wirkliches Capital neben dem Capital, oder dem Anspruch, worauf sie Titel sind. Sie werden nämlich zu *Waaren*, deren Preiß eine eigenthümliche Bewegung und Bestimmung hat. Ihr *Marktwerth* erhält von ihrem *Nominalwerth* verschiedne Bestimmung,

Enquanto mercadoria, os títulos de propriedade adquirem um valor de troca "autônomo", próprio, distinto do valor do capital efetivo que eles "representam". Como não passam de "representação", eles permitem o descompasso entre seu valor nominal e seu valor de mercado, entre o rendimento efetivo e o esperado, entre dinheiro-capital e capital de fato investido, entre forma e conteúdo.

A autonomização da forma em relação ao conteúdo atinge, com a determinação fictícia do capital portador de juros, o seu grau mais alto. Aqui, a propriedade pura de dinheiro-capital se destaca do emprego do capital e ao mesmo tempo se confunde com ele, substituindo-o, criando a "aparência de que ela constituiria capital efetivo" simplesmente por representá-lo em títulos de propriedade. Pois "todos esses papéis nada representam, além de '*accumulated claims upon production*'" [títulos acumulados sobre a produção][48]. É a propriedade privada que se destaca do princípio do trabalho, ainda mais quando seu objeto privilegiado é o capital na forma de dinheiro disponível para empréstimo, e não os meios de produção na forma de mercadorias que o capital em funções usa e com os quais, pelo menos, emprega força de trabalho. A propriedade concentrada nesses títulos de direito passa a "representar" o comando do capital sobre o trabalho, o comando social como um todo.

Não é casual que os bancos desempenhem o papel de agentes de centralização das atividades relacionadas a essa nova forma de capital. Marx assinala:

> a maior parte do capital do *Banker* é puramente fictícia (a saber, direitos a dívidas) (letras de câmbio e *public securities* [títulos públicos]) e ações (títulos de propriedade, bônus de receitas futuras), a respeito dos quais não deve ser esquecido que, mesmo quando bônus de *receitas garantidas* (como nas *public securities*) ou títulos de propriedade sobre capital efetivo (como ações), o *valor em dinheiro do capital* que esses papéis no cofre do *Banker* representam é totalmente fictício e que o valor do *capital efetivo* que eles representam é regulado de maneira diferente, ou que, onde eles representam meros direitos a receitas (e *não* capital), o *direito à mesma receita* se expressa em *capital-dinheiro fictício* em constante mudança. Além disso, acresce que esse capital fictício do *Banker* em grande parte não representa *seu* capital, mas o do público que *depositou* nele, com ou sem juros.[49]

---

ohne daß sich der *Werth* (wenn auch die *Verwerthung*) des wirklichen Capitals änderte. Einerseits schwankt ihr Marktwerth, mit der Höhe und Sicherheit der Erträge, worauf sie Rechtstitel geben" (MEGA II/4.2, p. 523 [MEW 25, p. 485; *O capital III*, p. 524-5]).

[48] "Alle diese Papiere stellen in der That nichts vor als '*accumulated claims upon production*'" (MEGA II/4.2, p. 524 [MEW 25, p. 486; *O capital III*, p. 526]).

[49] "Der größte Theil des Banker's Capital ist daher rein fiktiv (nämlich *Schuldforderungen*) {Wechsel und public securities) und Aktien, (Eigenthumstitel, Anweisungen auf künftigen Ertrag), wobei nicht vergessen werden muß, daß der *Geldwerth des Capitals*, den diese Paiere in den tills des bankers *vorstellen*, selbst so weit sie Anweisungen auf *sichre Erträge* (wie bei den Public Securities) oder

A razão pela qual todos os títulos citados no texto são "puramente" ou "totalmente" fictícios, até quando garantidos pelo Estado, é que tais títulos são mercadorias cujo preço é regulado em mercados próprios, relacionados só de modo indireto ao "capital efetivo que eles representam". Enquanto o valor desse capital depende de que seja produzido de fato mais-valor, o dos papéis, inclusive ações, é determinado por oferta e demanda, baseadas em expectativas de rendimento futuro, expectativas sempre meramente possíveis, arriscadas, "especulativas".

Outra razão, contudo, é que o capital do banco "em grande parte não representa *seu* capital, mas o do público que *depositou* nele". De fato, boa parte da quinta seção do Livro III dedica-se à descrição dos efeitos da centralização dos bancos e agentes de crédito em geral, estendida aos desdobramentos do capital acionário. O resultado é uma profunda modificação na forma da propriedade privada, como correlato histórico da depuração formal mencionada acima. Lá a depuração se baseava na representação no sentido mental, da consciência do processo social pelos agentes. Em contrapartida, aqui se trata da representação prática pelo dinheiro-capital, que exerce e aumenta o seu poder.

Por um lado, o avanço do sistema bancário aconteceu quando para ele convergiu o trato do dinheiro, seja depósitos correntes, seja pagamentos, poupanças e crédito em geral. O sistema assim criado pôs à "disposição dos industriais e comerciantes (por intermédio dos banqueiros) todas as *money savings* [poupanças em dinheiro] de todas as classes da sociedade, bem como a progressiva concentração dessas *savings* em massas nas quais pode atuar o capital-dinheiro"[50]. É à poupança dos membros em geral da sociedade, pequenos proprietários e até mesmo trabalhadores, que agora os capitalistas têm acesso "por intermédio dos banqueiros". Depositada nos bancos, ela forma uma "massa" não pela concentração de sua propriedade, pois, ao

---

so weit sie Eigenthumstitel auf wirkliches Capital (wie bei den Aktien), durchaus *fiktiv* ist und von dem Werth des *wirklichen Capitals*, das sie vorstellen, abweichend regulirt wird, oder, wo sie blosse Forderung auf Erträge vorstellen (und *kein* Capital), die *Forderung auf denselben Ertrag* in beständig wechselndem *fiktivem Geldcapital* sich ausdrückt. Ausserdem kommt noch hinzu, daß dieß fiktive Banker's Capital grossentheils nicht *sein* Capital, sondern das des Publicums vorstellt, das bei ihm *deponirt*, sei es mit, sei es ohne Zinsen" (MEGA II/4.2, p. 525 [MEW 25, p. 487; *O capital III*, p. 527]). No Livro II de *O capital*, Marx diz que o capital dos bancos "se apresenta na realidade" como "capital-dinheiro latente", dividindo-se em "1) depósitos bancários [...]; 2) papéis do Estado [...]; 3) ações [...]" ("Betrachtet man die Sache, wie sie sich in der Wirklichkeit darstellt, so besteht das *latente Geldcapital* [...] 1) aus *Deposits* in Bank [...]. 2) *Staatspapiere* [...]. *Aktien*") (MEGA II/11, p. 337 [MEW 24, p. 349-50; *O capital II*, p. 445]).

[50] "[...] Verfügung der Industriellen und Commerciellen (vermittelst der bankers) über alle money-savings aller Klassen der Gesellschaft und fortschreitende Concentration dieser savings in Massen, worin sie als Geldcapital wirken können" (MEGA II/4.2, p. 435 [MEW 25, p. 374; *O capital III*, p. 409]).

contrário, essa propriedade é fragmentada, e sim pela concentração da propriedade dos bancos. Ela permite uma expansão enorme da oferta de crédito, dando ao capital industrial uma magnitude muito maior do que se continuasse preso à sua propriedade privada original, isto é, à das empresas de que se compõe. Por outro lado, mediante tal expansão,

> o crédito oferece ao capitalista singular, ou ao *reputed capitalist* [capitalista reputado], uma disposição absoluta, *relativement parlant* [relativamente falando], sobre o *capital alheio* ou sobre a *propriedade alheia* (e, por ela, sobre o trabalho alheio). A disposição sobre o capital social, não sobre o próprio, confere a ele disposição sobre o trabalho social. O capital próprio, *or the reputed capital* [ou o capital reputado], torna-se a base da superestrutura de crédito.[51]

A cláusula de "reputado", repetida no texto, quando aplicada ao capitalista em funções, tem a ver com o fato de ele não precisar ser proprietário pleno do capital que utiliza; e, quando aplicado a esse capital, com o fato de não ser seu proprietário quem o toma emprestado e o põe a funcionar. Pois, além do capital próprio, esse capitalista tem à disposição "capital alheio" ou, antes, dinheiro como "propriedade alheia" a ele emprestada pelo banco que o captou.

Mas todos os agentes desse sistema – o depositante do dinheiro nos bancos, o banqueiro e o capitalista em funções – continuam sempre proprietários: o crédito redistribui apenas o objeto da propriedade, num movimento perene de redefinição do "alheio" e do "próprio". Baseada na expropriação do trabalho pelo capital, e daí na de alguns capitalistas por outros, estabelece-se agora uma expropriação de nova ordem, como apropriação do dinheiro de todos por poucos, apropriação privada da propriedade social. O comando ou "disposição sobre trabalho social" é mediado então pela "disposição sobre capital social" que ultrapassa o capital primitivo e se reapodera até dos salários que pagou.

Mas quem deposita seu dinheiro nos bancos continua proprietário dele. É antes a mecânica do empréstimo que transfere o objeto da propriedade de cada um – "social", nesse sentido – para o uso do capital em funções, que dele faz uso privado em uma nova forma. Não há qualquer dissolução da propriedade privada, quando os depósitos do público são canalizados pelos banqueiros para a oferta de crédito. Ao

---

[51] "[...] bietet der Credit dem einzelnen Capitalist oder reputed Capitalist eine, relativement parlant, absolute Verfügung über *fremdes Capital* und *fremdes Eigenthum* (und dadurch über fremde Arbeit). Verfügung über gesellschaftliches, nicht eignes Capital, giebt ihm Verfügung über gesellschaftliche Arbeit. Das Capital selbst, or the 'reputed capital', wird nur noch die Basis zum Creditüberbau" (MEGA II/4.2, p. 503 [MEW 25, p. 454-5; com modificações de Engels; *O capital III*, p. 497]).

contrário, a propriedade é confirmada; o depósito funciona como um empréstimo do depositante ao banqueiro, que o empresta a seguir ao capitalista em funções. Por isso o "crédito oferece [...] uma disposição absoluta, *relativement parlant*": o poder conferido pela disposição é "absoluto", porque o empresário utiliza o dinheiro como quer, só que em termos "relativos", porque deverá devolvê-lo com juros ao banqueiro, que, por seu turno, poderá remunerar o depositante.

O processo se desenvolve ainda mais com o capital acionário, que encontra novas formas de captar e capitalizar depósitos e poupanças do grande público. Além do capital efetivo, o recurso às ações potencia o capital fictício, como vimos, e todo o jogo da especulação. Se no crédito bancário ocorre a inversão de acordo com a qual o rendimento primário do capital são os juros, e não o lucro, nas ações dilui-se a figura mesma do proprietário de capital. De certo modo, a propriedade se dispersa por múltiplos acionistas, enquanto os empresários se convertem em meros administradores do capital alheio, radicalizando as tendências criadas pelo capital portador de juros em geral. Mas não se deve perder de vista o caráter contraditório desse processo. A "socialização" da propriedade pelas ações resulta da necessidade oposta do capital de ampliar os recursos disponíveis para investir; só é possível pela "privatização" da riqueza de muitos por poucos[52].

Por fim, um terceiro modo de alargamento da base de valorização do capital consistiu no fim do padrão-ouro para o dinheiro. Não cabe aqui expor a história do longo processo desde o surgimento do papel-moeda, como substituto da circulação metálica, até o final da exigência de conversão das notas em ouro. Sua realização veio a socorrer o capital nas dores de crescimento, livrando o dinheiro-capital disponível para empréstimo das barreiras impostas pela relação do seu valor com o valor do ouro estocado nos cofres públicos para lhe servir de garantia. Enquanto só se atribuía valor ao papel-moeda porque ele podia ser diretamente trocado por ouro, havia limites para a sua emissão, que não podia exceder o estoque de ouro existente. A gradativa eliminação dessa troca liberou a emissão e, daí, a disponibilidade do dinheiro, que multiplicou de valor nas mãos dos agentes financeiros, ansiosos por aplicá-lo sem restrições em investimentos lucrativos ou não, arriscados ou "embusteiros".

O valor do papel-moeda, contudo, não vem do trabalho necessário para o produzir; por isso, havia necessidade de lastro no valor do metal precioso, esse sim um produto do trabalho social, com um tempo de produção mensurável e comparável ao das demais mercadorias. O valor do dinheiro sem lastro, simples papel-moeda, passa a vir de sua relação de medida do valor das mercadorias que compra e paga.

---

[52] Ver os comentários de Marx sobre a "formação das sociedades por ações" em MEGA II/4.2, p. 502-3 [MEW 25, p. 452-3; bastante modificado por Engels; *O capital III*, p. 494-5].

E, numa fase mais avançada, com a medida do valor futuro ("previamente calculado") das mercadorias que ainda deverão ser produzidas, valor no qual, como acabamos de ver, se embutem riscos e especulações. Mas justamente a relação entre o rendimento esperado e o efetivo é posta em jogo com a divisão assinalada acima entre o dinheiro-capital para empréstimo e o capital de fato em funções, os dois momentos cujo elo se torna o novo lastro do dinheiro como papel-moeda. A separação entre eles implica que no primeiro momento, por um lado, o dinheiro para empréstimo não tem mais limites de valorização possível; por outro lado, que o lastro desse dinheiro não é substancial. Em outra forma da contradição constitutiva do capital, aquilo que lhe permite continuar a crescer é o mesmo que faz do crescimento uma ameaça.

Em *O capital*, como se sabe, o dinheiro é uma mercadoria que veio a encontrar nos metais preciosos a matéria mais adequada ao seu modo de existência. É justamente pela relação com o valor do ouro que as demais mercadorias estabelecem seu valor de troca, e por isso o ouro tem de permanecer, como produto e mercadoria, na base do papel-moeda. Isso não quer dizer, porém, que essa seja a determinação final e definitiva do dinheiro. Da mesma maneira que o conceito de "preço" se desenvolve entre o Livro I e o Livro III de *O capital*, desenvolvem-se as determinações do dinheiro, em especial na quinta seção do Livro III. Marx não podia predizer o processo de supressão do lastro-ouro, é evidente, mas a quinta seção permite algumas inferências.

O dinheiro é mercadoria desde o início de *O capital*, no sentido de que é um produto cujo valor se relaciona com o das demais mercadorias. Contudo, só a quinta seção do Livro III explicita o dinheiro como mercadoria. A explicação é que nesse momento ele se torna mercadoria como objeto de empréstimo, ou seja, passível de comércio e de apropriação privada. Essa é a definição formal de mercadoria: o dinheiro adquire, portanto, como capital portador de juros, a *forma* de mercadoria. Nas figuras mais gerais descritas no terceiro capítulo do Livro I, não é o dinheiro imediatamente como forma social que é mercadoria, mas o produto no qual o dinheiro se materializa – no caso, o ouro. A hipótese do dinheiro metálico e da conversão do papel-moeda tem a ver com esse momento elementar da apresentação das categorias em *O capital*, mas se modifica com a apresentação do capital portador de juros, que dá ao dinheiro a forma de mercadoria, e não o conteúdo de produto.

Ocorre também a autonomização da forma, nesse caso em especial, do dinheiro como mercadoria de empréstimo, como "forma sem conteúdo". Nesse passo decisivo, o dinheiro assume a forma de mercadoria, afastando-se do conteúdo do produto ouro. Embora siga determinando seu valor ao medir o valor de produtos, como forma pura ele o faz de modo mediado pela "representação" do valor de mercadorias que só eventualmente virão a ser produzidas.

Essa solução transparece em algumas discussões pontuais do Livro III, como a do *"Currency Principle"*[53]. A citação feita à nota 37 (p. 208) fala já da "representação dominante até a época de Massie", para a qual os juros seriam a remuneração ou o preço do dinheiro, equívoco desfeito justamente por Massie e Hume, que demonstraram a relação dos juros apenas com os empréstimos de capital. Apesar dessa correção, Marx encontra na chamada "teoria quantitativa da moeda", impulsionada pelos dois autores, a persistência de uma confusão entre dinheiro como meio de circulação e pagamento e dinheiro investido como capital. É no quadro da crítica a tais concepções de dinheiro que aparecem elementos para superar uma definição estrita do dinheiro lastreado em ouro[54].

---

[53] O *"Currency Principle"* foi uma concepção sobre moeda e bancos com muitos adeptos em boa parte do século XIX e que deixou fortes marcas na teoria da moeda do século XX. Ele estendeu a teoria quantitativa da moeda (limitada, em sua primeira versão, ao dinheiro em metal precioso, que ainda une as formas de tesouro e de meio circulante) para as cédulas emitidas pelo Banco da Inglaterra, dizendo que também a quantidade dessas cédulas determinaria o nível de preços. Para controlar essa quantidade, os defensores do *"Currency Principle"* propunham atrelar a emissão de cédulas ao seu lastro em ouro e controlar a sua circulação mediante a taxa de juros. Esse foi no fundo o conteúdo do decreto bancário de 1844, a que Marx se refere em vários pontos da quinta seção do Livro III. Sua crítica inverte o princípio, inclusive o papel da taxa de juros: em vez da "diferença entre o preço do dinheiro vivo e o do crédito [...] ser *a medida dos juros* [...]. Ao contrário. Os juros é que são a medida dessa diferença" ("the difference between the ready-money price and the credit price [...] is *the measure of the interest* [...] Umgekehrt. Der existirende rate of interest [...] is '*the measure of the difference between the ready-money price* and *the credit price*'") (MEGA II/4.2, p. 483 [MEW 25, p. 433; com razoável diferença na edição de Engels; *O capital III*, p. 475-6]), ou seja, os juros não têm de ser medidos, eles é que medem. E eles medem a demanda pelo dinheiro de que necessitam os capitalistas para pagar contas, capital de giro e empréstimos anteriores. Marx mostra a importância da demanda de dinheiro para pagar dívidas, dinheiro como meio de pagamento, que não é capital, mas que pressiona o mercado de dinheiro e faz os juros subirem sem nenhuma relação com a atividade produtiva. O *"Currency Principle"* confunde o dinheiro como meio de circulação com o dinheiro emprestado para crédito da produção e do comércio. Ver MEGA II/4.2, p. 587 [MEW 25, p. 524-5; *O capital III*, p. 566-7]. Daí a ironia de Marx ao caracterizar "o sistema monetário [como] essencialmente católico; o sistema de crédito, essencialmente protestante" ("Das Monetarsystem essentiellement katholisch, das Creditsystem essentiellement protestantisch") (MEGA II/4.2, p. 646 [MEW 25, p. 606; *O capital III*, p. 652]), por causa da clara relação entre crédito e salvação pela fé, própria dos luteranos, e entre circulação efetiva e salvação pelos atos, própria dos católicos.

[54] Ver, por exemplo, os seguintes textos: "Uma vez que ele [o dinheiro] se transforma em *monied capital* e esse dinheiro repetidamente representa *monied capital*, fica claro que ele existe apenas em um ponto como *metallic money* [dinheiro em moeda de metal]; em todos os outros pontos ele existe só na forma de *claim* [direito] sobre capital" e depois, "contudo, se o papel existe, mas não o capital que ele originalmente representa (pelo menos não como *monied capital*), forma-se sempre mais demanda para esse *monied capital*" ("So weit es sich aber in monied Capital verwandelt und dasselbe Geld wiederholt monied Capital vorstellt, ist klar, daß es nur an einem Punkt als metallic money existirt; in allen andern Punkten existirt es nur in der Form von *claim* auf Capital. [...].

De todo modo, as três formas examinadas de ampliação da base de acumulação do capital – a concentração bancária, o capital acionário nas sociedades anônimas e o fim do lastro-ouro – aprofundam a cisão entre os dois momentos do dinheiro--capital, em um círculo vicioso entre poder de representação e risco especulativo. Cresce de modo desmedido o volume de dinheiro à disposição do capital para ser investido, mas não necessariamente o investimento efetivo na produção; entre os dois extremos, interpõem-se cada vez mais mediações, mais trocas de mão na propriedade de "títulos de direito", mais compras e vendas de papéis determinadas por especulações sobre o seu valor futuro.

Essas formas de dinheiro "ideal" de fato "representam" poder social ao destacar a pura propriedade e apresentá-la como mercadoria cujo valor não se determina de imediato pelo conteúdo de trabalho. Mas, se as modificações na propriedade privada são cruciais para potenciar a força acumuladora do capital, elas também esvaziam, em contrapartida, as "representações compensatórias" dos capitalistas. Por isso, na sequência do texto citado acima, em que fala do capital assim "reputado", Marx diz: "Todas as medidas e os motivos explicativos ainda mais ou menos válidos dentro do modo de produção capitalista desaparecem aqui". O que o capitalista

> *arrisca* é a propriedade social, não a própria. [...] é esdrúxulo o palavrório sobre *poupança*, pois outros têm de poupar para ele; e o seu luxo zomba do palavrório sobre *abstinência*. Representações que ainda têm sentido numa etapa menos desenvolvida da produção capitalista tornam-se aqui completamente sem sentido.[55]

São duas as formas de "representação" que perdem sentido quando o dinheiro depositado se dispõe como capital a emprestar, portanto. A primeira é a de que o capital tem sua origem na "poupança" e na "abstinência" do capitalista, compensadas legitimamente pelo lucro e pelos juros. Baseada nela, a segunda representação é a de que o lucro do capitalista em funções e os juros do que empresta remuneram um risco assumido por eles. De fato, eles não "arriscam" sua propriedade privada, mas a "propriedade social" presente nos depósitos do público nos bancos

---

Indeß selbst dann, da das Papier zwar existirt, aber nicht als Capital, (wenigstens nicht als monied Capital) das es ursprünglich vorstellt, immer neue Nachfrage für solches monied Capital gebildet") (MEGA II/4.2, p. 587 e 589 [MEW 25, p. 525 e 527; com pequena modificação de Engels; *O capital III*, p. 567 e 569]).

[55] "Was er *riskirt*, ist gesellschaftliches, nicht sein Eigenthum. Und ebenso abgeschmackt wird die Phrase der *Ersparung*, der andre für ihn zu sparen haben; und sein Luxus höhnt der Phrase der *Entsagung*. Vorstellungen, die auf einer minder entwickelten Stufe der kapitalistischen Produktion noch einen Sinn haben, werden hier völlig sinnlos" (MEGA II/4.2, p. 503 [MEW 25, p. 455; *O capital III*, p. 497-8]).

ou na demanda dos pequenos acionistas na Bolsa. O risco privado do capitalista é mera "representação".

As novas formas de propriedade são novas formas de apropriação e expropriação. Tudo que seja privatizável pode receber a forma de mercadoria, inclusive a expropriação. Antecipando o que aconteceu bem depois, Marx diz:

> como o capital portador de juros é em geral a mãe de todas as formas enlouquecidas, de modo que, p. ex., *dívidas* apareçam como *mercadoria* na representação do banqueiro, pode-se considerar assim a *força de trabalho*. O salário será visto aqui como *juros* e a *força de trabalho*, então, como o *capital* que rende esses juros. [...] A loucura do modo de representação capitalista atinge aqui o seu auge, pois, em vez de explicar a valorização do capital pela exploração da força de trabalho, explica-se a produtividade da força de trabalho, ao contrário, porque ela também é essa coisa mística, o capital portador de juros.[56]

Como resultado da expropriação mútua dos capitalistas pela competição, "dívidas aparecem como mercadoria" com valor de mercado fixado pelo flutuante risco de calote. E, correspondendo à expropriação da força de trabalho, o salário pode esconder a exploração e aparecer como juros do capital "representado" pela própria força de trabalho, já que ela é incluída como parte variável de qualquer capital produtivo. Desse modo, o capital confirma a pretensão de fonte verdadeira da valorização, adquirida nessa esfera do capital portador de juros, e se vê emprestando para o trabalhador seu "caráter *self-reproducing*", a sua produtividade medida como juros.

Assim se perfaz o sentido do "modo de representação capitalista". A inversão de forma e conteúdo, que antes concernia só ao fato de a atividade do capitalista em funções "se apresentar" como trabalho, e o ganho empresarial, como salário, agora se funda na usurpação do papel criador de mais-valor da força de trabalho pelo capital disponível para crédito, e não pelo capital em funções. Associado ao trabalho, o capital em funções pode se legitimar mais facilmente ao tomar para si o papel do seu antípoda; que isso seja feito pelo capital como pura propriedade, porém,

---

[56] "[...] wie das Zinstragende Capital überhaupt die Mutter aller verrückten Formen ist, so daß z.B. *Schulden* als *Waaren* in der Vorstellung des bankers erscheinen, kann man das *Arbeitsvermögen* betrachten. Der Arbeitslohn wird hier als *Zins* aufgefaßt und daher das *Arbeitsvermögen* als das *Capital*, das diesen Zins abwirft. [...] Die Verrücktheit der capitalistischen Vorstellungsweise erreicht hier ihre Spitze, indem, statt die Verwerthung des Capitals aus der Exploitation des Arbeitsvermögens zu erklären, umgekehrt die Productivität des Arbeitsvermögens daraus erklärt wird, daß es selbst dieß mystische Ding, Zinstragendes Capital ist" (MEGA II/4.2, p. 522 [MEW 25, p. 483; *O capital III*, p. 523]).

constitui de fato uma "forma enlouquecida", pois a valorização agora resulta da "representação" prática, do poder "ideal" do dinheiro-capital. Por isso, o "modo de representação capitalista" se refere, em primeiro lugar, ao sistema real de formas pelas quais o capital portador de juros simboliza e canaliza relações sociais; e só daí, em segundo lugar, ao sistema de categorias pelas quais essas formas práticas ecoam na consciência dos agentes. Marx pode declarar, então, que aparecem "prontas aqui a *figura de fetiche* do *capital* e a representação do fetiche do capital"[57].

4.

No momento de sua plena autonomia em relação à substância, a forma de valor se apresenta como se fosse a própria substância. A partir dela, engendram-se qualidades sofisticadas, valores de uso especiais, consumo exclusivo, marcas registradas e todo tipo de bens intangíveis e de serviços imateriais. Como surgem essas "formas enlouquecidas", no entanto, essas substâncias formais que podem ser designadas desde já por representação?

Tudo começa pela confusão entre renda e juros, examinada na primeira parte deste livro. Ali, uma forma de fetichismo do capital deriva da incorporação de benfeitorias realizadas no terreno pelo arrendatário, que parecem fazer parte desde sempre de sua fertilidade original. A renda remuneraria sem distinção as vantagens existentes na "terra nua" e o capital constante nela investido por um arrendatário anterior, capital fixo apropriado pelo rentista e pelo qual os próximos arrendatários devem pagar juros.

Mas a confusão também se baseia em outro aspecto do problema. Marx o assinala quando afirma:

> O fato de que só o título à propriedade privada do globo terrestre por certo número de pessoas é que as habilita a se apropriar de uma parte do trabalho excedente da sociedade como tributo e, com o desenvolvimento da produção, a se apropriar de uma massa crescente, esse fato é ocultado pela circunstância de que a renda capitalizada, esse tributo capitalizado mesmo, apareça como *preço da terra e do solo* e que, daí, possa ser vendido como qualquer outro artigo de comércio.[58]

---

[57] "Hier die *Fetischgestalt* des *Capitals* und die *Vorstellung vom Capitalfetisch* fertig" (MEGA II/4.2, p. 462 [MEW 25, p. 405; *O capital III*, p. 442]).
[58] "(Daß es nur der Titel einer Anzahl von Personen auf das Privateigenthum an dem Erdball ist, welche sie befähigt einen Theil der *Surplusarbeit* der Gesellschaft sich als Tribut anzueignen und mit der Entwicklung der Production sich in stets steigendem Masse anzueignen, wird von dem Umstand verdeckt, daß die capitalisirte Rente, eben diese capitalisirte Tribut als Preiß des Grund

É o lado reverso do fetichismo precedente. Lá, a renda parece remunerar o investimento de capital, englobando os juros. Aqui, os juros é que constituem a renda, ou melhor, o "preço" da terra ou do recurso natural a partir da renda. Se a terra tem preço, então seu proprietário recebe o arrendamento como uma espécie de amortização da quantia que pagou por ela, e obscurece-se o fato original de o "globo terrestre" ter sido objeto de apropriação primitiva e excludente, ou seja, de que a renda corresponde a um mero título jurídico, e não ao valor de um produto de trabalho.

Pois o preço da terra é determinado, conforme o texto, pela renda "capitalizada", idêntico na forma aos títulos de propriedade do capital fictício que acabamos de examinar. Dessa maneira,

> a renda da terra se apresenta em uma *soma determinada de dinheiro* que o proprietário da terra recebe anualmente pelo arrendamento de um pedaço do globo terrestre. Vimos que toda receita em dinheiro é *capitalizada*, ou seja, pode ser considerada juros de um capital ideal. Por exemplo, se a taxa média de juros é de 5%, então uma renda anual da terra de 200 £ pode ser considerada como juros de um capital de 4.000 £. É a *renda da terra* assim *capitalizada* que forma o *preço de compra* ou *valor do solo* [...].[59]

Exatamente como nos títulos de direito, a taxa de juros projeta para o futuro um valor presente, compondo um capital ou uma soma total equivalente em princípio ao "valor do solo". A renda seria como que um dividendo periódico desse capital, uma parcela do valor ou preço já pago pela terra. Por isso, esse valor não se "apresenta" diretamente; a renda é que "se apresenta" ou "pode ser considerada como juros de um capital ideal" investido na terra, mediante o qual ela recebe um preço estimado. É só por essa mediação que o "preço de compra ou valor do solo" pode se "apresentar", apresentando uma relação garantida pelo direito como se fosse uma pura relação econômica.

Para explicar os problemas relacionados à renda, a partir dessas considerações iniciais, Marx passa a empregar recorrentemente o termo "apresentação", cujos

---

und Bodens erscheint und dieser daher wiejeder andre Handelsartikel verkauft werden kann)" (MEGA II/4.2, p. 717; grifos meus [MEW 25, p. 784; *O capital III*, p. 836]).

[59] "Die Grundrente stellt sich dar in einer *bestimmten Geldsumme*, die der Grundeigenthümer jährlich aus der Verpachtung eines Stücks des Erdballs bezieht. Wir haben gesehn, wie jede bestimmte Geldeinnahme *capitalisirt* werden, d.h. als der Zins eines ideellen Capitals betrachtet werden kann. Ist z.B. der mittlere Zinsfuß 5%, so kann daher eine jährliche Grundrente von 200 l. als Zins eines Capitals von 4000 £ betrachtet werden. Es ist die so *capitalisirte Grundrente*, die den *Kaufpreiß* oder *Werth des Bodens* bildet [...]" (MEGA II/4.2, p. 675 [MEW 25, p. 636; *O capital III*, p. 683]).

Motivos de compensação / 225

sentidos anteriores reaparecem articulados pelo último, mais abrangente. Como na longa passagem, que vale a pena citar na íntegra:

> A queda-d'água, assim como em geral a terra e toda força natural, não tem *valor*, por não apresentar nenhum trabalho nela materializado, e daí também não tem *preço*, que *normaliter* [normalmente] nada é senão valor expresso em dinheiro. Onde não há valor, *eo ipso* não há valor apresentado em dinheiro. Esse preço nada mais é do que *renda capitalizada*. A propriedade da terra capacita o proprietário a capturar a diferença entre o lucro individual e o lucro médio; e o lucro assim capturado, que se renova anualmente, pode ser capitalizado e aparecer como o preço da força natural mesma. Se o lucro excedente que o uso da queda-d'água proporciona ao manufatureiro for = 10 l. por ano, e o juro médio = 5%, então essas 10 l. apresentam anualmente os juros de um capital de 200 £ e essa capitalização das 10 l. anuais, que a queda-d'água capacita o seu proprietário a capturar do manufatureiro, aparece então como valor de capital da própria queda-d'água. O fato de ela não ter valor próprio, mas de seu preço ser mero reflexo do lucro excedente capturado, na contabilidade capitalista, mostra-se logo em que o preço de 200 £ apresenta só o produto do lucro excedente de 10 × 20 anos, enquanto, sob condições constantes, a queda-d'água capacitaria seu proprietário a capturar essas 10 £ durante 20, 100, "x" anos [...].⁶⁰

Analisemos o texto em seus diversos momentos. Em primeiro lugar, reaparece a ideia de o trabalho se "apresentar" no valor de uma mercadoria que o "materializa"⁶¹. Em seguida, a de que o preço em geral ("*normaliter*") é o "valor apresentado

---

60 "Der Wasserfall, wie die Erde überhaupt, wie alle Naturkraft hat keinen *Werth*, weil er keine in ihm materialisirte Arbeit darstellt und daher auch keinen *Preiß*, der normaliter nichts ist als in Geld ausgedrückter Werth. Wo kein Werth ist, kann er eo ipso auch nicht in Geld dargestellt werden. Dieser Preiß ist nichts als die *capitalisirte Rente*. Das Grundeigenthum befähigt den Eigenthümer die Differenz zwischen dem individuellen Profit und dem Durchschnittsprofit *abzufangen* und der so abgefangne Profit, der sich jährlich erneut, kann *capitalisirt* werden und *erscheint* dann als Preiß der Naturkraft selbst. Ist der Surplusprofit, den die Benutzung des Wasserfalls dem manufacturer abwirft = 100 l. jährlich, und der Durchschnittszins = 5%, so stellen diese 10 l. jährlich den Zins eines Capitals von 200 £ dar und diese Capitalisation der jährlichen 10 l., die der Wasserfall seinen Eigenthümer befähigt dem manufacturer abzufangen, erscheint dann als *Kapitalwerth* des *Wasserfalls selbst*. Daß nicht dieser Surpluswerth hat, sondern sein *Preiß* bloser Reflex des abgefangenen Surplusprofits ist, kapitalistisch berechnet, zeigt sich gleich darin, daß der Preiß von 200 £ nur das Product des Surplusprofits von 10 x mit 20 Jahren darstellt, während unter sonst gleichbleibenden Umständen derselbe Wasserfall für unbestimmte, 20, 100 x Jahre den Eigenthümer befähigt jährlich diese 10 £ abzufangen [...]" (MEGA II/4.2, p. 761 [MEW 25, p. 660-1; *O capital III*, p. 710-1]). Marx usa indiferentemente os símbolos "£" e "l." para denotar libras esterlinas.

61 Esse sentido da "apresentação", presente desde o início de *O capital*, como vimos na segunda parte deste livro, retorna em outras passagens da sexta seção do Livro III, por exemplo: "O produto

em dinheiro"⁶². E, por fim, a de que a renda "apresenta anualmente os juros de um capital" determinado, pretenso equivalente ao preço de um recurso natural, preço que "apresenta só o produto" da multiplicação do valor da renda pelos juros. Esse é o sentido que associa a renda aos juros, no caso da composição do valor ou preço do recurso natural. No último exemplo, se a taxa de juros é de 5% ao ano, a renda de 10 libras "apresenta" 5% de 200 libras, preço estimado da queda-d'água. É como se a renda fosse o retorno anual do preço pago à vista e depois amortizado durante vinte anos, apenas porque os juros são de 5%.

Mas devemos lembrar que, no caso do capital fictício examinado no item precedente, a estimativa do valor total do capital era designada por Marx como "representação", e não como "apresentação". Não há indicativo claro da razão dessa mudança terminológica no manuscrito do Livro III. A diferença dos dois casos, porém, permite concluir que, enquanto o capital fictício consiste em pura projeção de valor pelos juros, mera "representação" de um valor esperado, a renda da terra, de uma mina ou de outro recurso natural, ao contrário, reporta-se justamente a essa

---

apresenta o mesmo valor que antes, mas o preço de suas partes alíquotas caiu, enquanto a sua quantidade se elevou" ("Das Product stellt nach wie vor denselben Werth dar, aber der Preiß seiner aliquoten Theile ist gefallen, während ihre Anzahl sich vermehrt hat") (MEGA II/4.2, p. 722 [MEW 25, p. 788; *O capital III*, p. 840]); ou: "quanto mais produtivo o trabalho, mais barata é cada parte alíquota do seu produto, porque tanto maior é a massa de valores de uso na qual se apresenta *o mesmo quantum* de trabalho, isto é, o *mesmo valor*" ("je productiver die Arbeit, je wohlfeiler jeder aliquote Theil ihres Products, weil um so grösser die Masse der Gebrauchswerthe, worin sich *dasselbe* Quantum Arbeit, also *derselbe Werth* darstellt") (MEGA II/4.2, p. 724 [MEW 25, p. 791; *O capital III*, p. 844]); ou, ainda, quando Marx diz que a maior produtividade da agricultura em áreas de ocupação recente vem "da forma *unilateral* do seu trabalho e, daí, do produto excedente no qual ele se apresenta" ("der *einseitigen* Form ihrer Arbeit und daher des Surplusproducts, worin sie sich darstellt") (MEGA II/4.2, p. 783 [passagem inteira cortada na edição de Engels]).

⁶² Esse segundo significado também retorna em passagens da sexta seção do Livro III, como aquela em que Marx diz: "se o capital for apreendido como certa soma de valor apresentada em dinheiro" ("Wird das Capital hier als eine gewisse, im Geld selbständig dargestellte Werthsumme") (MEGA II/4.2, p. 721 [MEW 25, p. 825; *O capital III*, p. 880]); ou, ainda, quando o progresso técnico ou o comércio externo levam ao abandono das terras piores e ao uso só das melhores, o preço de produção médio sobe e cai a parte do lucro excedente destinada à renda: "Nesse caso [...] o novo lucro excedente formado (eventualmente renda) não apresenta *a parte do antigo lucro médio transformada* em renda (daí, parte do produto no qual se apresentava antes o lucro médio), mas o *lucro excedente* adicional, que, em vez de conservar essa forma, se apresenta em renda" ("In diesem Fall [...] stellt der neu gebildete Surplusprofit (eventuell Rente) nicht in Rente *verwandelten Theil von früherem Durchschnittsprofit* dar (daher Theil von dem Product, worin sich früher der Durchschnittsprofit darstellte), sondern zuschüssigen *Surplusprofit* dar, der statt diese Form zu behalten, sich in Rente darstellt") (MEGA II/4.2, p. 789 [MEW 25, p. 693; um pouco modificado por Engels; *O capital III*, p. 744]).

base natural que dá lastro à estimativa de valor; por esse lado, não seria mera "representação", e sim "apresentação" do valor de algo existente. Aqui opera o fetichismo que atribui à "terra nua" um valor original, ao confundi-lo com o valor das benfeitorias agregadas pelo trabalho posto em ação pelo capital do empresário.

Pelo outro lado, a dimensão ilusória do fetichismo se evidencia na determinação especulativa do preço do recurso natural, assemelhada ao capital fictício. E o que o texto afirma de fato é que a queda-d'água "*não* apresenta nenhum trabalho nela materializado" e também que "*não há* valor apresentado em dinheiro". Ou seja, em sentido estrito, não ocorre uma "apresentação" do trabalho no valor e do valor no preço; antes, uma "não apresentação". Daí Marx declarar que o recurso natural "não tem valor" e até que "não tem preço". No entanto, quanto ao preço, ele a seguir acrescenta que, pelo fato de a queda-d'água "não ter valor próprio", o seu preço é "mero reflexo do lucro excedente capturado" pelo rentista. Ela "não apresenta trabalho materializado", por isso não tem valor e não tem um preço como "valor apresentado em dinheiro", mas um preço "que nada mais é do que renda capitalizada".

Daí essa "não apresentação" aparecer como "representação" em outras passagens do Livro III que tratam da renda. Por exemplo, quando ainda analisava o capital portador de juros, Marx propunha:

> Seja a taxa média de juros 5% ao ano. Um capital de 500 l. renderia 25 l. por ano (se emprestado ou transformado em capital portador de juros). Qualquer receita de 25 l. será considerada então como juros de um capital de 500 l. Mas isso é e continua sendo uma representação puramente ilusória, a não ser sob a suposição de que a fonte das 25 l., um mero título de propriedade ou um direito a dívida, ou ainda um elemento real de produção, como a terra, por exemplo, seja diretamente *transferível* ou adquira a forma na qual possa ser "transferível".[63]

É importante notar o sentido duplo da "representação" no texto – ela é "puramente ilusória", na dimensão fantasmagórica do fetichismo, "a não ser sob a suposição" de que os títulos de direito mencionados sejam "diretamente transferíveis", isto é, comercializáveis, caso em que o fetichismo aparece na dimensão real da

---

[63] "Gesetz der average Zinsfuß sei 5% jährlich. Ein Capital von 500 l. würde also jährlich (wenn verliehen, oder in Zins tragendes Capital verwandelt) einbringen 25 l. Jede jährliche Einnahme von 25 l. wird daher als der Zins eines Capitals von 500 l. betrachtet. Dieß ist und bleibt jedoch eine rein illusorische Vorstellung, ausser unter der Voraussetzung, daß die Quelle der 25 l., sei dieß ein blosser Eigenthumstitel oder Schuldforderung, oder sei es ein wirkliches Productionselement, wie z.B. Land, direkt *übertragbar* ist oder eine Form erhält, worin es 'übertragbar' ist" (MEGA II/4.2, p. 520-1 [MEW 25, p. 482; *O capital III*, p. 522]).

prática de capitalização, determinante do preço do título de direito. Nessa prática, a "representação" supõe a existência do valor de "um elemento real de produção, como a terra", apresentado na renda por ele auferida. Mas só há valor naquilo em que se "apresenta" trabalho. A terra e outros "elementos ativos" podem ser equiparados a "um mero título de propriedade ou a um direito a dívida", porque "não apresentam" trabalho; seu valor é "representado".

Mais uma vez, a ambivalência aqui é decisiva. A capitalização só ocorre mediante uma "suposição", a saber, a de que "toda receita" possa ser "considerada como os juros de um capital" de claro caráter fictício, em uma prática que revela a dominação do capital portador de juros sobre as demais formas sociais. Mais especificamente, Marx diz:

> supondo a renda da terra uma grandeza *constante*, o preço da terra pode subir ou cair inversamente à subida ou à queda dos juros. Se a taxa de juros usual caísse de 5[%] para 4%, então uma renda anual de 200 £ representaria a valorização de um capital de 5.000 £, e o valor do mesmo solo teria subido de 4.000 [£] para 5.000 £, ou de uma compra por prazo de 20 para 25 anos.[64]

Na continuação do exemplo anterior, o preço da terra sobe devido à mera queda dos juros. Bem como o prazo de uma amortização também representada, embutida na determinação do preço pelos juros e pela renda, que era de 20 anos – projetando 5% ou $\frac{1}{20}$ – passa a 25 anos – projetando 4% ou $\frac{1}{25}$. Após 20 ou 25 anos, de todo modo, o proprietário seguirá obtendo a renda de 10 libras, ainda "durante 20, 100, 'x'anos", como diz o texto acima, que evidencia o lado arbitrário desse cálculo.

O preço da terra, então, não é determinado por um valor próprio, que ela não tem[65], nem por fatores conjunturais do mercado, como a demanda e a oferta espe-

---

[64] "[...] die Grundrente als *constante* Grösse vorausgesetzt, der Bodenpreiß steigen oder fallen kann, umgekehrt wie der Zinsfuß steigt oder fällt. Fiele der gewöhnliche Zinsfuß von 5 auf 4%, so stellte eine jährliche Rente von 200 £ die jährliche Verwerthung eines Capitals von 5000 £ gestiegen vor und so wäre der Werth desselben Grund und Bodens von 4000 auf 5000 £ gestiegen oder von 20' years purchase auf 25" (MEGA II/4.2, p. 675 [MEW 25, p. 636; *O capital III*, p. 684]). É possível, então, "que o preço do terreno suba, sem que a renda suba, a saber 1) pela simples queda dos juros, que faz a renda ser vendida mais caro e, daí, que cresça a renda capitalizada, o preço do terreno" ("daß der *Preiß des Bodens* steigen kann, ohne daß die *Rente* steigt, nämlich 1) durch den blossen *Fall des Zinsfusses*, der bewirkt, daß die Rente theurer verkauft wird und daher die capitalisirte Rente, der Bodenpreiß, wächst") (MEGA II/4.2, p. 718 [MEW 25, p. 785; *O capital III*, p. 837]).

[65] "Uma coisa pode ter formalmente preço, sem ter valor. A expressão em preço aqui é imaginária como certas grandezas da matemática. Em contrapartida, também a forma de preço imaginária, como, por exemplo, o preço do terreno não cultivado, que não tem valor, porque não há

cíficas de terra. Se qualquer renda pode ser capitalizada, a demanda e a oferta de terra competem com as de outros "elementos efetivos de produção" e as de outros "títulos de propriedade ou direitos a dívida", demandas e ofertas todas que compõem um grupo de alternativas de aplicação do dinheiro-capital. Recursos energéticos, como petróleo, e produtos especiais, como matérias-primas estratégicas ou certos artigos agrícolas que o modo de vida tornou imprescindíveis, muitas vezes modificando sua natureza; tudo pode ser base real para práticas de precificação especulativa[66]. De acordo com a renda de cada uma dessas alternativas – a rentabilidade, o poder que conferem ao seu proprietário de "capturar" parte do lucro equalizado –, elas terão preços de mercado altos ou baixos, dada a taxa de juros.

A relação constitutiva entre os juros e o preço da terra, mediada pela renda, é sem dúvida a razão pela qual a apresentação da renda da terra, no Livro III, só pode ocorrer depois da apresentação do capital portador de juros. De acordo com a ordem das categorias, analisada no final da segunda parte deste livro, a forma da renda pela propriedade pura só tem sentido a partir da forma exacerbada dos juros, a do capital fictício. E isso porque a projeção dos juros na determinação do preço de mercadorias cujo valor tem pouca relevância nessa determinação, ou que simplesmente não têm valor, torna-se forma crucial do capitalismo, não se restringindo à agricultura, na qual Marx concentrou quase toda a sua análise.

Em poucos, mas importantes, trechos da sexta seção, o próprio Marx estende seu raciocínio para a renda do solo urbano, tomando o caso inglês da sua época como exemplo das novas formas de associação entre renda e acumulação de capital. Ele destaca:

> em cidades de rápido progresso e onde a construção, como em Londres e outras grandes cidades da Inglaterra, é executada em processo fabril, a *renda do solo*, e não a *casa*, é o verdadeiro objeto da especulação (a localização também interessa, ao mostrar a conversão do *building* em um *trade* capitalista).[67]

---

trabalho humano objetivado nele, pode ocultar uma relação real de valor ou uma referência derivada dela" ("Ein Ding kann daher formell einen Preis haben, ohne einen Werth zu haben. Der Preisausdruck wird hier imaginär, wie gewisse Größen der Mathematik. Andreseits kann auch die imaginäre Preisform, wie z.B. der Preis des unkultivrten Bodens, der keinen Werth hat, weil keine menschliche Arbeit in ihm vergegenständlicht ist, ein wirkliches Werthverhältniß oder von ihm abgeleitete Beziehung verbergen") (MEGA II/10, p. 97 [MEW 23, p. 117; *O capital I*, p. 177]).

[66] Nessa função de imbricar juros e renda, hoje em dia esses produtos não são mais mercadorias simplesmente, mas "*commodities*", mercadorias cujo preço é fixado nos grandes mercados internacionais e por estrita relação com o capital fictício.

[67] "Wie in rasch fortschreitenden Städten und wo das Bauen, wie in London und andre grossen Städten Englands fabrikmässig getrieben, die *Bodenrente*, nicht das *Haus*, den eigentlichen Gegenstand der

Aqui a construção de prédios deixou de ser artesanal, ou manufatureira, para se tornar *building*, um negócio "executado em processo fabril" por sua alta lucratividade. Mas o lucro derivado da venda de casas tem relação estrita com o financiamento da construção, em virtude do caráter singular desse ramo produtivo. Desse modo,

> na construção civil londrina, em grande parte impulsionada pelo crédito, o empreendedor recebe adiantamentos de crédito conforme o estágio diverso em que se ache a construção da casa. Nenhum desses estágios é uma casa, apenas parte componente, que já existe de fato, de uma futura casa (portanto, apesar de sua existência real, só uma fração da casa toda).[68]

Na situação descrita por Marx, a construção dependia do crédito para financiar seus custos em cada estágio, pois o custo total seria ressarcido apenas com a venda final. Embora os processos da construção civil tenham se modificado com o tempo, permanece a sua dependência do financiamento e, daí, até mais importante, o ensejo para uma "especulação" cujo "verdadeiro objeto" é a renda da terra, e não a construção mesma. A especulação é que forma o *trade* dentro do qual a construção se torna *building*.

A valorização do terreno pela construção e pela urbanização se soma ao preço da "terra nua" e permite projeções fictícias do preço das casas a serem erguidas, como se tudo isso correspondesse apenas ao valor transferido a elas pelo trabalho de construção. A construção, produção do valor de uso casa, cria valor. Mas, além disso, cria o lastro sobre o qual se dá a especulação a partir do valor das casas que estão sendo construídas e das casas vindouras na região valorizada pela construção atual. É um valor presente que, projetado pela taxa de juros em vigor, "representa" valores futuros. Por isso "a localização também interessa". Ela embute o elemento real definido pelo que já foi feito, que se soma a uma eventual vantagem natural do lugar, para constituir a renda da propriedade na qual ocorrerá a edificação. Ela embute um diferencial, operando nas duas direções do fetichismo: o da natureza do lugar, que não é fruto de trabalho humano, mas tem valor "representado" pelo preço; e o da natureza modificada pelo trabalho, cujo valor se apresenta confundido com essa representação. Por fim, a demanda e a oferta de casas completam a determinação

---

Spekulation bildet: (die Stelle auch interessant, weil sie den Umschlag des building in einen capitalistischen trade zeigt)" (MEGA II/4.2, p. 715 [MEW 25, p. 782; *O capital III*, p. 834]).

[68] "Z.B. im Londoner Baugeschäft, das grösstentheils auf Credit betrieben wird, erhält der Bauunternehmer Kreditvorschüsse, je nachdem der Bau des Hauses sich in verschiednen Stadien befindet. Keins dieser Stadien ist ein Haus, sondern nur wirklich existirender Bestandtheil eines werdenden, künftigen Hauses (also trotz seiner Wirklichkeit nur ideeller Bruchtheil des ganzen Hauses)" (MEGA II/11, p. 604 [MEW 24, p. 73; *O capital II*, p. 147]).

Motivos de compensação / 231

do preço de mercado, sempre referido à taxa de juros existente e cotejado com a rentabilidade de aplicações alternativas do dinheiro-capital.

"A localização também interessa" no caso de diferenciais criados na esfera da produção ou da circulação que se traduzem em diferenciais no valor de uso de produtos muito específicos. Nesse sentido, Marx já conseguia antecipar fenômenos relevantes. Ele diz, por exemplo:

> uma vinha que produza vinho de qualidade excepcional, produzido só em quantidades em geral relativamente limitadas, comporta um preço de monopólio. O viticultor pode realizar um significativo lucro extra em consequência desse preço de monopólio, que excede ao valor do produto só devido ao poder aquisitivo e à predileção de distintos bebedores de vinho. Esse lucro extra, que aqui decorre do preço de monopólio, transforma-se em renda e cabe dessa forma ao proprietário da terra, em consequência do seu título ao pedaço do corpo terrestre dotado de uma qualidade especial.[69]

Sem dúvida, se não existirem "distintos bebedores de vinho" também com distinto "poder aquisitivo", não será possível realizar o preço de monopólio. Mas ele vem da "qualidade excepcional" da vinha, isto é, de predicados naturais, como insolação ou química do solo, que na origem não decorrem de trabalho. Claramente, tais predicados não definem um valor "excepcional", e nem sequer valor. O que eles definem é um diferencial de preço, pelo qual o senhor da vinha exerce o direito a uma parte do mais-valor conjunto, ou do lucro equalizado, como em um título de propriedade.

---

[69] "[...] ein Weinberg, der Wein von ganz besondrer Güte erzeugt, der nur in relativ geringen Quantem überhaupt erzeugt werden kann, trägt einen Monopolpreiß. Der Weingrower würde in Folge dieses Monopolpreisses, dessen Ueberschuß über den Werth des Products allein durch den Reichtum und die Liebhaberei der vornehmen Weintrinker bestimmt ist, einen bedeutenden Surplusprofit realisiren. Dieser Surplusprofit, der hier aus einen Monopolpreiß fließt, verwandelt sich in Rente und fällt in dieser Form dem Grundeigenthümer anheim, in Folge seines Titels auf das mit besondern Eigenschaften begabte Stück des Erdkörpers" (MEGA II/4.2, p. 717 [MEW 25, p. 783; *O capital III*, p. 835]). Marx chega a falar nesse contexto "até da luz do Sol que seja monopolizável" ("So selbst monopolisirbar Sonnenlicht") (MEGA II/4.2, p. 759 [eliminado na edição de Engels]). E, um pouco antes, ele fazia a passagem da construção civil para a produção de vinho pela via, justamente, da possibilidade de monopolizar um local: "Em toda parte em que uma força natural é monopolizável [...] como um terreno para construção mais bem localizado [...] prepondera a influência que a localização exerce sobre a renda diferencial (muito significativa a renda diferencial na viticultura)" ("Ueberall, wo Naturkräfte monopolisirbar sind [...] besser gelegner Bauplatz [...] den überwiegenden Einfluß, den hier die *Lage* mit Bezug auf die Differentialrente ausübt (sehr bedeutend die Differentialrente beim Weinbau)") (MEGA II/4.2, p. 714 [MEW 25, p. 781; *O capital III*, p. 833]).

Não foi à toa que o vinho se constituiu em produto exemplar dessa tendência crucial do capitalismo, a saber, a da criação de valores de uso cuja singularidade dá suporte à formação de preços diferenciais que não correspondem a valor algum. Dito mais uma vez, o que confere ao vinho extraordinário um preço distinto não é o trabalho que o produziu, pois esse trabalho é aproximadamente igual em qualquer caso, até para ser reduzido à sua média social e poder se revestir de valor. O que cria o preço distinto é a possibilidade de produzir um valor de uso inimitável e que atenda "à predileção de distintos bebedores de vinho" com meios para realizá-la. O valor de uso aqui depende das condições naturais, da "localização" da terra; de outra maneira, seria impossível estabelecer um monopólio. E a confusão é obra do fetichismo. O decisivo é o "vinho de qualidade excepcional" ser "produzido só em quantidades limitadas", combinando qualidade e quantidade na definição da medida, no caso, a do desvio criado pelo monopólio.

Mesmo nas situações em que não é fabricado um produto, mas prestado um serviço de "qualidade excepcional", essa qualidade nada significa por si, se não permitir a execução do serviço "em quantidades relativamente limitadas", isto é, de modo monopolizável, excludente de congêneres. Só com alguma marca de propriedade privada ele pode ser comercializado por um preço diferente do preço de produção. Aqui Marx estende ainda mais o raciocínio:

> deve-se reter que o *preço* de coisas que em si e para si não têm *valor* – isto é, que não são produto de trabalho humano, como o solo, ou que pelo menos não podem ser reproduzidas por trabalho, como antiguidades – pode ser determinado por combinações muito casuais. Para se vender uma coisa, basta que ela seja monopolizável e alienável.[70]

Não faz sentido tentar repetir o trabalho que produziu coisas únicas. Ele perderia justamente o caráter que o distingue como único e que dá à sua obra um valor de uso "excepcional", ao qual se associa um preço também "excepcional". Esse preço, "determinado por combinações muito casuais", é sempre um preço cuja singularidade reside na discrepância para com o preço de produção e o valor criado pelo trabalho humano simples e comum.

Mas o exemplo das "antiguidades" é notável. Muitas vezes, o que hoje é considerado uma antiguidade era um objeto corriqueiro em sua época, nem ao menos

---

[70] "Es ist ferner [...] festzuhalten, daß der *Preiß* von Dingen, die an und für sich keinen Werth haben, d.h. nicht das Product der Arbeit sind, wie der Boden, oder wenigstens nicht durch Arbeit reproducirt werden können, wie Alterthümer etc, durch sehr zufällige Combinationen bestimmt werden kann. Um ein Ding zu verkaufen, dazu gehört nichts als Monopolisirbarkeit und Veräusserlichkeit desselben" (MEGA II/4.2, p. 681 [MEW 25, p. 646; *O capital III*, p. 695]).

uma obra de artesão. Seu atual valor de uso resulta da simples passagem do tempo, ou melhor, do fato de testemunhar o momento em que foi fabricado. Ele adquire então um preço independente de qualquer valor criado por trabalho humano, um preço que se fixa no suporte do interesse ou do culto prestado ao período histórico do seu surgimento. Ele é singular por uma espécie de monopólio gerado pelo desaparecimento de objetos similares contemporâneos – um correlato das "quantidades limitadas" do vinho extraordinário.

Algo parecido ocorre com o trabalho artístico inscrito na órbita do capital. Pouco importa reduzi-lo a tempo socialmente necessário, pois a chancela de seu produto é justamente a excepcionalidade. Por isso, mais do que valor, ele cria um valor de uso especial, assim definido por critérios estéticos e culturais, e com frequência pela "predileção de distintos" apreciadores, para servir de suporte na fixação de um preço também "determinado por combinações muito casuais" dos fatores que fazem da obra de arte uma mercadoria concorrente de outras aplicações possíveis do dinheiro-capital. Mas nada há no trabalho concreto desse artista ou artesão que crie um valor excedente como base do diferencial de preço do seu produto. O excepcional é o seu valor de uso, que, como no caso das antiguidades, "não pode ser reproduzido por trabalho" e que, portanto, fixa um monopólio sobre o qual o preço diferencial é exigido. Explica-se, a partir daí, o sentido da autenticidade em certos mercados de arte: uma cópia, por mais bem-feita que seja, nunca atinge o preço do original; aqui não interessa o valor transferido ao produto pelo trabalho nem sequer do ponto de vista de sua qualidade, de seu caráter útil, e sim a originalidade da criação primeira, sobre a qual se forma uma convenção excludente, uma cerca que separa o que pode ter um preço próprio, distinto do valor, do resto vulgar, comum, a que se deve então aplicar a lei do valor-trabalho.

Enfim, algo parecido ocorre com o trabalho que desenvolve uma tecnologia a serviço do capital. Ele cria um produto cujo valor de uso consiste em elevar o rendimento do trabalho comum empregado por um capitalista, que pode então obter um lucro discrepante. Essa criação de valor de uso especial assemelha sua obra a uma antiguidade ou a um objeto artístico. Mas a semelhança não vai mais longe, pois o trabalho tecnológico "pode ser reproduzido", e a possibilidade da cópia é justamente o que acaba com o lucro discrepante atribuído até então ao capitalista inovador. A semelhança continua enquanto o capitalista consegue conservar o monopólio da produtividade diferencial do trabalho comum que emprega, evitando que seus rivais imitem o processo criado para ele pelo trabalho tecnológico. Essa é a função das patentes e do registro de marcas, cada vez mais importantes para o capital.

Num momento em que a disputa do mais-valor social pelos vários ramos econômicos prepondera sobre a produção mesma do mais-valor, excluir concorrentes se torna vital. É imperioso manter exclusiva a nova técnica de fabricação, no âmbito produtivo, ou o nicho de mercado garantido por uma marca de fantasia no âmbito da circulação. O salário do criador da técnica ou do nicho tem a ver com a exclusividade de sua criação, que patentes e marcas preservam e reservam, e não tanto com o valor excepcional da qualificação de seu trabalho. Aqui a ciência se aproxima da arte, ao operar mais como força distributiva do que como força produtiva, na famosa caracterização de Marx[71].

Nesses casos todos, e em outros análogos, a propriedade privada se reveste de papel estratégico e predomina sobre o trabalho. O direito ao preço excedente na concorrência entre capitalistas encontra lastro no produto do trabalho concreto, e não no do abstrato, e se garante pelo reconhecimento contratual e público da exclusividade duradoura. Ou então depende do caráter extraordinário atribuído ao trabalho de um criador, desde que exista um sistema social de exclusão que resguarde o fruto do seu engenho para o capital. Ou decorre, por fim, de restrições temporais, como as antiguidades, ou espaciais, como o acesso a locais privilegiados dos quais devem ser privados pretensos "invasores". Importa a exclusão, base da possibilidade de comércio. Pois, como dizia a conclusão do texto sobre as antiguidades, "para se vender uma coisa, basta que ela seja monopolizável e alienável", aí englobada "até a luz do Sol, que seja monopolizável"[72].

O "monopólio" é a condição da "alienação", já no sentido primário de comprar e vender, definindo a forma de mercadoria muito mais pela privação que a propriedade impõe ao acesso a determinados bens do que pelo trabalho que os produz. Se nem todo produto é mercadoria, na conhecida indicação do Livro I

---

[71] A ideia da ciência como força produtiva aparece em várias passagens de *O capital*, já desde o começo do Livro I, mas em especial no capítulo sobre a grande indústria, quando Marx fala "da substituição de rotinas baseadas na experiência pela aplicação consciente da ciência natural" ("Ersetzung der Menschenkräfte durch Naturkräfte und der erfahrungsmäßiger Routine durch bewußte Anwendung der Naturwissenschaft bedingt") (MEGA II/10, p. 346-7 [MEW 23, p. 407; *O capital I*, p. 459]); ou, ainda, "das aplicações da ciência natural conscientemente planificadas e sistematicamente especializadas conforme o efeito útil em vista" ("bewußt planmäßige und je nach dem bezweckten Nutzeffekt systematisch besonderte Anwendungen der Naturwissenschaft") (MEGA II/10, p. 438 [MEW 23, p. 510; *O capital I*, p. 556-7]). Mais adiante, ele também diz que a "força produtiva do trabalho [...] se desenvolve de modo contínuo com o fluxo ininterrupto da ciência e da técnica" e que "a ciência e a técnica constituem uma potência de expansão independente da grandeza do capital em funções" ("die Produktivkraft der Arbeit [...] entwickelt sich fortwährend mit dem ununterbrochenen Fluß der Wissenschaft und der Technik [...] Wissenschaft und Technik bilden einen von der gegebnen Größe des funktionirenden Kapitals unabhängige Potenz seiner Expansion") (MEGA II/10, p. 543 [MEW 23, p. 631-2; *O capital I*, p. 680]).

[72] Ver nota 69.

de *O capital*[73], podemos afirmar, agora de acordo com o Livro III, que nem toda mercadoria é produto. E assim se completa a definição com que começa a obra inteira, a saber, a da forma geral e elementar do mundo do capital, a mercadoria. Naquele começo, a forma aparecia ainda ligada à substância do valor, pois a questão consistia em explicar como ocorre a sua progressiva separação. Vimos que isso se dá com a concorrência entre capitais de acordo com regras distributivas que se afastam das do valor-trabalho, ou seja, das relativas à substância. A forma de valor passa a aderir a qualquer coisa que possa ser "monopolizável e alienável", produtos e não-produtos de trabalho, imprimindo-se por toda parte mediante o impulso do capital à acumulação desmedida.

Tudo o que recebe essa forma se "apresenta" como tendo valor, mesmo um valor apenas "representado". Elaboram-se novos valores de uso como suporte dessa representação; recria-se a "qualidade", que fora sacrificada pela "quantidade" nas tecnologias homogeneizantes, agora como marca da distinção de mercadorias e de seus compradores. O decisivo é reservar espaços exclusivos na produção e no consumo. Até os preços diferenciais dessas mercadorias servem à exclusão e, mais do que nunca, aparecem como aquele espectro do valor "assombrando as cabeças" dos agentes econômicos, que a segunda parte deste livro podia só apontar[74]. São "representações" complexas, geradas pela simultânea "apresentação" e "não apresentação" do trabalho e do valor, isto é, pela invenção de substâncias a partir do simples desenvolvimento formal da propriedade capitalista.

A partir daí, é perfeitamente compreensível o atual empenho na defesa das patentes, inclusive em escala mundial, bem como o interesse no estudo de temas como os direitos autorais ou a venda do acesso a informações e à tecnologia. Trata-se de estender para novas forças produtivas e distributivas a forma da propriedade privada em cujo quadro elas surgiram, mas ao qual não necessariamente se restringem. Trata-se de privatizar tais forças, de colocá-las a serviço do aumento da produtividade ou da demarcação de nichos de mercado que permitem lucros diferenciais ao capitalista individual que delas se aproveitar. Trata-se de converter um valor de uso oferecido pela natureza, pela arte ou pela técnica em meio de diferenciação, em base para se exigir um preço distinto do valor, ou um preço por algo que não tem valor. Esse é o anseio da representação, que projeta preços como se fossem valores apresentados por bens existentes na realidade, e que concebe como privados desde a origem recursos de fato sociais, sujeitos à apropriação excludente, para ensejar uma valorização fictícia.

---

[73] MEGA II/10, p. 43 [MEW 23, p. 55; *O capital I*, p. 118].
[74] Ver nota 71 da Parte II deste livro.

Aqui fica claro o nexo entre os dois sentidos da representação, associando a prática da capitalização e a salvaguarda consciente dos direitos do proprietário privado. Pois é preciso que haja um lastro real, proporcionado pela propriedade monopolista de um bem, para sobre ele se projetar um mundo de valores fantasmagóricos; é preciso que algo efetivo se "apresente" como se fosse produto de trabalho humano para seu preço ser "representado" de modo convenientemente mutável. Por isso, Marx afirma: "A circunstância de que a renda da terra capitalizada se apresente como preço ou valor do solo, e que a terra, por isso, como qualquer outra mercadoria, possa ser comprada e vendida, serve de motivo de legitimação da sua propriedade para alguns apologistas"[75]. O proprietário defende então a renda que recebe como algo justo, que se "apresenta" como reembolso de uma quantia por ele paga. E o jurista deve consagrar esse "motivo de legitimação" – motivo de compensação, conforme já visto – na representação da propriedade privada como fato original e imutável. No entanto,

> a representação jurídica mesma significa apenas que o proprietário da terra pode proceder com a terra de modo idêntico a qualquer possuidor de mercadorias com a sua mercadoria, e essa representação – a representação jurídica da propriedade livre e privada da terra – aparece [...] no mundo moderno só com o desenvolvimento do modo de produção capitalista.[76]

Para além de qualquer justificativa, a transformação da terra em mercadoria resulta do processo histórico de expansão da propriedade privada a tudo o que possa ser "monopolizável". Nada há de natural e sacrossanto aí, só a prática da compra e da venda, historicamente datada, sobre a qual se "representa" um preço a partir da renda capitalizada e se forma uma "representação jurídica". Basta a propriedade se unir ao capital a juros para ter um preço "representado" e tomar parte de todo um sistema de especulação.

São as "formas enlouquecidas", as substâncias formais vistas no início deste item. Nelas, a "apresentação" do trabalho é capturada pela "representação" do valor

---

[75] "Der Umstand, daß die capitalisirte Grundrente als Bodenpreiß oder Werth sich darstellt und die Erde daher, wie jede andre Waare, gekauft und verkauft wird, gilt einigen Apologeten des Grundeigenthums als Rechtfertigungsgrund des Grundeigenthums [...]" (MEGA II/4.2, p. 676; grifo meu [MEW 25, p. 637; *O capital III*, p. 685]).

[76] "Die juristische Vorstellung selbst, heißt weiter nichts, als daß der Grundeigenthümer mit der Erde verfahren kann, wie jeder Waareneigenthümer mit seiner Waaren und diese Vorstellung – die juristische Vorstellung des freien privat Grundeigenthums – tritt [...] in der modernen Welt nur mit der Entwicklung der capitalistischen Productionsweise ein" (MEGA II/4.2, p. 669 [MEW 25, p. 629; *O capital III*, p. 677]).

que se valoriza, invertendo e substituindo a substância pela forma. A propriedade da terra dá ao capital a juros o lastro e a legitimação que lhe faltam[77]. E desse amálgama surge um dos mais poderosos modos da representação capitalista, que naturaliza a valorização fictícia, igualando-a à terra e à agricultura, como se o jogo dos juros e o preço das ações na Bolsa de Valores fossem submetidos a intempéries idênticas às do clima[78].

---

[77] "[...] no começo do modo de produção capitalista [...] a propriedade do solo ainda vigorava na representação popular como a forma primitiva e respeitável de propriedade privada, enquanto os juros do capital eram desacreditados como usura" ("[...] im Beginn der capitalistischen Productionsweise [...] galt in der populären Vorstellung noch das Grundeigenthum als die primitive und respectable Form des Provateigenthums, während der Zins des Capitals als Wucher verschrien war") (MEGA II/4.2, p. 674 [MEW 25, p. 635; *O capital III*, p. 683]).

[78] "Os boletins meteorológicos não mostram a situação do barômetro e do termômetro com mais precisão do que os boletins da Bolsa de Valores mostram a situação da taxa de juros, não para este ou aquele capital, mas para *o capital que se encontra no mercado de dinheiro, isto é, o capital para empréstimo*" ("Meteorologische Bulletins zeichnen nicht genauer den Stand von Barometer und Thermometer, als Börsenbulletins den Stand des Zinsfusses, nicht für dieses oder jenes Capital, sondern für *das auf dem Geldmarkt befindliche, d.h. verleihbare Capital*") (MEGA II/4.2, p. 440 [MEW 25, p. 380; *O capital III*, p. 416]). Curiosamente, essas são duas informações de destaque nos noticiários atuais, muitas vezes apresentadas em sequência.

8.
A TRINDADE COMO FORMA

1.
As metáforas religiosas de Marx ampliam as possibilidades de interpretação do mistério do capital, que também se revela dividido em três personificações cuja relação original é ocultada pelo desenvolvimento da forma: o puro proprietário, o capitalista e o assalariado. E assim também se completa o elenco dos personagens que vão despontando ao longo de *O capital* para formar um autêntico teatro místico. Cada qual deve agir dentro de uma forma social determinada, como a venda de certa mercadoria ou a oferta de crédito, mas acredita ser o criador autônomo de sua ação e da forma em que ela se dá. A ação repõe e confirma a forma social, que só existe mediante essa confirmação, alimentando a fé na liberdade do agente. Mas uma ação que não esteja dentro das formas estabelecidas só pode sobreviver se criar uma nova forma social que preserve, e de preferência amplie, a reprodução do capital e do modo de vida por ele gerado; senão, ela será incapaz de gerar respostas recíprocas dentro do sistema, o qual excluirá o agente. É nesse sentido que ele pode ser chamado de ator ou "portador" das relações e das formas sociais em vigência[79].

---

[79] Na sétima e última sessão do Livro III, agora em análise, multiplicam-se as alegorias teatrais, que antes apareciam com menos frequência, por exemplo: "O capitalista é apenas o capital personificado; dentro do modo de produção capitalista ele funciona como mero portador do capital" ("der Capitalist ist nur das personificirte Capital, er functionirt innerhalb der Productionsweise nur als Träger des Capitals") (MEGA II/4.2, p. 834 [MEW 25, p. 827; *O capital III*, p. 88]). Ou, ainda, depois de ter explicado o caráter improdutivo da propriedade da terra: "Por outro lado, o proprietário da terra desempenha um papel no processo de produção capitalista [...] porque aparece como personificação de uma das condições essenciais da produção" ("Andrerseits spielt der Grundeigenthümer eien Rolle im kapitalistischen Productionsproceß [...] weil er als Personnification einer der wesentlichen Productionsbedingungen erscheint") (MEGA II/4.2, p. 839 [MEW 25,

Contudo, é preciso ficar atento ao movimento de cada um desses personagens, cujo entra e sai de cena esconde uma troca sutil de papéis. Eles se apresentam de forma muito distinta no ato da produção e no ato da distribuição, em uma passagem que a figura trinitária obscurece ao atribuir à produção a mesma forma da distribuição. Assim, diz Marx:

> Para o capitalista, seu capital, para o proprietário de terra, seu terreno, e, para o trabalhador, a força de trabalho, ou melhor, o próprio trabalho (pois a força de trabalho só é efetivamente vendida como algo que se aliena, e, conforme demonstrado antes, o *preço da força de trabalho* se apresenta para o trabalhador necessariamente como *preço do trabalho*, sobre a base do modo de produção capitalista), aparecem como as três *fontes diversas* de seus rendimentos específicos, o lucro, a renda da terra e o salário.[80]

Os objetos da propriedade característicos de cada classe de agentes sociais "aparecem" como suas respectivas fontes de rendimento – o capital gerando o lucro, o terreno gerando a renda e a força de trabalho gerando o salário –, de modo a projetar o âmbito da distribuição do valor para o de sua produção[81]. E o texto grifa três "fontes diversas", ressaltando a pretensa falta de relação entre elas; como se a sua diferença não proviesse de uma origem comum, como se cada uma fosse autônoma desde sempre.

---

p. 829; *O capital III*, p. 884]). Mais adiante, irrompem os personagens centrais: "Os próprios agentes principais desse modo de produção, o *capitalista* e o *trabalhador assalariado*, são meras corporificações e personificações, caracteres determinados dos indivíduos que os assumem no processo de produção social; produtos dessas determinadas relações sociais de produção" ("Die Hauptagenten dieser Productionsweise selbst, der *Capitalist* und der *Lohnarbeiter*, sind als solche nur Verkörperungen und Personnificirungen, bestimmte gesellschaftliche Charakter der Individuen, die sie im gesellschaftlichen Productionsproceß annehmen: Producte dieser bestimmten gesellschaftliche Productionsverhältnisse") (MEGA II/4.2, p. 897 [MEW 25, p. 887; trechos um pouco modificados por Engels; *O capital III*, p. 941-2]).

[80] "Dem Capitalisten erscheint sein Capital, dem Grundeigenthümer sein Grund und Boden und dem Arbeiter sein Arbeitskraft oder vielmehr die Arbeit selbst (da er die Arbeitskraft nur als sich äussernde wirklich verkauft und ihm der *Preiß der Arbeitskraft*, wie früher gesagt, auf Basis der capitalistischen Productionsweise sich nothwendig als *Preiß der Arbeit* darstellt) so als drei *verschiedne Quellen* ihrer spezifischen Revenuen, des Profits, der Grundrente, und des Arbeitslohns" (MEGA II/4.2, p. 839-40 [MEW 25, p. 830; *O capital III*, p. 884]).

[81] "A propriedade da força de trabalho, do capital e da terra é a fonte (a causa) que faz essas diversas partes componentes do valor da mercadoria caberem aos seus respectivos proprietários e que as transforma, então, em *rendimentos*" ("Das Eigenthum an der Arbeitskraft, am Capital, an der Erde ist die Quelle (die Ursache), die diese verschiednen Werthbestandtheile der Waaren, diesen respectiven Eigenthümern zufallen macht und sie daher in *Revenuen* für sie verwandelt") (MEGA II/4.2, p. 885-6 [MEW 25, p. 875; *O capital III*, p. 929]).

É claro que a propriedade se limita a distribuir o valor criado pelo trabalho na produção, engendrando rendimentos, mas não riqueza. O que faz, então, que ela transtorne mais uma vez o princípio que rege a produção e possa aparecer para as personificações dessa Trindade como a verdadeira fonte do valor? O que se passa exatamente entre esses dois âmbitos da ação? O que apaga as determinações da produção e faz que elas se confundam com as da distribuição do valor?

Se a propriedade do capital e da terra se limita a destinar parte do valor para capitalistas e rentistas, numa espécie de desvio em que a concorrência faz um capitalista expropriar os outros pela generalização da expropriação original do trabalho pelo capital, então é nessa origem que deve estar a raiz de toda a confusão e inversão das esferas; é no ato do trabalho e na sua expropriação pelo capital que deve estar situado o ponto de partida do deslocamento posterior.

Realmente, o próprio fato de o texto citado acima ter acrescentado uma explicação sobre o deslocamento específico da forma do trabalho, e não do capital ou da terra, indica o seu papel decisivo em relação às duas outras figuras trinitárias. Entre parênteses, Marx diz que o "preço da força de trabalho se apresenta [...] como preço do trabalho", ou seja, a "força de trabalho se apresenta [...] como trabalho", em clara naturalização de uma forma social circunscrita historicamente. Daí que isso aconteça "sobre a base do modo de produção capitalista", dentro do qual o trabalho "se aliena" e pode ser "efetivamente vendido" como força de trabalho. Por fim, a naturalização da forma social, que substitui a esfera da produção, isto é, do consumo do valor de uso "trabalho", pela da circulação de mercadorias, com a compra e a venda da força de trabalho, é feita como uma "apresentação". Marx prossegue: "Na medida em que é formador de valor e se apresenta no valor das mercadorias, o trabalho não tem nada a ver com a *distribuição desse valor* entre as várias categorias. Na medida em que tem o caráter especificamente social de *trabalho assalariado*, ele não é formador de valor"[82]. São duas instâncias distintas, a do trabalho como "formador de valor" e a da "distribuição desse valor", com a qual a primeira "não tem nada a ver" e na qual o trabalhador recebe o salário referente ao valor da sua força de trabalho. O salário não remunera a "formação de valor", que ocorre com o consumo do trabalho pelo capital, consumo a que o capital tem direito quando se compromete a pagar o valor da força de trabalho.

A distinção geral entre valor e valor de uso é decisiva nesse ponto, lembremos, como fundamento da possibilidade de o capital extrair mais-valor pela diferença

---

[82] "So weit die Arbeit Werthbildend ist und sich im Werth der Waaren darstellt, hat sie nichts zu thun mit der *Vertheilung dieses Werths* unter verschiedne Categorien. So weit sie den spezifisch gesellschaftlichen Charakter der *Lohnarbeit* hat, ist sie nicht werthbildend" (MEGA II/4.2, p. 845 [MEW 25, p. 831; *O capital III*, p. 885-6]).

entre o valor da força de trabalho e o valor do produto que ela cria ao ter o seu próprio valor de uso consumido. No capitalismo, o trabalho como "formador de valor" se reduz ao valor de uso da mercadoria força de trabalho, que não conta na determinação do seu valor nem, portanto, na do salário. Essa questão foi examinada na segunda parte deste livro, mas ali restrita ao âmbito da produção, no qual o salário é considerado ainda igual ao valor da força de trabalho e o valor do produto se divide nas suas três partes componentes: o capital constante, o capital variável e o mais-valor.

De qualquer modo, é nesse âmbito que o trabalho "forma" o valor das mercadorias produzidas, ou se "apresenta" nesse valor, conforme diz o texto de Marx citado na nota imediatamente anterior, aliás um bom exemplo do sentido mais frequente de "apresentar" também na última seção do Livro III[83]. Conforme vimos acima, o trabalho se "apresenta" ao medir, isto é, ao gerar qualidades sociais numa quantidade que define os termos de troca entre as mercadorias. Com isso, ele fornece a base sobre a qual o produto e seu respectivo valor serão depois repartidos entre os agentes no âmbito da distribuição. Antes na rubrica de "capital variável", o valor da força de trabalho agora corresponde ao rendimento recebido pelo trabalhador, ou seja, ao "preço da força de trabalho"; e o mais-valor é que passa de fato a se dividir entre renda da terra e lucro, este último ainda dividido entre ganho do empresário e juros devidos ao capitalista fornecedor de crédito.

Embora o trabalho "forme" ou "se apresente no valor" inteiro das mercadorias, incluindo, portanto, o da parte relativa ao valor do salário, isso não estabelece nenhum elo causal nem qualquer condicionamento do valor da força de trabalho pelo valor produzido pelo trabalho. Nas palavras de Marx:

> é claro que o trabalho cria e também se apresenta na parte de valor das mercadorias que forma o preço do trabalho como trabalho assalariado, mas não mais do que se apresenta nas partes que formam a renda e o lucro. E, quando em geral fixamos o trabalho como

---

[83] Em toda a sétima seção, Marx se refere muitas vezes ao trabalho que "se apresenta no valor". Por exemplo, ver MEGA II/4.2, p. 837, 839 e 875 [MEW 25, p. 827, 829 e 864; *O capital III*, p. 882, 884 e 919]. Ou se refere ao "trabalho excedente [que] se apresenta no valor excedente", no "mais--valor" ou no "valor novo criado" (MEGA II/4.2, p. 855, 857, 865, 872, 878 e 893 [MEW 25, p. 840, 844, 852, 860, 867 e 882; *O capital III*, p. 895, 898, 906, 915, 921-2 e 936]). No sentido do trabalho que "se apresenta no produto", há seis passagens na mesma página (MEGA II/4.2, p. 845 [MEW 25, p. 825; *O capital III*, p. 880-1]) – e outra numa página posterior (MEGA II/4.2, p. 884 [MEW 25, p. 874; *O capital III*, p. 928]). Marx escreve ainda sobre "o produto em que o trabalho novo acrescentado se apresenta" ("das Product, worin [...] dieser neu zugesetzten Arbeit [...] sich darstellt") em duas passagens de uma mesma página (MEGA II/4.2, p. 869 [MEW 25, p. 857; *O capital III*, p. 911]).

formador de valor, não o consideramos em sua figura concreta de condição de produção, e sim em uma determinidade social distinta da do trabalho assalariado.[84]

A relação que distingue e ao mesmo tempo reúne as dimensões produtiva e distributiva fica aqui evidente. Como "formador de valor", o trabalho "se apresenta" tanto na parte que depois caberá ao salário quanto na que será apropriada como lucro e renda da terra. Só que isso ocorre em circunstâncias de expropriação da força de trabalho que desvinculam salário de "apresentação" do trabalho no valor e, daí, apagam essa "apresentação" e a distorcem.

Sob tais circunstâncias, o valor se "forma" numa "determinidade social distinta da do trabalho assalariado", ou seja, ele se "forma" pelo consumo do valor de uso da força de trabalho, "distinto" do seu valor, que corresponde ao trabalho na sua "figura concreta de condição de produção", ao lado do capital e da terra. Nessa "figura concreta", o trabalho não aparece como o único a "formar valor", mas como um fator de produção que utiliza a terra e os meios de produção pertencentes a outros, que são, por isso, independentes dele, associados a ele e a quem toca parte do valor produzido. Na mercadoria força de trabalho, o valor se impõe ao valor de uso, porque é o fato de ela ter valor que a define como mercadoria, que define sua operosidade como valor de uso a ser consumido pelo capital. Ou, ainda, o valor se impõe ao valor de uso, porque é a "determinidade social" de mercadoria que faz a força de trabalho aparecer como uma "condição de produção" entre outras, não como o "formador do valor" inteiro da mercadoria produzida.

Sob as circunstâncias de expropriação da força de trabalho, além disso, "não são só os produtos do trabalho, transformados em poderes autônomos, os produtos como dominadores e compradores dos seus produtores, mas são também as *forças sociais, e na forma* desse trabalho, que se confrontam com os produtores como *qualidades* do seu produto!"[85]. Como se sabe, a expropriação do trabalhador opõe a ele os produtos do próprio trabalho e os meios de produção "como

---

[84] "Die Arbeit schafft natürlich, stellt sich dar, auch im Werthbestandtheil der Waare, der als Arbeitslohn den Preiß der Arbeitskraft bildet, aber nicht mehr als sie sich in den Theilen darstellt, die Rente oder Profit bilden. Und überhaupt wenn wir die Arbeit als Werthbildend fixiren, betrachten wir sie nicht in ihren konkreten Gestalt als Productionsbedingung, sondern in einer *gesellschaftlichen* Bestimmtheit, die von der *Lohnarbeit* verschieden ist" (MEGA II/4.2, p. 845 [MEW 25, p. 831; redação modificada por Engels, que substitui o verbo "apresentar-se" por "objetivar-se" em várias ocorrências; *O capital III*, p. 845]).

[85] "Es sind nicht nur die in selbständige Mächte verwandelten Producte der Arbeiter, die Producte als Beherrscher und Käufer ihrer Producenten, sondern es sind auch die *gesellschaftlichen Kräfte und* in Form dieser Arbeit, die als *Eigenschaften* ihres Products ihnen gegenüber treten!" (MEGA II/4.2, p. 843 [MEW 25, p. 823; *O capital III*, p. 878]).

poderes autônomos". O texto diz mais do que isso, contudo. O que se opõe ao trabalhador "são as forças sociais [...] como qualidades do seu produto", as forças que o expropriam e que se põem diante dele como coisas dotadas do poder, ou da "qualidade", de expropriar. Não são simples produtos nem "forças sociais" claras, como o capital e o dinheiro, que "dominam e compram" a força de trabalho, e sim a "qualidade" dessas forças como "qualidade" inerente ao produto do trabalho, porque as "forças sociais" se definem mediante o "confronto" que expropria de tais coisas o "produtor".

Essa relação negativa é que constitui a "qualidade" específica do capital como "força social" que, justamente ao expropriar o trabalhador da propriedade dos produtos e dos meios de produção, projeta sobre tais coisas a "qualidade" de algo que pode se "confrontar". Pois o capital exerce o seu poder sobre a força de trabalho pondo-a em "confronto" com coisas, "confronto" pelo qual ele se determina como "força social" excludente, como propriedade que priva os não proprietários[86]. Se, de fato, o trabalho "se apresenta" no valor e no valor de uso do seu produto, agora tudo aparece mudado. Já que os produtos e os meios de produção não pertencem ao trabalhador, suas "qualidades" não se apresentam como criação do trabalho, mas como poder estranho que o subordina – o poder do capital exercido mediante essas coisas. Assim, a apresentação do trabalho em valor de uso ou em produto se reverte em "apresentação" do valor em valor de uso, ou em "apresentação" do valor em valor, isto é, na autovalorização e na distribuição do capital nas partes componentes da sua Trindade[87].

Mais ainda. O texto diz que o capital se opõe aos produtores "na *forma* desse trabalho", com a palavra "forma" grifada. É "na forma" de trabalho assalariado que o trabalho, expropriado do meio de produção e do produto, vê sua apresentação no valor se tornar "apresentação" das "forças sociais" expropriadoras, projetadas nas "qualidades" das coisas de que ele é expropriado. Assim, as "qualidades" que

---

[86] "São os meios de produção *monopolizados* por uma determinada parte da sociedade [...] que se personificam no capital mediante essa oposição!" ("Es sind die von einem bestimmten Theil der Gesellschaft *monopolisirten* Productionsmittel [...] die durch diesen Gegensatz im Capital personnificirt werden!") (MEGA II/4.2, p. 843 [MEW 25, p. 823; *O capital III*, p. 877-8]).

[87] Marx diz que o valor "se apresenta no valor de uso" (MEGA II/4.2, p. 845 [MEW 25, p. 825; *O capital III*, p. 880]); ou "em produto" (MEGA II/4.2, p. 870, 876 e 900 [MEW 25, p. 858, 865 e 861, nota 55; *O capital III*, p. 912, 920 e 916, nota 55]); ou que parte do valor do produto anual "se apresenta sob forma de salário, lucro e renda" (MEGA II/4.2, p. 860 [MEW 25, p. 846; *O capital III*, p. 901]). Em outros trechos, o "valor novo criado" se apresenta "em uma parte do produto", ou "no mais-valor" (MEGA II/4.2, p. 894 e 901 [MEW 25, p. 884 e 888; *O capital III*, p. 929 e 943]). Ou, então, "o lucro se apresenta em produto", "o lucro e a renda" em "produto excedente", "o salário, o lucro e a renda" no "valor das mercadorias" (MEGA II/4.2, p. 854, 861 e 863 [MEW 25, p. 840, 848 e 850; *O capital III*, p. 895, 901 e 904]).

justamente fazem do produto e do meio de produção uma coisa, uma substância estável e autônoma, não se "apresentam" como produto do trabalho, e sim como produto das "forças sociais" que, ao expropriar o trabalho, conferem a ele a "forma" de trabalho assalariado. Essa forma deriva de outra forma, portanto, a que expropria e concentra a propriedade, ou seja, o capital como "forma" e "força social" primeira. É ela que converte a passagem substancial (a apresentação do trabalho na qualidade do produto) em passagem formal (a "apresentação" do valor na qualidade de coisas alienadas e alienantes). A força social do capital se apodera "desse trabalho" e rouba o seu papel, interceptando-o justo no passo substancial, que se torna formal.

Assim acontece a inversão tantas vezes referida, pela qual a forma se apresenta como substância, e a substância, como forma.

Por um lado, a forma da propriedade privada se corporifica nos meios de produção com os quais o trabalho deve operar, e depois no seu produto, aparecendo nessas coisas como a sua substância. Marx então afirma:

> o trabalho como tal, na determinidade simples de atividade produtiva adequada a um fim, relaciona-se com os meios de produção não em sua determinidade de forma social, mas em sua substância material, como material e meio de trabalho distinto também apenas materialmente, como valor de uso – a terra como meio de trabalho não produzido e os demais como produzidos.[88]

O trabalho não utiliza os meios de produção imediatamente como capital, mas como instrumento material simples, uma vez que ele próprio, trabalho, se apresenta no ato da produção como mera "atividade produtiva" criadora de valor de uso. O mesmo ocorre com o seu emprego da terra.

Por outro lado, "o capital não é uma coisa, mas uma determinada relação social [...] que se apresenta em uma coisa [...]"[89]. A "substância material", mencionada no texto anterior, não se refere à matéria do valor de uso dos meios de produção,

---

[88] "Die Arbeit als solche, in der einfach Bestimmtheit zweckmässig productiver Thätigkeit, bezieht sich auf die Productionsmittel, nicht in ihren gesellschaftlichen Formbestimmtheit, sondern in ihrer stofflichen Substanz, als Material und Mittel der Arbeit, die sich ebenfalls nur stofflich, als Gebrauchswerthe, voneinander unterscheiden, die Erde als unproducirtes, die andre als producirte Arbeitsmittel" (MEGA II/4.2, p. 847 [MEW 25, p. 833; *O capital III*, p. 888]).

[89] "Aber das Capital ist kein Ding, sondern ein bestimmtes *gesellschaftliches* [...] Verhältniß, das sich an einem Ding darstellt" (MEGA II/4.2, p. 843 [MEW 25, p. 822; *O capital III*, p. 877]). Ou, ainda: o capital é definido como "um *elemento de produção* (condição de produção) [...] apresentado em uma forma social determinada" ("*Productionselements* (Arbeitsbedingung) [...] dargestellt in einem bestimmten sozialen Form") (MEGA II/4.2, p. 844 [MEW 25, p. 824; *O capital III*, p. 879]).

mediante os quais o capital exclui e subordina o trabalho, revestindo-se da "qualidade" social adequada à exploração da força de trabalho. É outra a "substância" que a "forma" social engendra e impõe. Nela "se apresenta" a parte do produto que corresponde à diferença entre o valor de uso do trabalho consumido pelo capital e o valor da força de trabalho, transformada em mercadoria pela exclusão da propriedade dos meios de produção. Como diz Marx: "O capital extrai direto dos trabalhadores o trabalho excedente, que se apresenta no valor excedente e no produto excedente. Nesse sentido, ele pode ser considerado seu *produtor*"[90].

Em um só movimento, a expropriação rebate a esfera produtiva à distributiva, tanto para a força de trabalho quanto para o capital. Assim como faz a determinação do valor se impor à do valor de uso para a mercadoria força de trabalho, de modo que a força de trabalho receba como salário no máximo o correspondente ao seu valor, e não o valor do que produziu, a expropriação pelo capital também arrebata a diferença "que se apresenta no valor excedente e no produto excedente" como se fosse "substância" concebida pela forma social da propriedade privada. É só nesse sentido formal que o capital "pode ser considerado produtor" do mais-valor e reivindicar para si o lucro.

Para o capitalista, tudo isso se justifica plenamente pelo fato de que ele "no próprio processo imediato de produção [...] atua ao mesmo tempo como produtor de mercadorias, como gerente da produção de mercadorias; por isso, esse processo de produção nunca se apresenta a ele como processo de produção de mais-valor"[91]. A propósito, lembremos como o que sobra do lucro, depois do desconto dos juros e da renda, se "apresenta" para o capitalista em funções como ganho empresarial e que esse ganho adquire a forma autônoma de salário, pago até ao "gerente da produção". Ou seja, a "apresentação" do valor ou do capital em produto, primeira

---

[90] "Das Capital pumpt die Surplusarbeit, die sich im Surpluswerth und Surplusproduce darstellt, direkt aus den Arbeitern aus. Es kann also in diesem Sinn als *Producent* derselben betractet werden" (MEGA II/4.2, p. 839 [MEW 25, p. 829; *O capital III*, p. 884]).

[91] "[...] in dem unmittelbaren Productionsproceß selbst [...] der Capitalist hier zugleich als Waarenproducent, als Leiter der Waarenproduction thätig ist, und daher dieser Productionsproceß ihm keineswegs als Productionsproceß von Surpluswerth sich darstellt" (MEGA II/4.2, p. 849 [MEW 25, p. 835; *O capital III*, p. 890]). E esse desdobramento da "apresentação" do capital como fonte do lucro se intensifica com a equalização: "o lucro parece determinado de modo apenas acessório pela exploração imediata do trabalhador, na medida em que ela permite ao capitalista realizar um lucro que se desvia do lucro médio mediante os preços de mercado, em aparência independentes dessa exploração neles contida" ("der Profit erscheint nur noch accessorisch bestimmt durch die unmittelbare Exploitation der Arbeiter, so weit sie dem Capitalisten erlaubt, bei den scheinbar unabhängig von dieser Exploitation vorhandnen regulirenden Marktpreissen von dem Durchschnittsprofit abweichenden Profit zu realisiren") (MEGA II/4.2, p. 851 [MEW 25, p. 837; modificado por Engels; *O capital III*, p. 891]).

A Trindade como forma / 247

inversão formal, leva a novos desdobramentos, pelos quais o "processo de produção não se apresenta" como exploração do trabalhador, pois o mais-valor aparece correspondendo à substância forjada pelo capital, que "se apresenta no valor e no produto excedente" como se eles não fossem "excedentes".

A própria reprodução do capital examinada na segunda parte deste livro passa a se "apresentar" como obra do capital, uma vez que o mais-valor se "apresenta" como lucro devido e que parte desse lucro é reaplicado na ampliação do processo de produção, "apresentando-se" como capital novo e como processo de acumulação[92]. Assim se perfaz a reversão da distribuição na produção, e "o lucro aparece aqui como a mola principal não da distribuição dos produtos, mas da sua produção, por causa da distribuição dos capitais e do próprio trabalho nas várias esferas de produção"[93]. O capital se apossa plenamente da substância que criou, quando, além de se apropriar do valor do produto anterior, o transpõe ao valor dos meios de trabalho destinados à acumulação. De fonte de rendimentos na esfera distributiva, o lucro se converte em "mola principal" a impulsionar a produção e a dar corda à acumulação, como um fim que volta ao início e pretende apagar tudo o que realmente havia de substancial no meio do caminho.

O apagamento desse miolo substancial permite à forma avançar em sua autonomia e alcançar o tão conhecido D-D', executado pela expropriação do capitalista empresário pelo capitalista fornecedor de crédito. A mercadoria produzida pelo empresário em D-M-D' agora é algo supérfluo; a forma ousa prescindir até da

---

[92] "Só porque se pressupõem o trabalho na forma de trabalho assalariado e os meios de produção na forma de capital – quer dizer, só devido à figura social específica desses dois agentes essenciais da produção – é que uma parte do valor (produto) se apresenta como *mais-valor* e esse mais--valor, como lucro (renda), como ganho do capitalista, como riqueza adicional disponível a ele pertencente. Mas só porque o valor assim se apresenta como *seu lucro* é que os meios de produção adicionais, destinados à ampliação da produção e componentes de uma parte do valor, se apresentam como novo *capital* acrescentado, e a ampliação do processo de reprodução em geral, como processo de acumulação capitalista" ("Nur weil die Arbeit in der Form der Lohnarbeit und die Productionsmittel in der Form des Capitals vorausgesetzt sind – also nur in Folge dieser spezifisch gesellschaftlichen Gestalt dieser zwei wesentlichen Productionsagentien – stellt sich ein Theil des Werths (Products) als *Surpluswerth* und dieser Surpluswerth als Profit (Rente) dar, als Gewinn des Capitalisten, als zusätzlicher disponible ihm gehöriger Reichtum. Aber nur weil er sich als so *sein Profit* darstellt, stellen sich die zusätzlichen Productionsmittel, die zur Erweiterung der Reproduction bestimmt sind und die Theil des Profits bilden, als neues zusätzliches Capital und die Erweiterung des Reproductionsprocesses überhaupt als capitalistischer Accumulationsproceß dar") (MEGA II/4.2, p. 901 [MEW 25, p. 888; *O capital III*, p. 943]).

[93] "Der Profit erscheint hier also als Hauptfeder, nicht der Distribution der Producte, sondern ihrer Production, weil der Distribution der Capitalien und der Arbeit selbst in die verschiednen Produktionssphären!" (MEGA II/4.2, p. 899 [MEW 25, p. 889; *O capital III*, p. 944]); a expressão "mola principal" (*Hauptfeder*) é substituída por Engels por "fator principal" (*Hauptfaktor*).

substância de que se apossou como lucro e substituí-lo em definitivo na forma de juros[94]. A "mola principal" da produção seria então o crédito, forma ainda mais distante da substância que o lucro. Nas palavras de Marx:

> a cisão do lucro em ganho empresarial e juros [...] completa a autonomização da forma do excedente de valor, a sua ossificação em face da sua substância, da sua essência; pois uma parte do lucro, em oposição à outra, se desprende da relação de capital como tal e se apresenta surgindo não da função de explorar o trabalho assalariado (inseparável, é claro, de sua direção), e sim do salário do capitalista; e, em oposição a isso, os juros parecem surgir do capital, como se fossem uma fonte própria, independente seja do trabalho assalariado, seja do trabalho do próprio capitalista. Se o capital aparece originalmente na superfície da circulação como fetiche do capital, valor que produz valor, ele se apresenta de novo na figura do capital portador de juros como em sua forma mais alienada e própria.[95]

É notável o paradoxo que fecha o texto: como capital portador de juros, o capital se "apresenta" da forma mais "alienada e própria" ao mesmo tempo. Isso tem a ver com a "autonomização da forma em face da sua substância" referida antes no texto, isto é, da substância do valor que, na forma de juros, "parece surgir do

---

[94] A fórmula trinitária basilar "*Capital – Lucro* (ganho empresarial + juros), *Terra e Solo – Renda, Trabalho – Salário*", que "contém todos os mistérios do processo social de produção", revela mais um "mistério", transfigurando-se em outra fórmula: "*Capital – juros, Terra e Solo – Renda, Trabalho – Salário*, na qual o lucro, a forma do mais-valor que caracteriza especificamente o modo de produção capitalista, felizmente desaparece, é afastado, abolido" ("*Capital – Profit* (Unternehmungsgewinn + Zins), *Grund und Boden – Rente, Arbeit – Arbeitslohn*, dieß ist die trinitarische Form, die alle Geheimnisse des gesellschaftlichen Producionsprocesses einbegreift [...] *Capital – Zins, Grund und Boden – Rente, Arbeit – Arbeitslohn*, wo der Profit, die capitalistische Productionsweise spezifisch charakterisirende Form des Mehrwerths glücklich verschwunden, beseitigt, alle geworden ist") (MEGA II/4.2, p. 840 [MEW 25, p. 822; trecho final modificado por Engels; *O capital III*, p. 877]). Os juros agora se apresentam como o produto autêntico, a forma distintiva do capital.

[95] "Die Spaltung des Profits in Unternehmungsgewinn und Zins [...] vollendet die Verselbständigung der *Form* des Surpluswerths, seine Verknöcherung gegen seine Substanz, sein Wesen; indem ein Theil des Profits sich, im Gegensatz zu dem anderen, ganz von dem Capitalverhältniß als solchem loslöst, und sich darstellt nicht als aus der Function der Exploitation der Lohnarbeit (die natürlich von ihrer Direction untrennbar), sondern aus der Lohnarbeit des Capitalisten selbst zu entspringen, und im Gegensatz dazu der Zins als unabhängig sei es von der Lohnarbeit, sei es der eignen Arbeit des Capitalistes, aus dem Capital als seiner eignen, unabhängige Quelle zu entspringen scheint. Wenn das Capital ursprünglich auf der Oberfläche der Circulation erscheint, als Capitalfetisch, Werth erzeugender Werth, so stellt es sich jetzt wieder in der Gestalt des Zinstragenden Capitals als seiner entfremdetsten und eigenthümlichsten Form dar" (MEGA II/4.2, p. 851 [MEW 25, p. 837; *O capital III*, p. 891-2]).

capital" mesmo, como algo que lhe é "próprio", inerente; mas "próprio" apenas como a forma "mais alienada" da substância. O trabalho, que produz e mede essa substância para o capital, é afastado da cena e substituído pelo capital do empresário e do seu credor, que engendra uma substância formal e por ela distribui o excedente de valor conforme medidas distintas das do trabalho, medidas distorcidas, "alienadas" e, por isso mesmo, "próprias" do sistema composto pelo *Kapitalfetisch*.

Mais do que "autonomização", entretanto, o texto chega a falar de "ossificação" da forma. Ela "se apresenta", então, como matéria óssea, substancial. Orientado pelo lucro e, mais, pelo crédito medido por juros, o capital se reproduz distribuindo rendimentos fundados no poder da propriedade privada sobre meios de produção, terra, títulos de direito; portanto, sobre substâncias postas a serviço do valor que se valoriza, ou sobre substâncias até forjadas pela forma pretensamente descolada do trabalho "formador de valor". Por isso, tais rendimentos não seguem as medidas determinadas pelo trabalho, mas as impostas pelos interesses da acumulação de capital, multiplicando-se em muitas rubricas, cuja diversidade esconde a diferença de fundo[96].

De fato, a base da "ossificação" da forma em face da "substância" é a "oposição" entre juros e ganho empresarial, que seguem caminhos contrários. Conforme visto acima, o empresário se vê como "gerente de produção" e considera seu ganho como remuneração por essa atividade, e não como exploração da força de trabalho. Os juros, por seu turno, afirmam a independência do capital em relação inclusive ao "próprio trabalho do capitalista". Assim, a partir da oposição original entre capital e força de trabalho, outras oposições se desenvolvem, generalizando a exclusão como modo de existência social. Mas as formas geradas por toda a sequência de oposições traçam uma ramificação de diversos tipos de rendimento, que parecem ser apenas diversos, indiferentes uns aos outros: salário, ganho empresarial, juros e renda da terra. Não por acaso, como se sabe, ao concluir sua obra nessa sétima seção, Marx começava uma discussão das classes sociais, com a qual o manuscrito se interrompe.

---

[96] "*Capital, propriedade da terra* e *trabalho* aparecem a eles como três fontes autônomas, diversas, das quais brotam por si mesmas três partes componentes diversas do valor produzido anualmente (e, daí, do produto no qual ele existe)." E a sequência é decisiva: "portanto, não apenas as *formas* diversas desse valor, como rendimentos que tocam aos fatores específicos do processo de produção social, mas esse valor mesmo e, com isso, a substância dessas formas de rendimento" ("*Capital, Grundeigenthum,* und *Arbeit* erscheinen ihnen als 3 verschiedne, selbständige Quellen, aus denen als solchen 3 verschiedne Bestandtheile des jährlich producirten Werths (und daher des Products, worin es existirt). [...] also nicht nur die verschiedne *Formen* dieses Werths, als besondrer Factoren des gesellschaftlichen Productionsprocesses zufallende Revenuen, sondern dieser Werth selbst und damit die Substanz dieser Revenueformen") (MEGA II/4.2, p. 840 [MEW 25, p. 830-1; *O capital III*, p. 885]). Não só as "formas diversas", mas a "substância dessas formas", o valor, "brotam" dos três objetos de propriedade – capital, terra e força de trabalho.

2.

Da Trindade dos rendimentos que se apresentam como fontes de valor desdobram-se, para Marx, todas as representações dos agentes e teóricos do sistema capitalista. De fato, a sétima seção do Livro III pode, por fim, indicar o sentido da "representação", embora apenas de modo aproximativo, para daí retomar e redefinir as incidências anteriores do termo. Mais uma vez, trata-se de como o capital se apresenta para os agentes sociais e se faz representar em várias figuras, todas girando em torno de um determinado eixo, no entanto.

O ponto de partida da reconstituição desse sentido deve ser, então, a Trindade mesma, isto é, a inversão do âmbito produtivo e distributivo, que fixa o eixo das diversas representações. Reportando-se à divisão do valor total da mercadoria nos três rendimentos, Marx afirma justamente:

> essa decomposição se apresenta *invertida* na superfície aparente da produção capitalista e, daí, na consciência/na representação dos agentes presos a ela, como se o preço da mercadoria fosse determinado pelas grandezas de valor do salário, do lucro e da renda, reguladas independentemente umas das outras, e como se ele resultasse da *soma* dessas grandezas independentes.

"Esse quiproquó é necessário"[97], arremata mais adiante e, nas páginas seguintes, expõe as quatro condições que levam necessariamente ao "quiproquó". Antes de passar a elas, porém, é importante analisar o trecho acima.

Já de início, cabe destacar a barra posta por Marx no manuscrito, que assinala sua dúvida entre as expressões "na consciência" e "na representação" e, assim, destaca a equivalência entre ambas, deixando claro que a "representação" diz respeito ao que vai "na consciência dos agentes presos" à "superfície aparente da produção capitalista". E essa "superfície" resulta, por seu turno, de que a "decomposição" do valor "se apresenta invertida": em vez de mero produto, ela aparece como fonte da composição do valor a partir das três "grandezas independentes". De "decomposição", ela se reverte em composição do valor, portanto. Como "se apresenta" assim invertida, e por essa inversão é que desdobra uma "superfície aparente" na realidade

---

[97] "[...] diese Zersetzung stellt sich auf der erscheinenden Oberfläche der capitalistischen Production und daher im Bewußtsein/in der Vorstellung der in ihr befangenen Agenten, *verkehrt* dar, nämlich so als ob der Preiß der Waare durch die voneinander unabhängig regulirten Werthgrössen des Arbeitslohns, des Profits und der Rente bestimmt wäre und als *Summe* dieser selbständig bestimmten Grössen resultirte [...]. Dieß quid pro quo ist nothwendig" (MEGA II/4.2, p. 885 [MEW 25, p. 874-5; modificado por Engels, que deixa só "representação" e corta "consciência" e a barra de equivalência entre as duas; *O capital III*, p. 929]).

social, ela "se apresenta" também "na representação dos agentes", mas de modo que a "superfície" pareça ser a base, o fundamento da criação de valor.

Em todo caso, o "quiproquó é necessário". E a condição primeira disso é que a propriedade se impõe como fonte do rendimento de cada classe de agente econômico, conforme texto citado na nota 81 (p. 240). A segunda condição decorre da primeira por contrapartida, opondo à propriedade o trabalho que repassa para o produto o valor do capital constante e que cria o valor novo, mas que recebe o salário como remuneração só da parte específica do valor que teria contribuído para gerar. Aqui a representação toma dois caminhos.

De imediato, o trabalho tem a função de transpor ao produto o valor dos meios de produção que emprega, o capital constante de cuja propriedade é excluído. Vimos na segunda parte deste livro que a forma de transposição distingue a parte circulante da parte fixa do capital e que essa distinção, própria da esfera relativa ao modo como circula o valor do capital, foi confundida pelos economistas clássicos com a distinção mesma entre capital variável e constante, própria da esfera relativa ao modo como o valor do capital é produzido. Vimos também a crítica de Marx aos clássicos, que incluíam o capital constante, por eles chamado de "fixo", só na composição do valor do produto individual, e não na do produto social, pois o que um capital utiliza como meio de produção "representaria"[98] produto para outro capital, situado antes na cadeia produtiva, e se reduziria ao valor novo criado por ele, de modo que todo valor antigo a ser transposto ao produto seria realmente valor novo criado por alguém.

Não é preciso lembrar o detalhe da solução proposta por Marx, que leva em conta a dimensão útil do trabalho: ao destruir o valor de uso do meio de produção e criar o do produto, o trabalho útil repassa a este último o valor do primeiro. O capital constante, portanto, não pode ser eliminado do produto social e é daí que Marx parte para elaborar os conhecidos esquemas de reprodução do Livro II. No

---

[98] "O mal-entendido inteiro se expressa de diversas formas. Por exemplo, que as *mercadorias* em que consiste o *capital constante* contêm do mesmo modo elementos de salário, lucro e renda, ou seja, aquilo que para um outro capital representa o rendimento; e, com isso, são meras relações *subjetivas*. Por exemplo, o fio do fiandeiro contém uma porção de valor que representa lucro para ele. Na medida em que o tecelão compra o fio do fiandeiro, portanto, ele realiza o lucro do fiandeiro; mas para ele próprio o fio é apenas uma parte do seu capital constante etc." ("Das gänzliche Missverständnis drückt sich in verschiednen Formen aus. Z.B. daß die *Waaren*, aus denen das *constante Capital* besteht, ebenfalls Elemente von Arbeitslohn, Profit, Rente enthalten, oder aber daß was Revenue für den einen Capital für den andren vorstellt, und dieß daher blos *subjektive* Beziehungen sind. Z.B. das Garn des Spinners enthält einen Werttheil, der Profit für ihn vorstellt. Indem der Weber also das Garn des Spinners kauft, realisirt er den Profit des Spinners; für ihn selbst aber ist das garn nur ein Theil seines constanten Capitals etc.") (MEGA II/4.2, p. 870 [MEW 25, p. 858; *O capital III*, p. 912]).

final do Livro III, ele pode considerar o assunto resolvido e destacar o aspecto específico da "representação" no sentido apontado logo acima, que demarca e articula a perspectiva de cada capital individual, conforme venda ou compre o meio de produção. O que, para um capital, "representa" o produto, para outro, "representa" o meio para produzir. A "representação" reduz aqui o problema real da existência do capital constante à simples questão do ponto de vista em que se situa o agente, da subjetividade da posição que ocupa dentro do processo.

E essa dimensão prática adquire uma dimensão teórica quando a "representação" tenta compreender o processo, mas de fato o simplifica, como diz Marx: "Pode-se 'escapar' com a representação de que aquilo que para um é rendimento para outro é capital, e que tal determinação nada tem a ver com a divisão efetiva das partes componentes do valor da mercadoria"[99]. A "determinação" de que fala o texto é do capital constante, que não pode ser deixado fora da "divisão efetiva das partes componentes do valor da mercadoria", revelando a sua oposição para com o trabalho que exclui. No fundo, a representação deseja "escapar" dessa situação, porque ela expõe a exploração sobre a qual se assenta o modo de produção capitalista. Marx chega então a chamar de "fantasia" a representação que esconde o capital constante, e diz que ela compõe um verdadeiro "modo de representação"[100].

Mas tudo isso repousa sobre contradições. Se o capital constante deve desaparecer das contas agregadas, ele continua sendo importante nas contas do capitalista individual, como elemento de seu preço de custo. E Marx descreve o fenômeno no qual o lucro individual aumenta quando diminui o custo com o capital constante, do mesmo modo que no caso do capital variável, levando o capitalista prontamente a crer que seu lucro não vem da exploração da força de trabalho, e sim da gestão eficiente de seus custos em geral. Marx conclui que "essa é só uma forma do que é correto, invertida *de modo capitalista* [...]. Tão falso tudo é e se apresenta na concorrência"[101]. O "correto" no caso é a relação do preço de custo com o preço final da mercadoria, que resulta realmente no fenômeno observado, mas por intermédio do mecanismo complexo da equalização, oculto pela concorrência que faz "tudo" se "apresentar" de modo "invertido", "falso", isto é, de modo imediato, simplificado

---

[99] "Man kann sich also mit der Vorstellung 'ausflüchten', daß was für den einen Revenue für den andren Capital sei, und diese Bestimmungen nichts zu thun haben mit der wirklichen Besonderung der Werthbestandtheile der Waare" (MEGA II/4.2, p. 865 [MEW 25, p 853; *O capital III*, p. 907]).

[100] "Dagegen die Phantasie daß der ganze Ertrag, das gesammte Rohproduct, für eine Nation sich in Reinertrag auflöst [...]". Ver MEGA II/4.2, p. 862, com o comentário sobre Ricardo: "Er fällt auch von Zeit zu Zeit in dieselbe Vorstellungsweise zurück" [MEW 25, p. 848 e 849, nota 51; *O capital III*, p. 903, nota 51].

[101] "Es ist dieß nur eine *kapitalistisch* verdrehte Form des Richtigen [...]. So *falsch* ist alles und stellt sich alles dar in der Konkurrenz" (MEGA II/4.2, p. 799 [MEW 25, p. 703; *O capital III*, p. 754]).

mais uma vez. Os elos intermediários da equalização podem muito bem levar a um resultado oposto ao observado, e aí tudo fica incompreensível para o "modo capitalista de representação", que consegue apenas relacionar o resultado a um fenômeno secundário, isolado e separado do contexto no qual tem significado e efetividade.

Algo análogo acontece no caminho tomado pela representação do trabalho que se refere à criação de valor novo. Passando por alto os elos mediadores pelos quais a equalização vincula valor da força de trabalho, salário e preço do produto, a concorrência propõe uma relação imediata e brusca entre fenômenos observáveis a olho nu, assegurando que um aumento do salário leva a um aumento do preço do produto. É que, nas palavras do primeiro texto citado neste item, a inversão trinitária "apresenta" o salário, ao lado do lucro e da renda, como uma "grandeza independente" a compor o preço final da mercadoria. Por isso, sua eventual elevação, mantidas constantes as duas outras "grandezas", seria transferida diretamente para o preço da mercadoria, dando a impressão de que é a "causa" do aumento desse preço. Ou seja:

> Aqui se tem a "experiência" de que, em algumas esferas da produção, o preço médio de uma mercadoria sobe, porque sobe o salário, ou cai, porque cai o salário. O que não se "experimenta" é a regulação secreta dessas *changes* [alterações] pelo valor das mercadorias, independente do salário [...]. O que não é experimentado é a causa oculta desse nexo.[102]

A representação criada pela concorrência deriva sua autoridade da "experiência" dos agentes sociais, que relacionam de modo direto o salário mais alto aos preços mais altos, até porque faz parte da prática do capitalista individual repassar os aumentos para os clientes. Ele só pode agir assim, no entanto, em circunstâncias muito especiais de mercado, as quais fogem ao seu controle pessoal e são definidas pela equalização. Marx explica que em períodos de prosperidade existe a tendência de

---

[102] "Es wird hier also jedenfalls in einigen Productionssphären die '*Erfahrung*' gemacht, daß der Durchschnittspreiß einer Waare steigt, weil die Arbeitslohn gestiegen oder fällt, weil der Arbeitslohn gefallen ist. Was nicht 'erfahren' wird, ist die geheime Regulirung dieser changes durch den vom Arbeitslohn unabhängigen Werth der Waaren [...]. Was nicht erfahren wird ist die verborgne Ursache dieses Zusammenhangs" (MEGA II/4.2, p. 886 [MEW 25, p. 875; *O capital III*, p. 930]). Algumas páginas antes, o fenômeno já era descrito em termos semelhantes: "Aqui surge a *aparência* de que o aumento do salário tivesse encarecido o produto; mas o aumento do salário não é aqui a *causa*, e sim a *consequência* de uma mudança de valor da mercadoria em função da produtividade menor do trabalho" ("Hier entsteht der *Schein*, als ob die Steigerung des Arbeitslohns des Product vertheuert hätte; die Erhöhung des Arbeitslohns ist aber hier nicht *Ursache*, sondern *Folge* eines Werthwechsels der Waare in Folge der verminderten Productivität der Arbeit") (MEGA II/4.2, p. 875 [MEW 25, p. 864; *O capital III*, p. 919]).

os preços de mercado superarem os preços de produção e, quando isso se estende aos ramos que produzem os meios de vida dos trabalhadores, aumenta o valor da força de trabalho, o que obrigará cedo ou tarde os capitalistas a conceder aumentos de salário. Semelhante efeito pode se dar por mudanças da produtividade do trabalho, que alteram o valor das mercadorias e dos meios de vida, alterando o valor da força de trabalho. Em todos esses casos, não é o aumento de salário que se repassa ao preço do produto, mas o preço dos meios de vida que sobe e leva ao aumento do salário. Isso é que "não é experimentado", é a "causa oculta" ou o "nexo" que se "apresenta" invertido, a "regulação secreta pelo valor das mercadorias, independentemente do salário".

Marx grifa "experiência" ao longo do texto e em sua continuação, para evidenciar a ligação entre a prática dos agentes e a representação que formam do processo, bem como a deficiência dessa ligação, desse modo de captar e conhecer a realidade. Os agentes capitalistas podem apenas "experimentar" sua prática direta, aquilo que se oferece de imediato como resultado de sua ação e que ela consegue mudar. Mas eles se mantêm no âmbito privado, e só pela mediação da relação entre "coisas" e entre formas funcionais à reprodução do capital alcançam o âmbito social, articulado como sujeito automático e relativamente fora de seu domínio individual. A "experiência" dos agentes nunca abrange o todo dessa articulação complexa, cujas mediações contraditórias vão invertendo a cada passo o sentido anterior. Marx prossegue: "O que aqui se experimenta é mais uma vez o nexo entre o salário e o preço das mercadorias, mas a causa pode se apresentar como efeito, e o efeito, como causa"[103]. O que a "experiência" representa como "causa" e como "efeito" é o resultado já de uma cadeia de transformações e inversões do processo de autovalorização, que se "apresenta" simplificado, mecânico, imediato e virado do avesso.

Por essa razão, "tudo é e se apresenta tão falso na concorrência", como dizia o texto citado um pouco acima. A própria equalização, que se realiza pelo desdobramento em uma rede de formas sociais – como o preço de custo, o preço de produção, a taxa de lucro etc. –, oculta-se e "apresenta como causa" o preço de mercado, simples "efeito" do jogo de oferta e demanda no processo da concorrência. No limite, vale o que Marx diz sobre a determinação dos juros:

---

[103] "Was hier wieder erfahren wird, ist Zusammenhang zwischen dem Arbeitslohn und dem Preiß der Waaren, aber die Ursache kann als Wirkung und die Wirkung als Ursache sich darstellen" (MEGA II/4.2, p. 886 [MEW 25, p. 876; *O capital III*, p. 930]). Completando, "todas essas '*experiências*' confirmam a *aparência* criada pela forma *autônoma*, *invertida*, das partes componentes do valor" ("Alle diese '*Erfahrungen*' bestätigen den durch die *selbständige*, *verkehrte* Form der Werthbestandtheile erzeugten *Schein*") (MEGA II/4.2, p. 887 [MEW 25, p. 876; *O capital III*, p. 931]). Autonomizada, a forma de capital se opõe a si mesma como substância e apresenta como "componentes do valor" as partes em que esse valor se decompõe para ser distribuído.

A Trindade como forma / 255

A convergência da demanda e da oferta – supondo-se dada a *average rate of profit* – aqui não quer dizer absolutamente nada. Onde se busca refúgio nessa fórmula (e isso é correto também na prática), é para encontrar as regras básicas *determinantes* da concorrência, mas independentes dela (*the regulating limits, or the limiting magnitudes* [os limites reguladores, ou as magnitudes limitadoras]); a saber, uma fórmula para aqueles circunscritos à prática da concorrência, às suas manifestações e às representações que se desenvolvem a partir do seu movimento, para chegar ao menos a uma representação superficial do nexo interno das relações econômicas, tal como ele se apresenta na concorrência.[104]

A formulação radical do texto se aplica, lembremos, ao caso de uma taxa de juros de equilíbrio, ou "natural", como foi visto na primeira parte. É claro que na determinação dos preços em geral o jogo da demanda e da oferta "quer dizer" alguma coisa, mas não muito, porque se restringe a definir até que ponto o preço de mercado pode se afastar do de produção dentro de certas condições.

De todo modo, o equilíbrio da oferta e da demanda é só o último elo da concorrência e da equalização, no qual "se apresenta" o "nexo interno das relações econômicas", a saber, o valor determinado pelo trabalho. Como esse "nexo" e seus desdobramentos na equalização não "se apresentam" diretamente – ou melhor, "apresentam-se" de maneira parcial, condensada e invertida no preço de mercado –, é preciso achar seu substituto nas ditas "regras básicas" do mercado, os "*regulating limits*" ou "*limiting magnitudes*" impostos à demanda e à oferta como algo "independente" e, ao mesmo tempo, definido no nível da simples concorrência[105]. A "representação superficial" decorre daí, da forma encobridora em que o nexo interno "se apresenta" para os agentes, que desdenham do valor, pois ele se inverte e desaparece; e que então têm de se contentar com "fórmulas" descritivas do fenômeno

---

[104] "Das Decken der nachfrage und Zufuhr – vorausgesetzt die average rate of profit als gegeben – heißt hier durchaus nichts. Wo sonst zu dieser Formel Zuflucht genommen wird (und dieß ist dann auch praktisch richtig), ist es eine Formel, um die von der *Concurrenz* unabhängige und vielmehr sie *bestimmende* Grundregel (the regulating limits, or the limiting magnitudes) zu finden; namentlich eine Formel für die Befangenen in der Praxis der Concurrenz, ihren Erscheinungen, un de aus ihrer Bewegung sich entwickelnde Vorstellungen, um zu einer, wenn auch selbst wieder oberflächlichen Vorstellung von einem der ökonomischen Verhältnisse zu gelangen" (MEGA II/4.2, p. 435-6 [MEW 25, p. 375; *O capital III*, p. 410]).

[105] "Na concorrência, tanto a dos capitalistas singulares uns com os outros quanto a do mercado mundial, são as grandezas dadas e pressupostas do salário, juros, renda, que entram em conta como grandezas *constantes* e regulatórias" ("In der Konkurrenz sowohl der einzelnen Kapitalisten unter einander, als in der Konkurrenz auf dem Weltmarkt, sind es die gegebnen und vorausgesetzten Grössen von Arbeitslohn, Zins, Rente, die in der Rechnung als *constante* und regulirende Grösse eingehn") (MEGA II/4.2, p. 892 [MEW 25, p. 881; *O capital III*, p. 936]).

observável, acessível à sua "experiência" cotidiana e ligado a outros fenômenos de forma direta, como à sua "causa".

Uma primeira aproximação do sentido de "representar" deriva da "experiência" do agente econômico, portanto, de como a realidade a ele se "apresenta". Seja pela percepção de que o capital constante importa apenas do ponto de vista unilateral da posição ocupada pelo indivíduo dentro da cadeia produtiva, podendo ser repassado ao preço final do mesmo modo que o capital variável; seja pela consequente explicação de que o capital constante desaparece do cômputo do produto global, após ser sucessivamente transposto do produto de um ao meio de produção de outro, a representação é sempre balizada pelo que é acessível e pelo que não é acessível à "experiência" do agente. Ele não consegue ver a realidade mesma que "se apresenta", só a realidade na forma sob a qual se apresenta, a "superfície aparente" referida antes. Marx conclui:

> Aqui a experiência mostra de modo inquestionável, teórico, e o cálculo interessado do capitalista mostra na prática que os preços das mercadorias são determinados e regulados por salário, juros e renda – pelo preço do trabalho, do capital e da terra – e que esses elementos do preço de fato são os *componentes* reguladores *do preço*.[106]

Até o "cálculo", que funciona "na prática" porque soma de novo o que foi decomposto pela repartição do valor, bem como o "interesse" inerente à sua inevitável posição de agente privado, leva o capitalista individual a representar de maneira invertida a composição do valor. A partir do "cálculo interessado", ele elabora uma representação do processo, para a qual é indiferente perder de vista o valor como "nexo interno" que reflete a produtividade do trabalho, pois o que importa é o "lucro", definido como mero ganho empresarial, a porção que sobra depois do desconto do salário, dos juros e da renda. "Esses elementos do preço" aparecem como custos a serem deduzidos da receita para obter o lucro; ou, mais uma vez, "como *limits* reguladores" do preço e do ganho[107]. Tanto faz se nesse preço se realiza o valor e o mais-valor presentes no produto, pois o ganho empresarial depende, antes de tudo, de o preço superar salário, renda e juros, fixados como despesas já

---

[106] "Die Erfahrung zeigt hier also unwiderleglich, theoretisch, und der interessirte Calculus des Capitalisten zeigt praktisch, daß die Preisse der Waaren durch Arbeitslohn, Zins und Rente, durch den Preiß der Arbeit, des Capitals und des Bodens bestimmt sind, regulirt werden, und diese Preißelemente in der That die regulirenden *Preißbildner* sind" (MEGA II/4.2, p. 892 [MEW 25, p. 882; *O capital III*, p. 936]).

[107] "Dahingegen erscheinen ihm Arbeitslohn, Zins und Rente als *regulirende limits* nicht nur des Preisses [...]" (MEGA II/4.2, p. 891 [MEW 25, p. 880; *O capital III*, p. 935]).

contratadas ou como fruto do jogo de demanda e oferta – de trabalho, de capital, de imóveis para arrendar.

E assim voltamos às condições pelas quais todo esse "quiproquó é necessário". As duas últimas elencadas por Marx justamente têm a ver com o caráter de "limite regulador" do preço, assumido pelas rubricas do rendimento na representação trinitária.

Iniciando pelo lucro como forma fetichista do mais-valor, sabemos que ele é calculado pela aplicação da taxa de lucro sobre o preço de custo próprio a cada ramo da produção; sabemos que o preço de custo é determinado dentro de cada ramo por sua composição orgânica de capital e pelos valores médios de capital constante e variável, distintos dos de outros ramos; e sabemos que a taxa de lucro resulta do processo de equalização, que relaciona todos os capitais individuais e todos os ramos em todo o mercado mundial, para determinar o lucro médio e as possibilidades de desvio individual. Por isso, "na prática, esse lucro médio entra na representação e nos cálculos do próprio capitalista como um elemento regulador"[108]. Novamente, "representação" e "cálculo" convergem aqui para apontar uma determinada grandeza, que o capitalista deve levar em conta, mas sobre a qual não tem controle, a saber, o lucro médio. Resultado da concorrência, ele se impõe ao "cálculo" do agente individual como uma cifra procedente de fora do seu raio de ação e que lhe aparece como algo pressuposto. Incapaz de apreender sua origem, o capitalista pode no máximo "representar" o lucro médio pela associação a algum outro fenômeno que também se apresente como um dado externo, um fato empírico, imutável.

Ocorre algo parecido com a forma ainda mais fetichista do lucro, os juros, bem como com a da renda da terra. Ambas são ajustadas por contratos anteriores à produção do valor, firmados no terreno jurídico, já que, no fundo, estão relacionados à pura propriedade privada. O proprietário da terra e o do dinheiro emprestam seus respectivos bens em função do retorno esperado – a renda e os juros –, que independe das circunstâncias concretas da produção pelo empresário. Ele deve ser pago mesmo que o lucro acabe sendo baixo, e é essa independência que lhe confere o aspecto de pressuposto, de "limite regulador", e não de parcela do valor distribuída depois do valor formado[109].

---

[108] "Dieser Durchschnittsprofit geht praktisch, in der Vorstellung und in der Berechnung des Capitalisten selbst als ein regulirendes Element ein [...]" (MEGA II/4.2, p. 889 [MEW 25, p. 878; *O capital III*, p. 932]).

[109] "Seu resultado aparece, portanto, sempre como seu pressuposto, bem como seus pressupostos, como resultados. E é essa constante reprodução das mesmas relações que o capitalista individual *antecipa* como óbvia, como um fato material" ("Ihr Resultat erscheint daher ebenso beständig ihr vorausgesetzt, wie ihre Voraussetzungen als Resultate erscheinen. Und es ist diese beständige Reproduction derselben Verhältnisse, welche von dem einzelnen Capitalisten *anticipirt* wird als selbstverständlich, als eine materielle Thatsache") (MEGA II/4.2, p. 890 [MEW 25, p. 879; *O capital III*, p. 933]).

Os juros, além disso, se baseiam em representações práticas que ensejam as representações mentais dos agentes, servindo de lastro para a especulação sobre a criação futura de valor, conforme vimos no item anterior. Quanto à terra e aos recursos naturais em geral, o lastro é ainda mais visível, pois não se trata de simples título de direito ou de dívida, mas de um valor de uso que eleva a produtividade do trabalho e permite um ganho diferencial a quem o emprega. Agora, o que o proprietário recebe como rendimento é identificado facilmente com a devida remuneração de uma fonte criadora de valor, levando ao "quiproquó" em questão.

Mas justamente a associação desse lastro real com o valor, apesar de corresponder à "experiência" da vida econômica, que a naturaliza e legitima, é desmascarada por Marx como um absurdo. Nos seus termos:

> A relação de uma parte do valor excedente, a renda da terra [...], à terra em si é esdrúxula e *irracional*; pois são duas grandezas incomensuráveis que aqui se medem mutuamente, um determinado *valor de uso*, o de um pedaço do solo de tantos pés quadrados, e, por outro lado, *valor de troca, mais-valor* peculiar.[110]

É importante notar que a relação chamada de "irracional" no texto não se dá entre a mera quantidade (o valor de troca) e a mera qualidade (o valor de uso). Já na segunda parte deste livro, vimos que os dois polos do valor não se distinguem desse modo; ao contrário, cada um relaciona dentro de si quantidade e qualidade. E, no texto, a terra é "um pedaço do solo de tantos pés quadrados", com uma medida na qual quantidade e qualidade se imbricam e determinam uma à outra. Ela também tem uma "grandeza", e o problema está precisamente aí: "são duas grandezas incomensuráveis que se medem mutuamente", de modo a apontar uma contradição na própria medida.

De fato, a continuação do texto remete a uma discussão de caráter filosófico: "Vale aqui o que Hegel diz a respeito de certas fórmulas matemáticas: aquilo que o entendimento humano comum acha irracional é racional, e o que ele acha racional é a irracionalidade mesma"[111]. O elemento "irracional" da relação entre a renda

---

[110] "Das Verhältniß eines Theils des Surpluswerths, der Geldrente [...] zum Boden, ist an sich abgeschmackt und *irrationell*; denn es sind incommensurable Grössen, die hier an einander gemessen werden, ein bestimmter *Gebrauchswerth*, Stück Boden von so viel Quadratfuß, auf der einen Seite, und *Tauschwerth*, spezieller *Mehrwerth* auf der andern" (MEGA II/4.2, p. 720 [MEW 25, p. 787; *O capital III*, p. 839]). E, em relação aos recursos naturais, não estritamente à terra: "esse *preço da queda-d'água* em geral é uma expressão irracional, por trás da qual se esconde uma relação econômica real" ("dieser *Preiß des Wasserfalls* überhaupt ein irrationeller Ausdruck, hinter dem sich ein reelles ökonomisches Verhältniß versteckt") (MEGA II/4.2, p. 761 [MEW 25, p. 660-1; *O capital III*, p. 710]).

[111] "Es gilt hier was Hegel mit Bezug auf gewisse mathematische Formeln sagt, daß was der gemeine Menschenverstand irrationell findet das Rationelle und sein Rationelles die Irrationalität selbst

da terra e a própria terra deriva da "racionalidade" da medida recíproca das "duas grandezas incomensuráveis". Que o "entendimento humano comum" aí veja exatamente o inverso – e Marx se refere à "experiência" do agente, à sua "representação" – é resultado do modo como o capital apresenta a realidade ao agente. É outra figura do que vínhamos examinando: a relação arbitrária entre dois fenômenos observados, que substitui o "nexo interno" oculto; ou aquilo que a "experiência" representa como "causa" e "efeito"; ou, ainda, a grandeza do valor na fonte criadora, confundida com sua grandeza repartida entre os rendimentos. Em todas essas figuras ocorre uma associação forçada entre realidades de espécies absolutamente distintas – social e natural.

É o que vimos na parte anterior, em relação a formas como o preço da terra, isto é, o preço de mercadorias que não são produto de trabalho humano. Elas são valores de uso que não têm valor, mas às quais a capacidade de medir, usurpada do trabalho pelo capital, impõe um valor fictício, o preço, em função do "cálculo interessado". A grandeza natural da terra, o "pedaço do solo de tantos pés quadrados", serve de lastro físico para uma medida social feita diretamente pelo capital, para quem terra e trabalho são recursos postos a serviço da autovalorização. "Duas grandezas incomensuráveis" podem "se medir mutuamente", daí, porque ambas são subjugadas ao poder do valor que se valoriza, cujo cálculo institui uma "racionalidade" apenas formal, mas adequada ao "entendimento humano comum", a quem a "irracionalidade" do sistema não "interessa" em absoluto.

Assim, o todo é "irracional", não porque qualidade e quantidade se confundam, e sim pelo que está na base dessa confusão, a saber, a inversão de forma e substância, já examinada várias vezes ao longo deste livro. Dela resultam "três composições *prima facie* impossíveis", que formam a figura completa do fetichismo trinitário.

Primeiro, temos o *valor de uso* solo, que não tem valor, e o valor de troca *renda*, de maneira que uma relação social seja posta em proporção com a natureza, como se fosse

---

ist" (MEGA II/4.2, p. 720 [MEW 25, p. 787; *O capital III*, p. 839]). As notas da edição trazem a passagem original de Hegel, citada de memória por Marx: "Como é frequente, aqui também entra na terminologia a inversão pela qual o que é chamado de *racional* é o entendível, mas o *irracional* é, antes, um começo e uma pista da *racionalidade*" ("Auch hier tritt wie sonst häufig an der Terminologie die Verkehrung ein, daß was *rational* genannt wird, das *Verständige*, was aber *irrational*, vielmehr ein Beginn und Spur der *Vernünftigkeit* ist") (*Enciclopédia*, citada em MEGA II/4.2, p. 1342, *Apparat*). Hegel está claramente preocupado em diferenciar aqui o "entendimento" – faculdade de conhecer que consegue passar pelo crivo da crítica da razão pura kantiana – da "razão", cujo alcance Kant procura limitar e Hegel, ao contrário, liberar. Ele o faz indicando justamente que a "irracionalidade" não é algo que se deve temer e evitar, já que está numa relação dialética com "racionalidade", relação que a leva a ultrapassar a mediocridade do "entendimento".

uma coisa; duas grandezas incomensuráveis. Depois, *capital – juros*. Se o capital aqui for apreendido como certa soma de valor autônoma, apresentada em dinheiro, então é *prima facie* absurdo que um valor tenha mais valor do que ele vale. [...] Por isso mesmo, o economista vulgar prefere *capital – juros*, com a qualidade oculta de que um valor é desigual a si, à fórmula *capital – lucro*, pois aqui se aproximaria da relação de capital efetiva. Mais uma vez, então, com um sentimento inquietante de que 4 não é 5, e de que, portanto, 100 *talers* não podem ser 110, ele foge do capital como valor para a substância material do capital, para o seu valor de uso como *condição de produção* do trabalho, maquinaria, matéria-prima etc. No lugar da primeira relação inconcebível, em que 4 = 5, ele consegue produzir uma relação totalmente *incomensurável* entre um *valor de uso*, uma coisa, de um lado, e uma determinada relação de produção apenas social, de outro, o mais-valor; como na renda da terra.[112]

Fica claro, aqui, por que a representação do capital oscila entre juros e lucro: os juros expressam a autovalorização que define o capital, mas que é "inconcebível" como mera forma, levando a "fugir do capital como valor" e a buscar um lastro, encontrado na "substância material" dos meios de produção, a partir da qual se imagina produzir o lucro. Como no caso de terra e renda, "uma relação social é posta em proporção com a natureza como se fosse uma coisa", inclusive no caso do capital, ora "apresentado em dinheiro", ora em valor de uso "maquinaria, matéria-prima etc.".

Evidentemente, a terceira "composição *prima facie* impossível" é trabalho e salário. Ela já foi também tratada várias vezes neste livro e caracterizada mesmo como "irracional"[113]. O texto citado prossegue nessa linha:

---

[112] "Erst haben wir den *Gebrauchswerth* Boden, der keinen Werth hat, und den Tauschwerth *Rente*, so daß ein sociales Verháltniß als Ding zur Natur in einer Proportion gesetz ist; 2 incommensurable Grössen. Dann Capital – Zins. Wird das Capital hier als eine gewisse, im Geld selbständig dargestellte Werthsumme gefaßt, so ist es prima facie Unsinn, daß ein Werth mehr Werth sein soll als er werth ist. [...] Eben darum zieht der Vulgärökonom *Capital – Zins*, mit der occulten Qualität eines Werths sich selbst ungleich zu sein, der Formel *Capital – Profit* vor, weil hier schon dem wirklichen Capitalverhältniß näher gekommen wird. Dann wieder in dem unruhigen Gefühl, daß 4 nicht 5 ist, und daher 100 Thaler unmöglich 110 Thaler sein können, flüchtet er vom Capital als Werth zur stofflichen Substanz des Capitals, zu seinem Gebrauchswerth als *Productionsbedingungen* der Arbeit, Maschinerie, Rohmaterial etc. So gelingt es dann wieder statt des unbegreiflichen ersten Verhältnisses, wonahc 4 = 5, ein ganz *incommensurables* heraus zu bringen zwischen einem *Gebrauchswerth* auf der einen Seite, einem Ding und nur bestimmtem gesellschaftlichen Productionsverhältniß, dem Mehrwerth, auf der andren; wie beim Grundeigenthum" (MEGA II/4.2, p. 721 [MEW 25, p. 825-6; *O capital III*, p. 880-1]).

[113] "Aqui não é o irracional da forma que vale como algo característico. Essa irracionalidade, ao contrário, passa despercebida. O irracional consiste em que o trabalho, como elemento que forma

Por fim, *trabalho – salário, preço do trabalho*; demonstramos que essa expressão contradiz *prima facie* o conceito de valor e de preço, que em geral é só uma expressão do valor, e que preço do trabalho é tão irracional quanto um logaritmo amarelo. Mas aqui o economista vulgar está enfim satisfeito, pois ele chegou agora ao conhecimento profundo do burguês, de que paga dinheiro pelo trabalho; e a contradição entre a fórmula e o conceito de valor até o dispensa de conceber este último.[114]

A seu modo, ocorre com o trabalho o mesmo que com a terra e o capital, pela confusão entre o valor da força de trabalho e seu valor de uso, que leva ao "valor do trabalho", tomado pelo valor do produto que ele produziu. Não existe "valor do trabalho" nem "preço do trabalho", só da força de trabalho. "Valor" e "preço" são relações sociais, enquanto "trabalho" é uma realidade física; daí a analogia com o "logaritmo amarelo", no qual a incongruência entre o sujeito e o predicado salta aos olhos.

---

valor, não possui valor ele mesmo; que um determinado *quantum* de trabalho, portanto, não pode ter um valor que se exprima em seu preço, em sua equivalência com um *quantum* de dinheiro" ("Hier ist es wieder nicht das Irrationelle der Form, welches für das charakteristische gilt. Dies Irrationelle wird vielmehr übersehn. Das Irrationelle besteht darin, dass Arbeit als Werthbildendes Element selbst keinen Werth besitzen, der sich in ihrem Preise ausdrückt, in ihrer Equivalenz mit einem bestimmten Quantum Geld") (MEGA II/11, p. 691 [MEW 24, p. 35; *O capital II*, p. 112]). A esse texto podemos agora acrescentar os do Livro III, por exemplo: "*D'abord* vimos que, para cada capitalista, o *preço de custo* da mercadoria aparece como uma grandeza dada, que se apresenta como algo constante no preço de produção efetivo. Mas o preço de custo = ao valor do capital constante, os meios de produção adiantados, + o valor da força de trabalho que se apresenta para os agentes da produção na forma irracional do *preço do trabalho* e, como salário, imediatamente como rendimento do trabalhador" ("D'abord haben wir gesehn, daß jedem Capitalisten der *Kostenpreiß* der Waare als gegebne Grösse erscheint und sich in dem wirklichen Productionspreiß beständig als solche darstellt. Der Kostpreiß ist aber = dem Werth des constanten Capitals, der vorgeschossenen Productionsmitteln + dem Werth der Arbeitskraft, der sich aber in der irrationellen Form des *Preisses der Arbeit* für den Productionsagenten und im *Arbeitslohn* zugleich als Revenue des Arbeiters darstellt") (MEGA II/4.2, p. 888 [MEW 25, p. 877; um pouco modificado por Engels; *O capital III*, p. 932]). Ou, ainda: "já se mostrou antes que *salário* ou *preço do trabalho* são apenas expressões irracionais para *valor ou preço da força de trabalho* [...]" ("Es ist überhaupt früher gezeigt worden, daß *Arbeitslohn* oder *Preiß der Arbeitskraft* nur ein irrationeller Ausdruck für den *Werth oder Preiß der Arbeitskraft* ist [...]") (MEGA II/4.2, p. 845 [MEW 25, p. 831; *O capital III*, p. 886]).

[114] "Endlich *Arbeit – Arbeitslohn, Preiß der Arbeit* haben wir nachgewiesen, daß dieser Ausdruck, prima facie dem Begriff des Werths und des Preisses, der allgemein selbst nur ein bestimmter Ausdruck des Werths ist, durchaus widerspricht und Preiß der Arbeit eben so irrational ist wie ein gelber Logarithmus. Aber hier ist der Vulgärökonom erst recht befriedigt, da er nun bei der tiefen Erkenntniß des Bürgers angelangt, daß er Geld für die Arbeit zahlt, und eben der Widerspruch der Formel gegen den Begriff des Werth ihn des Begreifens des Letztern überhebt" (MEGA II/4.2, p. 721-2 [MEW 25, p. 825-6; *O capital III*, p. 881]).

Se lembrarmos que a dominação do trabalho pelo capital implica a passagem da apresentação substancial do trabalho no produto para a apresentação formal do capital em mais capital, será possível ver como as "composições *prima facie* impossíveis" se realizam. O elo "irracional" de relações sociais com as coisas em que buscam lastro ou a medida "incomensurável" de grandezas naturais pela sociabilidade pura do valor só pode se dar por essa apresentação usurpada pelo capital, pois, lembremos ainda, "o capital não é uma coisa, mas uma determinada relação social [...] que se apresenta em uma coisa [...]"[115]. Ele não é "coisa", a "substância material" dos meios de produção, nem mera "relação social" – valor, lucro, juros. Ele é a relação "que se apresenta em" coisas, no sentido da forma que se imprime na substância e que se reveste de uma substancialidade precária, sempre rechaçada e sempre adotada de novo – meios de produção, força de trabalho, mercadorias, dinheiro. As "substâncias formais" criadas para obter renda, bem como as "formas enlouquecidas" do capital fictício ou, ainda, a racionalidade apenas formal da medida "incomensurável" no "cálculo interessado" do capitalista: tudo isso resulta de a "apresentação" do trabalho subjugado ao capital ser ela própria subjugada ao capital, que pretende substituir o trabalho como o que "se apresenta". Afirmar que a "relação social se apresenta em uma coisa" supõe a autonomia da "forma social", que se apresenta como a substância; supõe que a própria "substância" só exista pela "forma" que se dá a ver nela, a cada vez de modo diverso; supõe, portanto, que a "apresentação" defina o fetichismo como poder de consubstanciação da forma.

A partir disso, a medida formal unifica as três pretensas fontes do valor, cuja diferença substancial para ela pouco importa. Mas, de fato, elas "pertencem a três esferas totalmente díspares e não guardam a mínima analogia entre si. Elas se relacionam mais ou menos como taxas de cartório, beterrabas e música"[116]. O capital aparece

---

[115] "Aber das Capital ist kein Ding, sondern ein bestimmtes *gesellschaftliches* [...] das sich an einem Ding darstellt" (MEGA II/4.2, p. 843 [MEW 25, p. 822; *O capital III*, p. 877]).

[116] "Die angeblichen Quellen des jährlich diponiblen Reichthums gehören ganz disparaten Sphären an und haben nicht die geringste Analogie untereinander. Sie verhalten sich etwa zusammen wie Notariatsgebühren, rothe Rüben, und Musik" (MEGA II/4.2, p. 843 [MEW 25, p. 822; *O capital III*, p. 877]). Também sobre isso: "Se, em primeiro lugar, consideramos o disparate das 3 fontes, agora consideramos, em segundo lugar, que seus *produtos,* [...] as rendas, ao contrário, pertencem todas à mesma esfera, à esfera do valor. Mesmo assim, isso (essa *relação* não só *de grandezas incomensuráveis*, mas de coisas desiguais totalmente *diversas, incomparáveis e sem relação*) se equaliza pelo fato de que o capital, igualmente com a *terra* e o *trabalho*, é tomado só conforme a sua substância *material*, ou seja, como *meio de produção produzido*, pelo que se abstrai que ele é tanto *relação* com o trabalhador quanto *valor*" ("Wenn wir erstens das Disparate der 3 Quellen betrachteten, so jetzt zweitens, daß dagegen ihre *Producte* [...] die Revenuen alle *derselben* Sphäre, der des Werths angehören. Indes gleicht sich dieß dadurch aus (dieß *Verhältniß* nicht nur *zwischen incommensurablen* Grössen, sondern zwischen ganz *verschiednen* und *ungleichbaren* und

forçando a "analogia" de coisas "totalmente díspares" quanto à sua matéria e que só podem "se relacionar" formalmente, como apresentações várias do poder de criar substâncias sociais. É interessante notar aqui, nesse sentido, as metáforas de Marx – o "logaritmo amarelo", a comparação de "taxas de cartório, beterrabas e música" –, que realçam o absurdo quase risível da pretensão, bem-sucedida na prática, do capital a açambarcar a realidade. É belo que o trabalho se apresente como "música", e é cômico que valha, a seguir, tanto quanto "taxas de cartório e beterrabas".

Mas essa "relação totalmente incomensurável entre um valor de uso [...] e uma determinada relação de produção apenas social", como dizia o texto à nota 112 (p. 260), é onde a representação se refugia diante da "relação inconcebível, em que 4 = 5", isto é, a autovalorização, ainda mais na figura dos juros. No primeiro caso, o "incomensurável" se refere à equiparação forçada, pela grandeza de valor, de qualidades "totalmente díspares". No segundo, "inconcebível" é supor a valorização do valor sem a exploração do trabalho, como se fosse possível aumentar a quantidade de valor por si mesmo. Não há uma "substância material", uma qualidade, aqui, apenas uma variação quantitativa imposta pela forma pura, autonomizada, "enlouquecida".

O "inconcebível" aponta para "a contradição entre a fórmula e o conceito de valor", nas palavras do texto à nota 114 (p. 261): a "fórmula" de que se "paga dinheiro pelo trabalho" e de que o salário, portanto, paga o "trabalho" realizado, sem que daí se obtenha mais-valor. Então, o valor não seria resultado da apresentação substancial pelo trabalho, e, em vez do "conceito de valor", aparece uma forma "sem conceito" (*begriffslos*), expressão utilizada com frequência por Marx ao comentar algumas formas de cálculo da valorização fictícia, mas também antes, já em cada etapa da autonomização crescente da forma ao longo de todo o Livro III[117]. Trata-se da

---

beziehungslosen, ungelichen Dingen), daß in der That das Capital, gleich der *Erde* und der *Arbeit* blos seinen *stofflichen* Substanz nach, also als *producirtes Productionsmittel* genommen wird, wobei sowohl von ihm als *Verhältniß* zum Arbeiter, wie von ihm als *Werth* abstrahirt wird") (MEGA II/4.2, p. 846 [MEW 25, p. 832; *O capital III*, p. 886]). O "disparate" do ponto de vista qualitativo "de coisas desiguais totalmente *diversas, incomparáveis* e sem relação", relacionadas do ponto de vista quantitativo por "grandezas incomensuráveis", assume forma aceitável ao entendimento, quando o capital, a terra e o trabalho são definidos pelo lastro que tomam em uma "substância material" e desparece a sua realidade social.

[117] Falando da tabela de rendimentos projetada por Richard Price (1723-1791), teólogo e teórico político inglês, Marx diz que, "se o mais-valor for apreendido como forma dos *juros*, carente de conceito, o limite é apenas *quantitativo* e *mocks all the powers of imagination*" [zomba de todos os poderes da imaginação] ("Wird dagegen der Mehrwerth in der begriffslose Form des *Zinses* gefaßt, so ist die Grenze nur *quantitativ* und *mocks all the powers of imagination*") (MEGA II/4.2, p. 468 [MEW 25, p. 412; *O capital III*, p. 449]). Mas, também quando explica o preço de produção, ele afirma que "o preço de produção já é *prima facie* uma *forma sem conceito* do valor das mercadorias, totalmente alienada, uma forma que *aparece na concorrência* e está presente, portanto, na consciência do 'hominis

ausência de substância que permeia a fórmula trinitária em geral, caracterizada pela representação de que o trabalho só cria a parte do valor correspondente ao salário, e não a que depois é distribuída como renda e lucro, e pela representação de que o valor do capital constante não é repassado ao produto total. Por isso, Marx diz: "é claro que aqui se elimina todo conceito de valor. Fica a representação apenas do *preço*, no sentido de que certa soma de dinheiro é *paga* ao possuidor de força de trabalho, de capital e da terra"[118]. Suprimido o "conceito" que remete à substância do valor, "fica a representação" de que a terra e o capital também produzem valor, de que coisas sem valor tenham preço, de que se possa medir valor de uso por valor, como na famigerada relação entre custo e benefício.

A contraposição da "representação" ao "conceito" permite definir de maneira mais adequada o que se passa "na consciência dos agentes presos" à "superfície da produção capitalista", como dizia o primeiro texto citado neste item. Enquanto o conceito volta ao "nexo interno" do valor determinado pelo trabalho, a representação salta por cima dele e dos elos intermediários do seu desdobramento até a "superfície". E, se essa "superfície" resulta da inversão do "nexo interno", a representação justamente não vê a inversão e repele qualquer contradição e oposição para afirmar a linearidade do vínculo entre os fenômenos. Por isso, a "contradição entre a fórmula e o conceito de valor", em vez de invalidar a fórmula, ao contrário, "até dispensa de

---

capitalis vulgaris' e, daí, também na do economista vulgar" ("der Productionspreiß schon eine ganz veräusserlichte und prima facie *begriffslose Form* des Waarenwerths ist, eine Form wie sei in der Concurrenz erscheint, also im Bewußtsein des 'hominis capitalis vulgaris' und darum auch in dem der Vulgärökonom, vorhanden ist") (MEGA II/4.2, p. 272 [MEW 25, p. 208; *O capital III*, p. 233]).

[118] "Es ist ferner klar, daß aller Werthbegriff hier wegfällt. Es bleibt nur noch die Vorstellung des *Preisses*, in dem Sinne, daß eine gewisse Masse Geld dem Besitzer der Arbeitskraft, des Capitals, und des Grund und Bodens *bezahlt* wird" (MEGA II/4.2, p. 881 [MEW 25, p. 870; *O capital III*, p. 925]). Em outro momento, Marx assim opõe a representação ao conceito: "Por um desvio, chega-se a que, nessa representação, a palavra salário seja = ao valor do produto, isto é, à soma de dinheiro no qual se apresenta esse *quantum* determinado de trabalho [...]. O salário é posto primeiro como igual ao valor da mercadoria, e depois de novo como diferente dele. De fato, contudo, por um desvio carente de conceito [*begriffslos*], a coisa chega ao ponto em que o valor da mercadoria é determinado pelo *quantum* de trabalho contido nela, mas o valor do salário, pelo preço dos meios de vida necessários; e que o excedente do valor sobre o salário constitua lucro e renda" ("Es kömmt also auf einen Umweg darauf hinaus, daß in dieser Vorstellung das Wort Arbeitslohn = dem Werth des Products ist, d.h. der Summe Geld, worin sich dieß bestimmte Quantum sich darstellt [...]. Der Arbeitslohn wird hier erst gleich dem Werth der Waare gesetz und dann wieder von ihm unterschieden. In der That aber kömmt die Sache darauf,, auf einen begriffslosen Umweg hinaus, daß der Werth der Waare durch das in ihr enthaltene Quantum Arbeit, der Werth des Arbeitslohns aber durch den Preiß der nothwendige Lebensmittel bestimmt und der Ueberschuß des Werths über den Arbeitslohn, Profit und Rente constituirt") (MEGA II/4.2, p. 884-5 [MEW 25, p. 874; *O capital III*, p. 928]).

conceber" o valor, desprezado pelo "conhecimento profundo do burguês" como "irracional", nos termos do texto à nota 114 (p. 261). Esse "conhecimento", ou "entendimento comum", que acha racional o irracional e vice-versa, constitui-se no apego às representações das meras formas adotadas pelo capital, e não ao poder da forma sobre a substância, não à sujeição do trabalho à tarefa da valorização do capital. Como poder que inverte o curso da apresentação substancial e autonomiza a forma, ele é o objeto do "conceito", o oposto, nesse sentido, do objeto da "representação".

Mas a apresentação meramente formal do capital se valorizando por si mesmo e arrastando em seu impulso o fazer dos agentes individuais é o único aspecto visível da sua "experiência", restrita à esfera privada; ela condena esses agentes à representação das formas e das "superfícies". Marx prossegue:

> As mediações entre as formas *irracionais*, nas quais *aparecem* e se sintetizam na prática determinadas relações econômicas, não importam em nada ao portador prático dessas relações em seu movimento comercial, e, como ele está acostumado a mover-se em meio a elas, seu entendimento não encontra aí nenhum obstáculo. Uma contradição completa não tem absolutamente nenhum segredo para ele. Nas formas de aparecimento alienadas já em seu nexo íntimo e esdrúxulas se tomadas de modo isolado, ele se sente em casa, como um peixe na água.[119]

A representação também lida com "formas irracionais", com a "contradição completa" que decorre de tentar medir valores de uso em preços. Ela não se define como uma busca superficial de harmonia pela recusa de contradições em geral, e sim pela recusa da forma profunda da contradição capitalista – a exploração da força de trabalho –, mediante a aceitação tranquila de outras contradições, "absurdos", "incongruências", "disparates".

Uma vez perdido o "nexo íntimo", não há alternativa senão achar um vínculo direto entre as formas sociais "tomadas de modo isolado" e afirmar como "racional, a irracionalidade mesma", nas palavras do texto da nota 111 (p. 258-9). Somem as mediações estabelecidas pelo poder formal do capital, a sucessão das formas sociais em que se extroverte, se apresenta e, de certo modo, se resolve a oposição interna a cada forma prévia. Em todas elas, os termos opostos da forma mais simples se

---

[119] "Die Vermittlungen der *irrationellen* Formen aber, worin bestimmte ökonomische Verhältnisse *erscheinen* und sich praktisch zusammenfassen, gehen die praktische Träger dieser Verhältnisse in ihrem Handel und Wandel nichts an und da sie gewohnt sind, sich darin zu bewegen, findet ihr Verstand nicht den geringsten Anstoß daran. Ein vollkommner Widerspruch hat durchaus nichts Geheimnißvolles für sie. In den, dem innern Zusammenhang entfremdeten und für sich isolirt genommen abgeschmackten Erscheinungsformen fühlen sie sich ebenso zu Haus, wie ein Fisch im Wasser" (MEGA II/4.2, p. 720 [MEW 25, p. 787; *O capital III*, p. 839]).

cindem e um deles se projeta para fora, como um termo médio na relação da forma consigo mesma, tal como na figura lógica do silogismo. Se em Aristóteles esse movimento pertence apenas à esfera da lógica e da linguagem, em Hegel ele preside o real mesmo, assim como em Marx, mas apenas porque o real de que se trata, a sociedade burguesa, tem seu eixo no capital, forma autonomizada da substância social, forma "alienada já em seu nexo íntimo". É essa forma que aloja a contradição em todas as demais formas de relação social e as induz a apresentar a contradição, a extrovertê-la em outra relação social como meio, como mediação no processo de autovalorização do valor. É essa forma, porém, que faz com que a apresentação esconda o movimento e a trama das mediações, "isolando" seus resultados e invertendo as instâncias de determinação que levaram até eles. Se em Hegel a imagem da Trindade revela a relação lógica entre o universal (Deus) e o particular (Filho), estabelecida pelo termo médio (Espírito)[120], em Marx ela aparece como metáfora do apagamento de todo o processo pelo qual a sociabilidade inteira é subordinada ao capital e rebaixada a meio para sua constante autorreprodução.

Mas o agente social "portador dessas relações" apenas representa o que é dado a ele fazer. Nos "cálculos" em que realiza seus "interesses" particulares na concorrência, ele não contempla o todo contraditório em que se movimenta, o modo de apresentação complexo do capital, e, por isso, tem de relacionar os "efeitos" da apresentação como se possuíssem um nexo profundo, sem ver que agora é que esbarra em contradições "irracionais". De todo modo, é assim que ele se "sente em casa" dentro do modo de representação capitalista.

---

[120] Ver, por exemplo, G. W. F. Hegel, *Die Vernunft in der Geschichte*, p. 58-9 [ed. bras.: *A razão na história*, cit., p. 56].

Considerações finais

1.
À sequência das formas de apresentação do capital corresponde um desdobramento das formas pelas quais ele se representa, tanto de modo prático quanto na consciência dos agentes sociais. Também no desdobramento das representações, a complexidade crescente não anula as formas mais simples sobre as quais se sustenta; ao contrário, ela as repõe, reforça e revalida.

Nas formas mais elaboradas, próprias ao âmbito da concorrência, culmina o "modo de representação capitalista" examinado neste livro, dialeticamente análogo e adequado ao "modo de produção capitalista". Como acabamos de ver, a "fórmula trinitária" é o ponto máximo de tal sistema de representações, cujo efeito é a inversão e o encobrimento das bases do "modo de produção", uma vez que os rendimentos de cada classe social se apresentam como a fonte do valor distribuído. Nesse "mundo encantado e às avessas"[1], o resultado aparece como a origem, "o efeito é trocado pela causa"[2], a propriedade privada que orienta a distribuição dos rendimentos em lucro, renda e salário pretende ser o princípio da produção do valor.

Por isso, cada uma das alegadas fontes de valor – capital, terra e trabalho – reivindica um quinhão proporcional à parte que teria criado no conjunto da produção social. Mas essa proporção, essa medida, é considerada por Marx como "uma incongruência simétrica e uniforme"[3]. A imagem de precisão matemática da

---

[1] "[...] diese verzauberte und verkehrte Welt") (MEGA II/4.2, p. 849 [MEW 25, p. 835; *O capital III*, p. 889]).
[2] "Es wird nun verwechselt Wirkung mit Ursache" (MEGA II/11, p. 331 [MEW 24, p. 342; um pouco modificado na edição de Engels; *O capital II*, p. 437]).
[3] "[...] gleichmässige und symetrische Incongruität" (MEGA II/4.2, p. 846 [MEW 25, p. 832; *O capital III*, p. 886]).

medida mal disfarça a diferença absoluta das coisas por ela relacionadas[4]. De todo modo, elas são coisas e derivam direitos eternos a partir de sua naturalidade dada. Ou, pelo menos, isso tudo assim aparece, assim "se representa para aqueles presos às relações capitalistas de produção"[5].

Vimos que o mistério da Trindade capitalista reside na projeção da esfera em que o mais-valor se distribui para a esfera em que é produzido. Isso só é possível dentro de um sistema econômico em que a propriedade privada perpassa de tal modo todas as relações humanas que até o trabalho se determina como força de trabalho, isto é, como propriedade privada do trabalhador sobre si. Definido como objeto de propriedade, o poder social de criar valor se generaliza para qualquer propriedade, para a propriedade em si mesma; transformado em força de trabalho, o trabalho é colocado em pé de igualdade com as outras duas supostas fontes de criação do valor, a terra e o capital, e a elas se soma para integrar o valor total do produto. Assim, a decomposição do valor se transforma em composição de valor.

Um passo mais e Marx pode dizer: "essa decomposição se apresenta *invertida* na superfície aparente da produção capitalista e, daí, na consciência/na representação dos agentes presos a ela"[6]. É o próprio texto, já citado na terceira parte deste livro, que grifa a "inversão" pela qual surge uma "superfície aparente", virando do avesso e ocultando seu fundamento. A propriedade privada substitui o trabalho, primeiro afirmando-se como princípio de repartição e, depois, como princípio de criação do valor. Mas no texto também é decisivo o advérbio "daí", que associa de modo causal o "apresentar-se" da decomposição à sua "representação" pelos agentes. A realidade dita a forma da consciência.

Quanto mais consolidada essa realidade social e quanto maior o poder da propriedade privada, tanto mais arraigada e difundida se torna a representação do mundo da produção como um somatório dos três fatores ou fontes independentes. Por fim, a própria objetividade natural desses fatores, o caráter de coisa de seus suportes – terra, meios de produção e trabalho –, consuma a legitimidade da inversão das formas de distribuição em formas de produção do valor.

---

[4] Lembremos que a diferença entre capital, terra e trabalho foi estilizada por Marx como idêntica à que existe entre "taxas de cartório, beterrabas e música" (MEGA II/4.2, p. 843 [MEW 25, p. 822; *O capital III*, p. 877]; texto citado no final do terceiro capítulo).

[5] "[...] (oder sich den in den capitalistischen Productionsverhältnisse Befangnen, vorstellt)" (MEGA II/4.2, p. 846 [MEW 25, 832; *O capital III*, p. 887]). O trecho se insere na discussão da primeira "incongruência" notada acima, a saber, a existente entre "trabalho – salário".

[6] "[...] diese Zersetzung stellt sich auf der erscheinenden Oberfläche der capitalistischen Production und daher im Bewußtsein/in der Vorstellung der in ihr befangenen Agenten, *verkehrt* dar" (MEGA II/4.2, p. 885 [MEW 25, p. 874; Engels conserva "representação" e corta "consciência" e a barra de equivalência entre elas; *O capital III*, p. 929]).

No entanto, sabemos que essa naturalidade é socialmente criada para fixar as relações cada vez mais complexas pelas quais o capital expande seu poder na sociedade. A terra que proporciona renda, o meio de produção que permite um lucro diferencial, a força de trabalho que é vendida ao capital são, todos eles, coisas cuja natureza é recriada de acordo com a sua apropriação e utilidade para o propósito da autovalorização do valor. O conceito de "renda da terra", desenvolvido em detalhe no Livro III de *O capital*, serve de ponto de partida para a compreensão dos diversos desdobramentos dessa forma básica. O caso da terra destinada à produção agrícola pode ser extrapolado, em primeiro lugar, para o dos terrenos reservados à especulação imobiliária no campo e na cidade e, a seguir, para todas as mercadorias que não são produto do trabalho humano, que possuem preço, portanto, mas não possuem valor.

Incluem-se nesse conjunto de mercadorias as obras de arte e as antiguidades, produzidas por um tipo de trabalho ou sob condições que não permitem a generalização característica do cálculo do trabalho abstrato. A elas podem ser acrescentados produtos especiais, como o vinho, cujo preço deriva não do trabalho médio igual em qualquer exemplar de seu gênero, e sim de circunstâncias independentes do trabalho, como a luz do Sol ou a química do solo. Tais situações geram a representação de que o valor, se ainda existe por trás do preço, é referido antes a fatores qualitativos, a valores de uso, do que a trabalho abstrato medido pelo tempo de sua duração.

Nesse caso, a representação obedece a uma realidade alicerçada de novo na prática dos agentes. Pois mesmo mercadorias que não são produto de trabalho possuem valor de uso; e, se esse valor de uso é forjado pelo capital, tanto maior se afigura seu poder e mais verossímil é a representação de que o preço não procede do valor. Por exemplo, a importância atribuída, hoje em dia, à qualidade em geral dos bens e dos serviços, depois de um longo período de homogeneização, massificação e predomínio da quantidade bruta no mundo do consumo, corresponde à necessidade, imperiosa para os capitalistas em época de crise, de disputar o mais-valor global, gerando nichos de mercado e barreiras fora da concorrência econômica estrita. Por coincidência, o valor de uso escolhido para explicar essa situação no Livro III foi justamente o vinho, que se tornou um sinal do "poder aquisitivo [...] de distintos bebedores"[7] da atualidade, fato que confere às observações mordazes de Marx um interesse renovado.

São todos exemplos da representação muito disseminada de que é possível exprimir qualidade em preço, ou seja, de que existe mesmo a famosa relação entre

---

[7] "[...] den Reichtum [...] der vornehmen Weintrinker" (MEGA II/4.2, p. 717 [MEW 25, p. 783; *O capital III*, p. 835]). Ver nota 69 (p. 231).

custo e benefício. O segredo, aqui, gira em torno da capacidade do capital de instituir preços, substituindo a capacidade do trabalho de medir o valor ao se apresentar nas mercadorias que produz. De acordo com a "incongruência simétrica e uniforme" citada acima, a relação entre preços e valores de uso só pode ser estabelecida por força de uma relação social de tipo capitalista, que, por um lado, cria e recria valores de uso como seu lastro material e, por outro, representa preços descolados do valor. Para as antiguidades, o vinho e as obras de arte transformadas em mercadoria especial, não conta o fato de serem produtos de trabalho humano, e sim serem passíveis de apropriação privada, de monopolização, de comercialização. Aliás, esse é o conceito acabado de "mercadoria" que aparece apenas no Livro III, corrigindo e completando a definição tradicional do primeiro capítulo do Livro I de *O capital*, como vimos, de que toda mercadoria é produto.

As mercadorias que não possuem valor adquirem preço quando o capital, na forma mais autônoma e fetichista, "portadora de juros", imita o trabalho e pretende medir o valor dos valores de uso que cria como suporte de uma especulação desmedida. É possível estabelecer uma proporção "simétrica e uniforme" entre duas realidades "incongruentes" porque o capital as toma como base de cálculo do seu valor futuro, ou seja, como formas alternativas aos ativos puramente financeiros. Tanto faz tratar-se de uma aplicação no circuito da valorização chamada por Marx de "fictícia" ou de valores de uso com uma materialidade propícia à especulação de preços; para o capital, papéis e coisas servem de base para uma rentabilidade projetada em um tempo vindouro, muitas vezes apenas provável, conjecturado.

Como nas ilustrações matemáticas examinadas na parte final deste livro, a renda concedida pela propriedade privada de um bem assemelha-se aos juros recebidos em pagamento por um título de propriedade futura ou de capitalização. São formas várias de títulos de direito, expressões da propriedade privada pura, autonomizada do trabalho criador de valor. A parcela periódica da renda ou dos juros proporcionados por qualquer desses títulos, dividida pela taxa de juros média vigente no mercado de capital-dinheiro, projeta um preço para o bem a que se refere o título. No exemplo de Marx:

> se a taxa média de juros é de 5%, então uma renda anual da terra de 200 £ pode ser considerada como juros de um capital de 4.000 £. [...] Se a taxa de juros usual caísse de 5[%] para 4%, então a renda anual de 200 £ *representaria* a valorização de um capital de 5.000 £, e o valor do mesmo solo teria subido de 4.000 [£] para 5.000 £, ou de uma compra a prazo de 20 para 25 anos.[8]

---

[8] MEGA II/4.2, p. 675; grifo meu [MEW 25, p. 636; *O capital III*, p. 684]. Já citado na nota 64 (p. 228).

O preço da terra, como o de mercadorias similares, só depende desse movimento chamado por Marx de capitalização, pelo qual a renda "representa a valorização" de um capital "fictício" ou "ideal"[9]. É como se a forma se estampasse em uma substância ou se consubstanciasse, mas sempre mantendo a substância subordinada às suas disposições formais – o preço do ativo "fictício" cai quando a taxa de juros sobe, e sobe quando ela cai.

Apenas desse modo, por um preço derivado de uma racionalidade formal que o configura como um valor "representado", a "incongruência" pode ser medida. A representação tem um aspecto real, relacionado à estimativa do preço de um bem e às práticas de financiamento ou de pagamento de renda por ele. O mesmo aspecto real está presente no caso de uma aplicação financeira propriamente dita, pois:

> para aquele que compra esse título de propriedade, as 100 £ de rendimento anual representam, de fato, os juros do seu capital investido aí a 5%. Todo o nexo com o processo de valorização efetivo do capital se perde até o último rastro, e se firma a representação do capital como um autômato que se autovaloriza.[10]

A primeira "representação" mencionada no texto refere-se à prática de capitalização de um título financeiro. Mas a ela se associa, a seguir, a "representação" mental do capital como "autômato" capaz de se valorizar sozinho, de acordo com a fórmula D-D'. Pois as 100 libras "representam, de fato", o rendimento de um título financeiro descolado da esfera da produção de mercadorias, da esfera do trabalho, enfim, da "substância" do valor. Um pouco antes desse texto, Marx associa, não por acaso, a "formação do capital fictício" (*Bildung*, no original) com o total do capital "imaginado" (*eingebildet*)[11].

Na atualidade, esse tipo de representação prática se expande para todo um conjunto de formas de especulação que podem variar desde as que tomam como lastro

---

[9] "Vimos que toda receita em dinheiro é *capitalizada*, ou seja, pode ser considerada juros de um capital ideal" ("Wir haben gesehn, wie jede bestimmte Geldeinnahme *capitalisirt* werden, d.h. als der Zins eines ideellen Capitals betrachtet werden kann") (MEGA II/4.2, p. 675 [MEW 25, p. 636; *O capital III*, p. 683]).

[10] MEGA II/4.2, p. 522 [MEW 25, p. 484; *O capital III*, p. 524]. Citado na nota 42 (p. 211-2).

[11] "A formação [*Bildung*] do capital *fictício* chama-se *capitalização* [...]. Por exemplo, se o rendimento anual = 100 £ e a taxa de juros = 5 p.c., as 100 £ seriam os juros anuais de *2.000 £* e essas 2.000 £ imaginadas [*eingebildet*] seriam consideradas como o *valor de capital* do título de direito (título de propriedade) sobre as 100 £ anuais" ("Die Bildung des *fictiven Capital* heißt *Capitalisiren* [...]. Z.B. wenn die jährliche Einnahme = 100 £ und der Zinsfuß = 5 p.c., so wären 100 £ der jährliche Zins von *2000 £* und diese eingebildeten 2000 £ gelten nun als der Capitalwerth des Rechtstitels (Eigenthumstitels) auf die 100 £ jährliche Einnahme") (MEGA II/4.2, p. 522 [MEW 25, p. 484; *O capital III*, p. 524]).

mercadorias a serem produzidas no futuro até aquelas cuja base é moeda estrangeira, títulos de dívida pública ou dívidas particulares compradas, saneadas e revendidas. Configura-se, daí, também o "modo de representação" mental que eleva a propriedade privada a princípio dominante do mundo capitalista, igualando coisas a títulos de direito, criações do capital em sua forma mais desenvolvida. Agora "o nexo com o processo de valorização efetivo do capital se perde até o último rastro", e nem se veem valores por trás dos preços.

A realidade inteira parece se originar dessa forma de capital, cujo lucro nem sequer é garantido e adquire uma substancialidade precária, semelhante à do capital apenas projetado, "imaginado". Mas a projeção para o futuro, de onde se espera vir a realização do investimento de capital, ou para o passado, de onde se resgatam as dívidas, é condicional, incerta, fortuita, imprimindo na temporalidade do presente a marca da precariedade substancial.

Idêntica marca se imprime sobre o espaço, no momento em que os títulos de direito se tornam objeto de compra e venda em mercados distantes, no limite, pelo mundo todo. Antes mesmo do Livro III, Marx trata do tema quando discute as práticas desenvolvidas para dissolver a rigidez do capital fixo:

> mas a condição de que o meio de trabalho esteja fixado num local, com suas raízes no chão e no solo, confere a essa parte do capital fixo um papel próprio na economia das nações. Ele não pode ser enviado para o exterior (não pode circular no mercado mundial como mercadoria). Os títulos de propriedade sobre esse capital fixo podem mudar de mãos (eles podem ser comprados e vendidos e, assim, circular de modo ideal). Eles podem até mesmo circular pelos mercados estrangeiros, por exemplo, na forma de ações.[12]

De início, o capital fixo viaja pelo mundo na forma de títulos e ações, para daí, talvez, recobrar materialidade nos países e lugares onde se aclimata, transplantando fábricas e equipamentos. Com a tecnologia criada para levar a cabo essas operações, completa-se a estrutura de expansão do capital, tanto no sentido tangível do capital fixo quanto no "modo ideal" referido no texto, isto é, o espaço "representado" por onde se comercializam e se transferem os títulos de propriedade – o espaço "ideal" que pode ser atravessado virtualmente.

---

[12] "Der Umstand jedoch, daß Arbeitsmittel lokal fixirt u. mit ihren Wurzel im Grund u. Boden feststecken, weist diesem Theil des fixen Kapitals eine eigne Rolle in der Oekonomie der Nationen zu. Sie können nicht ins Ausland geschickt werden (nicht als Waaren auf den Weltmarkt circuliren). Die Eigenthumstitel an diesem fixen Kapital können wechseln (es kann gekauft u. verkauft werden u. sofern ideell cirkuliren). Sie können sogar auf fremden Märkten cirkuliren, z. B. in der Form von Aktien" (MEGA II/4.3, p. 363 [MEW 24, p. 163; *O capital II*, p. 245]).

O tempo e o espaço assim representados ampliam o campo de ação dos títulos de direito e reforçam a separação entre o valor real do capital investido e o preço que tais títulos podem alcançar no jogo de compras e vendas de valores distantes e incertos. Aqui também atua a "representação", projetando circuitos de valorização fictícia do capital a partir do lastro de um investimento efetivo. Como essencialmente consistem em uma "representação" de valor, os títulos permitem o descompasso entre o seu valor real e os valores de mercado estipulados nos lances sempre cambiantes de oferta e demanda.

Ao se destacar do emprego efetivo do capital, a propriedade pura de títulos e ações de empresas implica uma transformação radical nas próprias bases da propriedade capitalista[13], distinguindo claramente seus detentores – acionistas ou especuladores – dos que cuidam de gerenciar os investimentos de todos. Aos gerentes cabe administrar o lucro a ser repartido na forma de dividendos para os proprietários das ações e na forma de juros para os proprietários do dinheiro-capital[14]. Cria-se, daí, a representação mental de que o lucro, impregnado retrospectivamente por essa forma dilatada da propriedade do capital, remunera o risco envolvido nos investimentos novos e, por isso, se legitima como justa recompensa da coragem empresarial inerente à decisão de inovar. Cria-se também a representação que confunde a origem dos juros e do lucro, invertendo a sequência de sua divisão.

Pois o capital acionário, os títulos e todas as formas de capital "fictício" são um desdobramento da forma geral do capital portador de juros. O empréstimo de capital-dinheiro por parte de seu proprietário ao capitalista que pretende colocá-lo em ação já confere ao primeiro o direito de se apropriar de parte do lucro obtido pelo segundo, de acordo com a proporção estabelecida pela taxa de juros. E a concentração de capital-dinheiro nas mãos de cada vez menos bancos, que dispõem cada vez mais do dinheiro dos depósitos e das transações executadas pelo público como um todo, dá ao banqueiro uma posição econômica muito especial. Nela,

---

[13] Marx chega a dizer que a "*superação do modo de produção capitalista dentro do próprio modo de produção capitalista* [...] reproduz uma *nova aristocracia financeira*, uma nova corja de parasitas na figura de projetores de empresa e diretores (gerentes meramente *nominais*) [...]. Produção privada sem o controle da propriedade privada" ("Es ist dieß die *Aufhebung der capitalistische Productionsweise innerhalb der capitalistichen Productionsweise* [...]. Er reproducirt eine *neue Finanzaristokratie*, neues Parasitenpack in der Gestalt der Unternehmungsprojectoren und Directors (blos *nomineller* managers) [...]. Privatproduction ohne die Controlle des Privateigenthums") (MEGA II/4.2, p. 503 [MEW 25, p. 454; *O capital III*, p. 496]).

[14] Ocorre uma "transformação do *capitalista* efetivamente *em funções* em um simples *manager* (do capital alheio), e a do *proprietário de capital* em mero proprietário, mero *capitalista de dinheiro*" ("Verwandlung des wirklichen *functionirenden Capitalisten* in blossen manager (fremden Capitals) und der *Capitaleigenthümer* in blosse Eigenthümer, blosse *moneyed capitalists*") (MEGA II/4.2, p. 502 [MEW 25, p. 452; *O capital III*, p. 494]).

inverte-se o quadro inicial em que o empresário pagava o empréstimo depois de obtido o lucro do investimento financiado; ele passa a, primeiro, pagar os juros, para só então contabilizar o resto do lucro como "ganho empresarial". Se não auferir lucro algum, ele terá de pagar do mesmo modo os juros contratados com o financiador. Mais do que da força da economia, do trabalho e da produção, trata-se aqui da força do direito, da propriedade privada, da "representação" do poder social do prestamista.

Vimos que a essa inversão na prática dos agentes envolvidos no empréstimo associa-se a representação de que "capitalista" é somente o proprietário do dinheiro-capital e que apenas sob essa forma o capital é "capital"[15]. É uma "representação popular", corroborada pelo papel cada vez mais importante do crédito na produção e no consumo. Sem crédito, parece ser impossível produzir e comprar mercadorias caras. Ele define as áreas onde o capital deve entrar e de onde deve sair, de fato, pela lucratividade esperada em cada ramo econômico ou região do planeta, assumindo o comando do próprio capital industrial.

Mas a "representação popular" do agente de crédito como único e verdadeiro capitalista implica também que o empresário, obrigado por contrato a pagar juros antes mesmo de embolsar seu lucro, não seja visto como um "capitalista" propriamente dito. Numa das inversões mais vivas do "modo de representação capitalista", Marx explica que o ganho do empresário,

> em oposição aos juros, apresenta-se como algo independente da propriedade de capital, antes como resultado de suas funções como não proprietário – como *trabalhador*. Daí se desenvolver necessariamente em seu crânio a representação de que seu ganho empresarial – longe de compor uma oposição ao trabalho assalariado e de ser trabalho alheio não pago – é, em vez disso, *salário, wages of superintendence of labour* [...].[16]

---

[15] Lembremos o texto citado na nota 36 (p. 207-8): "é da natureza da coisa que o *capital portador de juros* se apresente na representação popular como a forma do capital κατ'εζοχην [por excelência]; por ser uma atividade mediadora, o capital comercial pode ser visto como roubalheira, trabalho ou o que seja. Ao contrário, no capital portador de juros, o caráter *self-reproducing* do capital se apresenta de modo puro, valor que se valoriza, produção do mais-valor como qualidade oculta" (MEGA II/4.2, p. 663 [MEW 25, p. 622; *O capital III*, p. 668-9]).

[16] "Im Gegensatz zum Zins, stellt sich ihm also sein Unternehmungsgewinn dar als unabhängig von Capitaleigenthum, vielmehr als Resultat seiner Functionen als Nicht Eigenthümer, – als *Arbeiter*. Es entwickelt sich daher nothwendig in seinem Hirnkasten die Vorstellung, daß sein Unternehmungsgewinn – so weit entfernt irgend einen Gegensatz zum Lohnarbeit zu bilden und nur unbezahlte fremde Arbeit zu sein – vielmehr selbst *Arbeitslohn* ist, *wages of superintendence of labour* [...]" (MEGA II/4.2, p. 451 [MEW 25, p. 393; *O capital III*, p. 429]). Nesse sentido, mais adiante Marx afirma que "a representação do *ganho empresarial* como '*wages of superintendence of labour*', que surge de sua oposição aos *juros*, acha ainda mais abrigo em que, de fato, uma parte do

Como se o empresário remunerasse seu próprio serviço de gerente. Esse texto, já citado na terceira parte deste livro, contrapõe a "apresentação" do ganho empresarial à "representação" de que tal ganho não passa de uma forma de salário. A prática econômica de só contabilizar o lucro depois de pagar os juros faz o lucro se "apresentar" como fruto do trabalho gerencial, idêntico a qualquer outro trabalho, aproximando empregado e empregador.

Assim, a exploração da força de trabalho se oculta, ao se deslocar para a relação com o banqueiro financiador, numa "representação" baseada também na generalização da forma de salário. É como se o trabalho de todos fosse trabalho assalariado, e como se o capital do empresário fosse fornecido só pelo agente de crédito. O "comando sobre o trabalho alheio"[17] pelo capital aparece como comando do capital a juros sobre o capital produtivo. O empresário pensa atuar meramente "como produtor de mercadorias, como gerente da produção de mercadorias; por isso, o processo de produção nunca se apresenta a ele como processo de produção de mais-valor"[18], e sim como simples produção de mercadorias. É o próprio processo, dentro dessas condições, que faz o mais-valor "se apresentar" não como efeito da exploração do trabalho assalariado, e sim como algo externo ao processo produtivo – os juros pagos ao prestamista do capital-dinheiro.

A representação que oculta o mais-valor e só pode explicar o lucro como derivado de circunstâncias externas à produção também está por trás da definição do lucro mercantil, conforme foi analisado. Trata-se daquela "representação de que o lucro brota de uma elevação nominal do preço das mercadorias, ou da venda delas *acima* do seu valor", típica "da visão do capital mercantil"[19]. O criador do lucro não seria o produtor, mas o comerciante, com sua habilidade para obter um adicional no preço de mercado sobre o preço de custo. Aqui, mais uma vez, a representação se baseia numa prática efetiva. Os capitalistas dedicados ao comércio formam um grupo exclusivo e, na realização de sua atividade, podem empregar um capital menor do que seria necessário, caso os produtores tivessem de alocar e imobilizar

---

lucro pode ser destacada como salário e realmente se destaca, ou melhor, ao contrário, em que, sobre a base do modo de produção capitalista, uma parte do salário aparece como *parte integrante do lucro*" ("Die Vorstellung des *Unternehmungsgewinns* als *wages of superintendence of labour*, die aus seinem Gegensatz zum *Zins* entsteht, findet weiteren Halt darin, daß in der That ein *Theil des Profits* als *Arbeitslohn* abgesondert werden kann und sich wirklich absondert, oder vielmehr umgekehrt, daß ein Theil des Arbeitslohns, auf basis der capitalistischen Productionsweise, als *integrirenden Bestantheil des Profits* erscheint") (MEGA II/4.2, p. 454 [MEW 25, p. 396; *O capital III*, p. 432]).

[17] Ver nota 64 da Parte II (p. 121).
[18] MEGA II/4.2, p. 849 [MEW 25, p. 835; *O capital III*, p. 890]. Citado na nota 91 da Parte III (p. 246).
[19] MEGA II/4.2, p. 357 [MEW 25, p. 295; *O capital III*, p. 325]. Citado na nota 16 da Parte III (p. 192).

aí parte de seu próprio capital, pois o dos comerciantes nunca sai da esfera da circulação e pode girar várias vezes. Como o número desses giros não muda o valor da mercadoria, é o preço dela que se divide, subindo ou caindo quanto menos ou mais o capital girar. De fato, essa prática faz o preço depender do número de rotações, como uma realidade na qual "todas as visões superficiais e invertidas do processo total são extraídas da consideração do capital mercantil e das representações que seus movimentos próprios formam na cabeça dos agentes da circulação"[20]. Não admira que na "representação popular" o lucro apareça como um fenômeno relativo essencialmente ao comércio.

Mas a confusão do lucro com os juros ou com um ganho abusivo do mercador decorre da distorção mais geral provocada pela equalização das taxas de lucro na concorrência entre todos os capitalistas. Vimos como, já entre os industriais, a equalização impõe a taxa média de lucro como algo externo às condições de cada capital individual e de cada ramo em que ele se acha investido. Ao preço de custo determinado pelas condições internas de cada um deve ser somado um lucro decidido de fora, que não corresponde ao mais-valor individualmente produzido e que contribui, realmente, para escondê-lo.

Mais uma vez, como em todas as formas examinadas de divisão do mais-valor, a propriedade privada impõe-se ao trabalho, fazendo que aos capitais individuais maiores, em geral com composição orgânica mais alta, seja devida uma parte maior do mais-valor, que a competição lhes outorga por meio do preço de produção. Como é a competição que define a taxa de lucro da qual surge o preço de produção, e como essa taxa de lucro leva em conta o capital inteiro, e não só sua parte variável, a propriedade do capital também parece criar valor ao lado do trabalho; mais ainda, o trabalho parece criar valor apenas na medida em que é capital variável, somado ao constante para integrar a massa total de propriedade de um determinado capital particular.

À concorrência e à equalização das taxas de lucro junta-se a experiência do capitalista, que percebe seu lucro diminuir ou aumentar em função de um aumento ou diminuição do custo referido tanto ao capital variável quanto ao constante. Ele passa a acreditar que seu lucro depende não da exploração da força de trabalho, e sim da gestão eficiente dos fatores de produção e dos seus custos em geral[21].

---

[20] "Alle oberflächlichen und verkehrten Anschauungen des Gesammtprocesses sind der Betrachtung des mercantilischen Capitals entnommen, und den Vorstellungen, die seine eigenthümlichen Bewegungen in den Köpfen der Circulationsagenten bilden" (MEGA/II 4.2, p. 385 [MEW 25, p. 324; com pequena modificação de Engels; *O capital III*, p. 355]). Ver a nota 27 (p. 200-1).

[21] "Como o capitalista só pode explorar o trabalho mediante dispêndio de capital constante, como ele só pode valorizar o capital constante mediante dispêndio do variável, então tudo isso coincide em sua *representação*, e isso ainda mais porque o grau efetivo de seu ganho é determinado não pela relação do mais-valor com o capital variável, e sim por sua relação com o capital todo; não pela taxa

Trata-se de mais uma prática fundadora de representação mental; uma prática na qual, explica Marx, "[...] todas as forças produtivas do trabalho *se apresentam* como forças produtivas do capital". Por isso, ele completa:

> correspondendo à relação invertida, no próprio processo de produção brota necessariamente uma *representação* invertida, uma consciência transposta, desenvolvida ainda mais nas transformações e modificações do próprio processo de circulação.[22]

Essa dupla inversão, da "relação" real e da "representação", aparece "no processo de circulação", no qual ocorrem a concorrência e a equalização. Porém, ela é gerada antes, "no próprio processo de produção", baseado na subordinação do trabalho ao capital descrita no Livro I de *O capital*.

Aqui a subordinação, ou "subsunção", na linguagem lógica que Marx toma emprestada de Hegel, opera em dois planos. O primeiro é o da chamada subordinação "real" do trabalho ao capital, que desdobra o fetichismo do capital nas formas sucessivas da "cooperação", da "divisão do trabalho" e da "grande indústria". O segundo plano é o da chamada subordinação "formal" do trabalho ao capital, definida pelo despojamento do trabalhador da propriedade dos meios de produção, que o converte em vendedor de sua força de trabalho.

No plano da subordinação "real", as três formas ampliam cada vez mais a produtividade do trabalho a partir das condições impostas a ele pelo capital. Na "cooperação", o capital potencia a força de trabalho, ao reunir os trabalhadores num único esforço; na "divisão do trabalho", o capital intensifica a destreza do trabalhador; e, na "grande indústria", o capital associa o trabalho ao equipamento cuja tecnologia liberta a produtividade de qualquer barreira natural. Assim, embora o capital se limite a proporcionar as condições para que o trabalho crie valor, ele pretende muito mais.

Na "representação invertida" do capitalista, a pretensão de criar valor pelas sucessivas práticas de organização e subordinação "real" do trabalho se une à prática

---

de mais-valor, e sim pela de lucro [...]" ("Da der Capitalist die Arbeit nur exploitiren kann durch Vorschuß des variablen, so fallen diese in der Vorstellung ihm alle gleichmässig zusammen und dieß um so mehr als der wirkliche Grad seines Gewinns bestimmt ist nicht durch das Verhältniß des Mehrwerths zum variablen Capital, sondern durch sein Verhältniß zum Gesammtcapitals, nicht durch die Rate des Mehrwerths, sondern durch die Rate des Profits") (MEGA II/4.2, p. 66; grifo meu [MEW 25, p. 52; *O capital III*, p. 68]).

[22] "Dem verkehrten Verhältniß entsprechend, entspringt nothwendig schon im eigentlichen Productionsproceß selbst entsprechend verkehrte *Vortellung* transponirtes Bewußtsein, das durch die Verwandlungen und Modificationen des eigentlichen Circculationsprocesses weiter entwickelt wird" (MEGA II/4.2, p. 61; grifo meu [MEW 25, p. 55, *O capital III*, p. 71]). Já citado nas "Considerações iniciais" e na Parte III deste livro.

de calcular custos e lucros, somando as despesas com o capital variável às despesas com o capital constante, para transformar valores em preços. A consciência que "brota" na esfera da produção é, assim, "desenvolvida ainda mais nas transformações e modificações do próprio processo de circulação". O capital supõe criar valor e tem certeza de que forma preço.

No plano da subordinação "formal" do trabalho ao capital, a força de trabalho é rebaixada a mero fator de produção e equiparada às máquinas e às matérias-primas como coadjuvante na criação de valor. Para o capital, ela é um custo que deve ser reduzido na administração dos lucros, seja pela diminuição do salário, seja pelo prolongamento ou intensificação da jornada de trabalho. A manutenção de um "exército industrial de reserva" e a instituição de padrões demográficos pelo capital evidencia o quanto a força de trabalho se amolda à lógica de autovalorização do valor.

Entretanto, na "representação invertida" do trabalhador, o duplo rebaixamento, "real" e "formal", é compensado pelas "transformações e modificações do próprio processo de circulação". Se o empresário pensa ser um trabalhador, parece justo que o trabalhador também possa se considerar, de certo modo, um empresário. Isso porque ele entra no processo de produção como livre vendedor e gestor de sua força de trabalho. Na gestão de sua liberdade, por sua vez, ele se imagina capaz de prosperar, de talvez abandonar a condição de empregado e de começar seu próprio negócio, tornando-se, quem sabe, um empregador.

Além disso, o mercado não é apenas o lugar onde se compra e se vende força de trabalho; ele também é o lugar onde se compra e se vende qualquer mercadoria. Ao comprar os produtos que lhe garantem a vida, o trabalhador igualmente exerce "comando sobre trabalho alheio"; não diretamente, comprando força de trabalho, mas indiretamente, comprando os produtos do trabalho de outros trabalhadores. Embora os valores de uso adquiridos por capitalistas e por trabalhadores sejam de qualidade muito distinta; embora os valores que cada classe pode pagar pelo que compra sejam muito díspares, tanto capitalistas quanto trabalhadores têm acesso ao mercado e nele exercem poder social. A diferença parece ser apenas de grau.

Assim, o poder social não se exibe como é primordialmente, a saber, o poder do capital de excluir a força de trabalho da propriedade dos meios de produção e, por conseguinte, da apropriação direta dos produtos que produz. Ele se exibe, muito mais, como o poder do capital de incluir a força de trabalho, dando a ela emprego e pagando um salário com o qual ela pode se apropriar de modo indireto do que produziu, por intermédio da compra no mercado, na esfera da circulação simples de mercadorias. É nessa esfera, portanto, que se realiza grande parte das representações do poder social.

Na análise dessa esfera, voltam à cena suas personagens características, usando máscaras que revestem as do processo de produção. Capitalistas e trabalhadores surgem como compradores e vendedores em geral, e depois, quando se passa da forma do dinheiro como meio de circulação para a do dinheiro como meio de pagamento, como devedores e credores. Pelo recurso ao crédito, cresce o poder social de uns e de outros. O credor formará mais tarde o grupo seleto dos "aventureiros"[23]. Por seu turno, o devedor vê seu poder social alcançar uma qualidade nova, como poder aquisitivo "ideal", baseado na confiança de que se torna merecedor. O crédito que lhe é oferecido permite a satisfação de desejos e necessidades, assegurando-lhe uma posição mais alta na hierarquia daqueles que, mediante a compra de produtos ou de serviços diretos, "comandam trabalho alheio".

Não é por acaso que entre a figura do mero comprador e a do titular de crédito desponte a do entesourador, para quem, lembremos, é quase indiferente "ser rico, ou parecer rico"[24]. Embora se abstenha de comprar, ele tipifica uma situação relevante no mundo do consumo, apresentando-se como comprador potencial e entrando no palco social por intermédio dessa representação. O entesourador revela um segredo do capitalismo: representar riqueza equivale a constituí-la. Marx chama essa situação de "forma estética"[25], numa clara referência ao papel da representação como modo de poder social que mede o "ser rico" pelo "parecer rico". Ao obter crédito, o entesourador só faz aumentar a força dessa representação.

Trabalhadores recebem salário; capitalistas presumem recebê-lo, mas uns e outros se consideram meros agentes da circulação simples. Imaginam que nisso resida a essência do poder social, aberto a todos, mesmo que em diferentes graus. No mundo assim representado, não existe exploração do trabalho, apenas distinções de oportunidade e de mérito, traduzidas, como na relação entre custo e benefício, em maiores ou menores limites de crédito[26]. Em princípio, todos poderiam consumir até mercadorias especiais, como obras de arte, e entrar no grupo dos "distintos bebedores" de vinhos caros. Em certa medida, o crédito permite que muitos "pareçam ricos".

---

[23] "Glücksritter" (MEGA II/4.2, p. 504 [MEW 25, p. 456; *O capital III*, p. 498]). Ver a nota 87 da Parte I (p. 69).

[24] De fato: "*Soyons riches ou paraissons riches*" (MEGA II/10, p. 124 [MEW 23, p. 148; *O capital I*, p. 207]). Ver a nota 67 da Parte II (p. 123).

[25] "[...] ästhetische Form" (MEGA II/10, p. 124 [MEW 23, p. 147; *O capital I*, p. 207]). Ver a nota 68 da Parte II (p. 123).

[26] Marx descreve assim a associação entre crédito e confiança: "como forma social da riqueza, o *crédito* desloca e usurpa o lugar do dinheiro. É a confiança no caráter social da produção que faz aparecer a forma de dinheiro dos produtos como algo evanescente (mera representação) e apenas ideal" ("Der *Credit* als gesellschaftliche Form des Reichthums verdrängt nun und usurpirt die Stelle des Geldes. Es ist das Vertrauen in den gesellschaftlichen Charakter der Production, welches die Geldform der Producte als etwas nur Verschwindendes (blosse Vorstellung) und Ideales erscheinen läßt") (MEGA II/4.2, p. 626 [MEW 25, p. 588; *O capital III*, p. 633]).

Com isso, realizam-se as "representações jurídicas"[27] de igualdade e de liberdade pelas quais o agente social se considera um indivíduo autônomo, responsável por seus atos e por seus contratos, merecedor da condição de que goza como pessoa digna da confiança geral. Se ele não é proprietário dos meios de produção propriamente ditos, é pelo menos proprietário de si, de sua força de trabalho e dos meios de consumo que compra com seu salário. Como tal, ele é titular de direitos e de deveres; é sujeito com personalidade própria.

De fato, pelo exercício dessa autonomia o indivíduo põe em prática as determinações gerais do capitalismo, que por si mesmas não se realizariam. O capitalista industrial, por exemplo, planeja reduzir o custo da mão de obra, e por isso ele investe em uma tecnologia nova e pode demitir trabalhadores. Assim, eleva-se o padrão tecnológico geral do sistema e a composição orgânica do capital. Noutro exemplo, para aumentar seu poder aquisitivo, o comprador procura financiamento e contrai uma dívida, acionando todo o mecanismo do crédito, sem o qual o sistema se amplia muito devagar. A liberdade do agente não pode ser mera ilusão, pois é condição indispensável para a marcha do aparato econômico capitalista, seja confirmando as formas existentes, seja criando novas formas. Por isso, Marx chama o agente individual de "portador" (*Träger*) das formas sociais e afirma que ele age de acordo com sua consciência e com sua livre vontade[28].

No entanto, como se sabe, Marx também declara que as pessoas "não o sabem, mas o fazem"[29], ou seja, trocam mercadorias conforme valores medidos em tempo de trabalho abstrato. Essa clara alusão a uma das frases de Cristo em sua agonia propõe o mesmo problema da culpa, no caso, por acatar e cumprir as leis de funcionamento da sociedade capitalista. Mas a frase de Marx não deve ser interpretada como se a consciência dos indivíduos não tivesse importância em sua ação, como se essa ação obedecesse a impulsos automáticos. O "portador" das formas sociais

---

[27] "Rechtsvorstellungen" (MEGA II/10, p. 484 [MEW 23, p. 562; *O capital I*, p. 610]); ver a citação na nota 104 da Parte II (p. 143).

[28] Por exemplo, Marx diz no Livro I: "Como *portador consciente* desse movimento, o possuidor de dinheiro se torna capitalista. Sua pessoa, ou melhor, seu bolso, é o ponto de partida e o ponto de chegada do dinheiro. O conteúdo objetivo daquela circulação – a valorização do valor – é sua *finalidade subjetiva*, e só porque a apropriação crescente da riqueza abstrata é o único *motivo impulsor* de suas operações, ele funciona como capitalista, ou capital personificado, *dotado de vontade e consciência*" ("Als bewußter Träger dieser Bewegung wird der Geldbesitzer Kapitalist. Seine Person, oder vielmehr seine Tasche, ist der Ausgangspunkt und der Rückkehrpunkt des Geldes. Der objektive Inhalt jener Cirkulation – die Verwerthung des Werths – ist sein subjektiver Zweck, und nur soweit wachsende Aneignung des abstrakten Reichthums das allein treibende Motiv seiner Operationen, funktionirt er als Kapitalist oder personificirtes, mit Willen und Bewußtsein begabtes Kapital") (MEGA II/10, p. 140; grifos meus [MEW 23, p. 167-8; *O capital I*, p. 229]).

[29] "Sie wissen das nicht, aber sie thun es" (MEGA II/10, p. 73 [MEW 23, p. 88; *O capital I*, p. 149]).

capitalistas tem de saber o que faz, embora não precise ser consciente de todo o mecanismo que subjaz às suas ações e de todo o mecanismo que ele põe em operação quando decide agir. Sua finalidade subjetiva não coincide plenamente com as tendências gerais do capital, até porque se restringe ao âmbito delimitado com rigor pela propriedade privada, que faz o âmbito social lhe fugir ao controle.

Aqui se esboça, portanto, uma tensão. Entre o âmbito social e o privado surge uma determinação mútua, em que o social exige um nível suficiente do saber e do querer do indivíduo para que ele, com sua ação, execute as tendências gerais do capital. Mas não se trata só de um problema de grau. Vimos como as representações mentais que fazem o indivíduo agir são invertidas, são distorcidas pelo modo como o capital "se apresenta" em representações práticas. Em que sentido elas podem, então, ser consideradas verdadeiras? E, se são "socialmente válidas"[30], como podem ser desmascaradas pela "crítica" que, afinal, é a intenção do projeto de Marx? Enfim, como o "modo de representação capitalista" pode ser dialeticamente adequado, conforme foi dito ainda no começo destas considerações finais, e não simplesmente adequado, ao "modo de produção capitalista"?

Sobre essas questões, é preciso ainda fazer alguns comentários, animados pelo propósito de indicar temas para uma reflexão futura.

2.

Não por acaso, o sucedâneo de "fenomenologia" esboçado acima procedeu na ordem inversa àquela que vai do mais simples ao mais complexo. Isso porque, diferentemente do "espírito" de Hegel, a consciência social no capitalismo sofre um rebaixamento das formas derivadas às primitivas; das formas intrincadas, em que o capital perde as medidas, às formas nítidas nas quais ele sempre parece equilibrado e sadio; das formas perigosas, que revelam a exploração da força de trabalho, às formas tranquilizadoras da igualdade no mercado e da liberdade na ação. Em vez de um progresso da consciência, observa-se nesse percurso uma simplificação do conteúdo, uma recusa da negatividade que o constitui, um recuo da reflexão. Contudo, esse é o movimento mesmo das formas sociais criadas pelo capital.

Nelas, toda oposição interna se "apresenta" ou se explicita numa nova forma que "representa" o movimento inteiro, como resultado que sintetiza o processo pelo qual foi criado, mas que, assim, também o apaga. É o caso do dinheiro como "representante" da oposição entre valor e valor de uso presente em qualquer mercadoria. É o caso, mais ainda, do capital "fictício", no qual a expectativa de valorização futura

---

[30] "[...] gesellschaftlich gültige". Como se sabe, Marx assim caracteriza "as categorias da economia burguesa" ("die Kategorien der bürgerlichen Ökonomie") (MEGA II/10, p. 75 [MEW 23, p. 90; *O capital I*, p. 151]).

ajusta o valor presente de títulos de propriedade. As relações sociais, marcadas pela negatividade inerente ao capital, tramam-se por meio de tais representantes, que apagam o processo negativo em sua origem e adquirem o poder de o simbolizar. Não só o fim se inverte em princípio, mas também a negação, convenientemente, desaparece.

Como mediadores da prática social, esses representantes têm um efeito apaziguador, tanto porque neles o elemento de conflito intrínseco às relações capitalistas aparece já equacionado[31] quanto porque eles permitem ao agente um canal garantido de acesso ao espaço público. Sabemos que a propriedade privada opera uma cisão que constitui esse espaço como um âmbito externo diante do âmbito interno sobre o qual o proprietário tem controle direto. Formas sociais como a mercadoria e o dinheiro são justamente os canais abertos para a sociabilidade dos indivíduos, são os mediadores para que eles superem a barreira entre o interno e o externo, posta à sua frente como realidade irreconciliável, antinômica, a limitar de modo perturbador seu poder social.

O papel que representantes como o dinheiro desempenham na sociabilidade tem, para Marx, um caráter similar ao da religião em suas mais diferentes formas, com seus símbolos e rituais, com sua magia e seus fantasmas. Ele repete metáforas religiosas ao longo de todo *O capital*, desde o célebre começo no fetichismo da mercadoria até a "fórmula trinitária". A metáfora revela que a religião é a realidade secreta de um sistema social em que a própria sociabilidade aparece como um domínio transcendente, acessível apenas pela mediação de representações práticas. Por isso, Marx usa com frequência a palavra "mistério" não só no sentido de algo desconhecido[32], ou de um enigma a ser desvendado[33], mas também no sentido de "sutileza metafísica" e "manhas teológicas"[34]. Nesse mundo, no qual a dimensão

---

[31] Lembremos a passagem tão conhecida em que Marx diz que "o desenvolvimento da mercadoria não supera a contradição, mas cria a forma na qual ela pode se mover. Esse é o método em geral pelo qual as contradições efetivas se resolvem" ("Die Entwicklung der Waare hebt nicht auf, schafft aber die Form, worin sie sich bewegen können. Dieß ist überhaupt die Methode, wodurch sich wirkliche Widersprüche lösen") (MEGA II/10, p. 98 [MEW 23, p. 118; *O capital I*, p. 178]).

[32] Como exemplos desse sentido, ver MEGA II/10, p. 59 [MEW 23, p. 72; *O capital I*, p. 134]; ou, ainda, MEGA II/4.2, p. 63, 300 e 733 [MEW 25, p. 57, 234 e 800; *O capital III*, p. 72, 262 e 853].

[33] Como exemplo desse sentido, ver MEGA II/10, p. 205, nota 32a [MEW 23, p. 242; *O capital I*, p. 303, nota 32a]; ou, ainda, MEGA II/4.2, p. 246 (em que aparece "enigma" (*Räthsel*) seguido de "mistério" como opção entre parênteses) e 288 [MEW 25, p. 180 e 223; *O capital III*, p. 204 e 251].

[34] "[...] metaphysische Spitzfindigkeit [...] theologischer Mucken" (MEGA II/10, p. 70 [MEW 23, p. 85; *O capital I*, p. 146]). Mas, também no Livro III, o capital "se apresenta como tal, como esse valor imediato que se autovaloriza [...] aparece como fonte misteriosa e autocriadora dos juros" ("stellt sich *das Capital als solches* (dar), als dieser unmittelbar sich verwerthende Werth [...] erscheint als mysteriöse und selbstschöpferische Quelle des Zinses") (MEGA II/4.2, p. 461 [MEW 25, p. 404; *O capital III*, p. 441]); ou a dívida pública aparece pelo "mistério dos juros sobre juros", cujo caráter sobrenatural fica claro, porque os juros devem ser "desenfeitiçados" ("das Mysterium des compound interest *wegzuhexen*") (MEGA II/4.2, p. 465 [MEW 25, p. 409; *O capital III*, p. 446]).

social é impelida para fora da dimensão privada, o indivíduo precisa garantir seu poder sobre os demais, sobre o trabalho deles, ou sobre o produto do trabalho deles, recorrendo a intermediários. "Daí a magia do dinheiro"[35], por exemplo.

O fetiche tem esse exato sentido de intermediário entre o plano natural e o sobrenatural, "sensível suprassensível", diz Marx[36]. Mas o fetiche reivindica ser dotado de vida própria, em outra expressão peculiar às relações sociais capitalistas, nas quais o representante não aparece como fruto dos processos de representação social, e sim como quem instaura tais processos. Essa inversão sobressai numa passagem conhecida e significativa do Livro III de *O capital*, que caracteriza

> o mundo enfeitiçado, invertido e posto de cabeça para baixo, assombrado por Monsieur le Capital e Madame la Terre como categorias sociais e, ao mesmo tempo, já como simples coisas. O grande serviço prestado pela economia clássica é ter desfeito essa aparência falsa, esse engano, essa mútua autonomização e ossificação dos diversos elementos sociais, essa personificação das coisas e coisificação das relações de produção, essa *religion of every day's life* [religião do cotidiano].[37]

Aqui, a escolha do vocabulário tem a evidente intenção de relacionar o feitiço e a assombração ao mundo invertido e posto de cabeça para baixo, como na religião em geral. O problema não consiste na mera existência de uma dimensão transcendente, mas na relação da dimensão imanente e conhecida com o que a transcende, relação apenas possível por meio de um canal privilegiado, exclusivo, cujo controle confere poder a quem dele se apropria.

Mesmo em posse desses canais, os agentes econômicos se veem presos a uma oscilação desconcertante entre a certeza de seu papel decisivo na condução dos negócios e a sensação de impotência diante de determinações de um mercado que não dominam. Cada forma mais complexa do capital reforça a submissão a condições externas, como vimos no item anterior. Já na definição do lucro individual da empresa industrial, é a concorrência que fixa a taxa média de lucro incidente sobre o preço de custo próprio da empresa. A perda de controle sobre o processo externo

---

[35] "Daher die Magie des Geldes" (MEGA II/10, p. 89 [MEW 23, p. 107; *O capital I*, p. 167]).
[36] "[...] sinnlich übersinnlich" (MEGA II/10, p. 70 [MEW 23, p. 85; *O capital I*, p. 146]).
[37] "Die verzauberte, verkehrte und auf den Kopf gestellte Welt, wo Monsieur le Capital und Madame la Terre als sociale Charaktere und zugleich unmittelbar als blosse Dinge ihren Spuk treiben. Es ist das grosse Verdienst der klassischen Oekonomie diesen falschen Schein, diesen Trug, Verselbständigung und Verknöcherung der verschiednen socialen Elemente des reichthums gegen einander, diese Personnificirung der Sachen und Versachlichung der Productionsverhältnisse, diese Religion of every day's life, aufgelöst zu haben" (MEGA II/4.2, p. 852 [MEW 25, p. 838; *O capital III*, p. 892]). Voltaremos à análise desse trecho adiante.

aumenta com a concorrência entre comerciantes e industriais, pela qual o lucro comercial parece se adicionar ao preço de produção industrial; e aumenta ainda mais quando é preciso pagar juros por obrigação contratual mais do que econômica, atingindo o auge com a renda paga para remunerar o mero direito de propriedade. Em escala crescente, essas determinações provêm de fora, cada vez mais externas ao âmbito sobre o qual se exerce comando direto.

Embora Marx afirme que o poder social aparece para os agentes como uma lei da natureza, como "a casa que desaba na cabeça", na imagem tão conhecida[38], ele também o descreve como uma força mágica e transcendental, cujo funcionamento parece não depender só de leis compreensíveis, mas também da fortuna e dos humores tirânicos do mercado. As representações mentais a respeito desse poder são ditas, por isso, "irracionais"[39] e, de modo sintomático, "não conceituais" ou "sem conceito" (*begriffslos*)[40]. É o caso da determinação dos preços de produção pela concorrência: "a média dos lucros das esferas de produção específicas [...] só pode ser desenvolvida a partir do *valor* das mercadorias. Sem esse desenvolvimento, a taxa de lucro geral (e daí também o preço de produção das mercadorias) é uma representação sem sentido nem conceito"[41]. Isso é enfatizado em outra passagem: quando "se elimina todo conceito de valor. Fica só a representação do *preço*"[42].

---

[38] "[...] wenn einen das Haus über dem Kopf zusammenpurzelt" (MEGA II/10, p. 74 [MEW 23, p. 89; *O capital I*, p. 150]).

[39] Por exemplo: "o valor do trabalho é uma expressão irracional do valor da força de trabalho" ("Da der Werth der Arbeit nur ein irrationeller Ausdruck für den Werth der Arbeitskraft [...]") (MEGA II/10, p. 483 [MEW 23, p. 561; *O capital I*, p. 609]). No mesmo sentido, também MEGA II/10, p. 484 e 494 [MEW 23, p. 563 e 576; *O capital I*, p. 611 e 623] e MEGA II/4.2, p. 675, 845 e 888 [MEW 25, p. 636, p. 831 e p. 877; *O capital III*, p. 684, 886 e 932]). Também os juros como "forma irracional do preço do capital-dinheiro" ("Will man den Zins den *Preiß* des des Geldcapitals nennen, so ist dieß eine *irrationelle* Form des Preisses") (MEGA II/4.2, p. 426 [MEW 25, p. 366; *O capital III*, p. 401]). E, ainda: o "preço da queda-d'água como uma expressão irracional, por trás da qual se esconde uma relação econômica real" ("ist dieser *Preiß des Wasserfalls* überhaupt ein irrationeller Ausdruck") (MEGA II/4.2, p. 761 [MEW 25, p. 660; *O capital III*, p. 710]); generalizado para a renda do solo (MEGA II/4.2, p. 720 [MEW 25, p. 787; *O capital III*, p. 839]).

[40] A "forma sem conceito" já aparece com referência ao valor da mercadoria (MEGA II/10, p. 96 [MEW 23, p. 116; *O capital I*, p. 175]). No Livro III, a expressão aparece com frequência, referida ao preço de produção (MEGA II/4.2, p. 272 [MEW 25, p. 208; *O capital III*, p. 233]) ou aos juros (MEGA II/4.2, p. 462, 468 e 844 [MEW 25, p. 405, 412 e 824; *O capital III*, p. 442, 449 e 879]).

[41] "[...] den Durchschnitt der Profitraten der besondren Productionssphären [...] nur aus dem Werth der Waare entwickelt werden kann. Ohne diese Entwicklung bleibt die allgemeine Profitrate (und daher auch der Productionspreiß der Waaren) eine sinn- und begriffslose Vorstellung" (MEGA II/4.2, p. 234 [MEW 25, p. 167; *O capital III*, p. 192]).

[42] "[...] aller Werthbegriff hier wegfällt. Es bleibt nur noch die Vorstellung des *Preisses*" (MEGA II/4.2, p. 881 [MEW 25, p. 870; *O capital III*, p. 925]). Outro trecho que define representação como ausência de conceito está em MEGA II/4.2, p. 884-5 [MEW 25, p. 874; *O capital III*, p. 929].

A contraposição entre "representação" e "conceito" é uma inegável referência à filosofia hegeliana. Marx a explicita ao comentar as "formas irracionais nas quais determinadas relações econômicas aparecem", como a renda da terra e a própria terra: "Vale aqui o que Hegel diz a respeito de certas fórmulas matemáticas: aquilo que o entendimento humano comum acha irracional é racional, e o que ele acha racional é a irracionalidade mesma"[43].

Sabemos que a definição de "entendimento" na crítica de Hegel a Kant se relaciona com os limites da representação, que, apesar de encontrar o Absoluto, o considera "irracional", algo posto em uma dimensão inatingível para o conhecimento humano. Para Hegel, embora a representação seja mais elevada do que a intuição, ela ainda depende de um objeto externo para ser ativada e, mais que isso, para ativar o embate entre o que é percebido, intuído como externo à consciência, e o que é lembrado por ela como já visto, já antes intuído[44]. Desde a *Fenomenologia do espírito*, essa dependência em relação ao que é externo determina a representação como forma própria da consciência religiosa, na medida em que o representado é o Absoluto, mas ainda não reconstituído em todos os momentos de seu desenvolvimento. Hegel diz que a representação "ainda está presa em uma duplicação não reconciliada entre um aqui e um além"[45], que é a forma como se apresenta o Absoluto na religião revelada, isto é, como um transcendente autônomo do imanente.

Mas a dependência externa da representação, que a configura em típica antinomia kantiana "entre um aqui e um além", é superada pelo próprio movimento da revelação religiosa, com a passagem do espírito apenas transcendente, como no judaísmo, ao espírito concebido como dialética do transcendente e do imanente, como na Trindade cristã[46]. Em vez de antinomia, existe agora uma oposição em que o universal se encarna e o individual é elevado à universalidade. Nesse momento, diz

---

[43] MEGA II/4.2, p. 720 [MEW 25, p. 787; *O capital III*, p. 839]. Citado na Parte III, na nota 111 (p. 258-9), junto com o texto original de Hegel, transcrito de memória por Marx.

[44] Já na descrição da *Enciclopédia* de 1817 a "atividade representativa" (*vorstellende Tätigkeit*) passa pela recordação (*Erinnerung*) e pela memória (*Gedächtnis*) para lembrar todos os objetos já intuídos e assim levá-los a uma universalidade interna, minha, e também externa, isto é, para as outras consciências fora de mim – *vorlgestellt* (ver § 373-84). A *Enciclopédia* de 1827 aperfeiçoa o argumento, elaborando o termo médio entre a recordação e a memória, isto é, a "força imaginativa" (*Einbildungskraft*) que redefine o objeto, antes apenas intuído, mediante aquilo que a recordação lembra de outros objetos idênticos (ver § 451-64).

[45] "[...] noch mit einer unversöhnten Entzweyung in ein Disseits und Jenseits behaftet ist" (G. W. F. Hegel, *Phänomenologie des Geistes*, cit., p. 408). A representação é aí também definida antes, no prefácio (p. 26-7).

[46] Esse movimento da religião aparece resumido na introdução das *Lições sobre a filosofia da história universal*. Ver G. W. F. Hegel, *Die Vernunft in der Geschichte*, cit., p. 58-9 [ed. bras.: *A razão na história*, cit., p. 56].

Hegel, o Absoluto é alcançado não mais só pela fé, mas por um saber constituído pela oposição, ou seja, pelo "conceito"[47].

Para Marx, as representações capitalistas são também carentes de conceito, talvez opostas ao conceito. Elas também se referem a uma dimensão transcendental, à sociabilidade posta além do controle direto do proprietário privado e acessível só por intermédio de representantes simbólicos práticos, inseridos no cotidiano das relações econômicas. Elas também implicam a ocultação do processo em seu resultado, o erro de tomar a parte pelo todo, como nos dois textos de Marx citados acima, em que, sem o valor, o preço não passa de uma "representação sem conceito". Nesse caso, é correto inferir que "desenvolver" o preço a partir do valor implica reconstituir o caminho do conceito, o processo contraditório pelo qual o valor se apresenta no preço, mas se ocultando e se invertendo. Em uma passagem ainda mais clara, Marx diz:

> a figura pronta das relações econômicas, tal como ela se mostra na superfície, em sua existência real e, daí, também nas representações dos agentes e portadores dessas relações, é muito diferente, é de fato invertida, oposta à *figura interna essencial*, mas oculta, à sua figura nuclear invisível e ao seu *conceito* correspondente.[48]

Assim como as "representações dos agentes" são o correlato de como as relações "se mostram na superfície" capitalista, o "conceito" dessas relações "corresponde" à "figura interna essencial", "invertida", "oculta", "oposta" à "figura pronta". Nesse texto Marx parece adotar a contraposição de Hegel.

Mas, aqui, a transição ao conceito não implica o "saber absoluto". Pois a "reconciliação" do particular com o universal, da matéria com a forma, do ser com a razão, não pode ocorrer no capitalismo senão de maneira distorcida pela usurpação da substância do valor pela forma da propriedade privada dos meios de produção.

---

[47] "Portanto, o que na religião era o conteúdo ou a forma do representar um outro é aqui o próprio fazer do si; o conceito liga o conteúdo ao próprio fazer do si [...]. Essa última figura do espírito, o espírito que confere a forma de si a seu conteúdo pleno e verdadeiro e, com isso, realiza seu conceito e também permanece no seu conceito ao realizá-lo, é o saber absoluto" ("Was also in der Religion Inhalt oder Form des Vorstellens eines andern war, dasselbe ist hier eignes Thun des Selbsts [...]. Diese letzte Gestalt des Geistes, der Geist, der seinem vollständigen und wahren Inhalte zugleich die Form des Selbsts gibt, und dadurch seinen Begriff ebenso realisirt als er in dieser Realisirung in seinem Begriffe bleibt, ist das absolute Wissen") (G. W. F. Hegel, *Phänomenologie des Geistes*, cit., p. 427).

[48] "Die fertige Gestalt der ökonomischen Verhältnisse, wie sie sich auf der Oberfläche zeigt, in ihrer realen Existenz, und daher auch in den Vorstellungen, und denen der Träger und Agenten dieser Verhältnisse über dieselben, sind sehr verschieden und in der That verkehrt, gegensätzlich zu der *innern wesentlichen*, aber verhüllten *Gestalt*, ihrer unsichtbarer Kerngestalt, und dem ihr entsprenchenden *Begriff*" (MEGA II/4.2, p. 279 [MEW 25, p. 219; *O capital III*, p. 245]).

É certo que também para Marx o "entendimento humano comum" se apega a representações que desprezam o substrato e consideram, por um lado, "irracional o racional", isto é, consideram "irracional" a manifestação do valor no preço, que é invertida, mas real, "racional"; e que consideram, por outro lado, "racional o irracional", medindo obstinada e escrupulosamente coisas incomensuráveis, como "taxas de cartório, beterrabas e música". No entanto, para Marx, o verdadeiro "racional" só pode ser alcançado por um saber radicalmente "crítico" que, nos termos do posfácio da edição de 1872 do Livro I, encontre o elemento negativo no positivo, e não o contrário[49]; ou seja, que não alcance um "absoluto" conciliador, diante do qual o processo inteiro apareça redimido como em uma "justificação de Deus" ou uma "teodiceia"[50].

Apesar disso tudo, para Marx, o "entendimento humano comum" engendra representações que não falseiam a realidade capitalista. Basta lembrar passagens importantes que advertem, por exemplo, que "as relações sociais de seus trabalhos privados aparecem" aos produtores "como o que são"; e que "o cérebro dos produtores privados reflete esse duplo caráter social sob as formas nas quais ele aparece no intercâmbio prático, na troca de produtos"; enfim, que "as formas que compõem as categorias da economia burguesa" são "socialmente válidas, ou seja, formas de pensamento objetivas para as relações de produção desse modo de produção social historicamente determinado"[51]. As relações sociais não aparecem como o que não são, e sim "como o que são". O "cérebro reflete" o caráter útil e abstrato do trabalho

---

[49] Lembremos o texto tão conhecido e analisado em parte no final da Parte II deste livro: "Em sua forma mistificada a dialética foi uma moda alemã, porque parecia transfigurar o existente. Em sua figura racional ela é um escândalo e um horror para a burguesia e seus porta-vozes doutrinários, porque no entendimento positivo do existente inclui ao mesmo tempo também o entendimento de sua negação [...] conforme sua essência, ela é crítica e revolucionária" ("In ihrer mystificirten Form ward die Dialektik deutsche Mode, weil sie das Bestehende zu verklären schien. In ihrer rationellen Gestalt ist sie dem Bürgerthum und seinen doktrinären Wortführern ein Aergerniß und ein Greuel, weil sie in dem positiev Verständniß des Bestehenden zugleich auch das Verständniß seiner Negation [...] ihrem Wesen nach kritisch und revolutionär ist") (MEGA II/10, p. 17 [MEW 23, p. 27-8; *O capital I*, p. 91]). No texto, a dialética "racional" realça o "negativo" no "positivo", sendo por isso "crítica", enquanto a de Hegel "transfigura o existente", isto é, busca o positivo no negativo. Em ambas se dá o jogo do positivo e do negativo que define a dialética, mas o lado dominante é o inverso.

[50] "Unsere Betrachtung ist insofern eine Theodizee, eine Rechtfertigung Gottes" (G. W. F. Hegel, *Die Vernunft in der Geschichte*, cit., p. 48 [ed. bras.: *A razão na história*, cit., p. 46]).

[51] "Den producenten erscheinen daher die gesellschaftlichen Beziehungen ihrer Privatarbeiten als das was sie sind [...]. Das Gehirn der Privatproducenten spiegelt diesen doppelten gesellschaftlichen Charakter ihrer Privatarbeiten nur wieder in den Formen, welche im praktischen Verkehr, im Produktenaustausch erscheinen [...]. Derartige Formen bilden eben die Kategorien der bürgerlichen Oekonomie. Es sind gesellschftliche gültige, also objective Gedankenformen für

"sob as formas nas quais ele aparece", de fato, "no intercâmbio prático". As "formas que compõem as categorias" não são "formas de pensamento" falsas, ilusórias, e sim "objetivas".

Portanto, se, em Hegel, a passagem da representação ao conceito significa um avanço em direção à verdade, que não consiste na mera correspondência ao real, mas na exposição do seu *modus operandi*[52], em Marx o problema parece mais complicado. Com a apresentação das categorias em *O capital*, a verdade não vai surgindo aos poucos. Ao contrário, o que se apresenta é o modo como as representações se tornam gradualmente "sem conceito", opacas em relação à substância, brilhantes em relação à forma. Mas todas "as formas que compõem as categorias da economia burguesa" são "objetivas" e correspondem desde o começo ao "intercâmbio prático". Mesmo as formas do capital "fictício" se naturalizam porque lançam mão de objetos criados para lhes servir de lastro, objetos que existem como valores de uso.

O paradoxo de representações "objetivas", mas legitimadoras do "irracional", talvez possa ser resolvido por meio de outro, presente em *A ideologia alemã* e citado ainda nas "Considerações iniciais" deste livro. Lá vimos ser possível "representar *realmente* algo, sem representar algo real"[53], em uma clara distinção entre a realidade do ato de representar algo na consciência e a ausência de realidade desse representado. A "realidade" da representação estaria antes no ato de representar que no objeto representado. Essa distinção tem como pano de fundo outra distinção importante de *A ideologia alemã*: a de uma forma de consciência circunscrita à ação efetiva, "mera consciência do âmbito [*Umgebung*] sensível *mais próximo* e dos nexos restritos com outras pessoas e coisas"; e a chamada consciência "pura", que surge historicamente com a divisão entre o trabalho material e o trabalho espiritual, permitindo que um grupo social se dedique só a pensar objetos separados do "âmbito sensível mais próximo" e a formular "uma 'pura' teoria, teologia, filosofia, moral etc."[54]. Assim, enquanto a "consciência da

---

die Produktionsverhältnisse dieser historisch bestimmten gesellschaftlichen Produktionsweise" (MEGA II/10, p. 72, 73 e 75 [MEW 23, p. 87, 88 e 90; *O capital I*, p. 148, 149 e 151]).

[52] "Na medida em que a verdadeira figura da verdade é posta na cientificidade – ou, o que dá no mesmo, na medida em que se afirma que a verdade só pode ter sua existência no conceito [...]" ("Indem die wahre Gestalt der Wahrheit in die Wissenschaftlichkeit gesetzt wird – oder was dasselbe ist, indem die Wahrheit behauptet wird an dem Begriffe allein das Element ihrer Existenz zu haben [...]") (G. W. F. Hegel, *Phänomenologie des Geistes*, cit., p. 12).

[53] Ver nota 1 das "Considerações iniciais".

[54] "Das Bewußtsein ist natürlich zuerst bloß Bewußtsein über die *nächste*, sinnliche Umgebung & Bewußtsein des bornirten Zusammenhanges mit andern Personen & Dingen [...] und der 'reinen' Theorie, Theologie Philosophie Moral &c" (MEGA I/5, p. 30-1 [MEW 3, p. 31; *A ideologia alemã*, p. 35-6]).

prática existente" representaria algo real, relativo aos "nexos restritos com outras pessoas e coisas", a consciência "pura" representaria "realmente algo, sem representar algo real".

Embora essas ideias tenham sido formuladas cerca de vinte anos antes da redação da "crítica da economia política", elas constituem uma das poucas elaborações do problema da consciência por Marx e podem ajudar a equacionar os paradoxos daquilo que *O capital* chama de "entendimento humano comum"; desde que se faça uma ressalva. Em *A ideologia alemã*, Marx e Engels tinham a intenção de indicar e de refutar a permanência do idealismo na crítica ao idealismo feita por Feuerbach, Stirner e Bauer e, para isso, desenvolveram uma concepção materialista para a história em geral. É a essa generalidade que concerne a distinção, vista acima, entre as formas de consciência, que teriam surgido como resultado de uma divisão do trabalho muito antiga. Contudo, no caso específico do capitalismo, é preciso introduzir um matiz na distinção original. A consciência "pura" continua "representando realmente algo, sem representar algo real". Mas também a consciência "prática" passa a fazê-lo, pois, mesmo que trabalhe e troque dentro de "nexos restritos com outras pessoas e coisas", ela só tem acesso a essas "pessoas e coisas" utilizando mediadores sociais cuja "realidade" é instituída pelo poder formal do capital.

Até mais do que a consciência "pura", a consciência "da prática existente" deve empregar tais mediadores. E, justamente porque emprega esses representantes práticos do poder social, ela assimila as formas peculiares ao capitalismo com a naturalidade com que maneja os valores de uso que servem de suporte aos representantes práticos. Ela vê as formas "desse modo de produção social historicamente determinado" como tão naturais quanto as coisas que emprega distraída, e essa despreocupação aumenta a força com que os "nexos com pessoas e coisas" nela penetram.

Como diz um texto citado acima, "Monsieur le Capital e Madame la Terre" aparecem como "categorias sociais e, ao mesmo tempo, já como simples coisas", fixando-se assim na consciência. Configuram, como vimos na sequência desse texto, uma "*religion of every day's life*", expressão que alude à presença da religião no cotidiano, na vida comum das pessoas, por oposição à religião do domingo, dos dias santificados e excepcionais. *A religion of every day's life* marca os atos mais simples e banais com o sinal da transcendência, faz do trabalho um tipo de oração e das trocas um ritual. No mundo do capital, a força mágica dos representantes do poder social será tanto maior quanto mais diluída estiver pelos laços que os indivíduos constituem e reconstituem todos os dias, atentos a seus afazeres imediatos, e não à intervenção externa da força mágica.

Além de uma explicação para a forma específica da representação mental no capitalismo, para o modo como as coisas e as práticas são apreendidas e organizadas na consciência dos agentes, temos nessas distinções também uma chave para o paradoxo de tal representação ser "objetiva", mas não "real". Como a consciência "da prática existente" no capitalismo identifica o sentido social das coisas com as coisas mesmas, o valor com o valor de uso, o trabalho abstrato com o trabalho útil, ela vê em cada forma social algo perene representado por seu signo prático. Ela não vê que a forma mesma, marcada por uma oposição interna, apresenta essa oposição na oposição externa projetada e resolvida no representante; não vê que essa nova forma, por sua vez, reconstitui a oposição interna e a apresenta em outra, projetada e resolvida em mais um representante prático. Ela imobiliza a fluidez das apresentações em momentos estanques, separando cada forma social uma da outra e as representando como algo naturalmente distinto. É como se a oposição interna deixasse de existir em cada polo da relação ao se projetar na relação entre os dois polos. E, de fato, para efeitos "práticos", ela deixa de existir em cada polo.

Para efeitos "práticos", a mercadoria é simples valor de uso, e o dinheiro, simples valor de troca. Apesar de vinculadas, são duas formas sociais diferentes; o dinheiro não se deduz da mercadoria, é tão estanque quanto as formas do capital que teriam apenas em si sua razão de existir. As "formas de pensamento" que veem assim as coisas são "objetivas" porque suas representações correspondem ao seu objeto, mas esse objeto não é a forma social inteira, e sim o mediador que a sintetiza e apresenta como algo isolado. As "categorias da economia burguesa" são definidas como "socialmente válidas" nesse sentido do "social", isto é, da representação praticada pelo mediador. Mas é crucial atentar para o adjetivo "válidas", empregado por Marx. Aqui, a "validade"[55] está relacionada à representação, e não ao conceito, ao ato de "representar realmente algo", nas palavras de *A ideologia alemã*, e não à realidade desse algo representado. Ela pode ser contraposta a uma ideia de "verdade" relacionada ao conceito e à realidade.

Não só para Hegel, também para Marx o conceito "corresponde" à "figura interna essencial [...] à figura nuclear invisível" da forma social, cuja realidade reside na relação com as demais formas sociais, na passagem fluida de uma a outra, na recomposição desse todo do qual cada uma faz parte. Porém, condicionada por mediadores como o dinheiro, a "consciência prática" não pode perceber o

---

[55] *Gültigkeit* em alemão. O termo aparece novamente, por exemplo, em um texto do Livro III que explica que, no começo do capitalismo, "a propriedade do solo ainda vigorava [*galt*] na representação popular como forma primitiva e respeitável de propriedade privada, enquanto os juros do capital eram desacreditados como usura" (MEGA II/4.2, p. 674 [MEW 25, p. 635; *O capital III*, p. 683]); citado na nota 77 (p. 237). Na "representação popular" (*populäre Vorstellung*), uma ideia "vigora" ou é válida.

processo de constituição das formas mais ricas a partir das formas mais simples, não vê relação entre elas e toma cada qual por um todo em separado. Nesse sentido, "as categorias da economia burguesa" não apreendem a realidade, mas são "socialmente válidas". Na relação de troca de duas mercadorias, por exemplo, a realidade é que a oposição entre valor de uso e valor persiste em cada polo, embora, na prática, o que seja "válido" é o fato de ela passar a existir só na relação externa entre ambos.

Portanto, "validade" é sempre "validade social". Ela depende do modo especificamente capitalista de sociabilidade, mediado por signos do poder social constitutivos do "objeto" que a "consciência prática" vê diante de si. Por causa desses signos, a consciência se vê como "sujeito" capaz de conhecer a realidade, mas as coisas não se tornam "objeto" para a consciência por força da própria consciência, e sim pela mediação dos representantes práticos do capital. Essa realidade dita a forma da consciência, como se afirmou anteriormente, porque, aqui, conhecer é conhecer pelo símbolo, pelo substituto representado na prática mesma.

Assim, o "modo de representação capitalista" deriva da experiência dos agentes econômicos e se eleva, para a consciência "pura" dos teóricos de tal experiência, na doutrina que Marx chama de economia "vulgar". A economia "vulgar" é mencionada em vários momentos de *O capital*, com mais frequência no Livro III, referida à "figura pronta das relações econômicas, tal como ela se mostra na superfície, em sua existência real e, daí, também nas representações dos agentes e portadores dessas relações", como diz um dos textos citados acima. Marx a associa à ausência de conceito, à forma vazia. Ele afirma, por exemplo, que "o preço de produção já é *prima facie* uma *forma sem conceito* do valor das mercadorias, totalmente alienada, forma que *aparece na concorrência* e que está presente, portanto, na consciência do '*hominis capitalis vulgaris*' e, daí, também na do economista vulgar"[56]. Novamente surge no texto o tema do vínculo entre valor e preço, escondido "na concorrência" e, por isso, também na percepção do agente – *hominis capitalis vulgaris* – e, "daí", do "economista vulgar".

A "vulgaridade" com que Marx qualifica a consciência do agente e do seu porta-voz teórico tem a ver com a ausência do conceito, com o fato de sua percepção não

---

[56] "[...] der Productionspreiß schon eine ganz veräusserlichte und prima facie *begriffslose Form* des Waarenwerths ist, eine Form wie sie in der *Concurrenz erscheint*, also im Bewußtsein des '*hominis capitalis vulgaris*' und darumauch in dem der Vulgärökonomen" (MEGA II/4.2, p. 272 [MEW 25, p. 208; *O capital III*, p. 233]). Em outro texto, "a concorrência tem de se encarregar de explicar toda a falta de conceitos dos economistas, quando, ao contrário, eles é que tinham de explicar a concorrência" ("die Konkurrenz muß auf sich nehmen alle Begriffslosigkeiten der Oekonomen zu erklären, während sie umgekehrt die Konkurrenz zu erklären hätten") (MEGA II/4.2, p. 884 [MEW 25, p. 873; *O capital III*, p. 927-8]).

ultrapassar o nível da representação que confunde o processo com seu resultado, a parte com o todo. Para Marx,

> como a *economia vulgar* de fato nada mais faz que a tradução, a sistematização e a apologia doutrinária das representações dos agentes presos às relações de produção burguesas, não nos deve surpreender que ela se sinta em casa justamente na *forma de aparecimento* alienada [*entfremdeten*] das relações econômicas, que são *prima facie* esdrúxulas e completas contradições – e toda a ciência seria supérflua se as formas de aparecimento e a essência das coisas coincidissem imediatamente –, e que essas relações lhe apareçam tanto mais óbvias, quanto mais se oculte nelas o nexo interno e elas sejam tangíveis para a representação ordinária.[57]

Além da conhecida observação sobre a "ciência" e a "coincidência imediata" de "essência" e "forma de aparecimento", o trecho apresenta uma definição clara da "economia vulgar" como "tradução, sistematização e apologia doutrinária das representações". A "economia vulgar" rebate as representações para a forma "pura" da consciência e as organiza, dando-lhes a aparência de rigor conceitual; ela não deixa de ser uma "apologia" dessas representações, mas é uma apologia "doutrinária", forma da "consciência pura".

Porém, tanto quanto os agentes "presos às relações de produção burguesas", os economistas "vulgares", que se limitam a "traduzir" e a "sistematizar" a consciência prática dos agentes, estão "presos" à mera "forma de aparecimento alienada das relações econômicas", nas quais "se oculta o nexo interno". Tanto quanto no "entendimento humano comum" dos agentes, nas representações dos economistas "vulgares" o "irracional" também parece "racional", ou seja, as "relações econômicas [...] esdrúxulas e completas contradições" se afiguram como "óbvias". A sequência do texto esclarece o que Marx quer dizer com "esdrúxulo" e "completa contradição". Trata-se das "grandezas incomensuráveis" já examinadas acima. "Primeiro temos o *valor de uso* do solo, que não tem valor, e o valor de troca *renda* [...] depois *capital – juros*", em que é "absurdo que um valor tenha mais valor do

---

[57] "Da die *Vulgärökonomie* in der That nichts thut als die Vorstellungen der in den bürgerlichen Productionsverhältnissen befangenen Agenten dieser Production doctrinär zu verdollmetschen, zu systematisiren und zu apologisiren, so darf es uns nicht Wunder nehmen, daß sie grade in den entfremdeten *Erscheinungsform* der ökonomischen Verhältnisse, die 'prima facie' abgeschmackt und vollkommne Widersprüche sind – und alle Wissenschaft wäre überflüssig, wenn die Erscheinungsform und das Wesen der Dinge unmittelbar zusammenfielen, – sich vollkommen bei sich fühlt und ihr diese Verhältnisse um so selbstverständlicher erscheinen, je mehr der innere Zusammenhang in ihnen verborgen ist und sie der ordinären Vorstellungen handgreiflich sind" (MEGA II/4.2, p. 720-1 [MEW 25, p. 825; *O capital III*, p. 880]).

que ele vale. [...] Por fim, *trabalho – salário, preço do trabalho* que contradiz, como demonstramos, o conceito de valor e de preço"[58]. Em todos esses casos, estabelecer elos entre o sentido social das coisas e as coisas mesmas, entre o valor e o valor de uso, é algo "irracional" que a "representação ordinária" pretende "óbvio" e que a "economia vulgar" se propõe a "traduzir e sistematizar" em forma "doutrinária" mediante a mensuração precisa e o cálculo matemático. O resultado é algo tão "esdrúxulo" quanto um "logaritmo amarelo", como diz a continuação do texto.

"Mas aqui o economista vulgar está enfim satisfeito, pois ele chegou agora ao conhecimento profundo do burguês, de que paga dinheiro pelo trabalho"[59]. O salário, como medida do trabalho que cria valor para o capitalista, e não da força de trabalho que o capitalista comprou, esconde o mais-valor; é uma falsa medida. Do mesmo modo a renda da terra, que remunera um direito, e não a própria terra; ou os juros, que remuneram a propriedade do capital, e não o seu emprego para a produção de mais-valor. São tentativas de encobrir o "irracional" com o procedimento matemático que, já pela simples mensuração, tornaria tudo isso "racional" e científico.

O que Marx concebe como "ciência" tem a ver, pelo menos no caso do capitalismo, com o fato de "as formas de aparecimento e a essência das coisas" não "coincidirem imediatamente". Ao contrário, como essas "formas de aparecimento" invertem a determinação "essencial", a tarefa da "ciência" não é constatar o "óbvio" e medi-lo, e sim descobrir o que se esconde por trás dele. Marx é explícito: "que no seu aparecimento as coisas frequentemente se apresentem invertidas é fato conhecido de todas as ciências, com exceção da economia política"[60]. O problema de fundo é que a economia política, "vulgar" ou não, não se preocupa com o modo como as coisas "se apresentam". "Ela nunca sequer se perguntou por que este conteúdo adota aquela forma"[61], nas palavras do Livro I. Mais uma vez, a despreocupação aqui se relaciona às práticas do agente econômico, mediadas por critérios de

---

[58] "Erst haben wir den *Gebrauchswerth* Boden, der keinen Werth hat, und den Tauschwerth *Rente* [...] dann *Capital – Zins* [...] so ist es Unsinn, daß ein Werth mehr werth sein soll als er werth ist. [...]. Endlich *Arbeit – Arbeitslohn, Preiß der Arbeit* haben wir nachgewiesen daß dieser Ausdruck, prima facie den Begriff des Werths und des Preisses [...] durchaus widerspricht" (MEGA II/4.2, p. 721 [MEW 25, p. 825-6; *O capital III*, p. 880-1]).
[59] "Aber hier ist der Vulgärökonom erst recht befriedigt, da er nun bei der tiefen Erkenntniß des Bürgers angelangt, daß er Geld für die Arbeit zahlt" (MEGA II/4.2, p. 721 [MEW 25, p. 826; *O capital III*, p. 881]. Já citado na nota 114, p. 261).
[60] "Daß in der Erscheinung die Dinge sich oft verkehrt darstellen, ist ziemlich in allen Wissenschaften bekannt, außer in der politischen Oekonomie" (MEGA II/10, p. 481 [MEW 23, p. 559; *O capital I*, p. 607]).
[61] "Sie hat niemals auch nur die Frage gestellt, warum dieser Inhalt jene Form annimmt" (MEGA II/10, p. 79 [MEW 23, p. 95; *O capital I*, p. 155]).

"validade" baseados na eficácia dos mediadores sociais. Enquanto os mediadores conseguem medir, as relações de troca prosseguem, sem que seja preciso perguntar o que, de fato, ocorre aí.

Nesse contexto, é inevitável lembrar ainda uma passagem de *O capital* em que Marx diferencia níveis de percepção pelos agentes da "consciência pura":

> Para a visão costumeira, essas *relações de distribuição* aparecem como *relações naturais* [...]. Contudo, uma consciência com mais formação, mais crítica, admite o caráter histórico das *relações de distribuição* e se apega com tanto mais firmeza ao caráter permanente, originado da natureza humana e, por isso, *a-histórico*, das próprias *relações de produção*. A análise científica do *modo de produção capitalista*, ao contrário, demonstra que ele é um modo de produção de tipo peculiar, com uma determinação histórica específica, que, como qualquer outro modo de produção determinado, pressupõe a *condição histórica* de um dado nível das forças produtivas sociais e da sua forma de desenvolvimento [...].[62]

Há três momentos claramente distintos nessa passagem. Primeiro, o da "visão costumeira", provavelmente próxima da "consciência prática", em que até as relações de distribuição "aparecem como relações naturais". Segundo, o de uma "consciência com mais formação, mais crítica", que "admite o caráter histórico" apenas das "relações de distribuição", mas, por isso mesmo, nega "com firmeza" que tal caráter esteja presente nas relações de produção; e, com isso, defende a própria base do sistema capitalista contra qualquer suspeita de transitoriedade. Por fim, o terceiro momento é o de uma análise que é "científica" porque reconhece a impermanência histórica tanto das relações de distribuição quanto das de produção. Em uma nota de rodapé do próprio manuscrito, o segundo nível é referido à obra de John Stuart Mill, o que autoriza a interpretar o texto como uma diferenciação entre a economia "vulgar", a economia política e o esforço de análise do próprio Marx.

---

[62] "Der gewöhnlichen Anschauung erscheinen diese *Distributionsverhältnisse* als *Naturverhältnisse* [...]. Weiter gebildetes, mehr kritisches Bewußtsein giebt jedoch den *historischen Charakter* der *Distributionsverhältnisse* zu, und hält dafür um so fester an dem gleichbleibenden, aus der menschlichen Natur entspringenden, und daher *unhistorischen Charakter* der *Productionverhältnisse* selbst fest. Die wissenschaftliche Analyse der *capitalistischen Productionsweise* beweist dagegen umgekehrt, daß sie eine Productionsweise eigenthümlicher Art, von spezifisch historischer Bestimmtheit ist, die, wie jede andre bestimmte Productionsweise, eine gegbne Stufe der gesellschaftlichen Productivkräfte und ihrer Entwicklungsformen, als *ihre historische Bedingung* voraussetzt [...]" (MEGA II/4.2, p. 894-5 [MEW 25, p. 884-5; *O capital III*, p. 939-40]).

A "formação" se associa aqui à "crítica" e ao padrão do que seria "ciência". Para Marx, muito mais do que a quantificação e o cálculo, a característica da "análise científica" é a descoberta do que está por trás da mensuração e a torna possível, mas, ao mesmo tempo, a torna igualmente confusa e impossível muitas vezes. Nesse sentido, "criticar" não consiste tanto em avaliar de acordo com um critério ou em submeter algo a um crivo, e sim em apontar a desmedida sempre latente na medida, desvelando a crise real que marca tanto as "relações de produção" quanto as "relações de distribuição" do capitalismo com o sinal de uma historicidade inapelável. Mesmo que as formas da "consciência pura" possam adquirir autonomia e enorme complexidade, sua origem e seu motivo profundo nunca deixarão de ser o modo de representação capitalista.

Referências bibliográficas

Arantes, Paulo. *Hegel: a ordem do tempo*. São Paulo, Polis, 1981.
Arthur, Christopher. Arbeit, Zeit und Negativität. In: Bonnefeld, Werner; Heinrich, Michael. *Kapital und Kritik nach der "neuen" Marx-Lektüre*. Hamburgo, VSA, 2011.
_____. *The New Dialectic and Marx's Capital*. Boston, Brill, 2002.
Artous, Antoine. *Le fétichisme chez Marx: le marxisme comme théorie critique*. Paris, Syllepse, 2006.
Aubenque, Pierre. *Le problème de l'être chez Aristote*. Paris, PUF, 1962 [ed. bras.: *O problema do ser em Aristóteles*. Trad. Cristina de Souza Agostini e Dioclézio Domingos Faustino. São Paulo, Paulus, 2012].
Backhaus, Hans-Georg. Zur Dialektik der Wertform. In: Schimidt, Alfred (org.). *Beiträge zur Marxistischen Erkenntnistheorie*. Frankfurt, Suhrkamp, 1969.
Bensch, Hans-Georg. Zur Grundrente: von Marxschen Anweisungen und Engelsschen Umsetzungen. *Beiträge zur Marx-Engels Forschung. Neue Folge*. Berlim, Argument, 1999.
Böhme, Hartmut. *Fetischismus und Kultur: eine andere Theorie der Moderne*. Hamburgo, Rowohlt, 2006.
Bonsiepen, Wolfgang. *Die Begründung einer Naturphilosophie bei Kant, Schelling, Fries und Hegel: mathematische versus spekulative Naturphilosophie*. Frankfurt, Klostermann, 1997.
Carver, Terrell. "Marx-Engels" or "Engels vs. Marx"? *MEGA-Studien*. Berlim, Dietz, v. 2, 1996.
Debord, Guy. *La société du spectacle*. Paris, Gallimard, 1992 [ed. bras.: *A sociedade do espetáculo*. Trad. Estela dos Santos Abreu. Rio de Janeiro, Contraponto, 2013].
Deleuze, Gilles. *Spinoza et le problème de l'expression*. Paris, Minuit, 1968 [ed. bras.: *Espinosa e o problema da expressão*. Trad. GT Deleuze-12, São Paulo, Editora 34, 2017].
Diderot, Denis. *Oeuvres complètes*. Org.: Dieckmann-Varloot. Paris, Hermann, 1990. t. XVI.
Dobb, Maurice. *Theories of Value and Distribution since Adam Smith: Ideology and Economic Theory*. Cambridge, Cambridge University Press, 1973 [ed. bras.: *Teorias de valor e distribuição desde Adam Smith*. Lisboa, Presença, 1973].
Duden – Das Große Wörterbuch der deutschen Sprache. Mannheim, Dudenverlag, 1999.

ELBE, Ingo. Wertformanalyse und Geld. Zur Debatte über Popularisierungen, Brüche und Versteckspiele in der Marxschen Darstellung. In: ELBE, Ingo; REICHARDT, Tobias; WOLF, Dieter. *Gesellschaftliche Praxis und ihre Wissenschaftliche Darstellung*. Berlim, Argument, 2008.

FULDA, Hans-Friedrich. These zur Dialektik als Darstellungsmethode (im Kapital von Marx). *Hegel Jahrbuch*. Colônia, Pahl Rugenstein, 1974.

GIANNOTTI, José Arthur. *Trabalho e reflexão*. São Paulo, Brasiliense, 1984.

GRESPAN, Jorge. A dialética do avesso. *Crítica Marxista*, São Paulo, Boitempo, v. 14, 2002.

_____. As formas da mais-valia. *Crítica Marxista*, São Paulo, Editora Unesp, v. 33, 2011.

GRIMM, Jacob; GRIMM, Wilhelm. *Deutsches Wörterbuch*. Leipzig, Hirzel, 1984 [1860].

HARVEY, David. *The Limits to Capital*. Oxford, Basil Blackwell, 1982 [ed. bras.: *Os limites do capital*. Trad. Magda Lopes. São Paulo, Boitempo, 2013].

HAUG, Wolfgang Fritz. *Kritik der Warenästhetik: gefolgt von Warenästhetik im High-Tech-Kapitalismus*. Frankfurt, Suhrkamp, 2009 [ed. bras.: *Crítica da estética da mercadoria*. Trad. Erlon Pascoal. São Paulo, Editora Unesp, 1996].

HECKER, Rolf. Einige Probleme der Wertformanalyse in der Erstausgabe des "Kapitals" von Karl Marx. *Arbeitsblätter zur Marx-Engels Forschung*, Berlim, v. 8, 1979. p. 76-94.

_____. Zur Entwicklung der Werttheorie von der 1. zur 3. Auflage des ersten Bandes des "Kapital" von Karl Marx (1867-1883). *Marx-Engels Jahrbuch*, Berlim, v. 10, 1987.

HEGEL, Georg Wilhelm Friedrich. *Die Vernunft in der Geschichte*. Org.: Georg Lasson. Hamburgo, Felix Meiner, 1955 [ed. port.: *A razão na história*. Trad. Artur Morão. Lisboa, Edições 70, 1995].

_____. *Enzyklopädie der philosophischen Wissenshaften im Grundrisse* (1817). Bonsiepen & Grotsch (orgs). Hamburgo, Felix Meiner, 2000 [ed. bras.: *Enciclopédia das ciências sociais em compêndio*, v. I: *A ciência da lógica*; v. II: *A filosofia da natureza*; v. III: *A filosofia do espírito*. Trad. Paulo Meneses e José Machado. São Paulo, Loyola, 1995-1997].

_____. *Enzyklopädie der philosophischen Wissenshaften im Grundrisse* (1827). Bonsiepen & Lucas (orgs). Hamburgo, Felix Meiner, 1989.

_____. *Gesammelte Werke*, v. 9: *Phänomenologie des Geistes*. Orgs.: Wolfgang Bonsiepen e Reinhard Heede. Hamburgo, Felix Meiner, 1980 [ed. bras.: *Fenomenologia do espírito*. Trad. Paulo Meneses. 9. ed. Petrópolis/Bragança Paulista, Vozes/Edusf, 2014].

_____. *Gesammelte Werke*, v. 11: *Wissenschaft der Logik: die Objektive Logik (1812-1813)*; v. 12: *Wissenschaft der Logik: die Subjektive Logik (1816)*. Orgs.: Friedrich Hogemann e Walter Jaeschke. Hamburgo, Felix Meiner, 1978-1981.

_____. *Gesammelte Werke*, v. 30.1: *Vorlesungen über die Geschichte der Philosophie*. Org.: Klaus Grotsch. Hamburgo, Felix Meiner, 2016 [ed. bras.: *Introdução à história da filosofia*, trad. Artur Morão, Rio de Janeiro, Edições 70, 2006].

HEINRICH, Michael. *Die Wissenschaft vom Wert*. Münster, Westfälisches Dampfboot, 1999.

_____. Engels' Edition of the Third Volume of Capital and Marx' Original Manuscript. *Science & Society*, v. 60, n. 4, 1996-1997 [ed. bras.: A edição de Engels do Livro III de *O capital* e o manuscrito original de Marx. *Crítica Marxista*. São Paulo, Editora Unesp, v. 43, 2016].

Referências bibliográficas / 299

_____. "Entstehungs- und Auflösungsgeschichte des Marxschen 'Kapital'". In: BONNEFELD, Werner; HEINRICH, Michael (orgs.). *Kapital und Kritik nach der "neuen" Marx-Lektüre*. Hamburgo, VSA, 2011.

HOBBES, Thomas. *Leviathan*. Londres, Penguin, 1968 [ed. bras.: *Leviatã*, trad. João Paulo Monteiro e Maria Beatriz Nizza da Silva, 2. ed., São Paulo, Martins Fontes, 2008].

HOFF, Jan. *Marx Global*. Berlim, Akademie, 2009.

HUBMANN, Gerald. Da política à filologia: a Marx-Engels Gesamte Ausgabe. *Crítica Marxista*. São Paulo, Editora Unesp, v. 34, 2012. p. 33-42.

KASHIURA JR., Celso Naoto. *Crítica da igualdade jurídica*. São Paulo, Quartier Latin, 2009.

KRÄTKE, Michael. Geld, Kredit und verrückte Formen. *MEGA-Studien*. Amsterdã, 2000-2001.

KONDER, Leandro. *A questão da ideologia*. São Paulo, Companhia das Letras, 2003.

KURZ, Robert. *Geld ohne Wert*. Berlim, Horlemann, 2012.

MANDEL, Ernest. *"Introduction" to Capital Volume 3*. Londres, Penguin, 1981.

MARC, André. *L'idée de l'être chez saint Thomas et la scolastique postérieure*. Paris, Gabriel Beauchesne et ses Fils, 1931.

MARX, Karl. *Das Capital* (v. I, 1867). MEGA II/5. Berlim, Dietz, 1983.

_____. *Das Capital* (v. I, 1872). MEGA II/6. Berlim, Dietz, 1987.

_____. *Das Capital* (v. I, 1883). MEGA II/8. Berlim, Dietz, 1989.

_____. *Das Capital* (v. I, 1890). MEGA II/10. Berlim, Dietz, 1991 [ed. bras.: *O capital: crítica da economia política*, Livro I: *O processo de produção do capital*. Trad. Rubens Enderle. 2. ed., São Paulo, Boitempo, 2017].

_____. *Das Elend der Philosophie: Antwort auf Proudhons "Philosophie des Elends"*. MEW 4. Berlim, Dietz, 1977 [ed. bras.: *Miséria da filosofia: resposta à Filosofia da Miséria, do sr. Proudhon*. Trad. José Paulo Netto. São Paulo, Boitempo, 2017].

_____. *Das Kapital* (v. II, 1885). MEGA II/13. Berlim, Akademie, 2008 [ed. bras.: *O capital: crítica da economia política*, Livro II: *O processo de circulação do capital*. Trad. Rubens Enderle. São Paulo, Boitempo, 2014].

_____. *Das Kapital* (v. III). MEGA II/15. Berlim, Akademie, 2004 [ed. bras.: *O capital: crítica da economia política*, Livro III: *O processo global da produção capitalista*. Trad. Rubens Enderle. São Paulo, Boitempo, 2017].

_____. *Grundrisse*. MEGA II/1.1 e 1.2. Berlim, Dietz, 1976-1981 [ed. bras.: *Grundrisse: manuscritos econômicos de 1857-1858 – esboços da crítica da economia política*. Trad. Mario Duayer e Nélio Schneider, com a colaboração de Alice Helga Werner e Rudiger Hoffman. São Paulo, Boitempo, 2011].

_____. *Le capital* (v. I, 1872). MEGA II/7. Berlim, Dietz, 1989.

_____. *Manuskript 1861-63* (1ª parte). MEGA II/3.1. Berlim, Dietz, 1976 [ed. bras.: *Para a crítica da economia política: manuscrito de 1861-1863 (cadernos I a V) – Terceiro Capítulo: o capital em geral*. Trad. Leonardo de Deus. Belo Horizonte, Autêntica, 2010].

_____. *Manuskript 1861-63* (3ª parte). MEGA II/3.3. Berlim, Dietz, 1978.

_____. *Manuskript 1861-63* (5ª parte). MEGA II/3.5. Berlim, Dietz, 1980.
_____. *Manuskript 1861-63* (6ª parte). MEGA II/3.6. Berlim, Dietz, 1982.
_____. *Manuskript 1863-67* (1ª parte; com a primeira versão do Livro MEGA II). MEGA II/4.1. Berlim, Dietz, 1988.
_____. *Manuskript 1863-67* (2ª parte). MEGA II/4.2. Berlim, Dietz, 1992.
_____. *Manuskript 1863-67* (3ª parte). MEGA II/4.3. Berlim, Akademie, 2012.
_____. *Manuskript zum zweiten Band des 'Kapital' (1868-1881)*. MEGA II/11. Berlim, Akademie, 2008.
_____. *Ökon.-phil. Manuskript* (1ª e 2ª versões). MEGA I/2. Berlim, Dietz, 1982 [ed. bras.: *Manuscritos econômico-filosóficos*. Trad. Jesus Ranieri. São Paulo, Boitempo, 2004].
_____. *Randglosssen zu Adolph Wagners 'Lehrbuch der politischen Ökonomie'*. MEW 19. Berlim, Dietz, 1962.
_____. *Redaktionsmanuskript von Engels zum zweiten Band des 'Kapital'*. MEGA II/12. Berlim, Akademie, 2005.
_____. *Theorien über den Mehrwert* (1ª parte). MEW 26.1. Berlim, Dietz, 1967 [ed. bras.: *Teorias da mais-valia: história crítica do pensamento econômico*, v. II. Trad. Reginaldo Sant'Anna. São Paulo, Difel, 1980].
_____. *Theorien über den Mehrwert* (2ª parte). MEW 26.2. Berlim, Dietz, 1965 [ed. bras.: *Teorias da mais-valia: história crítica do pensamento econômico*, v. I. Trad. Reginaldo Sant'Anna. São Paulo, Difel, 1980].
_____. *Zur Kritik der Hegelschen Rechtsphilosophie*. MEW 1. Berlim, Dietz, 1981 [ed. bras.: *Crítica da filosofia do direito de Hegel (1843)*. Trad. Rubens Enderle e Leonardo de Deus. 2. ed. rev., São Paulo, Boitempo, 2010].
_____. *Zur Kritik der politischen Ökonomie*. MEGA II/2. Berlim, Dietz, 1980.
_____. *Zur Kritik der politischen Ökonomie*. MEW 13. Berlim, Dietz, 1961 [ed. bras.: *Para a crítica da economia política*. Trad. Edgard Malagodi. São Paulo, Nova Cultural, 2005].
MARX, Karl; ENGELS, Friedrich. *Briefe* (4/10/1864-19/12/1867). MEW 31. Berlim, Dietz, 1965.
_____. *Briefe* (Jan/1849-Dez/1850). MEGA III/3. Berlim, Dietz, 1981.
_____. *Briefe* (Jan/1858-Aug/1859). MEGA III/9. Berlim, Akademie, 2003.
_____. *Briefe* (Jan/1862-Sept/1864). MEGA III/12. Berlim, Akademie, 2013.
_____. *Briefe* (Jun/1860-Dez/1861). MEGA III/11. Berlim, Akademie, 2005.
_____. *Briefe* (Mai/1846-Dez/1848). MEGA III/2. Berlim, Dietz, 1979.
_____. *Briefe* (Okt/1864-Dez/1865). MEGA III/13. Berlim, Akademie, 2002.
_____. *Deutsche Ideologie*. MEGA I/5. Berlim, Dietz, 2017.
_____. *Die deutsche Ideologie: Kritik der neuesten deutschen Philosophie in ihren Repräsentanten Feuerbach, B. Bauer und Stirner, und des deutschen Sozialismus in seinen verschiedenen Propheten. MEW 3. Berlim, Dietz, 1978* [ed. bras.: *A ideologia alemã: crítica da mais recente filosofia alemã em seus representantes Feuerbach, B. Bauer e Stirner, e do socialismo alemão em seus diferentes profetas (1845--1846)*. Trad. Rubens Enderle, Nélio Schneider e Luciano Cavini Martorano. São Paulo, Boitempo, 2007].

_____. *Manuskripte und redaktionelle Texte zum dritten Buch des 'Kapital' (1871-1881)*. MEGA II/14. Berlim, Akademie, 2003.

Marxhausen, Thomas. História crítica das Obras Completas de Marx e Engels. *Crítica Marxista*. São Paulo, Editora Unesp, v. 39, 2014. p. 95-124.

Mascat, Jamila. Representation and Revelation. Hegel's Critique of *Vorstellung* in the *Phenomenology of Spirit: Hegel Jahrbuch*. Berlim, De Gruyter, 2014, v. 2014, n. 1. p. 100-6.

McNally, David. *Monsters of the Market: Zombies, Vampires and Global Capitalism*. Chicago, Haymarket, 2011.

Moseley, Fred. Introduction. In: *Marx' Economic Manuscript of 1864-1865*. Boston, Brill, 2015. p. 1-44.

_____. *Money and Totality*. Chicago, Haymarket, 2015.

Müller, Klaus. Tendenzieller Fall oder Anstieg? Zur Komplexität ökonomischer Erscheinungen am Beispiel der allgemeinen Durchschnittsprofitrate. *Marx-Engels Jahrbuch 2009*. Berlim, Akademie, 2010.

Müller, Marcos. Exposição e método dialético em *O capital*. *Boletim Seaf*. Belo Horizonte, Seaf, n. 2, 1982.

Murray, Patrick. *The Mismeasure of Wealth: Essays on Marx and Social Form*. Chicago, Haymarket, 2017.

Naves, Márcio Bilharinho. *Marxismo e direito: um estudo sobre Pachukanis*. São Paulo, Boitempo, 2000.

Pachukanis, Evguiéni. *Teoria geral do direito e marxismo*. Trad. Paula Vaz de Almeida. São Paulo, Boitempo, 2017.

Prado, Eleutério. *Desmedida do valor*. São Paulo, Xamã, 2005.

Ramos, Alejandro. Value and Price of Production: New Evidence on Marx's Transformation Procedure. *Beiträge zur Marx-Engels Forschung, Neue Folge*. Berlim, Argument, 1999.

Rehmann, Jan. *Theories of Ideology*. Leiden, Brill, 2013.

Reichelt, Helmut. *Neue Marx-Lektüre*. Hamburgo, VSA, 2008.

_____. *Sobre a estrutura lógica do conceito de capital em Karl Marx*. Trad. Nélio Schneider. Campinas, Editora da Unicamp, 2013.

Ricardo, David. *Principles of Political Economy and Taxation*. Londres, Everyman's Library, 1973 [ed. port.: *Princípios de economia política e de tributação*. Trad. Maria Adelaide Ferreira. 4. ed., Lisboa, Fundação Calouste Gulbenkian, 2001].

Ricoeur, Paul. Le statut de la *Vorstellung* dans la philosophie hégéliénne de la religion. *Lectures 3: Aux frontières de la philosophie*. Paris, Seuil, n. 8, 1992. p. 41-62.

Ritter, Joachim. *Historisches Wörterbuch der Philosophie*. Stuttgart: Schwabe & Co., 1972, v. 2 e 11.

Rosdolsky, Roman. *Gênese e estrutura de O capital de Marx*. Trad. Cesar Benjamin. Rio de Janeiro, Eduerj/Contraponto, 2001.

Röttgers, Kurt. *Kritik und Praxis: zur Geschichte des Kritikbegriffs von Kant bis Marx*. Berlim, De Gruyter, 1975.

Rousseau, Jean-Jaques. *Oeuvres complètes*, v. III: *Discours sur l'origine et les fondements de l'inégalité*. Paris, Gallimard, 1964.

RUBIN, Isaak. *Teoria marxista do valor*. Trad. José B. do Amaral. São Paulo, Brasiliense, 1980.

SAAD FILHO, Alfredo. *The Value of Marx: Political Economy for Contemporary Capitalism*. Londres, Routledge, 2002 [ed. bras.: *O valor de Marx: economia política para o capitalismo contemporâneo*. Campinas, Editora da Unicamp, 2011].

SMITH, Adam. *The Wealth of Nations*. Cannan Ed. Nova York: Modern Library, 1965 [ed. bras.: *A riqueza das nações*. Trad. Alexandre Amaral Rodrigues e Eunice Ostrensky. 4. ed., São Paulo, WMF Martins Fontes, 2016].

STAROSTA, Guido. Cognitive Commodities and the Value-Form. *Science & Society*. Nova York, Guilford Press, v. 76, n. 3, 2012. p. 365-92.

THEUNISSEN, Michael. Krise der Macht. These zur Theorie des dialektischen Widerspruchs. *Hegel Jahrbuch*. Colônia, Pahl Rugenstein, 1974. p. 318-29.

VADÉE, Michel. La conception de la théorie chez Marx. In: _____ (org.). *Science et dialectique chez Hegel et Marx*. Paris, CNRS, 1980. p. 41-56.

_____. *Marx, penseur du possible*. Paris, Meridiens Klinksieck, 1982.

VOLLGRAF, Carl-Erich. Kontroversen zum III. Buch des Kapital. *MEGA Studien*. Berlim, Dietz, v. 2, 1996. p. 86-108.

VOLLGRAF, Carl-Erich; JUNGNICKEL, Jürgen. "Marx in Marx' Worten"? Zu Engels' Edition des Hauptmanuskripts zum dritten Buch des Kapital. *MEGA-Studien*. Berlim, Dietz, v. 2, 1994. p. 3-55.

Página de rosto da primeira edição de *Para a crítica da economia política*, de Karl Marx, publicada em 1859.

Com tiragem de 4 mil exemplares e impresso em papel Avena 80 g/m² pela gráfica Rettec, este livro foi composto em Adobe Garamond Pro, 11/13,2, e publicado em 2019, 160 anos após Karl Marx finalmente lançar *Para a crítica da economia política* – que só não saíra antes porque seu autor não tivera meios de enviar os originais pelos correios, o que o levaria a observar: "Seguramente, é a primeira vez que alguém escreve sobre o dinheiro com tanta falta dele".